朱子哲学与宋明理学

东方朔　著

復旦大學出版社

图书在版编目(CIP)数据

朱子哲学与宋明理学/东方朔著. —上海: 复旦大学出版社, 2023.4
ISBN 978-7-309-16588-3

Ⅰ.①朱…　Ⅱ.①东…　Ⅲ.①理学-文集　Ⅳ.①B244.05-53

中国版本图书馆 CIP 数据核字(2022)第 204446 号

朱子哲学与宋明理学
东方朔　著
责任编辑/方尚芩

复旦大学出版社有限公司出版发行
上海市国权路 579 号　邮编: 200433
网址: fupnet@fudanpress.com　http://www.fudanpress.com
门市零售: 86-21-65102580　团体订购: 86-21-65104505
出版部电话: 86-21-65642845
上海盛通时代印刷有限公司

开本 787×960　1/16　印张 23.5　字数 316 千
2023 年 4 月第 1 版
2023 年 4 月第 1 版第 1 次印刷

ISBN 978-7-309-16588-3/B·770
定价: 89.00 元

献给：

父亲

目录

前言

道德哲学或一般意义上的伦理学是传统儒家思想的核心，其意义无论如何不可低估。不过，站在现代哲学视野来看，其中存在的问题同样也应引起人们的重视。记得当年我在博士论文《刘蕺山哲学研究》结尾部分写了这样一段话：

> 蕺山以后，在心性学之造诣上已无有过于蕺山者，其所创设的微密幽深的哲学体系可以说前无古人，后无来者。我们说，蕺山结束了一个时代，此显非只是指蕺山之生命随明祚以终，而是说，心性学之发展如若无有更端别起、脱胎换骨之转换，实难以给人以一种明清可证之道德生活世界（此处所言“生活世界”与“生命世界”不可混而为一），此一论点自然见仁见智，我们亦不想在此处多加评说。①

上述说法只是我个人在梳理完蕺山哲学后的一个看法，对于这个看法有两点需要做简短的说明。其一，所谓“蕺山以后”当是指明清鼎革一段时期，在此一时期中虽学者辈出，但在心性学上却无有过

---

① 东方朔：《刘蕺山哲学研究》，上海：上海人民出版社 1997 年，第 368 页。

于蕺山者。不过，学者对此也有不同的看法，如刘述先先生似乎并不同意将蕺山看作是宋明理学的殿军，而将这个位置代之于梨洲，依刘先生，“梨洲是在一种非预期的情况之下结束了一个时代，成为宋明心性之学的殿军，又下开了一个新的时代，而转向到实学、考据文献学”①。刘先生的这种看法颇有独创的特色，对我的启发也很大。1999年秋，我在结束哈佛大学的访学后，转而在台湾“中研院”中国文哲所进行为期三月的访问，此时刘先生已由香港中文大学哲学系转任“中研院”中国文哲所特聘研究员，我得以有机会向刘先生当面请益，所得甚丰，其中自然也涉及对蕺山心性学的理解。不过，我个人依然依循牟宗三、杜维明先生的主张，将蕺山定位为宋明理学的殿军。其二，所谓蕺山以后心性学之发展需要一个“更端别起”，否则“难以给人以一种明清可证之道德生活世界”，此一说法显然是梳理完蕺山思想以后在我的心灵中留下的困惑和郁结。确乎实情的是，心学发展到极致的形态，心上功夫愈加渊深凝密，幽微曲折，“心中有意，意中有知，知中有物，物有身与家国天下，是心之无尽藏处”②。不过，此心之道所托之地却始终被置于“隐”中、“微”中、“暗”中，如蕺山云：“莫高匪天，而鸢戾焉；莫深匪渊，而鱼跃焉；莫微于鸢鱼，而天渊体焉。道心惟微之妙，亦有如是者”“终日见天而不见有鸢之飞，终日见渊而不见有鱼之跃，亦见亦显，亦隐亦微”。又云：“鸢飞戾天，而缯戈不及，极于高也；鱼跃于渊，而网罟莫加，极于深也，所托之地皆暗也。”③如今看来，此“隐”“微”“暗”三字确然点出了儒家心性论中心体的根本特征，但也促使我作进一步思考：假如一种道德理论能够成立，其重要的理由之一当在于它能够被人所理解；而一种理论若要被人所理解，其预设的条件之一，则必须诉诸一些关于使用语言及传达意义的共同规则。然而，如果我们对本心本体只能在“暗”中体悟，

---

① 刘述先：《黄宗羲心学的定位》，台北：允晨文化实业股份有限公司 1986 年，“绪言”。

② 《刘子全书》卷十一，《学言・中》。

③ 《刘子全书》卷十二，《学言・下》。

只能满足于“自言”“自道”和“自成”，那么，这种理论在根本上似乎并不能满足自我解释和理论解释的需要；道德主体各心灵间若无确定的传达渠道和人所共识的规范标准，我们也就没有办法来判定各人的体悟所包含的此是而彼非；虽悟者“深信”他与本心本体觌面相呈，但却不能说明他是如何与本心本体觌面相呈，由于其并不能提供客观的理据和规则，无法建构一套形式型知识，只是满足于自我意识的自明性宣称，因而也便无法说明自己的悟道的陈述何以为真。然而，若此处皆无，那么，儒学所极力建构的具共识的共同规范以及由此而来的共同责任便难以获得有效的论证和说明。从现代道德哲学的最新发展来看，我从不否认心学有其无法取代的价值，如坚守主体意志的自由和自决，同时也不否认心学的一套修身主张有其个人的“受用”。只不过，过分强调个人的“受用”“自得”，那么，这种“受用”“自得”与“自慰”“自了”之间便具有我们不愿看到的亲缘关系了，这构成了我为何会有学术研究上的一个转向，又为何要着力梳理朱子批评象山“两头明，中间暗”的内在原因。

无疑地，对于这样一种看法，学者完全、也一定会从不同的角度进行批评，只不过虽然几十年过去了，如何在理论上还“道德生活世界”以一种“明清可证”的图景却始终执拗地驱使和牵引我寻求相应的解答。此后我个人的学术研究兴趣没有沿着蕺山以后、明清之际的线索进行，而是将重心转向先秦的荀子和南宋的朱子。尽管朱子认为荀卿之学不须理会，但学者已经指出，荀子与朱子之间其实具有很大的可比较性。事实上，荀子与朱子之间虽然有一者主性恶、一者主性善之别，但他们最大的相似之处却在于对“心”的理解，而这种理解在根本上体现为他们对“心”皆不取超越的本体意义的理解，而是对“心”采取内容意义和关联意义（associative meaning）的反省，他们均不取直觉的方式而是取客观化的方法来了解心之为心，注重儒家为学进德中必要的“过程”“环节”和“知性”，以满足建立哲学理论的基本要求。不难看到，荀子对“心蔽”的高度重视，朱子对“中间暗”的深深忧虑，都确然指向心之何以为心的再理解。虽然他们之间相隔千有余年，但在理绪上实不妨认为具有一脉相承的关系。这便可以理解尽管朱子认为荀卿之学大本已失，但观《语类》，朱子却对荀子论心和心上功夫情有独钟，而朱子晚年参究《大学》，对荀子的相关看法尤其心识而神会。

这是我做完蕺山之后，所以转向荀子和朱子的原因，也可以与我自己喜欢阅读具有"总结式"大儒之文字的偏好相一致。

说到这里，读者自然会想起前几年李泽厚的一些说法。在《举孟旗行荀学》一文中[①]，李泽厚从其历来主张的"情本论"出发，提出了许多近似口号式的主张，如"举孟旗，行荀学"、"兼祧孟荀"、"朱熹是荀学"、荀—董—朱为"统治中国两千年的伦理学"等等。李泽厚的这些主张或许需要更细致的论证，而有些说法也可能会招致一些学者的不同意见，如其云：

> 我明确反对孟子的"不虑而知，不学而能"的良知良能说，也不赞成王阳明"行即知，知即行"的知行合一说。这种主张，不仅抹杀了认识的"知"与道德的"行"之间的差异、距离和问题，而且将道德视作人人具有"见父母就知（行）孝，见兄长就知（行）悌"的自然的天赋能力，将孝亲、忠君等道德行为等同于"好好色，恶恶臭"的自然生理的官能反应。这在今天如果不归之于神秘的或基督教的神恩、天赐、启示，便完全可以与当今西方流行的社会生物学合流。这与孔子讲的"克己复礼为仁""性相近也，习相远也"也大相径庭了。[②]

上述说法在李氏的思想系统中或可自成一体，但也可能蕴含了很大的解释空间，学者从不同的角度可以做出与李泽厚完全不同的解释。然而，即便如此，假如我们展望当代道德哲学的发展，把"意志

① 李泽厚：《伦理学纲要续篇》，北京：生活·读书·新知三联书店 2017 年，第 383—400 页。

② 同上书，第 387 页。

自由”和“共同规范”看作是一种有效的道德哲学理论的基本原则或要求，那么，李氏《举孟旗行荀学》一文提出的一些主张尽管其用词或含义有其自身的特色，但仍给人启发，甚至不乏洞见。仅举一例，如李泽厚自己所说：“既然我站在荀子、朱熹这条线上，为什么又说‘兼祧孟荀’？既然认为朱熹是荀学，为什么又认为‘孟旗’很重要？‘孟旗’的价值、意义、功能又何在？”①显然，在孟荀或孟朱之间，李泽厚有取有舍，没有一味地贬抑其中一方，至于李泽厚看重“孟旗”的实质意义，用他的话来说，便是“强调应以 Hume 来补足 Kant、非常重视道德三因素中的情感要素”②。

毫无疑问，所谓“情感要素”在李泽厚的思想系统中有其特定的理解，此处不宜做具体的梳理③；至于休谟伦理学和康德伦理学的长短得失，西方学界的讨论更是丰富多彩，非三言两语所可尽之。从同情理解的角度出发，此处我们似乎不宜太过要求已近耄耋之年的李泽厚对其晚年提出的每一个命题或主张做出详细的论证，毋宁说，与其要求李泽厚就其主张提出严密的学术意义上的论证，不如说，我们更适合于透过李氏所说看到其富有思想意义的启发。假如从这个角度上看，如果我们将李泽厚的“举孟旗”宽泛地理解为突出主体意志的自由和自决，把李泽厚的“行荀学”也同样宽泛地理解为强调道德规范的理性建构和共识④，那么，在过滤了各种可能的掺杂和葛藤之后，李氏的类似主张或可以显出其特有的启发和意义。

当然，如何理解李泽厚的思想，学者可以有不同的看法，在思想启发的意义上，我所主张的“主体意志的自由和自决”与“道德规范的理性建构和共识”是否可以从李泽厚的相关说法中诠释出来也是可

---

①② 李泽厚：《伦理学纲要续篇》，第 389 页。

③ 有关李泽厚的伦理思想的意义及其存在的问题，陈来从李氏的思想发展和概念规定等方面做了详细的梳理，参阅陈来：《论李泽厚的伦理思想》，《复旦学报（社会科学版）》2019 年第 1 期。

④ 观李泽厚所说，李氏之所以对孟子以下的心学多有贬抑，或在于心学及其修身功夫所具有的排斥过程与知性，乃至“神秘”。

供讨论的见仁见智的主张。不过，正如上面所说的，我始终把这两点看作是建构“一种有效的道德哲学理论的基本原则或要求”，这也同时构成了我自己反省传统儒家道德哲学的基本方法。

人们常说，儒家的学问是一种有关“生命的学问”。记得蔡仁厚先生说过，儒家学问注重实践，而不注重知识理论的论证和概念的思辨，因为它的重点并不落在“知识”上，而是落在“行为”上。它不太着重于满足理论的要求，而是着重于满足实践的要求。所以儒家之学可以说是行为系统的学问，而不是知识系统的学问。因此，儒家主张学行合一、知行合一。因为重实践，所以儒家特别正视这个实践的主体——生命，它以自己的生命作为学问的对象，因而形成了以生命为中心的所谓“生命的学问”①。我想至少从描述的意义上，绝大多数的儒家学者对于这种看法都不会持有异议。

就个人而言，我无疑也赞同这种看法。但显然，我个人的关注点似乎要低一些，因为儒家伦理学必须首先直面我们生存的“生活世界”，换言之，我认为儒家的伦理学可以在人的“生活世界”和人的“生命世界”之间保持一个不断升进的过程，亦即：在如何保证人的“生活世界”的道德秩序的基础上，寻求人的“生命世界”的充实和完美；在如何造就一个合格的公民的基础上，提升人的君子品格和道德境界。或许就在这里，我们可以设问，假如一种道德哲学“不太着重于满足理论的要求”，“不太着重于知识理论的论证和概念的思辨”，那么，它在如何保证人的“生活世界”的道德秩序方面便总存一隙虚歉。我们想指出的是，对于儒家的道德哲学而言，知识理论的论证或满足理论本身的客观性和一致性的要求，并不是舌灿莲花或快愉唇吻之事，毋宁说，它深深地关联到“儒学所极力建构的具共识的共同规范以及由此而来的共同责任如何获得有效的论证和说明、在实践上又如何可能”的问题，因而构成了今日我们反省儒家伦理不可忽视的课题，这使我想起阿佩尔说过的一段话，阿佩尔认为：“如果——关于纯粹主

① 蔡仁厚：《了解儒家学问的几个要点》，《鹅湖月刊》1976 年 7 月号。

观的和私人道德的观念包含这一点——个体的所谓‘自由的’良知决断是先天地孤立的，并且如果它们在实践上并不服从任何共同规范，那么在这个由现在引发了的宏观作用的公共社会实践所组成的世界中，它们就很少有成功的希望。”①

按照概念的严格规定，我上述所写的并不是“前言”，而只是个人的一些兴会和随感，不免缺乏论证，东拉西扯，如果任由下去，那便没完没了。所以，应该到此为止了。

① 阿佩尔：《哲学的改造》，孙周兴等译，上海：上海译文出版社1997年，第275页。

一、「统合儒释，宣涤疑滞」

——以柳宗元为个案的儒、释观的考察

安史之乱后，唐王朝面临的时代任务便是在政治上重建社会秩序，在思想上重振儒学权威。但自汉代儒术独尊之后，经由魏晋南北朝尤其到隋唐，儒释道三教已成并立之势。对于同样参加了永贞革新和古文运动的柳宗元来说，在如何对待儒释的关系问题上，却提出了与韩愈并不相同的答案。与韩愈主张的激烈的排佛立场相比，柳宗元却在信奉儒学的同时，喜好释氏之学，并在理论上提出了“统合儒释，宣涤疑滞”的观念。那么，柳氏究竟如何理解儒家之道之基本精神？柳氏对佛学之理解又有何特色？进一步，柳氏所提出的统合儒释的主张可否为我们寻求宗教对话提供某种范式的意义？本文将分“引言”“辅时及物，经世致用”“阴翳王度，俾人不昏”和“结语”等几个部分进行论述。

(一) 引　　言

柳氏之学，向存歧议。就港台学者之主流而言，柳氏之思想自是被脱略而无复有研究①，其间原因颇为复杂，或因柳氏无如韩愈一般维护儒家之道统？抑或因大陆高扬柳氏之唯物论而反其道以沉默②？还是因柳氏之学本无深刻与奇异而不够引人注目？看来皆不可得而知。而在大陆，柳氏之学虽受重视，但直至二十世纪八十年代

---

① 所谓“主流”乃就二十世纪之主要学者而言，如当代新儒家之唐君毅、牟宗三先生，又如与当代新儒家颇有歧异的劳思光先生，他们之间的论旨不一，但无复注意到柳宗元之思想却相同。

② 二十世纪五六十年代大陆学界对柳氏究竟是有神论还是无神论、对柳氏之政治倾向究竟是进步还是保守，展开了激烈的争论；“文革”时期，柳氏思想被纳入“评法批儒”之中，柳氏亦被认为是法家而得到高度的褒扬。

以前，对柳氏思想之理解似不脱唯物、唯心之间架，学者所重亦多在《天说》《天对》《贞符》《答刘禹锡天论书》等篇，以明其气一元论以及上承荀子而来的“天人不相预”的观念，凡此似皆与港台新儒家所主张的“天道性命相贯通”之旨相乖离。当然，问题还在于，当大陆学者目柳氏为唯物主义之代表时，柳氏一生好佛而主张统合儒释之观念便颇难在理论上得以合适的解释①。八十年代，许多大陆学者对柳氏与佛教的关系展开了认真而深入的讨论，所发文章与著述据初步统计，不下二十余篇②。衡诸这些论著，大体上主要有两种不同的观点：一种认为，柳氏虽然在言说上有唯物论的倾向，然而在基本信仰方面却是一个佛教徒；另一种观点则认为，柳氏虽一生好佛，尤其在其遭贬谪以后，言行之间多有表现，但他的基本的哲学立场却是唯物论的、无神论的，柳氏好佛的原因主要不在哲学上而在政治上，不在信仰上，而是在义理上，而所谓在义理上好佛又多表现为寻求佛教义理与儒家义理的相互融通之处。

将柳氏看作是一个敦笃的佛教徒，无论从理据还是从柳氏之行谊上似乎都难有坚强的说服力。但在围绕柳氏“唯物”与“好佛”的关系上，学者的解释却大多落于柳氏个人之人生际遇上，此固有助于我们明了个中原委之一二，但却不免泥于事而驻于迹上。或许，我们的问题在于，身负同样的时代主题，面对同样的社会问题，对于同样参加了永贞革新和古文运动的柳氏和韩愈而言，何以一者竭力排佛，以至于发出“人其人，火其书，庐其居”的呼声，而一者却主张“统合儒释，宣涤疑滞”？我们认为，唯物、唯心之论并不足于冰释其中原委，而那些举柳氏为开阔责韩氏为狭隘之说，亦多少有迹象之议而非本质之论。

基本上，韩、柳之异在两者对儒家之“道”的不同理解上。从哲学

---

① 有关柳氏“唯物”与“好佛”之间的紧张，在颇有影响的大陆老一辈学者那里，或是淡化，或干脆置之不论，如见侯外庐主编的《中国思想通史》第四卷上册（北京：人民出版社1959年）。结合当时的社会存在状况，我们对这种研究方式是完全可以加以理解的。

② 如学者丁宝兰、陈允吉、赖永海、李锦全、孙以楷、孙昌武、孔繁、吴文治、唐志敬、谢汉强等等。

上说,韩愈排佛固与其强烈的“道统”观念相关①,而柳氏之能言“统合儒释”亦必根于其对儒家之道的不同领会上:何谓儒家之道(柳氏经常称之为圣人之道,以下将随文取用)?儒家之道之基本精神与性格又是什么,是表现为排他性的统绪以立此道之体,以建立其至尊之地位,还是紧汲于时代与社会问题,综罗百家,即事用以呈此道之实?柳氏显然走了后一条道路。具体而言,如若我们要真正弄清柳氏对佛教之态度,则我们必须首先把握其对圣人之道之理解,两者之间我们实不妨说具有某种逻辑上的因果关系。换言之,当柳氏将圣人之道之基本精神了解为“辅时及物、经世致用”之时,即柳氏对佛教之理之了解便自然落在佛教本身所具有的“有以佐世”②的功效或功用上:“阴翊王度”③,“俾民惟新”④,“悔于生灵,触类蒙福”⑤等等,所宣者不在道体之上,而在效用之中。不过,我们还必须指出,在柳氏,辅时及物、经世致用,其哲学表现可以是“道之用”,不过,寻绎柳氏文集之脉络,却更明显地表现为“用之道”;而柳氏对佛教之认可或“融液”亦非在学理或判教之立场上,而是落于“佐世”的功用上。换言之,柳氏之“统合儒释”观念在哲学上表现出强烈的功用甚至实用主义的态度。

(二)辅时及物,经世致用

黑格尔曾言:“哲学作为一个时代的精神的思维和认识,无论是怎样先验的东西,本质上却也是一种产物,思想是一种结果,是被产

---

① 依韩愈,儒家之道不明,统绪不清,乃在于异端纷纷,流派众多,“言道德仁义者,不入于杨则入于墨,不入于老,则入于佛”。(《韩昌黎文集》卷一《原道》)

② 参见《柳河东集》卷二十五《送元十八山人南游序》,上海:上海人民出版社 1974 年,第 419 页。征之于文本,柳氏对九流十说所持之态度,皆以其所可能有的世用作为其考察之标准或基本点,柳氏所谓佛家等等皆可“丰佐吾道”,“与孔子同道”等等皆当落于此点上解释方为妥帖,此亦为我们真正了解柳氏“统合儒释”之观念透露了方向。

③ 《柳河东集》卷六《曹溪第六祖赐谥大鉴禅师碑》,第 93 页。下文凡引柳氏之语,只注页码。

④ 《柳河东集》,第 96 页。

⑤ 同上书,第 431 页。

生出来的。”又说：“哲学开始于一个现实世界的没落。”[1]也许，与浮华世界的背后所透露出来的平庸与矜持之气相比[2]，没落的现实世界能够为我们更充分地展示出社会问题的症结以及解决这些问题的资料和需要[3]。

儒学发展到唐代中后期，在思想方法上出现了危机的迹象。虽然在唐代立国之初，就已提出了复兴儒学的任务，太宗李世民命孔颖达撰“五经”义疏，并设五经博士，凡“有能通经者，听之贡举。是时四方儒士多抱负经籍，云会京师……鼓箧而升讲筵者，八千余人，济济洋洋焉。儒学之盛，古昔未之有也”[4]。不过，这种盛光撒地的儒学却以守训诂、循章句为其基本方法，以经疏之方式来理解儒家之道之基本精神，加之自六朝以降的骈体文发展至唐代，士人为文只求辞赋之华美而丧失其社会之关怀，以至酿成儒士出浮文以媚世，借记诵以明经，使得儒学与时代问题脱节而不能针对时代问题发言。

时代问题自会向每一个观念系统提出要求与回应。安史之乱后，唐王朝陷入内忧外患之中，内即藩镇割据、宦官专权与朋党之争，外则吐蕃内侵。而在思想上，则佛、老盛行，儒学不振。对于如何重振儒学，唐宪宗在即位伊始便提出了“才识兼茂明于体用策”，期望重建盛唐气象。在“策问”中，宪宗就曾提出“汉元优游于儒术，盛业竟衰”[5]的疑问，这一疑问既包含宪宗对重建儒学社会功能的期许，也表达了他对唐代儒学的不满[6]。元稹在应对此一策问中认为：“今国家之所谓兴儒术者，岂不以有通经文字之科乎？其所谓通经者，不过于覆射数字；明义者，才至于辨识条章，是以中第者岁以百数，而通经

① 黑格尔：《哲学史讲演录》，贺麟等译，北京：商务印书馆 1981 年，第 53、54 页。

② 葛兆光先生认为，唐代的精神表现为“盛世的平庸”，思想也逐渐趋于表面和装饰。见氏著：《中国思想史》第二卷《七世纪至九世纪中国的知识、思想与信仰》第一编第一节，上海：复旦大学出版社 2000 年。

③ 参阅文德尔班：《哲学史教程》上卷，罗达仁译，北京：商务印书馆 1987 年，第 22 页。

④ 《旧唐书・儒学传》。

⑤ 《全唐文》卷六百二十五。

⑥ 参见张跃：《唐代后期儒学》，上海：上海人民出版社 1994 年，第 18 页。

之士蔑然。”①白居易则认为：

> 汉元优游于儒学，而盛业竟衰者，非儒学之过也，学之不得其道也。②

若说元稹所答多少表达出其对所谓“通经明义”者的愤懑和轻蔑的话，那么，白居易的“学之不得其道”一句，不论其自觉以否，却点明了时代问题之症结，此一症结若用哲学的语言来说就是，究竟什么才是儒家之道的基本精神？

我们不妨说，中唐以后，重检儒家之道其实是士人们思考时代问题之出路的一个中心主题③，而承接这一主题的便是早期的古文运动和以啖助、赵匡、陆质为代表的“《春秋》学”研究。以现代的学科分类看，古文运动属于文学史，春秋学属于经学史，它们各有自己的领域而可以独立处理。但在中唐这一特殊的历史时期中，两者却以各自不同方式关心着同一主题：重新诠释和彰显儒家之道，以便重建社会政治与道德秩序。在早期古文运动中，士人们讨论最多的问题就是“文”与“道”的关系问题，盖有唐一代为江左余风所蚀，儒士执于华丽辞藻，俪偶章句，以至润色愈工则愈不能宣儒道于人心，以尽教化、美风俗之职责。梁肃认为：“文章之道，与政通矣。”④此处即提出文、道、政的关系问题，文必须寓道，文章应是儒家之道之载器，当以儒家之道为根本，具体地说，就是“明六经之义，以合先王之道”。早期古

① 《全唐文》卷六百五十二。

② 《全唐文》卷六百六十九。

③ 相关研究很多，无法一一俱列，如近期即有罗立刚《史统、道统、文统——唐宋时期文学观念的转变》（上海：东方出版中心 2005 年）、副岛一郎《气与士风——唐宋古文的进程与背景》（上海：上海古籍出版社 2005 年），以及郝耀南《道的承担与逃逸——六朝与唐代文论差异及文化阐释》（成都：巴蜀书社 2000 年）和朱刚《唐宋四大家的道论与文学》（上海：东方出版社 1997 年）等。台湾学者陈弱水在《柳宗元与中唐儒家复兴》一文中，对柳氏心目中的儒家之道的内容及具体表现从四个方面（公共福祉之道、为政之道、人间之道以及道的独立性）作了详细的阐发，原文载台湾《新史学》1994 年第五卷第一期，又请参阅陈弱水、王汎森主编：《思想与学术》，北京：中国大百科全书出版社 2005 年，第 71—105 页。

④ 《秘书监包府君集序》，《全唐文》卷五百一十七。

文运动偏重外王而较少涉及内圣，士人关怀之重心落于社会与政治秩序方面毋宁说是可以理解的，因为他们直接面对的是乱象之后整个社会秩序的崩坏，这样，人们对儒家之道之理解也自然更多地注目在政治外王层面。当然，古文运动以突显儒家之道为目的，仍然预示着还有巨大的解释空间，亦即究竟当以何种方式来诠释（明）“六经之义”、理解“先王之道”并把握其精神实质？

早期古文运动虽然提出了“文以明道”的主张，然而，从哲学上看，这仅仅只是指出了一个方向，还有一个“如何明道”的方法问题：是依照时势和社会问题来充实调整道的内容，还是应当依儒家的超越不变的道来规整问题、范围世教与社会？是奉时以行道，还是由道以作时？类似问题在中唐时期事实上存在不同的意见与争论①。就今天看来，这一争论的背后其实蕴涵了对儒家之道的性质甚至性格的理解问题，亦即儒家之道是即事以见理，还是依理以成事？大体可以这样说，与韩愈将儒家之道理解为某种超越不变的观念不同，以啖助、赵匡、陆质为代表的《春秋》学研究却试图通过对历史经典的重新诠释以确立某种对儒家之道的解释的合法性基础，他们将儒家之道的基本精神定格为匡挽时世、忧心时艰上，而方法之进路则通过怀疑《春秋》三传对《春秋》经旨的理解，要求弃注返经，弃传返经，直接面对经典以明仲尼之志，先王之道。啖助云：

> 吾观三家之说，诚未达于《春秋》大宗，安可议其深旨？可谓宏纲既失，万目从而大去也。予以为《春秋》者，救时之弊，革礼之薄。②

应该说，“救时之弊，革礼之薄”八个字颇为传神地表达了《春秋》学派对儒家之道的理解，他们疑注、疑传甚至疑经的方法，无非是要借由对经典的重新诠释以彰明儒家之道之基本精神在经世致用、扶

① 参阅葛兆光：《中国思想史》第二卷，第225—227页。
② 《春秋集传纂例》卷一，《春秋宗指议第一》。

家国、拯生灵中的作用。与徒托空言的思辨之儒和寻章摘句的章句之儒不同，《春秋》学派显然更侧重行动之儒，实践之儒。尤为重要的是，为了达致救世安民之目的，他们在治学方式上主张会通各派，集前贤注释，兼诸子百家，“取其所长，舍其偏滞”，商榷得失，以期于浃洽。在他们看来，言儒家之道，最重要的是要“施之于事”，而不在纸笔墨砚、口舌唇吻之间打转。如是，则《春秋》一书在他们眼里也便成了圣人面对现实问题寻求处方的记录，因而圣人之道不是亘古不变的教义，而是依时因势、权实互用的守中之道。

无庸讳言，早期古文运动尤其是《春秋》学派对柳氏理解儒家之道影响甚深，需要说明的是，这种影响自不仅仅表现在柳氏个人对儒家之道之精神实质的把握，更表现在他“统合儒释”的根柢、视角和方法。对柳氏而言，他明确接受了早期古文运动有关“文”与“道”的讨论，主张“文以明道”，其自谓：“始吾幼且少，为文章，以辞为工，及长，乃知文者以明道，是固不苟为炳炳烺烺，务采色，夸声音而以为能也。”①然而，在柳氏看来，在他所处的时代，对何谓儒家之道的理解却存在各种不同的认识，亦可谓杂议纷纷，甚至不免悠谬。在《与吕道州温论〈非国语〉书》中，柳氏指出：

> 近世之言道理者众矣，率由大中而出者咸无焉。其言本儒术，则迂回茫洋而不知其适；其或切于事，则苛峭刻核，不能从容，卒泥乎大道；甚者好怪而妄言，推天引神，以为灵奇，恍惚若化，而终不可遂。故道不明于天下，而学者之至少也。②

所谓“迂回茫洋”“苛峭刻核”“推天引神”乃是指当时学者对儒家之道之理解要么流于玄远高妙不切于事，要么则切于事却不知通变，要么则流于神秘怪妄，“推天引神”，凡此皆所以使儒家之道之本来面目沉埋不白的原因，而柳氏一句“道不明于天下，而学者之至少”即直

① 《柳河东集》，第 542 页。
② 同上书，第 506 页。

接指向对何谓儒家之道的进一步诉求。对柳氏而言，《春秋》学派于此影响甚为深刻与明显[①]。

在以往对柳氏的相关研究中，学者已经从各个方面阐述了柳氏对儒家之道的理解[②]，如生人之意之道、辅时及物之道、大中之道等[③]。有的则从道的内容或性质出发，认为柳氏所言的儒家之道乃是公共福祉、社会利益之道、人间之道、为政之道[④]等等。这些研究对于我们所要求澄清的主题而言，无疑具有重要的理论价值。

我们想指出，柳氏之思想基本上乃沿承唐代平实、致用之精神而来，故其言儒家之道，如果从哲学上加以评断的话，乃具有平实的而非玄想的、具体的而非抽象的、功用的乃至实用的而非超越的、思辨的性质。毫无疑问，作出这样一种描述需要承担很大的理论风险，但通过这一描述，却可以使我们对柳氏所理解的儒家之道，消解其因“道”说而可能带来的抽象的、玄想的性格。严格地说，柳氏言儒家之道乃是以用为道，即用言道。明乎此，即柳氏倡言“统合儒释”便可以获得某种逻辑一贯的解释。

在柳氏看来，儒家之道即是尧舜、孔子之道，此道载诸六经，“本之《书》以求其质，本之《诗》以求其恒，本之《礼》以求其宜，本之《春

---

① 柳氏有关积极用世以及对儒家之道的理解深受《春秋》学派陆质等人的影响。陆质做太子侍读时，柳宗元任礼部员外郎，他们相与为邻，而柳氏即拜陆氏为师。柳氏极为推崇和服膺《春秋》学派的观念，认为孔子作《春秋》千五百年来，传注疏说“处则充栋宇，出则汗牛马，或合而隐，或乖而显。后之学者穷老尽气，左视右顾，莫得其本”。直至啖、赵、陆等人出，乃“能知圣人之旨，故《春秋》之言及是而光明。使庸人小童，皆可积学以入圣人之道，传圣人之教”。然则，什么是圣人之道？此道则是“以生人为主，以尧舜为的”，其方法是“苞罗旁魄，胶轕下上，而不出于正”，而核心则是“明章大中，发露公器”。（参阅《唐故给事中皇太子侍读陆文通先生墓表》，《柳河东集》卷九，第132—133页）。必须说明，《春秋》学派对柳氏有关儒家之道的影响是多方面的，拣其主要的有：从“救时之弊”到“辅时及物”，从“以生人为重”到“生人之意”，从“会通百家”到“统合儒释”，从“章明大中”到“大中之道”，从“以权辅正，以诚断礼”到“官以行道”，从积极用世到疑传、疑经的怀疑精神等等。学者亦可参看孙昌武：《陆质的〈春秋〉学与柳宗元的“大中”之道》，载《中国哲学史论文集》，济南：山东人民出版社1980年，第248—273页。

② 在柳氏之用语中，所谓儒家之道有各种不同但意思相近的说法，如尧舜之道、圣人之道、孔子之道、大中之道等，而以圣人之道之说为多。

③ 参见张铁夫：《柳宗元新论》，长沙：湖南大学出版社2005年。

④ 参见陈弱水：《柳宗元与中唐儒家复兴》，载《思想与学术》，北京：中国大百科全书出版社2005年。

秋》以求其断，本之《易》以求其动，此吾所以取道之源也”①。《诗》《书》《礼》《易》《春秋》为儒家经典，也是我们的“取道之源”，故而寻求儒家之道不应离开“六经”和孔孟之书。不过，柳氏虽然强调“求孔子之道，不于异书”②，但对经典之书还有一个诠释的方法与方向问题。柳氏认为，圣人之言，期以明道，而“道假辞而明，辞假书而传，要之，之道而已耳”③。意即欲明圣人之道(儒家之道)须先知圣人之言，以通圣人之辞，最终得圣人之道。但显然，寓于经典之中的圣人之道却有不同的解释方向。④只是对柳氏而言，尽管圣人之道涵容广备，然而其精神表现却至简至明，柳氏云：

> 圣人之道，不穷异以为神，不引天以为高，利于人，备于事，如斯而已矣。⑤

此处柳氏从否定和肯定两个方面对圣人之道作了说明：所谓“不穷异以为神”乃指向推古瑞物、推天引神、神秘迷信之谬说⑥；而所谓“不引天以为高”则将矛头指向了天命论。在天人关系上，柳氏基本上沿承荀子理路，认为受命不于天于其人，上天并不具有赏善罚恶的意志和能力，只是一气运行而已⑦：“生植与灾荒，皆天也；法制与悖乱，皆人也。二之而已，其事各行不相预”⑧。但柳氏言“天人不相预”之目的乃在于将圣人之道奠立在人事之上，故其云：“务言天而不言人，是惑于道也。胡不谋之人心，以孰吾道？吾道之尽而人化焉，

---

① 《柳河东集》，第543页。
② 同上书，第548页。
③ 同上书，第550页。
④ 参看伽达默尔：《真理与方法》，第二部分之“真理问题扩大到精神科学里的理解问题”，洪汉鼎译，上海：上海译文出版社1999年。
⑤ 《柳河东集》，第53页。
⑥ 有关此点，学术界已经有大量的相关研究，故此处从简。
⑦ 柳氏云：“彼上而玄者，世谓之天；下而黄者，世谓之地。浑然而中处者，世谓之元气；寒而暑者，世谓之阴阳。是虽大，无异果蓏、痈痔、草木也……其乌能赏功而罚祸乎？功者自功，祸者自祸，欲望其赏罚者大谬。”(《柳河东集》，第286页)
⑧ 同上书，第503页。

是知苍苍者焉能与吾事，而暇知之哉?”①

剔除了道的神秘性以及人格和意志之天后，柳氏言圣人之道便落于“利人及物”上，对此柳氏有许多类似的说法，例如：

> 施之事实，以辅时及物为道。
>
> 兴尧舜孔子之道，利安元元为务。
>
> 思德之所未大，求仁之所未备，以极于邦理，以敬于人事。
>
> 兴功力，致大康于民。②

所谓“辅时及物”即是辅之君以济之民，与所言“极于邦理”“敬于人事”意思完全相同，而所谓“兴功力，致大康于民”即形象地表达了柳氏经世致用的寄怀。不必怀疑，这些观念当然是《春秋》学派“救时之弊，革礼之薄”的柳氏诠释。依柳氏之意，圣人之道不在高远飘渺，而必在济于世而及于物。翻检柳氏文集，柳氏对“道必及物”之观念给予了相当的重视，其言“道之行，物得其利”。“思责尧舜孔子所传者，就其道，施于物。”“道之及，及乎物而已耳，斯取道之内者也。”“物者，道之准也。守其物，由其准，而后其道存焉。苟舍之，是失道也。”③与此相应，柳氏对“曲解”儒家之道的言论进行了有力的批驳，但对放言高论，仅言义而不及于利的主张，即便言出于孟子，柳氏亦同样加以批难，“孟子好道而无情，其功缓以疏，未若孔子之急民也”。④“急民”是儒家之道的落脚点，为此目的，言义言利皆依情而有，“或安而行之，或利而行之，及其成功一也”⑤。

将儒家之道了解为辅时及物、利人及物不唯表现出强烈的“以生人为己任”“以伯济天下”的性格⑥，而且在这样一种逻辑中，儒家之

---

① 《柳河东集》，第 57 页。

② 同上书，第 508、480、22—23、545 页。

③ 同上书，第 493、526、550、551 页。

④⑤ 同上书，第 363 页。

⑥ 柳氏有关“生人之意”的观念主要出于《伊尹五就桀赞》(见《柳河东集》卷一十九，亦见卷三十三《与杨诲之第二书》以及卷三《断刑论》《六逆论》等)，因已有许多的相关研究，故此处从简。

道似乎也一转而成为政之道①。柳氏并不愿意只在理论上上下驰骋，也不愿意只做一个独善其身的人，而渴望获得仕、位以应世有为②。其云“道不可特出，功不可徒成，必由仕以登，假辞以通，然后及乎物也。吾将通其辞，干于仕，庶施吾道”③。在柳氏看来，儒家之道要得其功化、真正有益于人世，并不能纯在言辞之间，而必须假权位、官职以通其用，故云：“道不苟用，资仕乃扬。”④道必须借助官职、权位方能发扬光大⑤，“官也者，道之器也，离之非也”⑥。一定的权位和官职是实现儒家之道的必不可少的条件，但儒者为官非为官而官，更非为个人的场屋得失或虚名荣誉。一个人为志于道而求官，在于得位以行其道，真正达到兼善天下，施展抱负，造福家国人民⑦。

行文至此，我们大体可以作一个小结。柳氏言儒家之道的突出特点乃在于辅时及物，在以此道济于世而泽其民⑧，因此，柳氏所谓的“道”也表现出“道”与“功”紧密结合的特征。换言之，柳氏对观念形态的儒家之道兴味索然，以为儒家之道必当“施之事实”，落于实用之上，这大体可以解释何以柳氏会将儒家之道一转而成为政之道的原因。

然而，为政之道并不苛求对道之体的寻求，盖政事之原则讲求的是实用和功效，与理论或观念形态上清理“道之所以为道”的标准颇不相同。当柳氏云：“吾之所云者，其道自尧、舜、禹、汤、高宗、文王、武王、周

---

① 有的学者甚至认为：“夫文学结晶，乃柳氏之不期而获，其专心致志，实在于政，则其政治学说不可不知也。”（周荫棠：《读柳文》，载《遗族校刊》第二卷第 6 期，1935 年 9 月）周氏之观念排拒众议，论点鲜明，人或谓之不免有过，但却颇具点发之功。

② 即便柳氏被贬谪后，内心仍渴望被宪宗重新起用，得位以行自己的“辅时及物”之道，他曾对宪宗说：“念终泯没蛮夷，不闻于时，独不为也。苟一明大道施于人代，死无所憾。”（《柳河东集》卷一，《贞符》，第 18 页）拳拳用世之心跃然而出。

③ 《柳河东集》，第 406 页。

④ 同上书，第 138 页。

⑤ 陈弱水认为：“在柳宗元的心目中，‘官’与‘道’的关系远比‘文’与‘道’的关系来得密切。”（见氏著：《思想与学术》，第 82 页）此为端的之言。

⑥ 《柳河东集》，第 51 页。

⑦ 就“得位行道”而言，柳氏的这一观念在宋代以“得君行道”的方式得以延续并发扬，学者可参阅余英时：《朱熹的历史世界——宋代士大夫政治文化的研究》下篇第八章、第九章等，台北：允晨文化实业股份有限公司 2003 年。

⑧ 柳氏曾以“志存致君，笑咏唐虞”（《柳河东集》，第 140 页）表达其毕生之追求。

公、孔子皆由之。”[①]乍一看，这一说法几与韩愈所言道统相同，然而，进一步就可发现，由于韩柳两人对儒家之道的内涵及其表现形式的理解并不相同，故两人虽有形似的传道谱系，而其间的差别甚大。

不过，理论上，一旦我们将儒家之道看作救时之弊，辅时及物而落于实用之上时，一方面此道的济世、救世性格得以凸显，另一方面，这种实用化了的儒家之道却从理论形态上弱化了人们对此道的超越性和理想性的追求与持守[②]。固然，即便是理想的、超越的儒家之道也一样具有救时之弊的作用表现，但“道之为道”却不能只是此作用的表现，而必须有其“所以为道”的理想形态，在这一点上，柳氏与韩愈似乎形成了“理论理想”与“现实考量”两种思考道的颇有意味的个案。自然的，具体评价这一个案的得失利病并非本文的任务，但对柳氏而言，以即事而应世的方式思考儒家之道却为我们进一步了解其“统合儒释”的观念透露了方向。

（三）阴翳王度，俾人不昏

依柳氏，儒家之道既当即事以应世，则在方法上，此道之作用的表现亦必在灵活变化以求其功效，而不能执一不通。柳氏曾以车能任重的道理启发其内弟杨诲之，认为车所以能任重在于它“圆其外而方其中”，故“能以圆遂”：“中不方则不能以载，外不圆则窒拒而滞”[③]。柳氏进一步指出：

> 果为车柔外刚中，则未必不为弊车；果为人柔外刚中，则未

① 《柳河东集》，第528页。

② 也许，柳氏个人的政治实践本身可以为这一“实用”的看法作一完全的注脚。柳氏历德宗、顺宗、宪宗三朝。在顺宗时，柳氏为配合王叔文以神道设教而服天下的需要，写有《礼部贺嘉禾及芝草表》《礼部贺甘露表》《礼部贺白鹊表》《为王京兆贺嘉莲表》《为王京兆贺雨表》等等，宣扬祥瑞迷信，不以遗力；宪宗即位后，下明诏禁奏祥瑞，柳氏为配合这一政治转变，写有《贞符》《天说》《天对》《答刘禹锡〈天论〉书》等，大力提倡无神论。参见张铁夫：《柳宗元新论》，第53—63页。

③ 《柳河东集》，第298页。

必不为恒人。夫刚柔无恒位，皆宜存乎中，有召焉者在外，则出应之，应之咸宜，谓之时中，然后得名为君子。①

道的实现与成君子之路其间具有相同的道理，内外、刚柔、方圆并非固定不变的，而当以条件的变化采取应变的道理，“吾以为刚柔同体，应变若化，然后能志乎道也”②。“志乎道”即是求道之实现与功化，要真正使辅时及物、经世致用落于实地，在思想方法上我们便必须有时中的方式③，在目的与手段、经与权之间权衡利弊得失。在《断刑论》中柳氏指出：

果以为仁必知经，智必知权，是又未尽于经权之道也，何也？经也者，常也；权也者，达经者也。皆仁智之事也。离之，滋惑矣。经非权则泥，权非经则悖。是二者，强名也，曰当，斯尽之矣。当也者，大中之道也。④

柳氏在此处将经与权的关系与其津津乐道的“大中之道”联系起来考虑，从一个侧面提醒我们，所谓经权、大中、方圆、内外等事实上即是为实现其“辅时及物”、经世致用之目的所施用的方法而已。然而，这一方法之核心乃在于“君子不固守”。我们固然反对离开“经”而谈“权”，离开原则而谈变革，但更为重要的是，我们应当为了我们所欲实现的目标，采取灵活有效的方法。如是，则圣人之道方不致落于空说，方能真正达到解时艰、救时弊之目的，“圣人之为教，立中道以示于后”⑤。此“中道”之标准即是“当”，何谓“当”？此“当”即应体现在“以生人为主，以尧舜为的”、以“利安元元”上面，亦即是“利于

---

① 《柳河东集》，第 526 页。
② 同上书，第 526—527 页。
③ 学者对于柳氏所言的“大中之道”已经有相当的论述，此处我们只是想指出，柳氏之言“大中之道”或时中原则其实具有非常明显的实现其辅时及物、经世致用的目的。
④ 《柳河东集》，第 58 页。
⑤ 同上书，第 55 页。

人，备于物”。

理论上，道所指示的内容与方向蕴涵了此道的实现方式与方法，两者其实有内在的逻辑关联。当柳氏将儒家之道理解为致用之道、为政之道时，其方法亦表现为“用”的功效化或“政”的实用化。换言之，柳氏基对于儒家之道的特殊了解，他在面对各家各派，并对其进行衡断时，视角所及，标准所至，并不在于从那些所以为“家”、所以为“派”的理论的根基处、细微处进行辨识，而只是从各家各派所可能有的社会效果来进行取舍。柳氏云：

> 太史公尝言，世之学孔氏者，则黜老子，学老子者，则黜孔氏，道不同不相为谋。余观老子，亦孔氏之流也，不得以相抗，又况杨、墨、申、商，刑名、纵横之说，其迭相訾毁、抵捂而不合者，可胜言耶？然皆有以佐世。太史公没，其后有释氏，固学者之所怪骇舛逆其尤者也。今有河南元生者，其人闳旷而质直，物无以挫其志；其为学恢博而贯统，数无以踬其道。悉取向之所以异者，通而同之，搜择融液，与道大适，咸伸其所长，而黜其奇邪，要之与孔子同道，皆有以会其趣。①

柳氏此段包含两个方面的意思：首先，则儒、墨、道、法乃至九流十说在柳氏的诠释中原并没有像学者所理解的那样，相互之间几不相容，而是“道同”而可以“相谋”；其次，各家各派皆是孔子之同道，或各有其长短，然而，却可以同会其趣。我们现在所要问的问题显然在于，在柳氏眼里，儒家与其他各家之间的关系如何？何以九流十说可谓之与孔子“同道”？柳氏所谓“同道”的标准又究竟是什么？显然，在柳氏看来，儒家之道乃涵容广备，兼摄诸家，如是，即表现此道的方法便不在严分理路，彼此区隔，竞较优劣，而表现为“搜择融液”，“通而同之”，因此，儒家与诸家的关系是同道关系。当然，如此了解，并

① 《柳河东集》，第419页。

非意味着柳氏言儒家之道落于无原则之地。事实上，在表现儒家之道之方向上，柳氏自始至终坚持以儒家为宗，所谓九流十说皆是“孔氏之异流”“与孔子同道”，并不是说柳氏将儒家仅仅看作是众多学派中的一派而已，毋宁说他是将儒家看作是衍生其他各派的源泉，其他各派只是儒家这支干流生出来的支脉而已，也因而，所谓“同道”的真正意义乃是同孔子之道。

不过，既谓之“通而同之”，则同在何处，毕竟还有一个标准，这一标准又是什么呢？若谓这一标准乃从学理、判教的立场上立说，即各家各派、九流十说自有其理论上各不相同的宗旨，佛家言空，道家言无，儒家著于有，彼此之间不可谓不峻刻峭急。或正因为各家所持守的理论根基各有所异，以至不免相互唇舌，尽管在这种彼此竞长去短的过程中，各自皆从对方身上吸取了不少思想养料，但各大教、派却并没有因此改变其自身的理论宗旨和特质。审如是，则柳氏所谓“同”即不在学理或判教的意义上说[①]，而落于“有以佐世”的效用上说。柳氏谓“要之与孔子同道，皆有以会其趣”，所会之趣亦只是孔子之道之趣，换言之，就是有益于兴教化、理家国、拯生民，悬解时艰。显然，这是一种政事之事为。

如前所云，政事之作为所面对的乃是实在的现实事务，一般而言，它拒斥高远的理想和理论的玄辩，而着眼于对具体问题的解决，故其标准乃落于功用和功效上毋宁说是可以理解的。对于儒释之间的关系，学者当然有各自不同的看入角度，柳氏不仅与韩愈不同，而且也与其同时代的许多赞成儒释共处的学者不同，其原因或就在于他对儒家之道的某种实用性的理解。

柳氏自谓“自幼好佛，求其道，积三十年”[②]。甚至天台宗也把他列为重巽的俗家弟子[③]。尽管从现存的柳氏文集中我们很难知晓他

① 此处分析自然适用于柳氏言“统合儒释”所蕴涵的理论逻辑，盖柳氏说“统合”亦非从学理或判教的角度而言，而只是从“佐世”之实用和功效而言。

② 《柳河东集》，第423页。

③ 参阅孙昌武：《柳宗元传》，北京：人民文学出版社1982年，第288页。

本人在佛学理论上究竟有多深的造诣，但从柳氏的成长环境、经历和交谊来看①，我们有理由相信他对佛学有独特的会心。不过，我们更愿意认为，柳氏在本质上是一个地道的儒家学者②。从大量的文字资料中我们不难看到，柳氏早年热衷功名，“颇慕古之大有为者”③，也因此，他积极参与永贞革新，领导古文运动，关心国事，忧心时艰，自谓“宗元早岁，与负罪者（指永贞革新的王叔文集团）亲善，始奇其能，谓可以共立仁义，裨教化。过不自料，勤勤勉励，唯以中正信义为志，以兴尧舜孔子之道，利安元元为务”④。即便遭遇贬谪，“逢天地之否隔”⑤，仍念念不忘儒家济世拯民之理想，“仕虽未达，无忘生人之患”⑥，故抱德厚，蓄愤悱，将以有为，所谓“苟守先圣之道，由大中以出，虽万受摈弃，不更乎其内”⑦。

当我们认定柳氏在终极的价值取向上归宗于儒家后，许多学者认为柳氏信佛非着重于信仰乃着重于义理，这种观念比一般笼统地认为柳氏为佛教徒自是一种进步。但依本文之理路，这种看法仍不免为一种似是而非之论，盖所谓义理上信佛必当表现于对佛教义理之深入疏解，以见其纲维脉络，间架眼目，但这一工作在柳氏那里终付阙如。若说柳氏“嗜好佛理”，但此“嗜好”若不落于服膺或委身上，即可能会让人以为柳氏只是在玩赏佛理抑或在理论之思辨上沉醉于

---

① 柳氏生活于当时社会三教合流的思潮中，自小又受到虔诚佛教徒的母亲的影响，同时在他短暂的一生中与高僧大德多有交往，这些因素或许对柳氏好佛都有不同程度的影响。从东晋南北朝以来，士大夫与僧人、道士交往已成风气，至唐代愈盛，盖谓“昔之桑门上首，好与贤士大夫游”。至柳氏时代，“天子分命重臣，典司方岳，辟用文儒之士，以缘饰政令，勤服圣人之教，尊礼浮屠之事者，比比有焉”。（《柳河东集》，第 422—423 页）

② 此处涉及有关宗教委身的标准问题，简言之，我们认为，判定一个人究竟是佛教徒、基督徒或是儒家，当在终极关怀上来认定。

③ 《柳河东集》，第 545 页。

④ 同上书，第 480 页。

⑤ 同上书，第 33 页。

⑥ 同上书，第 520 页。柳氏又云：“宗元虽败辱斥逐，守在蛮裔，犹欲振发枯槁，决疏横污，罄效蚩鄙，少佐毫发。”（同上书，第 569 页）柳氏此处充分表现了孔子所谓的“士志于道”（《论语·里仁》），君子“谋道不谋食”“忧道不忧贫”（《论语·卫灵公》）的理想，在价值取向和终极关怀上始终以儒家之道为最后依据。这样一种思想和行为超越了个体和群体的利益，而发展出对整个社会和生民的深厚的关怀。参阅余英时：《中国知识阶层史论》古代篇，台北：联经出版事业公司 1980 年，第 39 页。

⑦ 《柳河东集》，第 519—520 页。

佛理，然而，如此解释皆与柳氏对佛学之态度不相应。

事实上，柳氏对佛学之态度及其所主张的“统合儒释”的观念基本上是基于他对儒家之道的认知和理解，也因此，当他面对佛教时，基本上采取的不是信仰、也不是义理的进路，而是一种功用的、实用的进路。但我们如此说，至少在某些方面与柳氏似乎不合，盖柳氏明言各家包括佛教乃是“孔氏之异流”。依此逻辑，即在柳氏，所谓“统合儒释”乃统之于儒家之下，似当以儒家之道之标准为标准，与儒家合即加以肯定，不合即加以拒斥。不容否定，上述看法代表了绝大多数学者的立场。然而，基本上，这样一种看法仍有其虚歉之处，其间原因正在于，所谓儒家之道本身乃是一个尚待诠释的概念：是儒家所以为儒家的超越义理上的规定，还是将儒家之道解释为匡救时弊，开致太平的具体措施？若将道之标准落于后者，即其必将导致儒所以为儒、释所以为释之超越而根本的规定的淡出，而直接指向各教所具有的教化之功上面。[①]因此，所谓与儒家合即加以肯定，在柳氏并非在儒家之理之精微处严加辨析，而多是在事之作用上加以肯定而已，尽管这种肯定在柳氏仍以儒家世俗的、政治的要求为标准。

在《送僧浩初序》中，针对韩愈“不斥浮图”的指责，柳氏提出了对佛教不仅要“知其石”，还要“知其韫玉”的主张。柳氏云：

> 浮图诚有不可斥者，往往与《易》《论语》合，诚乐之，其于性情奭然，不与孔子异道。退之好儒未能过扬子，扬子之书于庄、墨、申、韩皆有取焉。浮图者，反不及庄、墨、申、韩之怪僻险贼耶？曰：“以其夷也。”果不信道而斥焉以夷，则将友恶来、盗跖，而贱季札、由余乎？非所谓去名求实者矣。吾之所取者与《易》

---

① 当然，我们如此说，殊非意味在柳氏，儒家只仅仅是招牌而已。事实上，在所谓去时弊、兴教化方面，柳氏仍本儒家之怀以观佛教，他反对南禅宗“流荡舛误，迭相师用，妄取空语，而脱略方便，颠倒真实，以陷乎己，而又陷乎人”（《柳河东集》，第428页）即是一例。不过，此仍不足于证明柳氏乃以儒家所以为儒家的标准的来统合佛教，何况，在佛教内部对狂禅亦复有深刻之反省。

《论语》合，虽圣人复生不可得而斥也。[1]

柳氏此处明确不同意韩愈从华夷之辩的立场来排斥佛教的主张[2]，在柳氏看来，对于各家各派我们要采取“去名求实”的态度，不能“愤其外而遗其中”，否则便难免“知石而不知韫玉”[3]；韩愈自己好儒尚不及杨雄，但杨雄对于庄、墨、申、韩皆有所取，难道佛教比庄、墨、申、韩还要“怪僻险贼”不成？柳氏之论辩可议之处很多，但此处最当引起注意的有两点，一是所谓名实问题，显然在柳氏看来，“教之所以为教”之名并不具有实质意义，最重要的是要看其“实”[4]。所谓“实”，柳氏未明言，但大体是指与《易》《论语》相合之处，而《易》《论语》正是儒家“取道之源”；因而第二点柳氏提出“果不信道而斥焉以夷”则不免认贼作友，认友为贼。何以会这样？原因就在于韩愈未能“信道而斥”。此一结论对韩愈而言或难于接受，盖韩愈处心积虑建立“道统”至少其用心之处在于借此划分儒道与佛道之区别。但由此我们却不难看出，柳氏对佛教包括其他一切流派是取“统合”还是取“排斥”之态度，乃一依其对儒家之道之标准的独特理解。

明乎此，我们便可知，柳氏对佛教之“统”或“斥”基本上是取功用的、实用的态度，凡有益于济生民、兴教化、良风美俗者取之不疑；反之，凡主诸法空无，无父无子，不事伦常者则弃之不殆。所谓“与儒典并用”“不与孔子异道”“与《易》《论语》合”等似乎皆当落于儒家世俗的、政治的标准上来理解，取其实际的社会功效来判定，其基本原则即是“有以佐世”：如对于禅宗不立文字，妄取空语，空腹高心，颠倒真实，柳氏给予无情的批判，但对其教人“始以性善，终以性善”[5]却认

---

①③ 《柳河东集》，第 425 页。

② 在佛教初传中国不久，便已有学者从华夷之辩的角度斥责佛学为“夷狄之学”，而学佛者即是舍“尧舜周孔之道”而学“夷狄之术”。（参见僧佑《弘明集》卷一《牟子理惑论》）

④ 理论上，我们必须明确，“教之所以为教”之“名”当下即蕴涵了“实”，此“实”即是构成一教所以为一教的超越的根本的义理，舍此则无以为名教。故从根源意义上看，“名”之为名亦可具有“身份认同”的实质作用。柳氏执于自己的理解，不从这一角度看入。

⑤ 《柳河东集》，第 92 页。

为可以"丰佐吾道"；又如柳氏推崇天台宗，认为"佛道愈远，异端竞起，唯天台大师为得其说"[①]。但柳氏并不认同天台的"真如缘起"和"一念三千"之说，只是赞赏其方法意义上的"三谛圆融"的中道观[②]。而对于佛教大德之评论，柳氏亦将其视角放在政治或伦理的功效上，如：

1. 柳氏赞曹溪六祖大鉴禅师为："阴翳王度，俾人逍遥。"

2. 赞睿上人"专于律行，恒久弥固"而"仪刑后学"为："诲于生灵，触类蒙福"，"觐于高堂，视远如迩"。

3. 赞文畅上人服道江表三十年，"秦人蒙利者益众"。

4. 赞南岳弥陀和尚为："离而为合蔽而通"，"化流亿万代所崇"。

5. 赞岳州圣安寺无姓和尚为："师以显示，俾民惟新"，"师以诱导，俾民不昏"。

6. 赞南岳云峰和尚为："演大律"，"度群有"。

7. 赞南岳般舟和尚为："度众愈广，大明群昏。"

8. 赞南岳大明寺律和尚为："化人无疆，垂裕无际。"[③]

不难看到，上述佛教大德在柳氏笔下，"出世"的性格淡出，"他们在自己的信仰领域内，所作所为皆有目的，有成效，他们的人生意义主要不在虚幻的解脱成佛，而表现为行道的积极追求"[④]。而这种追求又皆指向于有俾世教，有益太平之目的，故而我们说，柳氏对佛教的态度乃是由其对儒家之道之基本精神的理解直接延伸

---

① 《柳河东集》，第 96 页。

② 参见赖永海：《中国佛教与哲学》，北京：宗教文化出版社 2004 年，第 237 页。我要感谢林镇国教授指出其中引语的错误，盖天台为性具论，华严为性起论，故"引语"中的相关说法或可商量。另外，有关天台的中道观与柳氏推崇的儒家的大中之道的关系，学界有相当深入的讨论，此处不烦赘述。孙昌武先生认为："柳宗元讲'大中之道'，更深受天台宗影响。天台宗前驱北齐慧文说：'诸法无非因缘所生，而此因缘，有不定有，空不定空，空有不二，名为中道。'(《佛祖统纪》卷六)这就是调和'空无'和'假有'的中道观念……柳宗元把天台宗这种哲学与儒家中庸思想调和起来，一方面，在其释教碑中，一再赞扬所谓'中道'、'大中'，另一方面又认为'立大中，去大惑'是圣人之道的根本。所以章士钊先生说'大中者，为子厚说教之关目语，儒释相通，斯为奥秘。'"参见氏著：《唐代文学与佛教》，西安：陕西人民出版社 1985 年，第 63 页。

③ 《柳河东集》，第 93、432、422、95、96、103、105、107 页。

④ 参见陈晓芬：《柳宗元与苏轼崇佛心理比较》，《社会科学战线》1995 年第二期。

而出，亦即由“辅时及物，经世致用”延伸为“阴翳王度，俾人不昏”，其功能的、实用的态度全为明显。无疑，在这里我们无法获得柳氏关于儒释在超越而根本的义理上的差异与紧张的任何深入阐释。

我们再从三个侧面来稍作分析。首先，柳氏认为佛教之为道，“不爱官，不争能，乐山水而嗜闲安者为多”①，可通于儒家的生活态度②。如前所述，柳氏对仕、位其实有其特殊的渴求与理解，而谓“道不苟用，资仕乃扬”，辅时及物，经世致用之道必当有一定的势位官职方能更有效地付诸实施。但柳氏经历过官场上的升沉进退，对那些为个人私利奔竞权柄，贪图爵禄者颇为反感，“吾病世之逐逐然唯印组为务以相轧也”③，故不免生寄情山水、安贫乐道之念，而对佛教恬然于“万化冥合”之境颇有证印。儒家之道讲求刚健有为、入世变革，然而，柳氏却在有为之路上命运多舛④，精神上的痛苦与失落如何获得解脱？这固是柳氏个人遭逢的一个难题，也是一个直接指向儒家人生哲学的深度追问。柳氏认为，法华寺觉照上人“不起宴坐，足于观空色之实，而游乎物之终始。其照也逾寂，其觉也逾有。然则，向之碍之者为果碍耶？今之辟之者为果辟耶？彼所谓觉而照者，吾讵知不由是道也？岂若吾族之挈挈于通塞有无之方以自狭耶？”⑤柳氏以自己身体心验之经历一方面说明辟佛者之轻率，另一方面也说明佛教面对人生逆境所具有的特殊功效，而对儒家之“挈挈于通塞有无之方”不免怀抱些许幽怨，从而在理论上反显出儒家刚健有为的入世

---

① 《柳河东集》，第 425 页。

② 如柳氏赞玄举“耻制于世而有志乎物外”（同上书，第 430 页）；赞文郁师“力不任奔竞，志不任烦挐，苟以其所好，行而求之而已尔”（同上书，第 429 页）；赞元十八山人“不以是道求合于世，常有意乎古之守雌者”（同上书，第 419 页）。

③ 同上书，第 425 页。

④ 永贞革新失败后，柳氏不仅在政治遭逢贬谪，而且在生活上妻女相继而亡，自己又身罹多种疾病，可谓多重困厄，不期而至。人生所能承受的打击有时很强，有时却又很弱，故而自强不息的哲学除了要有正面的积极的提升功能外，必须也要有负面的消极的“防御”功能。对于儒家哲学而言，发展出消极的意义治疗，进而在解脱论上有所成就，当是理有固然之事。

⑤ 《柳河东集》，第 464 页。

哲学在解脱论上的虚歉。①

其次，柳氏认为“金仙氏之道，盖本于孝敬，而后积以众德，归于空无。其敷演教戒于中国者，离为异门，曰禅，曰法，曰律，以诱掖迷浊，世用宗奉”②。讲求孝敬原本是儒家伦理的核心之一，有子曾言“孝悌也者，其为仁之本与”，意谓若要成就一个仁人君子，必当从履行孝悌开始。当然，孝敬之作为一种道德规范主要指向宗法制度下的家庭伦理，孟子曾云：“人有恒言，皆曰天下国家。天下之本在国，国之本在家。”(《孟子·离娄上》)可见“国”只是放大了的“家”，《大学》对此说得更为清楚：“所谓治国必先齐其家者，其家不可教而能教人者，无之。故君子不出家而成教于国。孝者，所以事君也；悌者，所以事长也；慈者，所以使众也……一家仁，一国兴仁；一家让，一国兴让；一人贪戾，一国作乱，其机如此。”此处“机”可解释为机理、机制或逻辑，意思是说，孝敬虽是家庭伦理，但它当下即关涉国家社会的治乱兴废。因此，孝敬问题本质上又可以被看作是社会政治伦理的范畴。就柳氏经世致用、忧心时艰的本怀而言，其关注佛教中的孝敬，用心并不在从佛理上“统合”儒释对孝敬问题之疏解，而更直接地注目于其济世之功用上。故柳氏一方面批评“世之为释者，或不知其道，则去孝以为达，遗情以贵虚”，一方面则赞元暠“衣粗而食菲，病心而墨貌。以其先人之葬未返其土，无族属以移其哀，行求仁者，以冀终其心。勤而为逸，远而为近，斯盖释之知道者欤。”又云：“释之书有《大报恩》七篇，咸言由孝而极其业。世之荡诞慢訑者。虽为其道而好违其书，于元暠师，吾见其不违且与儒合也。”③

---

① 儒之所失，或正是佛之所胜，此处即涉及解脱论问题。其实在这一点上，李翱就清楚地意识到。他认为，言及性命之源，人们皆愿意在庄、列、老、释中去寻求，而认为儒家“不足以穷性命之道”(《李文公集》卷二《复性书》上)。不过，就整个宋明儒学而言，在解脱论上仍存在相当的不足。王阳明言良知、言儒者与天地万物为一体，固然有其作为儒者的理绪，但如果结合其个人遭遇以及对良知说、知行合一说等作进一步的深度的分析，他的“此心光明”之论，其实不免粘有佛教的山林之气，只不过对此“山林之气”我们应当将它理解为儒学在解脱论上的一种“变形”而已。

② 《柳河东集》，第430页。

③ 《柳河东集》，第427页。孝敬问题与礼敬问题联系在一起，佛教原并不主孝敬与礼敬，规定沙门不礼国王，不拜父母，但佛教在传入中国后，逐渐适应中国本土的(转下页)

最后，在柳氏看来，“儒以礼行，觉以律兴”①在“礼”与“律”之间，儒、释有其共通之处，故可“一归真源”。就儒家而言，礼不仅涉及个人的修身，它同时也牵涉到家国天下，故荀子一方面说“礼者所以正身也”，另一方面又认为，“人无礼则不生，事无礼则不成，国家无礼则不宁”。(《荀子·修身》)儒家重礼，其根本目的意在君子人格的成就和社会秩序之建立。而佛家各派也有其共同遵守的戒律，如不杀生、不偷盗、不邪淫，不妄语、不饮酒等“五戒”。事实上，正如礼学在儒学中具有核心地位一样，戒学亦是佛教三学(戒、定、慧)之首，是佛法久住世间的基石，旨在止恶修善，依戒资定。故《大乘本生心地观经》卷四有云：“入佛法海，信为根本，渡生死河，戒为船筏。”当然，佛教讲戒律乃为成就具有坚定意志、“但求众生得离苦”的菩萨气象，与儒家在核心教理方面各有所向。然而，它所指向的社会功能如去恶修善、坚忍意志等却可在某种意义上“通”于儒家：化人无疆，垂裕无际。故柳氏认为：“儒以礼立仁义，无之则坏；佛以律持定慧，去之则丧。是故离礼于仁义者，不可与言儒，异律于定慧者，不可与言佛。”②从柳氏反对狂禅流荡舛误，迭相师用的观念中③，我们不难发现，柳氏的佛教观的确属于保守型，也因此，他对律宗深有好感，认为“其有修整观行，尊严法容，以仪范于后学者，以为持律之宗焉”④。而佛教大德之专于律行与儒家之讲求克己复礼，在柳氏看来，对于规范生民、仪型社会无疑具有异曲同工之效。明乎此，我们便可窥知柳氏何以谓儒

(接上页)伦理要求。不过，其实质内容则颇为复杂，依日本学者砺波护的看法，礼敬问题事实上关涉“王法与佛法”的争论问题，砺波护引用冢本善隆的观点，认为“隋唐初期，曾经令国家权力不得不与之妥协的佛教，到玄宗朝以后，最终完全屈服了”(参见砺波护：《隋唐佛教文化》，韩昇译，上海：上海古籍出版社 2004 年，第 87、89 页)，而镰田茂雄在《中国佛教史》一书中即认为，“唐代佛教从属于国家权力的一个证据，就是沙门不敬王者论在唐朝初期一度出现后，永远地销声匿迹的事实”。以前接受父母尊长们礼拜的僧尼们不得不反过来礼拜父母尊长，这一现象如用藤善真澄的话来说，“意味着印度因素的消灭，佛教放弃了逸民的性格，完全屈服于世俗法规”。(砺波护：《隋唐佛教文化》，韩昇译，第 91、95 页)

① 《柳河东集》，第 107 页。

② 同上书，第 105—106 页。

③ 参看《柳河东集》卷二十五《送琛上人南游序》、卷六《龙安海禅师碑》等。

④ 《柳河东集》，第 430 页。

之礼与佛之律之间可以"一归真源"的奥秘。

（四）结　　语

对于柳氏提出"统合儒释，宣涤疑滞"的主张，学界的许多学者对此都作了相当深入的研究。通观柳氏的思想整体，如何分析这一观念，抑或还有剩义。本文之中心观念则试图从柳氏对儒家之道的独特理解出发，执定柳氏"统合儒释"之主张，既非出于对佛教信仰之进路，亦非出于对佛教义理之进路，而乃出于功效的、实用的进路，这种理解或不免激进而有一叶障目或只见树木、不见森林之嫌，作者恭望学者不吝批评。

不过，在另一方面，从柳氏"统合儒释"的观念中延伸出去的一个命题即涉及"宗教对话"问题。那么，柳氏之主张作为个案可否为我们思考这一问题提供某种范式的意义？

按照夏普(E.J.Sharpe)的说法，严格意义上的宗教对话直到二十世纪五十年代末才成为宗教学界普遍关注的问题。不过，时至今日，人们仍不免会追问，这样一种对话究竟是出于理论的自觉还是出于现实的需要？

这是一个见仁见智的问题。①

至少从理论上讲，任何一个大教都有其自身的一套普遍而绝对的理念系统，此系统乃由一教之创立者（或释迦牟尼，或耶稣基督，或安拉等等）说出而表现为"神言"。凡一教之能立者，其根源并不落于此教之具体的教仪、教规或此教所具有的社会功效上，而实系于此教之普遍而绝对的理念之上。此理念既属之于神言之自体，则究极地，宣教之属人的语言的有限性便不足于呈现神言本身。宗教学家约翰·希克(John Hick)曾在《上帝与信仰的普遍性》一书中以盲人摸

① 这是一个无法有统一结论的问题，本人也曾为文并在以下多有援引。宗教学界曾对此一问题有过多次讨论，但历史表明，每一次宗教对话的过程皆不免演变成宣教的过程、独白的过程。

象的比喻来说明具体的信仰者与上帝本身的关系。具体的信仰者总是受制于属人的、历史文化传统中的有限者，他们所能感知的永远只是超越而普遍的上帝之言的一部分而非全体①，或是那些与有限的信仰者相遇而处于此一关系实在中的上帝的一部分。

任一大教之困境在于，明知教之为教的理念（神言之自身）并不能以人言，却又不得不以人言来传达。此处所谓“不得不”乃是教之为教的本质规定使然，盖凡为教者便必得以“教”（作动词）来表现其自身，教不能永远停留在其自身普遍而绝对的理念领域，而必须执宗为教，由宗及教。而一旦如此，即神言便假人言以行，如是，即所谓宗教对话便已不是宗教之理体之间的对话②，而只是形式上负载着神言的人言之间的对话，但这种对话却在理意上背离了宗教对话之实质本身。

另一方面，任一大教总是以其自身独有的立场宣示其对绝对真理的掌握，如是，即教与教之间的照面一开始便会表现为对绝对真理的宝座之争。对任一大教而言，绝对真理之发现与拥有并不在于其实质效用，而实系于其形式效用，盖真理必以绝对化方能立此教之生命，进而召唤民人，凝成教体。若一教之真理宣称能容囿别教之批评、改更，此即无异于自毁。在宗教对话的历史中，人们不难发现，教与教之间有关真理的宣称不仅不会相同，且时常可能冲突。即便不冲突，当两者或更多同时为真，且同时被视为绝对时，对话之格局或成为宣教，或成为独白，抑或成为示威。我们不难设想，当儒教之宣说者说其所贞定的真理乃是“放之四海而皆准，俟诸百世而不惑”，当佛教徒宣称“法界缘起”为宇宙之最后真实，当基督徒传扬《圣经》说“我就是真理、道路与生命，若不经过我，无人能到父那里去”，或当伊斯兰教徒说安拉的语言便是宇宙万物的唯一真宰时，教与教之间的

① John Hick: *God and the Universal of Faith*, London: Macmillan Co. 1977, p.140.

② 宗教之理体乃是不可言说的，因而我们也永远无法聆听。奥特（H.Ott）清楚地认识到这一点，但他努力使此不可言说的言说出来。参阅奥特：《不可言说的言说》，林克、赵勇译，北京：生活·读书·新知三联书店 1994 年。

对话又何以能达到对真理、对终极关切的再理解与再认识？尽管施韦德勒（Leonard Swidler）教授呼吁宗教之间应当取长补短①，然而，这样一种呼吁与其说是一种实践，毋宁说是一种有待于从宗教之内在本性中获得其合法性证明的期待。

我们如此说，决非意味着宗教对话毫无意义。其实，柳氏“统合儒释，宣涤疑滞”的主张，从另一个侧面提醒我们，教与教之间的对话（或统合抑或融合）并非一定要在教之为教的理体上互争高下②，而可将各教之视域转向人类所共同面对的苦难，由对苦难之不同的观察、分析和解决方式提示对话之精义，达成彼此间的认识与了解，以增益其自身。审如是，则对话的真正意义应该是“对治”：通过对人类共同面对的苦难的不同理解，达到对这些苦难最有效、最合乎人性的治理。

当然，这种“计其用而不计其体”的宗教对话亦有其自身不免的难题。即以柳氏而言，其所谓的“统合儒释”的着眼点乃在佛教所可能有的功用或功效上，择善而从，取长补短。他几乎略过了佛教所以为佛教之理体。然而，这种对异质的宗教系统所采取的“超级市场的购物心态”固然简便、实用，省去了不少理论上的蛮缠纠结，只是在“文化移植”上，这种买椟还珠的方式因其太重功用而不免体用皆失③，此又岂是言之无据？另一方面，就柳氏对儒学的态度而言，我们看到，柳氏言儒家之道在很大程度上并非落于此道所以为此道的体上，而是落于道之用上。如前所述，任何道皆有作用之表现，但此作用之表现，严格地说，乃受道之所以为道本身的标准或原则所制

---

① Leonard Swidler, *After the Absolute: The Dialogical Future of Religious Reflection*, Minneapolis: Fortress Press, 1990, p.21.

② 显然，对柳氏而言，他并没有就儒释之间在理体上的微妙差异措思用心。当然，他是否自觉地意识到宗教对话所可能存在的理论难题是一回事，而他自己的心智所向及其所造成的客观效果又是另一回事。

③ 依本尼迪克特（R.Benedict），一种文化就像是一个人，是思想和行为的一个或多或少贯一的模式。每一种文化中都会形成一种并不必然是其他社会形态都有的独特意图。参见氏著：《文化模式》，王炜译，北京：生活·读书·新知三联书店1988年，第48页。文化乃是一个有机的整体，以“为我所用”的实用立场取之于有机的整体，则此一文化系统之精义不免丧失。

约。由道之标准或原则出发以观其作用之表现，即此道之体用乃可呈现其独立和独特的面貌和性格。

然而，一旦我们言道而落于此道之作用的表现上，且以此作用之表现为标准，则此道所以为此道之独特性即可能为功效本身所漂白、所替代，盖此处事实上发生了一个原并不可让渡的标准或原则的转移，亦即由道之所以为道的标准转移至功用或功效本身为标准。审如是，我们便有理由担忧，即便柳氏借其“统合儒释，宣涤疑滞”之主张可以为其所处时代的问题提供一种答案，但其对佛教之统合最终是否是一条现实可行的路径，而儒家思想之主脉最终是否可得以作用的保存，至少在理论上是深可致疑的。

宋明儒学之兴起，或许已经从历史的角度为我们提供了部分答案。

二、「三代之治在道而不在法」

——以豫章《尊尧录》为中心的一种诠释

罗从彦(1072—1135),字仲素,号豫章,南宋南剑州沙县(福建今县)人,与杨时、李侗并称"南剑三先生"。北宋末政和二年壬辰四十一岁受学于杨龟山先生之门,绍兴二年壬子六十一岁,豫章以特科授惠州博罗县主簿,官满,则入罗浮山筑室静坐,绝意仕途。豫章乃宋代道学"道南"一脉中承前启后之人物,豫章学派的创始人,有谓豫章严毅清苦,宁静淡泊,在杨门中为独得其传者。

(一)引　言

环顾当前整个学术界对豫章思想之研究,人们大多集中于从哲学的角度作出论述,或者更如实地说,是从狭义的儒家心性之学的角度阐发豫章在由龟山经豫章到延平而至朱子的思想传递过程中的地位和作用。应当说,这一现象有其合理之处,盖无论在龟山、延平乃至朱子本人的论述中,还是在《宋元学案》等学术史的著述中,学者亦大都侧重于从道南旨诀一脉上为豫章学问寻求恰当的定位。在哲学史上,道南一脉素有以"体验喜怒哀乐未发前作何气象"作为自己的传道旨诀。大体上说,这一旨诀本质上乃是一种内在的身心体验方式,因而收拾精神、静坐反观成了这种体验的基本的功夫路径。龟山云:

> 《中庸》曰:"喜怒哀乐之未发,谓之中,发而皆中节,谓之和。"学者当于喜怒哀乐未发之际以心体之,则中之义自见,执而勿失,无人欲之私焉,发必中节矣。①

---

① 《龟山文集·答学者》。

显然,在龟山看来,体验喜怒哀乐未发前气象实际上就是体中功夫,而这种功夫重在培植本源和涵养本体,因为在龟山看来,一个人若能执中不失、人欲尽去,则其言动思行必合于大本达道。

我们暂时撇开龟山体中功夫所可能包含的种种问题不论,作为道南一脉中承前启后的人物,豫章在哲学上的基本主张亦从其师龟山那里直接脱出,并以静坐寡欲以体验喜怒哀乐未发前气象教授弟子延平。但显然,豫章的特点似乎并不表现在对此功夫之理论上的说明,而更侧重于在生活中躬行实践,此所以朱子会说"仲素先生都是著实子细去理会"。又说"罗先生严毅清苦,殊可畏"①。朱子以"著实子细"说明豫章功夫之特点,可谓传神,盖"著实"二字实已将豫章笃行践履之风格和盘托出,且朱子这一评论与其在另一处所说的罗先生"潜思力行,任重诣极"②实可互为注脚。然而,更进一步地,豫章此一静坐体验之功夫进境有何独特之处?且与其师所言的静坐功夫又究竟有何差别?诸如此类的问题即便我们翻遍"豫章文集"亦颇难找到结论③,盖如何借由静坐澄心之功夫以达到意识的纯真纯一(所谓"中体"之把握)本质上乃是非常私人化的体验或体认(personal experience)方式,任何试图形诸语言文字以使此体验具有普遍化或规则化之努力皆不免失去意义。豫章高弟延平曾言"先生极好静坐,某时未有知,退入室中,亦即静坐而已"。延平更谓:

> 学问之道,不在多言,但默坐澄心,体认天理。④

所谓"不在多言"既可以说是对默坐澄心的限制,亦可以理解为语言(包括文字)不足以形式化地表达经由默坐澄心之功夫所得的体

---

① 见黄宗羲等:《宋元学案·豫章学案·附录》。

② 见《宋史》卷四百二十八《罗从彦传》。

③ 有学者认为,豫章之静坐已不同于龟山只是用以"尽心以知性"的"体中",而是延伸至"躬身以尽性"的"知其止",此一论述可聊备一说。但若仔细地求之于文献根据,这一结论总觉还嫌其勉强。其实,就狭义的体验未发这一功夫路数而论,龟山与豫章之间差别甚微。

④ 参见《宋元学案·豫章学案·延平答问》。

验,而因之以为定本和教法则更是无从说起。因此,专就豫章体验未发功夫一路以见其与师、弟之间之差别,则恐颇难有定说,若必有以说之,其间亦不免依稀恍惚,强之己意,故我们必得参合此功夫与其整个哲学观念与价值关怀综而论之,适足于见出豫章思想之特色与意义。

然而,此一现象也从另一个侧面提醒我们,局限于体验未发一路的豫章学研究实颇显其偏颇,甚至不足于彰显作为一个整全儒者(此即内圣与外王思想并重之意)的豫章在宋代思想史中的地位,理由有二:其一,按之于"豫章文集",我们固不难发现,豫章关于体验喜怒哀乐未发前作何气象之文字留存并不多,而且依豫章注重躬行实践之品格,我们实可想见豫章的相关文字亦不可能多①;其二,即便站在儒家哲学之立场,我们的视角亦不可只停留在狭义的心性论上,易言之,儒家之心性论只是儒家哲学讲求内圣的一部分,外王之一面亦定然是儒家之所以成其为儒家的不可分割的一部分。审如是,我们实则必要转换一个视角,即从外王的角度研究豫章"三代"之治的观念,理由亦同样有二:其一,豫章一生著述,林林总总,不可谓不多。然而,揆之于"豫章文集",我们并不难发现,豫章用心最多、用力最富者实在于对"三代"之治的念兹在兹;其二,孤立地看,豫章言"三代"之治的观念似乎充其量不过是一些耳熟能详的"规劝""鉴戒"或对事之至当,理之可久者之"发覆"而已。然而,超出这一视界,假如我们能从有宋一代"回向三代"之思潮以及王霸义利之辩论的角度,重新审视豫章"尊尧录"及其相关论述,则豫章"三代"之治所表现的对儒家外王一面的关注热情,对皇权和政治文化的批判精神,便有与只看到心性理气、默坐澄心等狭义的哲学概念之解说迥然不同的一面,而这一面恰恰是被我们长期忽视的。

① 令人遗憾的是,据《豫章文集》卷一之介绍,豫章所著的有关严格意义上的哲学著述如《语孟师说》《中庸说》等又皆不存。又,福建南平的有关学者对豫章学术包括哲学、政治、教育等方面的思想作了系统的论述。

(二) 推明治道

依《年谱》,豫章于钦宗靖康元年丙午(1126 年)五十五岁作《尊尧录》成。此时之北宋王朝,政治窳劣。钦宗即位,虽屡下恤民之诏,然皆一纸空文,未能实行。刘珏(字希范,湖州长兴人)云:

恤民之诏累下,未可行者多,是为空文无实德,此政治失信之开端也。①

然则,豫章作《尊尧录》之目的何也?面对社会政治之衰败,豫章试图通过复尧舜三代之治而有以正之,此豫章作《尊尧录》之目的与用心也。在《尊尧录序》中,豫章云:

尧舜三代之君不作久矣。自获麟以来迄五代千五百余年,惟汉唐颇有足称道。汉大纲正,唐万目举,然皆杂以霸道而已。有宋龙兴,一祖开基,三宗绍述,其精神之运,心术之动,见于纲纪法度者,沛乎大醇,皆足于追配前王之盛,故其规模亦无所愧焉。②

此处有几点需稍作说明,即豫章何以会提出要复尧舜三代之治?而其所要复的三代之治又究竟何指?就前一个问题而言,朱子曾经指出:

国初人便已崇礼义,尊经术,欲复二帝三代,已自胜如唐人,但说未透在。直至二程出,此理始说得透。③

---

① 《宋史》卷三百七十八《刘珏传》。

② 《豫章文集》卷二。

③ 《朱子语类》,黎靖德编.王星贤点校,北京:中华书局 1986 年,卷一百二十九,第 3085 页,李方子录。

朱子上述说法有两点需要指出，一是他认为复三代之治的观念在国初之时即有人提出；二是真正把这一观念说得透彻的乃从二程开始。朱子是理学家，他所理解三代之治更多的乃表现为对"三代"之道理的了解，实则三代之治并不限于道理此一面，亦即不仅有道理之了解，亦有政治实践或政治制度改革的一面①。朱子又云：

> 如二程未出时，便有胡安定、孙泰山、石徂徕，他们说经虽是甚有疏略处，观其推明治道，真是凛凛然可畏。②

在思想史上，胡、孙、石三人常常被人们称之为"宋初三先生"。从朱子之说中，我们可以看到，所谓"推明治道"在宋代其实是一个思潮，此一思潮亦可以看作是宋代开明政治下的一个结果，尤其到仁宗时期，士大夫在范仲淹"先天下知忧而忧，后天下知乐而乐"的精神感召下，纷纷以家国天下为己任。假如从狭义的思想传承谱系的角度来看的话，由二程而龟山而豫章，那么，我们可以认为，豫章复三代之治之观念乃与二程有极为密切的关系，如明道云："三代之治，顺理者也。两汉以下，皆把持天下者也。"又云："若三代之治，后世决可复。不以三代为治者，终拘道也。"③这一观念在豫章那里即表现为追配三代之盛而贬抑汉唐霸道的主张。然而，就整个宋代思想脉络中所存在的"回向三代"的思潮而言，我们毋宁说，豫章复三代之治之观念乃是此整个思潮中的一个有机组成部分，此自不仅仅以承继二程思想为限，此即大致可断而明也。

然而，朱子所谓"国初人"究竟在时间上何指？对此，余英时先生认为，"回向三代"之观念始于太宗，所谓"讲道兴学""崇奖儒学"，而大盛于仁宗。余先生还同时征引了石介、尹洙、欧阳修和李觏等出生于十一世纪初年的学者的思想加以佐证，认定"回向三代的改革议论

---

① 如由范仲淹等人所推动的"庆历新政"以及由王安石领导的"熙宁变法"即是。

② 《朱子语类》卷八十三，第 2174 页，寓录。

③ 《二程集》，北京：中华书局 1981 年，第 127、129 页。

自仁宗中期以来一直持续不断”①。余先生之看法于史有征，固无可疑。而我们感兴趣的是，豫章正是在此一历史氛围下提出他的三代之治的观念，并作成《尊尧录》及其相关论著的。因此，我们在疏解豫章之政治思想时，自不应只将其视作某一位或某一件孤立的事件来加以了解，而应该在整个宋代儒家哲学寻求外王、推明治道之思潮中，给豫章复三代之治之观念一个恰当的定位，此亦理之当然者。

那么，豫章所要复的三代之治又究竟何指？就上引的《尊尧录序》中看，豫章谓“汉唐颇有足称道”，此即表现在汉“大纲之正”与唐“万目之举”方面，就此而言，此所谓“可称道者”似落在政治史上而非文化史上，而豫章“杂以霸道”一语则点出了汉唐非以儒家之王道得人心、得天下，故其结果终不免衰弊。其实，从复三代之治之一脉思潮上看，豫章的此一观念与宋初石介之说在内容方向上有其相似之处，如石介云：“汉顺天应人，以仁易暴，以治易乱，三王之举也，其始何如此其盛哉！其终何如此其卑哉！三王大中之道，置而不行，区区袭秦之余，立汉之法，可惜矣。”②由此我们大体可以看出，豫章所讲的三代之治内涵有一道统的意识在其中，汉唐虽盛却成之于霸道而不在道统之列，而其所谓的三代之治的实际内容则自然表现在纲纪法度之中，一句话，以仁人之心行仁政而王天下，而非以国力之强盛以及疆域之开拓而显其标准也。

假如说我们前面所讨论的乃是豫章所以作《尊尧录》之远因的话，那么，近因则出于对熙宁变法和功利之风的不满，豫章云：

> 终太宗之世无复改张，终仁宗之世一以恭俭。至熙元丰中不然，管心鞅法，甲倡乙和，功利之说杂然并陈。③

---

① 余英时：《朱子的历史世界》，台北：允晨文化实业股份有限公司 2003 年，第 261—267 页。

② 《徂徕石先生文集》卷十《汉论上》。

③ 《尊尧录序》。

此处豫章所谓熙宁以来，管心鞅法云云，显然是指由王安石所推动的北宋的第二次政治变革浪潮。至熙宁三年，王安石三句惊世骇俗的口号“天命不足畏，祖宗不足法，流俗不足恤”即流传开来，因此，要理解豫章上述一段话的意思，则当时反对派领袖司马光的一段议论可作助解。司马光云：

> 先王之治盛矣……盖言三代嗣王，未有不遵禹汤文武之法而能为政者也。今之论者，或曰天地与人了不相关，薄食震摇，解有常数，不足畏忌；祖宗之法未必善，可革则革，不足循守；人之情喜因循而惮改为，可与乐成，难与虑始，纷纭之议，不足听采。①

由以上司马光之言，我们自不难看出豫章乃与司马光一样取保守主义立场，而其中心论旨则要人们守祖宗成法，复归三代王道政治。为此，豫章以唐代吴兢作《贞观政要录》以及本朝石介作《圣政录》为自我期许，“采祖宗故事，四圣所行，可以阊今传后者，以事相比类纂录之”，历三载而成“圣宋尊尧录”，思以行三代之治于当今，以使祖宗金瓯无缺之天下由之而固。即此而言，豫章用心之苦，自望之高，亦耀然纸上。

然则，豫章究竟通过何种方式将“祖宗故事”加以“相比类纂”？历史是人们的记载，本身并不会说话。因而，故事之选择，类型之分列，必蕴涵编纂者之价值祈向，此亦理之易明者。依豫章，《尊尧录》之编纂按以下三原则进行：一，事之至当而理之可久者则衍而新之；二，善在可久而意或未明者则释以发之；三，以今准古有少不合者作辨微以著其事。同时，在材料选取上，创始开基，庙谟雄断，仁心仁闻，则见于其君；守格法行，竭尽公忠，则见于其臣。②此处需要引起我们注意的是，所谓“衍而新之”即是对平正事理之延言申说，意谓豫章对所记之事所载之理之认同并加新述，而所谓“释以发之”则是对

---

① 《温公集》卷七十二《学士院试李清臣等策目》。
② 以上所引皆见《豫章文集》卷二《尊尧录序》。

事件所蕴涵的善意不够彰著者而彰著之。仔细分析此两项，我们固不难发现豫章于此所表达的自己的价值主张和基本立场。然而，最能见出豫章之独立观念，并突显豫章之批判精神者①，则莫若其所谓的“辨微以著其事”一项。豫章所“辨”则自有其当辨之道理与标准，而此道理和标准无疑是“三代之治”之观念，由此，则“三代之治”之观念与其说是由某种历史事实而来的预设，毋宁说是由儒者建构出来的历史哲学中的一种价值意识，借由这种价值意识，儒者能以“理（德）尊于势”的理由对社会、政治甚至皇权问题提出自己的见言与批判。因此，从这个意义上说，“三代”观念也是历代儒者在各自不同的历史情境中确立自我认同的根据。

我们诠释豫章《尊尧录》及其相关观念，自当以此而观之。

（三）“三代之治在道而不在法”

今观《尊尧录》，凡七卷，“别录”一卷，共四万余言，外加“杂著”“附录”等等，面对如此宏富的记述与辨识，我们该如何下手才能得豫章所要试图表明的中心观念？

限于篇幅，本文虽以《尊尧录》之诠释为中心，然亦不能对豫章整部《尊尧录》之思想作全面的论述，具体地说，对豫章所谓“事之至当，理之可久”者，本文不作深入的分析②。但如此做并非意味着豫章在这一部分中所表达的价值主张在阐明其三代之治的观念中不占重要

---

① 依常识之见，所谓复三代之治之观念常常易被不加分析地视为保守主义，而保守主义则易被视为对现实的无原则的辩护。然而，三代之治之观念的预设，原并不奠基于历史考据学之基础之上，毋宁说，它只是一种价值的建构，至其一旦形成，则由原来多少带有某种假设性的回往变成为一种严肃的批判性资源，中国历史上各色各样的对现存政治的反省与批判大多假手于此，此其一也；其二，严格意义而言，保守原无关于好坏，从某种意义上说，它只是表现为一定的时间概念。在此，保守一定的价值观与保守特定社会的政治结构二者的意义并不相同，而且，保什么，又守什么及其保守到何种程度皆有待分析。

② 本文如此处理豫章三代之治之观念，自有作者之用心，盖如前所云，在豫章《尊尧录》编纂之“三原则”中，依作者之见，最能表达豫章之独立观念者实在“释以发之”以及“辨微以著其事”两项之中，此亦是豫章持其所服膺之价值标准以显其“推明治道”、批难时风政治之集中表现。

地位，相反，在这一部分，豫章通过对所谓"祖宗故事，四圣所行"之具体事例的记述，实际上已经将自己的价值认可作了正面的表达。让我们随手举其一例，《文集》卷五《尊尧录·四》中豫章记仁宗事例云：

> 仁宗尝谓近臣曰："人臣虽以才适于用，要当以德行为本。苟怀不正，挟伪以自弊，用心虽巧，而形迹益彰。朕以此观人，洞见斜正。"宰相等对曰："孔子第其门人，而颜回以德行为首，陛下所言知人之要尽于此矣。"①

上述一例记载要在人明先王用人之道，即在德与才之间当以德行为本，此一观念自是为豫章所认同。豫章在《尊尧录》中选取类似的事例所在多有，学者若要全面了解豫章思想，此一部分自是不可草草放过。本文所论，则主要涉及"释以发之"以及"辨微以著其事"两部分，以期见出豫章言三代之治之观念的大体轮廓，我们将首先从王霸之辨谈起。

一般地说，所谓三代之治之观念实具体表现于如何去"霸道"而从"王道"，因此，王霸之辨成为中国传统儒者有关政治思考的核心主题之一，而孟子则无疑是此中最为关键的人物。依孟子，政治之理想或理想之政治在于王道，而此王道政治似乎又仅仅见于三代②，如孟子云："三代之得天下也以仁，其失天下也以不仁，国之所以废兴存亡者亦然。"（《孟子·离娄上》）而所谓王、霸之概念，在孟子看来则是"以力假仁者霸，霸必有大国；以德行仁者王，王不待大"。（《孟子·公孙丑上》）此后，王霸之辨在宋代成了儒者热衷讨论的一个中心问题，李觏、司马光、王安石、二程、张南轩以及朱子等人都以不同的方式对此发表了自己的看法。那么，豫章对此又是如何认识的呢？

---

① 《豫章文集》卷五《尊尧录·四》。

② 台湾学者黄俊杰教授认为，孟子的"三代"观念所表现的乃是一种典型的中国式的"反事实思考方式"(counter-factual mode of thinking)。学者可参看黄氏著：《孟学思想史论》卷二，台北：台湾"中央研究院"中国文哲研究所 1997 年，第 144 页。

毋庸讳言，豫章有关王霸之辨之观念直上接孟子而来，豫章云：

> 孟子曰："以力假仁者霸，霸必有大国；以德行仁者王，王不待大。"又曰："霸者之民驩虞如也，王者之民皞皞如也。"善乎，孟子之言。昔孔子没，孟子继之，惟孟子为知霸王者也。夫学至于颜孟，则王道其几之矣。故知圣人之学者，然后可与语王道，不知圣人之学，不可与语。不知圣人之学骤而语之，曰此霸道也，此王道也，必惑而不信矣。①

从最一般的理论上说，所谓王道原本乃是儒者对理想政治的思考，然而，历代儒家却从道德意识的理路入②。无疑，从成德之学的角度而言，人可以自我作主，此即是孟子所说的"求之在我者"，而理想的政治也必须建立在坚实的道德基础之上，也正是从这个意义上，豫章和其他儒者一样，认为王道政治的基础在义不在利，不能以外在的事功作为判断的标准，如豫章谓："三代之治在道而不在法，三代之法贵实而不贵名，后世反之，此享国与治安所以不同。"③由于历代儒者基本上乃取成德之学之理路，谨守此一点，他们反对以成败论英雄，反对将道德是非与功业成败混为一谈，都不是没有道理。然而，理论上，政治事务与成德之学本不相同，道德主体可以自我作主，而政治主体却常常处于各种权力、利益等因果关系的条件制约之中。在中国哲学史上，朱子曾经以"气强理弱"来说明现实世界的种种不合理现象，然而，当他们真正面对各种政治和社会的现实问题时，他们却在道德理路的逻辑怂恿下④，信心满满地认为，只要统治者能正心诚意，以圣贤人格自我期许，并时时克己复礼，只要社会上人人皆以道德之是非为是非，那么，社会政治问题乃可自然解决，外王事业

---

① 《豫章文集》卷五《尊尧录四》。

② 造成此一现象的原因，大概在于王霸之辨乃紧紧地贴着孟子的人禽之辨、义利之辨的逻辑而来，所以有学者认为，王霸之辨可以认为是义利之辨在政治领域的延伸，故而，其理路甚至内容之规定都完全裹挟着前此两辨而来。

③ 《豫章文集》卷十一《议论要语》。

④ 由此而言传统儒家的"价值优先"原则，我们便可以看到它正负两面的效果。

亦是水到渠成之事。儒家的这一观念(信念)其实在逻辑上包含着这样一种认定:道德上是非善恶之真正实现乃可达于政治上事功成败并最终解决政治事功成败问题,这当然包含着一种事实逻辑的不合法的跳跃,在此不必详论。但由于这是历代儒家普遍持有的看法,自不特豫章为然,而其中的得失利病亦非本文关注之中心。

也许,对我们来说,豫章所主的王霸之辨的特色,乃在于他多不在空发议论,而是通过即事以见理的方式将此中所具有的警发及批判意识传达出来。本文不及于具体事例,单就其中的观念作一平铺的说明。豫章首先认为:

> 仁义者,人主之术也。一于仁,天下爱之而不知畏;一于义,天下畏之而不知爱。三代之主,仁义兼隆,所以享国至于长久。①

这是以“历史事实”表达的道理,这种道理包含“绍明”和“训诫”的双重意义。显然,在豫章看来,既认定了三代王道之治,作为一个统治者即必须“以不忍人之心,行不忍人之政”,故而,“不以三代之君为法者,皆妄作也”②。为此,豫章批评了王安石的改革,认为王安石“变更祖宗法度创为新说,以取必天下之人茅靡其心,而凿其耳目,流毒后世”③。需要指出的是,《豫章文集》中论及王霸之辨的文字所在多有,但无疑地,明道有关此一问题的论述,对豫章影响颇大,此从《文集》卷八豫章大量援引明道的相关文字中可以看出④,本文对此

---

① 《豫章文集》卷十一《议论要语》。

② 《豫章文集》卷四《尊尧录三》。

③ 同上书,卷七《尊尧录六》。《文集》卷九《尊尧录别录》中豫章专有一篇“司马光论王安石”的文字。

④ 《豫章文集》卷八中,豫章以“论王霸”“论正学礼贤”“论养贤”为题援引明道的著述,以上三篇在“河南程氏文集”中分别是“论王霸劄子”“上殿劄子”“论养贤劄子”。学者可参今本《二程集》,北京:中华书局1981年,第450—452、447—448、455页。需要指出的是,以上三篇文字皆是有关王霸之辨或者说是复三代之治之观念的重要文本,豫章当然完全认可明道之主张。故按理,在论述豫章有关思想时我们当将此考虑在内。但本文就此点到为止,不作进一步之详论。

亦不予细论。

确立了王道政治，还必须反对老氏的无为而治。宋太宗推崇老氏“治大国如烹小鲜”的主张，认为人君致理之本当以简易为先，同时也主张以浮屠之教修身。豫章对此则认为，佛氏之学固有悟入处，其道亦宏博，然而，其绝乎人伦，外乎事务，“非尧舜孔子之道也”①。同时，儒家与老氏表面上似乎都主张无为，但是，儒家的无为乃建立在各尽其责，秩序条贯的基础上，此自与老氏有天壤之别。豫章云：“孔子称舜曰‘无为而治者，其舜也欤，恭己正面南而已。’夫舜之所以无为者，以百揆得其人，九官任其职故也。”②由此可见，老氏“以万物为刍狗”之说与三代圣王之治颇有不同，豫章云：

> 老氏刍狗之说取其无情而已，以圣人之神化言之，则不见其诚，以万物化生言之，则不见其感……夫故万物不与圣人同忧者，天之道也，圣人则不免有忧矣。若使百姓与万物等而一，以刍狗视之，则亦何忧之有？故老氏之学大者天之则诋訾尧舜，不屑世务，其下流为申韩者有之矣，此不可不辨。③

圣人之忧在于其忧德之不修，道之不讲，忧万物不能各遂其生，治国者自不能以老氏“无为”之学以为方针。豫章以此反显三代王道政治，其目的在于敦促统治者常怀忧患意识，以天下生民之幸福为己任，不当虚席其位，荒时度日。④

（四）君臣与君民之间

然而，所谓三代王道政治之具体内容又是什么？这是一个涵容

①③ 《豫章文集》卷三《尊尧录二》。
② 同上书，卷四《尊尧录三》。
④ 需要指出的是，豫章所谓“圣人不免有忧”的主张，乃可视为对明道思想的继承，盖明道亦汲汲认为“‘鼓万物而不与圣人同忧’，圣人，人也，故不能无忧”。（《二程遗书》卷十一，北京：中华书局1981年，第119页）又认为“‘鼓万物而不与圣人同忧’，天理鼓动万物如此。圣人循天理而欲万物同之，所以有忧患”（同上书，卷五，第78页）。

广阔的主题，自非一篇短文所可论及。但是，此处我们将着重讨论两个方面。首先即是所谓“君心正则人心正”的问题。此一问题之直接意义似乎在于要求统治者自正以正天下之人，就此而言，让人想起孔子所说的“子帅以正，孰敢不正”(《论语·颜渊》)以及所谓“草上之风必偃”乃实属自然。然而，在另一方面，正君心之不正除了具有直接的“训诫”意义之外，正与不正之标准似乎掌握在士大夫的手中①，而这种标准常常表现为儒者的批判意识，并且伴随着对天理之阐发，展开为对政治事务和日常生活的批评。豫章云：

> 人君者，天下之表。若自心正，则天下正矣。自心邪曲，何正天下？②

毫无疑问，豫章这一说法乃纯从道德意识的理路入，并带有强烈的榜样政治的意味，而这一观念之传承也由来有自，孟子就曾经说过：“惟大人能格君心之非。君仁莫不仁，君义莫不义，君正莫不正，一正君而国定矣。”(《孟子·离娄上》)将国是之成败系于一国之君的行为修养上几乎是历代儒者思考的老套路，但豫章此处有两点值得我们注意，其一即是要求统治者牢记孟子“民为邦本”的教诲，豫章云：

> 人君之所以有天下，以有其民也。民之所恃以为养者，以有食也；所恃以为安者，以有兵也。《书》曰：“民为邦本，本固邦宁。”昔孟轲氏以民为贵，贵邦本也。③

---

① 此处有双重意义必须加以解释，最直接地说，在传统的政治格局中，君主既为奉天承命，其言行本身即是标准，具有免于批评的无上权力；但在另一方面，历史本身又不是由统治者本人来书写的，书写历史之人常常是士大夫，他们内心自有三代意识作为其价值标准。所以，在中国历史上我们可以听到“历史自有公论”的说法。

② 《豫章文集》卷二《尊尧录一》。《议论要语》中豫章又谓“清心知人，其人主致治之本矣”。

③ 同上书，卷二《尊尧录一》。

需要指出的是，豫章上述所言的一段在理论上原并没有多大的新意，大体亦即是孟子“保民而王，莫之能御”的发挥而已。但是，豫章议论所发乃时时据具体事例而来，亦即太祖建隆元年扬泗之民多死于饥荒，户部郎中沈伦主发军储以救灾民，而太祖然其所为。如是，在豫章笔下，“民为邦本”就已经不是一种观念的简单陈述，而是一种“见证”式的事例表达①。豫章更引明道《上殿劄子》一文以表达其“致君尧舜上”的愿望：

君道之大，在乎稽古正学，明善恶之归，辨忠邪之分。晓然趋道之止，固在于君志先定，君志定而天下之治成矣。所谓定志者，正心诚意，择善而固执之者也。夫义理不先定，则多听而易惑，志意不先定，则守善而或移。惟在以圣人之训为必当从，先王之治为必可法，不为后世驳杂之政所牵滞，不为流俗因循之论所迁惑，信道极于笃，自知极于明，必期致治如三代之隆而后已。②

其次，豫章复三代之治之观念的另一个中心则表现在君臣关系上。何为理想的君臣关系？在孔子，臣有殉道以求仁之义而无曲道以从君之理，孟子则更认为“君之视臣如手足，则臣之视君如腹心；君之视臣如犬马，则臣视君如国人；君之视臣如土芥，则臣之视君如寇仇”（《孟子·离娄下》）③。君臣关系牵涉社稷之稳定，民人之福祉，而为三代观念之中心，对此豫章认为：

古者君臣之间，礼义廉耻而已矣。上知有礼而不敢慢其臣，

① 实际上，这种所谓“见证”式的事例表达很容易发展成为一种三代式的史观。基本上，豫章在《尊尧录》中皆以此种方式来处理三代之治之观念。

② 《豫章文集》卷八《尊尧录七》。

③ 需要指出的是，孟子的君臣关系观念在宋代曾引发儒者的热烈讨论，赞成或反对者皆有之，到了明代朱元璋那里，孟子更被逐出孔庙。

而下知廉耻以其君，上下交修，则天下不足为也。[①]

衡诸君臣关系不在于个人之间之得失，而必须以天下事业为重，这一观念在宋代表现得极为突出，此大体与范仲淹所倡导之风有某种关系。豫章对此显然把握得非常清楚，如豫章云：

君臣之间要上下情通……乃能天下之务。[②]

君明，君之福，臣忠，臣之福。君明臣忠，则朝廷治。安得不谓之福乎?[③]

对人主而言，豫章认为首先当处理好用人、择人关系，而其标准当然“以德器为先”[④]。所谓“登进贤才，黜远庸佞”。同时，“人主于宰相，疑则勿任，任则勿疑”[⑤]。又云：“王者择人而用之，责其成功，见成必赏，有罪必罚，谁敢不尽力?”[⑥]然而，为了真正达到上下通情，人君还必须广开言路，以听取各种不同意见。豫章云：“自古谏官论事，执政者多忌之，又恶闻过失，杜塞天下之口。惟唐之裴垍与李沆二人不然。垍之相宪宗也，谏官有论事者，必奖激之，使尽言而章。圣时有指中书过失者，帝欲责之。沆曰：朝廷比开言路，顾言之当理与否耳，归咎于己，而自谓非才非忠于事君，以天下国家为一体者，其孰能之。”[⑦]就宋、明两朝比较而言，宋代谏风大盛而明代则廷杖、厂卫横行，我们不能不说宋代开明之政与宋太祖的“家法”分不开，也与有宋一代士大夫清执敢言、以家国天下为重的责任意识分不开。但显然的，这种责任意识与士大夫重视自身的忠义名节又密不可分。

---

① 《豫章文集》卷二《尊尧录一》。
② 同上书，卷三《尊尧录二》。
③ 《豫章文集》卷十一《议论要语》。
④ 同上书，卷六《尊尧录五》。
⑤ 同上。豫章引明道《论养贤劄子》之用心于此可见，参见《豫章文集》卷八《尊尧录七》。
⑥ 同上书，卷四《尊尧录三》。
⑦ 同上书，卷六《尊尧录五》。

豫章云：

> 士之立朝，要以正直忠厚为本。正直则朝廷无过失，忠厚则天下无嗟怨，二者不可偏也。①
>
> 立朝之士，当爱君如爱父，爱国如爱家，爱民如爱子。②
>
> 士之立身，要以名节忠义为本。有名节则不枉道以求进，有忠义则不固宠以欺君矣。③

若君对臣以爱，臣事君以忠，君臣之间上下俱和，合力同心，则天下归治自可指日以待。豫章云：

> 古者人君立政立事，君臣相与合力同谋，明足于照之，仁足于守之，勇足于断之，为之不暴而持之已久。④

不难看到，豫章此处表达的是他对理想的君臣关系的看法。然而，另一方面，我们还不能不指出，当宋代儒者接引孟子王霸之辨及其所表达的三代意识时，孟子思想中所潜藏的不尊周王及其君臣关系的在某种意义上是惊世骇俗的看法，却难免会造成对宋代既有的政治合法性的颠覆，此亦是有宋一代儒者之中长时期存在尊孟与非孟两派的深刻原因。若以此衡诸豫章，即其所表达的君臣关系的看法或可说更具理想性。

（五）例证与鉴戒的思维

基本上，通过对豫章《尊尧录》的疏解，可以有以下几个方面值得注意。

---

①②③ 《豫章文集》卷十一《议论要语》。

④ 同上书，卷五《尊尧录四》。

第一，豫章《尊尧录》之表达方式，即通过推寻祖宗言行，附丽排比以成类记之方式，已将自己的哲学主张融于历史之记述之中，即事以见理，依理以正事。如此，即事与理之间的张力，便在这种特殊的记传排列的写作方式中得到了淋漓尽致的表达。一方面，历史真理（三代意识）似乎表现在这些能够体道的圣王的言行故事之上，而另一方面——我们宁愿说更为重要的一个方面——则豫章试图通过事与道（三代之道）、理（三代之理）的对比，反显出三代之治之观念的价值优先。如此一来，在豫章之反显中，我们看到了他的用心，表征出了他的批判精神与人格特征。但更为重要的是，所谓“祖宗故事，四圣所行”这些活生生的事例，在豫章独特的建构中成了三代意识的正正反反的“见证”。如是，即《尊尧录》所包含的历史的警发性亦无不彰显在字里行间。

我们实在应该说，《尊尧录》乃是以忧患之心表达出对政事之批判与警切。

第二，豫章的三代之治之观念寄藏于他的历史意识之中，不难看到，这种历史意识所内涵的价值标准存在于超越时空的、同时又是由理性所勾画出来的行为规则中，此行为规则通过评骘一一具体事例而表现。如是，回望和阅读这些事例只是为明三代之道，所谓“道无不在，散在事为之中”，此一方法似乎颇应合于章学诚“文省而事益加明，例简而义益加精”之观念。[①]在豫章，所谓“尊尧”之另一种说法即是尊尧舜之道，此道亦可以被看作是记载三代之治之观念的“六经”所彰显的不变的原则。因此，即三代之理，约六经之言，借祖宗故事，推述以究明大道，基本上构成了豫章编纂《尊尧录》的骨脉。

毫无疑问，在《尊尧录》及其相关论述中，豫章或衍、或释、或辨皆浸透着其作为一名士大夫的独特的价值关怀和现实关心。

---

① 章学诚：《书教下》，《文史通义新编》，上海：上海古籍出版社 1993 年，第 20 页。需要指出的是，这种“鉴戒”式的历史思考方式，中西方皆各有表现，如美国历史学家斯托恩诺维奇（T.Stoianovich）即认为，在年鉴学派之前，即已存在启蒙式的鉴戒史学，学者可参看 T.Stoianovich, *French Historical Method*: *The Annales Paradigm*, Cornell University Press, 1973。

第三，然则，究竟如何评价这种带有例证式的、典范性和鉴戒性的思想？一方面，豫章复三代之治之观念，我们似乎可以把它纳入历史哲学的框架中加以思考。然而，另一方面，更重要的是，在这种框架中亦同样包含着一种独特的、鉴戒式的历史意识。历史意识乃是人类为解释外部世界及其自身之变迁而产生的内在的心灵活动。就实而言，豫章的《尊尧录》正是要借由这种深层的"三代意识"（作为历史意识的一种特殊表现形式）来了解传统在现实政治这种变化了的世界中所当具有的方向和位置，因此，我们也可以说，豫章乃试图通过《尊尧录》所蕴涵的"三代意识"，为其所处的社会和人们建立方向感，甚至归宿感。

人们必须借由特定的标准解释和消化人们所经历到的事件，并将事件所发生的各种客观因素及其内在期望"整理成有系统而又有关联的"意义网络。在历史的变动中，这种标准为人们提供某种稳定的、连续的、同时也是有价值意义的方向，俾以消除迷惘和不定①。我们看到，豫章所处的特定的历史情境，在当时的人们看来，乃是非对错，纷呈杂出，王安石之改革在豫章看来或许直接构成了对"三代意识"的松动乃至颠覆，其合法性则更成问题，司马温公也说："意者古今异宜，《诗》《书》陈迹不可尽信邪？将圣人之言深微高远，非常人所能知，先儒之解，或未得其旨邪？"②因此，如何借由三代之治之标准整理甚至整顿时事政治，并将人们的行为、思考以及社会的政轨道揆重新安顿进三代之治之标准中，正是豫章《尊尧录》中所"鉴"、所"戒"的用心。

我们有理由说，《尊尧录》所显示的是意义理性（而非目的理性）的建立和展开，而所谓"三代意识"所表现的时间概念亦非"自然时间"概念，而是海德格尔（M.Heidegger）所谓的"人文时间"概念。

第四，我们看到，《尊尧录》所显示的"时间"（三代意识）由一个个

① 相关论述，请学者参见胡昌智：《历史知识与社会变迁》，台北：联经事业出版有限公司1988年。

② 《温公集》卷七十二《学士院试李清臣等策目》。

具体事例组成，而这些事例又是超乎时间之外的行为规则的实例。毫无疑问，单纯信奉某一不变的行为规则本身，它所表现的只是道德意识，只有在加入时间因素之后，这种意识才会上升为历史意识。然而，我们不得不指出，这种“鉴戒”式的思维方式——即便我们不去讨论它的自欺与空想的性质——却把历史演化(genetic history)的概念作了消解，历史表现为事例或事件的堆积，而事件与事件之间的联系却难于看出。豫章的《尊尧录》自然也难于避免此类病弊。在此我们只想转引德国历史学家西耶斯(Sieyes)说的一句话以为评论：“用过去发生的事件来做现在发生事件的关照及判准，对我们而言，无异于以陌生的事来说服及判断已知的事。”[①]孟森(T.Mommsen)亦言，假如历史还有教人之处，那是因为它教人独立创造，而不是教人模仿。

① 转引自胡昌智：《历史知识与社会变迁》，第187、191页。

三、「圣人之道，得其体，必得其用」

——胡宏哲学的一种了解

胡宏(1106—1161),字仁仲,福建崇安人。宋高宗建炎年间因战乱随家人避居荆门、湘潭等地,后寓居湖南衡山五峰,所谓“优游衡山二十余年,玩心神明,不舍昼夜”,故学者称五峰先生。

胡宏出身名门。祖父胡渊,曾授学江浙。父亲胡安国,私淑洛学,乃宋代著名的经学家。胡宏的兄弟胡寅及胡宁也都是南宋有名的学者。胡宏资质聪慧,幼闻过庭之训,十五岁撰《论语说》,而后随父习伊洛之学,并编有《程氏雅言》。二十岁时入京师,师事程门高弟杨时,并与张九成等交往密切,后又从程门高弟侯师圣游。宋高宗时,胡宏曾荫补右承务郎,因秦桧当道,未履,隐居衡山,以游学讲道至终。

胡宏身处两宋交替乱世,虽一生未曾出仕,但他关心社稷安危,主张立三纲,恤民生,行王道之政。他说:“夫国之有民,犹人之有腹心也;国之有兵,犹身之有手足也。手足虽病,心能保之,心腹苟病矣,四肢何有焉!”(《胡宏集》,《书·上光尧皇帝书》)胡宏主张立身行道,有经世济民的思想,而在学问上,即以振兴道学自任,“以圣人之道为必可行”。胡宏不仅是继杨时之后,在南宋传播洛学的最早的一批理学家,而且他的思想对湖湘学派的形成起了至关重要的作用。

(一)问题意识

胡宏哲学的问题意识与南宋初期的思想格局有着密切的关系。

南宋前期,儒学的基本问题大体是由谢、杨二人承接和引发的,就其主要方面而言包括体验未发、识仁之方以及反身格物等。就今天看来,这些问题大都集中在功夫的入路方面,而且表现出一个共同的特征，那就是趋向于对内在的主观意识的体悟和直觉。[①]由杨时经罗从彦到李侗的“体验喜怒哀乐未发前作何气象”自不必说，而同样作为南宋前期学者们热衷讨论的识仁之旨亦皆愈发变得内在化、主观化，谢良佐以生说仁、以觉言仁，杨时以“身体心验”说仁、以“忘于书言意象之表”言仁，似乎在在可作表征。至于格物一说，程颐“物物皆有理”“物格而后知至”的观念，经转手到谢良佐那里，穷理之理已主要不是指外在对象之理，而主要是指道德法则，穷理只是为了“寻个是处”。同样，在杨时看来，格物也并不是要“物物而穷”，“号物之数至于万，则物盖有不可胜穷者。反身而诚，则举天下之物在我矣”[②]。如是，格物被片面地规定为“反身而诚”，被主要规定为“明善”的途径，由内在的主观功夫的诚意取代了对外在之物的关注。[③]若范围再稍作放大，则由杨时下传到王苹、张九成那里，已不唯将“物”的客观性消融殆尽，甚或不免将儒家义理一顿扯入禅乘。[④]即此而言，尽管北宋以来二程为儒学的天理本体奠定了理论基础，但在杨、谢那里，其热衷的功夫方向却似乎出现了松动此天理本体之客观性的趋向。湖湘一脉中，胡安国、胡寅父子经由经史一路展示经邦济世之功，固然着重于表现儒学的外王一面，然而，他们植义理于历史的为学方法，以及由这种方法所透露出来的某种意义上的客观性寻求，却在南宋初期的儒学中具有不可忽视的重要意义。

胡宏的学问进路自不同于其父，而表现为更加明显的哲学思辨的倾向，然而他们父子二人却有大体相似的精神方向，这表现在他们均强调在实事实行中寻求儒家的大本达道，这大概是何以《宋史》《宋元学案》等书皆认为胡宏“卒传其父之业”的原因之一。事实上，胡宏

---

① 刘子健教授著有《中国转向内在——两宋之际的文化内向》(赵冬梅译，南京：江苏人民出版社 2002 年)一书，从宏观的历史的角度对“转向内在”作了论述，认为在两宋之间，中国文化发生了一次从汉唐外向的文化转向宋明内向的文化的转型。

② 沈善洪主编：《黄宗羲全集》第四册，《宋元学案》卷二十五《龟山学案》，杭州：浙江古籍出版社，2005 年，第 204 页。

③ 参见陈来：《宋明理学》，沈阳：辽宁教育出版社 1991 年，第 132、144 页；何俊：《南宋儒学建构》，上海：上海人民出版社 2004 年，第 87 页。

④ 参见《朱熹集》卷四十二《答石子重・五》。

特别重视儒家之学体用兼赅的意义，并时时警惕以空言为了悟的为学倾向。胡宏说：

> 仁也者，人之所以为天也，须明得天理尽，然后克己以终之。以圣门实不与异端空言比也。空言易晓，实际难到，所以颜回、仲弓亚圣资质，必请事斯语，不敢以言下悟便为了也。①

胡宏又说：

> 学圣人之道，得其体，必得其用。有体而无用，与异端何辨？②

胡宏以辟异端、正儒道的立场出发，反对以“有体而无用”来理解圣门之学，这既可以看作是他对儒家之道的基本精神的自我了解，但同时也是胡宏自己立学的基本的问题意识。不待说，这种问题意识与当时学者的学术风气有密切的关系，对此胡宏曾明确地指出：

> 今之学者少有所得，则欣然以天地之美为尽在己，自以为至足矣。就世俗而言，亦可谓之君子，论于圣人之门，乃是自暴自弃耳。③

学者轻言了悟，不从实事实理上竟其所得，大概是当时的为学风气。问题在于，从深一层的角度上看，学者何以会有“学不到贯通处，即言天地万物本吾一体”，“未曾克己复礼，已先有颜子之乐”这种“自以为至足”的倾向？其间原因乃与宋室南渡后一些儒家学者将儒学的义理规模不断作主观化、内在化的理解有密切的关系，具体地说，乃与道南一脉中杨时将儒学的格物之义和道德实践悉归之于“反身

①②③ 《胡宏集》,《书・与张敬夫》。

而诚”的主张紧密相联。杨时就认为，“为是道者，必先乎明善，然后知所以为道也。明善在致知，致知在格物。号物之多至于万，则物将有不可胜穷者，反身而诚，则举天下之物在我矣”。[①]撇开对“格物”之“物”的不同理解，即便杨时说“反身而诚”的最终目的在于“明善”，而不在于穷究物物之理，但如果这种善的意义和标准纯归之于主观的自我规定，而不注重客观性和确定性的标准，那么，儒家所谓的“止于至善”的寻求便只会落于“只知有己，不知有人”的格局。其结果，在实践上自然无有阶梯，各是其是而无法操持，而在理论上，即必将造成因相对而致虚无的结局。朱熹就说，“近世如龟山之论，便是如此，以为‘反身而诚’，则天下万物之理皆备于我。万物之理，须你逐一去看，理会过方可。如何会反身而诚了，天下万物之理便自然备于我？成个甚么？”[②]朱熹之说自然有他认知论的倾向，不必全顺杨时立言之意。然而，对于儒学成己成物的规模而言，朱子之忧可能不当简单地以“支离”二字蔽之。胡宏显然也看到了以这种方式讲儒家之道所可能存在的弊陋，并对此颇有不满。胡宏说：

> 天下万物皆有则，吾儒步步着实，所以允蹈性命，不敢违越也。是以仲尼以从心而不逾矩为至，故退可以立命安身，进可以开物成务。圣人退藏于密，而吉凶与民同患，寂然不动感而遂通天下之故，体用合一，未尝偏也。不如是，则万物不备。万物不备，谓反身而诚，某不信也。[③]

胡宏紧紧抓住当由“万物皆备”而言“反身而诚”，其目的：一方面是用以严分儒释，“即物而真者，圣人之道也；谈真离物者，释氏之幻也”[④]，以儒家之实以抗击释氏之虚；另一方面则在于阻塞当下学者

① 《龟山集》卷十八《答李杭》。
② 《朱子语类》卷六十二，第1489页，沈僩录。
③ 《胡宏集》，《书·与仲原兄书二首》。
④ 同上书，《知言·往来》。

遗规矩、物则而谈性命义理的蹈空不实的倾向。儒家之道乃是安身立命与开物成务并举之道，内圣成德与外王成物双彰之道。若设万物不备，如浮屠佛说，“纵使身心休歇，一念不生，以至成佛，乃区区自私其身，不能物我兼忘，与天下大同也”①。胡宏并进之认为：

> 昔孔子下学而上达，及传心要，呼曾子曰：“吾道一以贯之。”何尝如释氏离物而谈道哉？……万物皆备于我，反身而诚，天地之间，何物非我？何我非物？仁之为体要，义之为权衡，万物各得其所，而功与天地参焉。此道之所以为至也。②

至此，我们可以看到，胡宏以仁、义、物兼备而说儒家之道，其心意所向则在于强调此道的实有其事（物），不能离物言道，以防蹈于虚空，所谓“人备万物，贤者能体万物，故万物为我用”③。我们说，这大体是胡宏整个为学的问题意识。

（二）即 物 求 道

不难看到，胡宏以体用兼该说儒家之道，其真正的用意乃落于道必在物用之中，不能离开物用而言道。对于什么是道，胡宏认为：

> 形形之谓物，不形形之谓道。物拘于数而有终，道通于化而无尽。④

这里胡宏是从道与物的分别上说“道”，也就是说物是有形体的，而道却是无形体的，物有生灭而道却永恒。胡宏这里所说的“道”包含规范与规律两方面的含义，就规范义而言，这种道主要讲的是仁之

---

①② 《胡宏集》，《书・与仲原兄书二首》。
③ 同上书，《知言・事物》。
④ 《胡宏集》，《知言・纷华》。

道，性之道，或历代圣贤相传之道，所谓“道非仁不立”①等；就规律义而言，这个道的意义与他所说的理相似，如他说：“物之生死，理也。理者，万物之贞也。”②然而，在胡宏看来，形而上之道与形而下之物虽有这种区别，但二者却是不能分离的，他说：

> 道不能无物而自道，物不能无道而自物。道自有物，犹风之有动，犹水之有流也，夫孰能间之？故离物而求道者，妄而已矣。③

显然，胡宏的哲学主张乃在“道不离物”，即物而求道。从哲学史的立场上看，胡宏物道不离的观念多少受到二程“道之外无物，物之外无道”④的思想的影响，而胡宏之所以要人在“物”中、在实事实行中寻求儒家之道，除了将这种道的意义寻求置诸于客观性一路之外，也明显地反映出他内心的某种隐忧。胡宏曾感叹道，“诸子百家仁之以意，饰之以辨，传闻习见，蒙心之言，命之理，性之道，置诸妄昧则已矣。悲夫，此邪说暴行所以盛行，而不为其说惑者鲜矣。”⑤毫无疑问，在胡宏看来，对儒家之道的把握，不能只是满足于言语之论辩，口耳之宣说，“涉着言语，便有滞处。历圣相传，所以不专在言语之间也”⑥。所谓“不专在言语之间”意思是说要人在客观的实事实行中见出儒家之道，而言语对道的把握却总是有限。因此，胡宏要求学者应当在“行持坐卧”中见得此道分明，这里当然也包含有一种实践的品格。在《复斋记》中，胡宏又说：

> 儒者之道，率性保命，与天同功，是以节事取物，不厌不弃，

---

①③ 《胡宏集》，《知言·修身》。
② 同上书，《知言·阴阳》。
④ 《二程集》，北京：中华书局1981年，第73页。
⑤ 《胡宏集》，《知言·天命》。
⑥ 同上书，《书·与彪德美》。

必身亲格之，以致其知焉。①

为此，学者必须立志以定其本，居敬以持其志，如果只是满足于口耳之唱和，则鲜有不迷乱者。在与孙正孺的通信中，胡宏再次指出：

古之人盖有名高天下，躬自锄菜，如管又幼者；隐居高尚，灌畦粥蔬，如陶靖节者。使颜子不治郭内、郭外之田，则饘粥丝麻将何以给？又如生之将至，犹且会计升斗，看视牛羊，亦可以为俗士乎！岂可专守方册，口谈仁义，然后谓之清高之人哉！正孺当以古人实事自律，不可作世俗虚华之见也。②

胡宏认为，即便是历史上的那些清高之士，也不是遗阙日用，专守方册以了手世间的人，他们也有实行之见，实事之治。因此，我们必须“首万物”以存天地，“备万物”以参天地，这才是儒家的“正道”。③至此，胡宏即物求道的哲学主张已表露无遗。

（三）“性也者，天地之所以立”

道见于实事实行，有其体必有其用，确实是胡宏为学的基本立场。那么，这一立场落于心性义理上又是如何体现的呢？客观地说，胡宏非常重视心性理论，他说：“心、性二字，乃道义渊源，当明辨，不失毫厘，然后有所持循。”④但就胡宏所处的时代而言，佛老盛行，直自以为识心见性，致使“高明之士，往往乐闻而喜趋之，一溺其间，则丧其本心，万事堕驰，霄壤之谬，其祸盖有不可胜言者”⑤。因此，如

---

① 《胡宏集》，《杂文 · 复斋记》。
② 同上书，《书 · 与孙正孺书》。
③ 同上书，《知言 · 往来》。
④ 同上书，《书 · 与僧吉甫书三首》。
⑤ 同上书，《附录二 · 宋张栻胡子知言序》。

何从体用该贯的角度出发，"即形而下者而发无声无臭之妙"成为胡宏言心言性的核心，也是我们理解胡宏心性论的关键。在这个问题上，胡宏力图独出己意，因而受到朱熹的批评，朱熹专门写了"胡子知言疑义"，对胡宏的心性学说加以驳疑。我们先看胡宏的性论。

胡宏论性有他自己独特的用法，他认为性不只限于人性，万事万物皆有性，所以各不相同，或者说，由于万事万物各有自己的本性，才使得事物之间相互区别，而不同事物之所以呈现其特殊的规定，原非外力所致，而是其本性使然，故说："具耳目、口鼻、手足而成身，合父子、君臣、夫妇、长幼、朋友而成世，非有假以外而强成之也，是性然矣。"①一事物失其本性，则不复成其为一事物，胡宏正是在这个意义上说"性外无物，物外无性"②，另一方面，世间事物虽各有其性而千差万别，但这些彼此差别的事物又有一个共同的宇宙本性，所以胡宏说："观万物之流形，其性各异，察万物之本性，其源则一。"③

胡宏也正是在这一意义上，将性看作是宇宙本体的最高范畴，并从宇宙生成论的角度来说明这一点。胡宏认为，整个世界作为一个自然存在，其变化不息，日新月异，就表现为气的流行，所谓"一气大息……万物化生，日以益众"④。而气所以变化流行的根据便是"性"，故胡宏说：

> 气之流行，性为之主。⑤
>
> 水有源，故其流不穷；木有根，故其生不穷；气有性，故其运不息。⑥

这里所谓"性为之主"的"主"即是根据或主宰之意。从南宋儒学以后发展的历程来看，朱熹以"理"为最高的本体范畴，象山以"心"为

①② 《胡宏集》，《知言·修身》。
③ 同上书，《知言·往来》。
④ 同上书，《知言·一气》。
⑤ 同上书，《知言·事物》。
⑥ 同上书，《知言·好恶》。

最高的本体范畴，但在胡宏这里，性被提升为宇宙的最后根源，胡宏说：

> 天命之谓性。性，天下之大本也。①
>
> 性也者，天地所以立也。②

胡宏如此说性的用意或在于表明，先儒说性大都只注意特殊意义的性，如人性或物性，而这种特殊意义的性，在胡宏看来，只是某物具体的道理，他们未能从宇宙本体的普遍性高度来说明和了解此性，所以胡宏说：“大哉性乎！万理具焉，天地由此而立矣。世儒之言性者，类指一理而言之尔，未有见天命之全体者也。”③

由作为宇宙本体或“天命之全体”的性出发，胡宏对人性善恶问题也提出了自己独特的看法，据《知言》记录：

> 或问性，曰：“性也者，天地之所以立也。”曰：“然则孟轲氏、荀卿氏、扬雄氏以善恶言性，非欤？”曰：“性也者，天地鬼神之奥也，善不足于名之，况恶乎？”或者问曰：“何谓也？”曰：“宏闻之先君子曰：‘孟子所以独出诸儒之表者，以其知性也。’宏请问曰：‘何谓也？’先君子曰：孟子道性善云者，叹美之辞也，不与恶对。’”④

在胡宏看来，先儒孟子、荀子和扬雄所说的善恶乃是“形容表现上的事之相状”，并对之作一价值评价，如中节谓善，不中节谓恶⑤，所以，这种意义上的善恶是一对相对的范畴，而且也多局限于人际中的伦理关系范围，而以这种相对的范畴来说明作为宇宙本体的“性”就会显得不足，因为这种宇宙本体的“性”不是事，它所具有的普遍

①② 《胡宏集》，《附录一・胡子知言疑义》。
③ 同上书，《知言・一气》。
④ 同上书，《附录一・知言疑义》。
⑤ 参见牟宗三：《心体与性体》第二册，台北：正中书局1996年，第461—462页。

性、绝对性和终极性即便用“善”来描述也还是有局限的，一句话，伦理学上的善恶概念无法用来说明宇宙本体的“性”。在这个意义上，胡宏引其父之语，认为孟子道性善乃是叹美之辞，意思是说，以“善”来描述“性”只是由于语言的限制而采用的权有说法，但在根本上却不足于用来说明“性”，因为即便对人性而言，善也只是其丰富内涵中的一个表现或特质而已。朱熹曾批评胡宏的性论乃是告子的“湍水之说”①，站在胡宏的角度看，这种批评是不相应的。

（四）心主乎性，心以成性

胡宏既不以善恶言性，而将性认作是天下之大本，那么，在道德修养的实践方式中，心与性的关系又是如何表现的呢？在这一问题上，胡宏又独出己意，将性的确立和彰显放置在心的功用的发挥上。胡宏在释《中庸》时曾这样指出：

> 性，天下之大本也。尧、舜、禹、汤、文王、仲尼六君子先后相诏，必曰心而不曰性，何也？曰：心也者，知天地，宰万物，以成性者也。六君子，尽心者也，故能立天下之大本，人至于今赖焉。不然，异端并作，物从其类而瓜分，孰能一之？②

在胡宏的思想中，性属于未发，是形而上者，“未发只可言性，已发乃可言心”③。而未发之性与已发之心又是一种体用关系，他明确指出：“圣人指明其体曰性，指明其用曰心。性不能不动，动则心矣。”④性之不动是未发，性之动即是已发。我们要注意这样一种用词，即在胡宏看来，性是不能不动的，但此性一动就是心了。在这种言说逻辑中，一方面，心的地位和意义是被突出和加强了，所以，胡宏

① 《朱子语类》卷一百一，第2588页，周谟录。
② 《胡宏集》，《附录一・知言疑义》。
③④ 同上书，《书・与僧吉甫书二首》。

认为，六君子相诏只说心而不说性，因为唯能尽心，则天下之大本（性）自然随之而显，但如此一来，性毋宁说被放在了一个虚置的地位中，因为性的实际内容有赖于心在“成”之的过程中来赋予。应当说，这样的心性观念是胡宏“道在物中”和“即物求道”的自然延伸。胡宏曾用一个形象的例子来说明这种心性关系，他说：

> 性，譬诸水乎，则心犹水之下，情犹水之澜，欲犹水之波浪。①

这里，“水之下”“水之波”“水之澜”都是水的不同的表现形式，而其本体即是水。同样的道理，人的心、情、欲虽有各种形态上的差异，但它们也都是心已发后的不同的功用，其体仍是性。换言之，性之体就存在于人的心、情、欲等感性心理和活动之中。胡宏说：

> 夫人目于五色，耳于五声，口于五味，其性固然，非外来也。②
>
> 好恶，性也。小人好恶以己，君子好恶以道，察乎此则天理人欲可知。③

在儒家思想中，一般地说，性表示客观性原则，它可以表现为律则、规范，也可以客观化为制度建构等，具有稳定的性质。心则表示主观性原则，由于心包含知、情、意等在内，所以，心总是灵动地随时处于感发之中。从心性之学的角度上说，心之于性，就其充极圆满地说，即心性是一，但分别地看，心与性也有其不同的侧面。主观之心是客观之性的落实处，客观之性的内容只有落实到主观、能动之心上才能得以彰显，反过来，客观之性则是主观之心的一个挂搭，也就是

---

① 《胡宏集》，《知言·往来》。
② 同上书，《知言·疑义》。
③ 同上书，《知言·阴阳》。

说主观之心的内容应当以客观之性为标准。但依照胡宏的上述说法，性的意义和地位全赖于心的活动来造成，简言之，性，只在心的活动的功用中见出。正因为如此，胡宏不排斥将“五色”“五音”“五味”等属于人的感性欲望的东西说成是“性之固然”，更有甚者，胡宏甚至不惜把“好恶”这种属于主观意愿之心的反应也看作是性。这种观念在理论逻辑上，一方面突出了功夫论的中心地位，另一方面，也表现出胡宏哲学注重在历史、人生的实际进程中展示和寻求意义的精神。在胡宏看来，性在本体论上固然是首出的核心的概念，然而，心却是成就一个人的德性生活的根本和着力点。因此，“好恶”可以归于性，只要在功夫实践中以“道”好之、恶之，同样，天理人欲的分际，其理也相同。胡宏说：

> 天理人欲，同体而异用，同行而异情。进修君子，宜深别焉。①

“宜深别”即指向功夫的简别，而所谓“同体”，可说是同一事体②，如夫妇之道，圣人作之，以保合为义，即为天理，小人行之，过而无节，便是人欲。胡宏显然非常重视人的感性生命的意义，在他看来，圣人其实与普通人一样，也是一个有情有欲的感性化的现实个体。他说：

> 凡天命所有而众人有之者，圣人皆有之。人以情为有累也，圣人不去情；人以才为有害也，圣人不病才；人以欲为有不善也，圣人不绝欲；人以术为伤德也，圣人不弃术；人以忧为非达也，圣人不忘忧；人以怨为非宏也，圣人不释怨。③

所谓“天命所有”，是指孟子所说的谓命不谓性的耳目口鼻之自

---

①③ 《胡宏集》，《知言·疑义》。

② 参见牟宗三：《心体与性体》第二册，第454—458页。

然,这实际上说的是人的情欲。在胡宏看来,凡人所有的情、才、欲、术、忧、怨,圣人皆有,故这也可以说圣人与人同类。虽然儒家心性学的最高目的是要成就有德性的正当生活和人生,但在胡宏眼里,这种德性生活和人生并不是通过排斥人的感性生命中的正当情欲来实现的。同时,在哲学上,虽然胡宏此处可能是顺孟子而来,然而,通观他的整个思想,胡宏的上述说法其实蕴涵着性的内容就是心的内容,或反过来,心的内容就是性的内容。

然而,人的感性生命毕竟丰富活泼而难于时时正轨合道,故常常不免逐物而迁,以至肆溺而不能自已。①胡宏显然不是没有认识到这一点,所谓"情一流则难遏,气一动则难平。流而后遏,动而后平,是以难也"②。因此,胡宏非常注重功夫的作用,这种功夫主要表现在两个方面,即涵养察识与求放心。胡宏认为,人有赤子之心,但又缘于外诱而使此心放失。"放心"一语原出孟子,是指人的成德意志为外物所牵引而失去判断能力。功夫修养就是要及时察识这种情欲,并猛省提撕加以涵养,使之归于正。他说:"察而养之于未流,则不至于用遏矣;察而养之于未动,则不至于用平矣。是故察之有素,则虽婴于物而不惑;养之有素,则虽激于物而不悖。"③毫无疑问,这种功夫修养的最终目的,在胡宏,乃是要达到无过、无不及的"中"。但这个"中"究竟如何把握?依胡宏之说,心是活动不已的,本造化而涵万事,"心无不在,本天道变化,为世俗酬酢,参天地,备万物"④,而且心之活动所具有的才、情、欲、怨等等皆可有好坏、善恶、是非两义。因此,依靠心之活动的特点试图为人的行为是否"中节"提供准则,其结果显然只会陷于主观的好恶之中,而难于有客观的、普遍的判准。但问题在于,作为一种客观性原则,胡宏论性,这个性又不是独立于心之外,而能对心之活动的是非、善恶进行评判。依胡宏所说,性不能不动,而动即是心,所谓体在用中见,性在心中显,所以,性之内容的

---

① 参见陈来:《宋明理学》,沈阳:辽宁教育出版社 1991 年,第 158 页。
②③ 《胡宏集》,《知言·一气》。
④ 同上书,《知言·疑义》。

规定必须依靠心之活动来获得。在这种情况下，胡宏对人的行为是否“中节”便只能在心的感应和活动上下功夫。胡宏在说“凡天命所有而众人有之，圣人皆有之”一段后，紧接着说：

> 然则何以别于众人乎？圣人发而中节，而众人不中节也。中节者为是，不中节者为非，挟是而行则为正，挟非而行则为邪。正者为善，邪者为恶。而世儒乃以善恶言性，邈乎辽哉！①

初看起来，胡宏以“中节”与否区分圣人与众人，并提出了是非、正邪、善恶等等，形式上似乎颇为浃恰而合条理。但事实上，“中节”的标准究竟寄于何处的问题并没有解决。胡宏反对以善恶说性的另一种意思表达，大体可以理解为他反对在“心”之外另立一个“性”作为本体或标准，以待心去依循。所以，“中节”以否便只能在心上下功夫，通过“察之”“养之”的持续不断的历练来获得。然而，如前所说，心并不能提供这样一种标准。因而，胡宏上述所谓“中节、不中节”的言说实际上是以非标准作为标准。这种思考方向，一方面在存有论上可能低估了心之情欲在人的行为中所具有的力量，另一方面，它即便可能成立，也须诉诸如明道所说的“廓然大公”，以“无私”来别私，以“无情”来别情。但这一功夫路数一方面是“地位高者”（朱熹语）之事，另一方面，却仍然表现出“深刻”而“不清晰”：“中节”以否操持在个人而难于把捉。因此，所谓“地位高者”的“中节”只具个人性，而无普遍性和确定性，但无普遍性和确定性，即仍是无标准可言。应当说，这是胡宏心性论中的一个难点。朱熹站在他自己的立场上，对此诘难道：“然不知所中之节，圣人所自为邪？将性有之邪？谓圣人所自为，则必无是理；谓性所固有，则性之本善也明矣。”②于今看来，朱熹的诘难并不全是无事生非。③

---

① 《胡宏集》，《知言·疑义》。
② 沈善洪主编：《黄宗羲全集》第四册，《宋元学案》卷四十二《五峰学案》，第679页。
③ 参见侯外庐等主编：《宋明理学史》，北京：人民出版社1997年，第297—298页。

不过，有趣的是，胡宏哲学高举“体用该贯”“即物求道”的用意，原本是要堵塞当下悬空不实之学风，不期他所苦心构作的心性论，在理论的逻辑上，最后竟然会动摇和威胁儒家价值标准的客观性和确定性，这或许是出乎胡宏意料之外的。这样看来，湖湘学最后被朱熹所掩盖，除了其后学“力弱才短”等原因之外，似乎也有其理论上的必然。

四、上达体悟与下学穷理

——朱子、南轩仁说之辨所表达的功夫方向

(一) 引　言

隆兴元年癸未(1163),朱子初见南轩。此后朱子与南轩论学不断,涉及范围亦很广,然而,"如何识仁"却是两人讨论的中心问题。乾道七年辛卯(1171)南轩编成《洙泗言仁录》,越一年有朱子《仁说》问世。对此一学术论争,中外学者已多有论述①,本文不打算就此间的胶着问题提出意见,而将重点放在功夫方向或教法指点的角度,以期指出朱子仁说之辨的另一个面向。本文认为,宋明儒学尤其在宋室南渡后,相比于本体问题的讨究,教法之选择问题已然上升为一个重要的问题,朱子在"己丑之悟"确立了自己的哲学立场之后,深悉"上达识仁"之作为普遍的教法指点必流于"险教"之弊陋,故以下学循序的功夫路数,以精密平实的教法指点,对湖湘学派纷言识仁之体之弊,进行了全盘的反省与清理。透过朱、张之间的辩论,我们又可发现,朱子形式上反对南轩,但实际上却透露了对湖湘一脉乃至对明道主直觉领悟以言教法指点的警觉和不满,而此间由朱子所展示的诠释学面向,对于消解由明道所主张并下开的直觉体验的功夫路数,进而将儒家的道德修养方式和成己成物的理想奠定在坚实的理性基础之上,具有不可忽视的重要意义。

(二) 教法指点

根本上,儒家心性之学,圆满地说,即心性是一。但细究之,心与

① 有关"仁说之辨"的讨论,佐藤仁、田浩(H.C.Tillman)、牟宗三、陈荣捷、刘述先、陈来等学者皆有详细的说明,学者可参阅他们的相关论著。

性却有不同之侧面。心重主观地说，内在地说；性重客观地说，超越地说，主观之心体是客观之性体的落实处，客观之性体是主观之心体的挂搭处。心性并设乃是儒者建立其体系之基点。然或重心体，或重性体，却总由于个人立场、才性及客观之社会要求而有所偏倾。

重主观之心体，功夫指点亲切易明，当下有个把柄，然其难在于心体之贞定，其失即易杂为情识；重客观之性体，言动思行有一明确之理据，然其不足即在于功夫指点不够亲切，延而伸之，则有道德行动的动力不足。重心体之哲学体系易流为虚，重性体之哲学体系即易凝为实。虚即易发为狂荡，指朦胧为灿烂；实即易着为偏枯，以至对存在情境未能有真切之觉感。儒者建本立极，原非只任由个人之才性、偏好随意挥洒，而亦于学术流变、社会情境有所契入，有所救正，或病之于虚而救之于实，或病之于实而救之于虚，不一而足，盖如阳明所谓“因病立方”耳。

与此所执心体与性体之不同而有的相应的功夫特点相联系，大体地说，儒门又有积极功夫与消极功夫之说，积极功夫强调“上达”，以直悟本体（心体）为下手；消极功夫则注重“下学”，以克复敬恕为本领。儒学史上所谓顿悟、渐悟之说大抵皆可归至此一功夫入路上而言之。从一理之周纳和朗现上看，上述两套功夫路数似都有其自身之合理性，亦各有其优点。下学功夫以朝乾夕惕、克己复礼为儒家斩关夺命之真本领，自是敦笃平实，依次做将而去，亦自有其豁然贯通之境；上达功夫则以直悟本体为归依，本体既明，即神机妙应，随感随润，一体平铺，其亦自是管归一路。两种功夫本随各人之资质不同而各相就应，原可相资为用而各不相害也，此是自理上说。

然则，我们不得不看到，上达直悟本体之功夫路数，虽显其浑沦圆顿气象，然作为一种功夫入路，其所表现的精神境界毕竟只是一种直觉体验，这种直觉体验因其不落阶级、不着言诠甚至瞑迹显本而不可避免地流于神秘和玄骛，于吾儒人文世界之规则、准则之开显，并进而借其可遵循、可操持和可把握的理性品格而致其沐风成教、励德敦品之功效无疑相隔一段。因而，从儒家“克明峻德”、止于至善的内在要求看，功夫入路或教法之指点如何落实在作为经验人的实存论基础之上，于精密平实中得其守道之正，便显得极为重要，用朱子的话说，即“当观用之深浅，事之大小，裁酌其宜”①。要之，以教法指点学人，当尽多地顾及循序渐进方向，随人之资质学力所到而进之，以期收顽廉薄敦之效。世情窠臼中，人皆不免包裹障重，出处潜见，以习心对习事，以致从意见名色上转移凑泊，本为人之实存常态。如是，如何就实于经验人的人伦日用、洒扫应对间指点为学之方，以规则规人，以理则示人，以通达吾儒成己成物之目的，本是儒门教法之“正宗”。由上达而直超悟入本体虽不失为一种涵养之门径，但毕竟因其自身之诸种限制和人之资质所求而是“旁枝”②。

毋庸置疑，功夫方向或教法指点之选择到朱子时代似乎更显突出，盖宋室南渡后，由明道下开的湖湘一脉大盛，其为学宗旨又悉以“上达识仁”一着纲维脉络，指点学人。从明道、上蔡、五峰及五峰门人皆以直悟仁体为功夫入路③，虽不乏倾湫倒海气象，但日用间下手落脚处却总是不明不透，以至递演递失，致后学视“懵然”为“廓然”。犹有甚者，儒与道、释之间之界分固不复斩截，与吾儒持敬穷理，敦德成化之目的更遥若霄壤。④朱子深悉，人因资质利钝，而悟道之方各

① 《朱子文集》卷三五。

② 此所谓“正宗”与“旁枝”之说，乃借用牟宗三先生之言，但其意义即已有所不同。

③ 南轩虽说是五峰门人，然其学问与五峰有颇多出入，牟宗三先生等学者对此有过说明。但最近据刘述先先生示我，李明辉先生近有比较朱子与南轩仁说之辨之作，认为南轩与朱子思想只是表面相合，实则南轩仍持湖湘学之观点。因未读到李先生大作，谨记如上。参阅李明辉：《朱子的〈仁说〉及其与湖湘学派的辨论》，《四端与七情：关于道德情感的比较哲学探讨》，台北：台湾大学出版中心 2008 年，第 79—122 页。

④ 《朱子文集》卷三十八，载朱子《答林择之》论学书一通，从正反两面透彻地说明了儒家“下学穷理”的功夫方向，批评了湖湘一脉“上达识仁”中舍平实而骛险绝，甚至玩弄天资的学术之弊，虽文字较长，但仍不忍弃，录之如下，学者自不可草草放过。朱子云：“自昔圣贤教人之法，莫不使之以孝悌忠信、庄敬持养为下学之本，而后博观众理，近思密察，因践履之实以致其知。其发端启要，又皆简易明白，初无难解者。而及其至也，则有学者终身思勉而不能至。盖非思虑揣度之难，而躬行密契之不易。故曰‘夫子之文章可得而闻也，夫子之言性与天道，不可得而闻也。’夫圣门之学，所以从容积累，涵养成就，随其深浅，无非实学者，其以此欤！今之学者不然，盖未明一理，而已傲然自处于上智生知之流，视圣贤平日指示学者入德之门至亲至切处，例以为钝根小子之学，无足留意。其平居道说，无非子贡所谓不可得而闻者，往往务为险怪悬绝之言以相高，甚者至于周行却立，瞬目扬眉，内以自欺，外以惑众。此风肆行，日以益甚，使圣贤至诚善诱之教，反为荒幻险薄之资，仁义充塞，甚可惧也。”

自不同，当因其人而示以不同的功夫入路，所谓颜曾与途人悟道有别①。然而，作为普遍的教法指点，朱子却始终坚持，人不论上根还是下根，皆必得从克己复礼之坦易明白处做去，“今之学者……便是生知、安行底资质，亦用下困知、勉行工夫”②。故朱子又云：

> 大抵为学虽有聪明之资，必须做迟钝工夫，始得。③
>
> 且如孔门教人，亦自有等。圣人教人，何不都教他做颜曾底事业？而子贡子路之徒，所以止于子贡子路者，是其才止于此。且如“克己复礼”，虽止是教颜子如此说，然所以教他人，亦未尝不是“克己复礼”底道理。④

朱子之所以强调在教法指点上，人不分利钝而概概莫非从下学之克己功夫做去，一方面固然与其对历史之精察密切相关，在《答吴晦叔》第九书中，朱子曾有详细的说明⑤：

> 盖古人之教，自其孩幼而教之以孝悌诚敬之实，及其少长而博之以诗书礼乐之文，皆所以使之即夫一事一物之间，各有以知其义理之所在，而致涵养践履之功也。及其十五成童，学于大学，则其洒扫应对之间礼乐射御之际，所以涵养践履之者，略已小成矣，于是不离乎此而教之以格物以致其知焉。致知云者，因

① 朱子始终认为，“上达识仁”总与天资高者相连，这一点在朱子似乎蕴涵了某种可遇不可求的意味。所以，作为一种普遍的教法指点或示于学者的功夫入路，朱子强调“下学穷理”，久之而至“豁然贯通之境”，因而，“上达”的确只是作为持续下学的一种“效验”。

② 《朱子语类》，黎靖德编，王星贤点校，北京：中华书局 1986 年，卷八，第 135—136 页，陈文蔚录。

③ 同上书，第 136 页，章伯羽录。

④ 《朱子语类》卷十九，第 429 页，黄卓录。

⑤ 乾道五年乙丑，朱子在《答林择之书》中就“涵养与察识”之先后问题又引古人教法，与此处讨论的“上达下学”相映成趣。朱子云：“古人自幼子常视毋诳以上，洒扫应对进退之间，便是做涵养底功夫，岂待先识端倪而后加涵养哉？但从此涵养中，渐渐体出这端倪来，则一一变为己物，又只如平常地涵养将去，自然纯熟。今曰‘即日所学，便当察此端倪，而加涵养之功’，似非古人为学之序也。盖义理，人心之固有，苟得其养而无物欲之昏，则自然发见明著，不待别求。格物致知，亦因其明而明之尔。”

其所已知者推而致之以及其所未知者，而极其至也……非涵养践履之有素，亦岂能居然以夫杂乱纷纠之心而格物以致其知哉。①

另一方面，或许也是更为重要的一个方面，便是从历史发展的背景上看，宋初儒者反击佛老原是要借吾儒之实理以去其虚说，然则，由明道下开的湖湘一路力主“上达识仁”，自信太重，立说太高，缺少确实渊深之味，及其至也，则不免与禅家粘槌竖拂，指东画西相似②，与吾儒汲汲所求者适成对反③。对此，倒是作为五峰门人的南轩有此自觉，早在乾道四年戊子(1168)，南轩在《答德彪美》书中即云：

来书虽援引之多，愈觉泛滥，大抵是舍实理而驾虚说，忽下学而骤言上达，扫去形而下者，而自以为在形器之表。此病恐不细，正某所谓虽辟释氏，而不知正堕在其中者也。故无复穷理之工，无复持敬之妙，皆由是耳。④

南轩之说是否受到朱子之影响固可讨论⑤，然则，就教法指点而

① 《朱子文集》卷四十二。

② 《朱子文集》卷三十一载有朱子《答张敬夫三十一》论学书，其内容即是讨论南轩的《癸巳论语说》。朱子借其对南轩的批评而表达了他对湖湘学者的不满，其中就涉及儒与道、释之分问题。更早的，在乾道五年己丑，朱子在《答张敬夫二》中亦提出儒学之要，当以穷理为先，否则，若专认此心以为主宰，则致泛然而无所准则，与释氏擎拳竖佛，运水搬柴之说无异。(《朱子文集》卷三十)

③ 细观《遗书》明道之语，即明道主直觉体验之精神境界，道、释之味尤其道家意味甚重，此不唯有文献可征者，盖冯友兰先生亦早有此说矣。

④ 《南轩集》卷二十五。

⑤ 此处观点颇为分歧。若按刘述先先生之说，李明辉先生认为南轩与朱子之仁说之辨中，南轩并未曲从朱子，持论仍是湖湘立场。而陈来先生似乎刚好与李先生相反，认为南轩的观点最初便与五峰不完全相同，反倒接近朱子己丑之悟的立场(参阅氏著：《朱子哲学研究》，北京：中国社会科学出版社 1988 年，第 104 页)。按，在南轩之时，由“上达识仁”所蓄积的学者们沉湎于“臆度想象”的流弊已见之于世，南轩于此亦有觉察(《南轩集》卷二十一)，又，五峰卒于绍兴三十一年(1161)，而南轩正式拜五峰为师亦在是年，虽此前五峰与南轩之间有书信往来，且五峰特赞赏南轩，所谓“一见真如故交，言气契合，天下之英也”。(《胡宏集·与孙正孺书》)但南轩师事五峰时间不长，于五峰之学或领会有限，加之其对时弊亦有所见，宜乎其与五峰一路或有所不合也。

言，朱子坚认“圣人教人有定本”，而这个“定本”便是“只闻‘下学而上达’，不闻‘上达而下学’”①。但这一线索却一直被我们所轻忽。实则从历史发展和理论深化的角度视之，朱子所以力主下学穷理的功夫入路，除了别的原因之外，很重要的一点就在于朱子要借此努力从根本上划清儒家与道、释之间的界线，排除神秘的个私的直觉体验，建立普遍的系统的理性原则。此人伦、物理世界之条理化、系统化之方法论的开拓，比之于湖湘一脉“上达识仁”的本体之争，其意义确有江海与粒粟之别。朱子甚至将这种严判功夫入路或教法指点的思路上溯直指到孟子那里，其云：

> 如孟子，却是将他到底已教人。如言“存心养性，知性知天”，有其说矣，是他自知得。余人未到他田地，如何知得他滋味？卒欲行之，亦未有入头处。②

显然，朱子明确反对将特殊的、与个人资质相连的上达直悟本体的功夫路数作为普遍的教法指点施之于芸芸大众。若教法指点只是求上达一理之平铺，此固是直截简易，然而，于朱子而言，“只是不敢，怕坏了人”，“圣人教人，皆是从平实地上做去。所谓‘克己复礼，天下归仁’，须是先克去已私方得”。③

进一步，“上达”与“下学”作为功夫入路，根本上还涉及对人心的不同看法。可以说，自孔孟之后，宋明儒者皆通悉“本心”概念。但既为本心，自是人心中一点灵犀不昧，是私意脱尽，众理贯通的圆莹之体。故从功夫一路我们也可以说，上达所至之本心乃是从人心中上提一步所得之观念。但本心又非人心之外独存之一物，依朱子，本心即是人心经“操而存之”之后所呈现的“真心”。如此说本心，我们是从分解的意义上立义，虽我们也可以将此分解加以消融，直就人心中

---

① 《朱子语类》卷八，第146页，廖德明录。
② 同上书，卷一百二十四，第2968页，余大雅录。
③ 同上书，卷一百二十四，第2980页，黄卓录。

见出本心沛然自在，但一者如此自高如下之功夫路数，非极致功夫即不能贞定本心，非资质利达即不能悟入本心。若以此作为教法，指点学者，自与儒门立教面向匹夫匹妇之目的相隔一段；二者此自在本心之朗现仍平列地需要廓尽人心中的习心成分，此即诚如蕺山所云："上智不能无人心，故仲尼有不善不改之忧。"①淳熙元年甲午(1174)，朱子在答何叔京书中便明确地指出，本心、人心只是一心，"存者道心也，亡者人心也。心一也，非是实有二心，各为一物，不相交涉也，但以存亡而异其名耳。方其亡也，固非心之本然，亦不可谓别是一个有存亡出入之心，却待反本还原，另求一个无存亡出入之心来换却。只是此心，但不存便亡，不亡便存，中间无空隙处，所以学者必汲汲于操存，而虽舜禹之间亦以精一为戒也"②。如是，则学者自不可舍人之经验心而寡头地悟识所谓本体心，而必直下以严密、下学之功夫入路就此人心处操存察识。明乎此，即朱子与湖湘学者五峰(南轩之师)之异，千般万般，要皆在对心之不同层面的持执上。故而，从教法指点而言，朱子并非不懂本心，毋宁说，他是太懂本心而重经验心，故其论心，重在从心之存有论上兼气而言立说，而未专就"心即理"之上提而"独存"一面说(此亦是朱子"己丑之悟"后对心说的基本立场)③，与此相应，朱子之教法指点亦在"循下学上达之序，口讲心思，躬行力究"④；而五峰重本心，必从人之经验心上看出此心之能宰万物以成性，故在教法指点上，其亦取法乎上，以"上达而下学"指点学者。显然，朱子与五峰的功夫入路与教法指点，乃与他们对心的不同持执密切相关。朱子对人的经验心有着更为严肃的关切，朱子对心取其内容意义与关联意义，故其批评五峰"人有不仁，心无不仁"时，说："此语有病。且如颜子'其心三月不违仁'，若才违仁，其心便

---

① 《刘子全书》卷十九《书上·答秦履思六》。

② 《朱子文集》卷四十《答何叔京》第二十六。

③ 依陈来先生之说，朱子乾道五年的《答张敬夫二》书，"鲜明地表现出朱熹40岁以前就坚决反对心即理的主张，而且也是朱熹一生中表述的反心学主张中最清楚者之一"。(参阅氏著：《朱熹哲学研究》，第278页)依本文的理路，从普遍的教法指点的角度，朱子反对心即理，反对直认本心、仁体作为学者的功夫入路，当有其实存论的根据。

④ 《朱子文集》卷三十《答汪尚书第三》。

不仁矣，岂可谓‘心无不仁’！”[①]因而他主张“论心必兼性情，然后语意完备”。[②]即此而言，朱了的一套观念是以实存论哲学为其底子的，而五峰即是以理念论作为基础的。[③]

不错，从道德意志之一理贯彻而言，理之所当是者，即其必然地自会是，亦如象山所言“当恻隐时自恻隐”。人唯一觉本心，即天理自然昭昭明明，当下即是。只是如此立说，看似理具条贯，一体平铺，但却有冒把人的本心和经验与实存世界中的人心强行加以分裂之危险。换言之，在一悟本心即天理流行的上达功夫路数中，人乃生活于理体之自圆的世界中，所谓“圆而神”之境只在道德主体摆脱了实存世界之纠缠牵挂后方为可能。然而，马克思早已指出，人的思想意识总是取决于人的社会存在，海德格尔也认为，人并不高于或独立于“存在事件”，而思维本质上是为“存在事件”服务的。更为尖锐的是，假如依保尔·利柯的“主体考古学”（archaeology of subject）之观念，作为实存主体，人的内在结构本身即包含有许多历史与现实的积淀和层级，借由心理分析和语义学（semantics）之解释，我们不难发现，人的语言和意识乃深深地根植于人的欲望和本能冲动之中，因而所谓“当下呈现的意识”（immediate consciousness）却总是“伪意识”。[④]果如是，即在本心一觉或“上达识仁”中，究竟是天理流行还是掺杂着人伪？此处盖不能不在存有论上有所讲究和有所交代[⑤]。朱子斥上达识仁之功夫路数为“侥幸于恍惚之间”，并谓“其所自谓有得者，适足为自私自利之资而已”[⑥]；蕺山斥王门后学当机妙悟为“学不见性，

---

① 《朱子语类》卷一百一，第2584—2585页，锺震录。

② 《朱子文集》卷七十三《知言疑义》。

③ 近拜读刘述先先生来书，先生认为五峰与朱子所言“心”字有歧义，五峰所言为本心，而朱子所言为经验实然之心。先生所言极是，亦合拙文思路。

④ P. Ricoeur, “*The Conflict of Interpretations*: *Essays in Hermeneutics*,” Illinois: Northwestern University Press 1974, pp.160-162, p.18.

⑤ 刘先生来书认为，西方海德格尔、傅柯、利柯之致思路数与儒家不同。“朱、陆虽有歧见，却有共同圣道之预设”，而西方学者并无同样的预设，故此间不能不有所甄别。刘先生所言极是，今记于此，以供存照。

⑥ 《朱子文集》卷三十。

误认灵明为本体,功非了悟,妄拟情缘为妙用"①,斯言如是,似乎在在为上述判言作佐证。由此看来,既然"一悟本心即是天理"在存有论之理上是否可能还依然是一个问题,而若以此作为普遍教法,则即便不致误导,流于自了,也始终是一个"险教",此观王门后学之病即不难明了②。

朱子仁说之辨所表达的思想观念,基本上可以从上述功夫入路或教法指点的线索下加以解释。朱子非不重本体之体认,且一再强调当首明本体方能践履实行。然则,如何识仁之本体,在朱子却大有讲求,盖朱子所汲汲于担心者在于,若学者只认一本体,并将此作一物看,则难免流于揣摸气象或一时仿佛之见,不得据以为了彻也。且依朱子,仁体只在日用常行之中,舍日用常行,以为可以两相凑泊,无乃索道于虚无影响之间,而吾儒实有的理性品格与道、释虚无的神秘体验之差别亦无由看出。"仁说之辨"在思想史上的意义正在于,南宋儒学在经历了其初期的分化发展之后,经由朱子之通辟与辩难,为儒学建立可资遵循的普遍的道德理性原则奠定了坚实的基础。

(三) 求 仁 之 方

《洙泗言仁录》(今已佚,只存其序)原是南轩依伊川"将圣贤所言仁处类聚观之"之说法而编成的一本书,此书主要将《论语》中孔子言仁之处加以类聚。南轩在此书的序中云:"某读程子之书,其间教门人取圣贤言仁处,类聚以观而体认之。因裒鲁论所载,疏程子之说于下,而推于已见,题曰'洙泗言仁',与同志者共讲焉。"③按说南轩编

---

① 《刘子全书》卷十九《与钱御泠相公》。

② 刘先生认为,儒家与佛学一样,有顿、渐二条线索,不可偏废。朱子强探力索,有所实得,但确有一间未达,乃至形成忌讳,以直贯思路为禅。其批评针对心学末流固然切中时弊,对于本心之证悟,则有所憾。我同意刘先生的观点,但我同时想指出的是,本文的重心乃围绕着作为普遍的教法指点来展开,朱子的思路无疑也有其经典的依据,所不同的是,朱子更多依据的是《论语》,而从《论语》来看,经由朱子的解释,儒家思想尊德性与道问学兼重、德性伦理与规范伦理兼谐。只是鉴于当时的客观原因,朱子似乎更偏向于道问学一面。

③ 《南轩集》卷十四。

此书之初衷与朱子注重下学而上达的为学路数是相一致的，盖南轩所处正所谓“学者纷纷言仁，异说横生，莫衷一是”之时，更有甚者，许多学者对明道“仁者浑然与物同体”悉意举扬，窥见影响即以为仁之把柄在手，沉湎于臆度想象。南轩显然有见于此，并试图有所拨正。所以，在《洙泗言仁录》编成后，南轩即去信向朱子表明了心迹：

> 《论语》仁说，区区之意，见学者多将“仁”字作活络揣度，了无干涉，如未尝下“博学笃志切问近思”工夫，便作“仁在其中矣”想象，此等极害事。故编程子之说，与同志者讲之，庶几不错路头。①

就反对将“仁”字作活络揣度与注重下学功夫而言，南轩与朱子并无差别。而且在南轩作《洙泗言仁录》之前一年，亦即乾道六年庚寅(1170)，朱子、南轩与东莱还就五峰所作之《知言》进行了讨论，其中即涉及识仁问题。朱子对五峰“欲为仁，必先识仁体”的看法提出了批评。朱子认为，“‘欲为仁，必先识仁之体’此语大可疑。观孔子答门人问为仁者多矣，不过以求仁之方告之，使之从事于此而自得焉尔，初不必使先识仁体也”②。显然，朱子并不同意五峰的观点。但此处值得注意的是，朱子以夫子“求仁之方”来反对五峰“识仁之体”，所谓“求仁之方”“下手处”“入手处”云云说的正是功夫入路或教法指点，而作为一种教法指点，在朱子看来，即当从平易处讲究讨论，从仁的具体表现上入手，所谓“初不必使先识仁体也”，应是指此意思。至于“先识仁体”的其他病痛，如缺失“本源全体”之涵养，已发功夫终成间断而不能成一究竟功夫等等，朱子所言不可不谓之痛切。有意思的是，虽为五峰高弟，南轩却并不赞同五峰的观点，反倒与朱子的看法相表里，盖南轩指着五峰“识仁”之论亦认为，“必待识仁之体而后可以为仁，不知如何而可以识也。学者致为仁之功，则仁之体可得而

---

① 《南轩集》卷二十一。
② 《朱子文集》卷七十三《知言疑义》。

见。识其体矣，则其为益有所施而无穷矣。然则，答为仁之问，宜莫若敬而已矣”。不难看到，南轩的“致为仁之功”与朱子的下学功夫路数是相一致的，而且从南轩“答为仁之问”的语脉上看，南轩似乎也与朱子一样，说的是一种教法指点。

然而，朱子在接获南轩的书信后却并不同意南轩类聚言仁的做法，在答南轩的第十六书中，我们可以看到朱子之所以反对这种做法，其理由大体有以下几个方面。第一，类聚观仁虽是程子为仁之意，“然专一如此用功，却不免长欲速好径之心，滋入耳出口之弊，亦不可不察也”。第二，“专务说仁，而于操存涵泳之功，不免有所忽略，故无复优柔厌饫之味、克己复礼之实，不但其弊也愚而已”。第三，不同意南轩对仁爱关系的看法，认为仁是爱之理，爱可以推仁，却不能尽仁。①由此看来，南轩作“言仁录”本是要学者切近功夫，反对将“仁”字作臆度想象，但朱子并未领请南轩心意。从功夫理路上说，朱子未尝不赞成南轩“类聚言仁”之用心，并谓之“深切”，然而在朱子看来，南轩编此书却易导人于将“识仁”一著作教法指点之误，并且南轩如此做法，将圣门学说中仁之本体与诸多表现仁的功夫事项加以支解睽隔，识仁即成一孤零零的、寡头的功夫，如是而以之作为教法，即学者无下手处，而易致人于悬空识想。依朱子，不论学者是识仁之体，还是识仁之用，凡是将识仁功夫与其他功夫斩截成二段，即皆成寡头的功夫，故朱子明言，“仁在事，若不于事上看，如何见仁？”“今要见仁字意思，须将仁义礼智四者共看，便见仁字分明……若只看仁字，越看越不出。”因此，“欲真个见得仁底模样，须是从克己复礼做工夫去”②。《语类》又载：

> 王壬问：“南轩类聚言仁处，先生何故不欲其如此？”曰：“便是工夫不可恁地。如此，则气象促迫，不好。圣人说仁处固是紧要，不成不说仁处皆无用！亦须是从近看将去，优柔玩味，久之

① 《朱子文集》卷三十一。
② 《朱子语类》卷六，第117页，李闳祖录。

自有一个会处，方是工夫。”①

南轩洙泗言仁，编得亦未是。圣人说仁处固是仁，然不说处不成非仁！天下只有个道理，圣人说许多说话，都要理会。岂可只去理会说仁处，不说仁处便掉了不管！②

不能不看到，朱子的这一中心观念是从其严分上达识仁和下学穷理的思路中直下流落出来的。盖南轩编《洙泗言仁录》之目的乃是作为功夫入路或教法指点要学者类聚以观，然依朱子，教法指点不能如南轩一样在未明了仁之解说的情况下劈空指就一个孤单的“仁”字，而应当从仁之在事中就“事”上切实做去，此乃朱子之中心观念。且朱子所以有此一观念，与其对人之资质悟性不同的深切了解息息相关，而这一点又进之涉及个别教法指点与普遍教法指点的问题。抽象地说，“上达”抑或“下学”皆不害其为仁，朱子对此应是深有了解。《语类》载龟山教范济美求仁之要，朱子认为：“范济美博学高才，俊甚，故龟山只引‘刚、毅、木、讷’告之，非定理也。”③依朱子，龟山教范济美“学当以求仁为要”乃基于范济美之才高明敏而说的，但并不可作为一个普遍的教法指点，所谓“非定理”正指此意而言。南轩编“言仁录”，朱子之所以“不欲做此工夫”（《朱子文集》卷三十九《答范伯崇》），除前述原因之外，还与朱子对南轩的了解有关，甚至与其对整个湖湘学派的看法有关。朱子认为，“湖南一派，譬如灯火要明，只管挑，不添油，便明得也即不好。所以气局小，长汲汲然张筋努脉”④。又说：“湖南学者说仁，旧来都是深空说出一片”⑤。具体到南轩个人，朱子认为：“敬夫高明，他将谓人都似他，才一说时，便更不问人晓会与否，且要说尽他个。故他门人，敏底只学得他说话，若资质

① 《朱子语类》卷一百三，第2605—2606页，吴雉录。
② 同上书，卷一百一十八，第2968页，余大雅录。
③ 同上书，卷一百一，第2568页。
④ 同上书，第2595页，杨方录。
⑤ 同上书，卷六，第120页，黄嵤录。

不逮，依旧无着摸。”①不难看到，朱子这一说法与其对孟子的评价几如出一辙，而核心正落在教法指点上。早在乾道四年(1168)，朱子在《答石子重书》中便已将南轩与湖湘学者一并诉说：

> 钦夫见处卓然，不可及，从游之久，反复开益为多。但其天资明敏，从初不历阶级而得之，故今日语人亦多失之太高。湘中学子从之游者遂一例为学虚谈，其流弊亦将有害。比来颇觉此病矣，别后当有救之。然从游之士亦自绝难得朴实理会者，可见此道之难也。胡氏子弟及他门人亦有语此者，然皆无实得，拈槌竖拂，几如说禅矣，与文定合下门庭大段相反，更无商量处。②

朱子此处即敏锐地觉察到，南轩(亦是整个湖湘学派)乃是误将个人的入手路头作为普遍的教法指点，故其为害匪浅。作为个人的入手路头或是作为一理的功夫路数，高远明快，“此非不可”，但若将之作为一个普遍的教法指点，“学者见未到这里，见他如此说，便不复致思，亦甚害事”③。稍微敏感我们就可发现，朱子在这里一再强调，即便天资明敏之人，在上达教法的指点和熏习下，也“不复致思”，或顶多“只学得他说话”，而不会有踏实竞进、于事上磨炼的功夫。朱子所指出的这种“进而不顾其安，使人不由其诚”的“教者之病”④即便现在听来亦可谓句句从实处说出！盖直超悟入门径与教者教人之方原并不可相混而不分，否则，开此窦漏，其病痛竟又何所底止！朱子云：

> 大抵向来之说，皆是苦心极力要识仁字，故其说愈巧，而气象愈薄。近日究观圣门垂教之意，却是要人躬行实践，直内胜

① 《朱子语类》卷一百三，第2605页，杨道夫录。
② 《朱子文集》卷四十二。
③ 《朱子语类》卷一百三，第2605页，枅录。
④ 同上书，第2605页，道夫录。

私，使轻浮刻薄、贵我贱物之态，潜消于冥冥之中，而吾之本心浑厚慈良、公平正大之体常存而不失，便是仁处。其用功着力，随人深浅，各有次第。要之，须是力行久熟，实到此地，方能知此意味。盖非可以想象臆度而知，亦不待想象臆度而知也。[①]

(四)“仁在事中”

正是基于对南轩和整个湖湘学派识仁路数的不满，朱子于次年作《仁说》，从正面表达了自己的观点。朱子在《仁说》中首言“天地以生物为心”，并进之于仁统仁义礼智四德，提出“克己复礼为仁”，反对以爱言仁，最后即对“以知觉言仁”和“以万物一体言仁”的观念提出了批评。其间的往复讨论，学者已多有论述，本文毋复赘言。基本上我们可以说，朱子的上述观念与南轩皆有或多或少的龃龉。然则，假如从前面上达体悟与下学穷理分言的角度，则我们又能给《仁说》提供何种新的解释？

在《洙泗言仁录》中，南轩曾提出“仁者，天地之心”，而朱子则在《仁说》中明确指出“天地以生物为心”。朱子为何强调一个“生”字，其用意为何？固然，朱子为说明以爱推仁而突出了“生”字，因“生”乃所以“爱”，“生底意思是仁”，[②]由“生”推至仁而使天人之间有了区分，但除此之外恐尚有剩义在。朱子不同意南轩以“天地之心”说仁，盖“天地之心”一语本就含混，且直就“天地之心”说仁，即天人之间似毫无区别，而易致人目视霄汉，罔爽狂大，无有敬畏之心[③]。更为重要的是，朱子强调以“生”说仁，实与其注重功夫入路或教法指点的着落和安置有密切的关系。前此我们已经指出，朱子之所以极力反对

---

① 《朱子文集》卷四十二《答吴晦叔第七书》。

② 《朱子语类》卷六，第107页，甘节录。

③ 实则朱子的这种考虑并非是多余的，而具有实质的根本的意义。儒家虽讲究“天人一体”，但此说并不意味着天人毫无区别，儒家尤反对人与天大的思想倾向，孔子之“畏天”“惟天为大”的观念所表达的正是儒学在天人关系上的不可移异的原则。王门后学所表现的某种意义上的主体独大的病象，朱子已经有所预见，有所警觉。当今学者刘述先、杜维明先生等人都有反复申说。

湖湘学者识仁，根本原因即在于，仁作为本体原只是一浑沦的道理，而识此道理便不应从浑沦处立跟脚，而应当从仁之“事”上找下手，离“事”而言仁体，则仁无着落，体无托基，所见亦只是笼统的大本达道之影像而已，又岂可得提纲振领、文理密察之效！因此，朱子突出一个“生”字，依朱子，“仁，浑沦言，即浑沦都是一个生意，义礼智都是仁”①。由此看来，朱子言“生”而意却在一个“分”字，亦即仁因其“生”而使浑沦的道理具体化，“得此生意以有生，然后有礼智义信”②。如是，作为教法指点，识仁便不落在孤零零的、寡头的仁之体上，而当在仁的具体表现上踏实做去，“‘仁’字须兼义礼智看，方看得出”③，“举仁，则义礼智在其中”。④朱子在《仁说》中为何汲汲然强调仁包仁义礼智四者，而恻隐之心贯爱恭宜别四情？假如撇开别的原因不说，其中的一个重要方面就可能与朱子试图扭转湖湘学派以上达识仁为教法的做法有关。依朱子，就识仁之作为教法指点言，当从仁之散开处说，亦即当从“义者羞恶，礼者恭敬，智者是非”等仁之“事”上指点。就切近生活言，即当从孝悌忠信，非礼勿视听言动等日常的节次中见出仁之为仁，所谓“圣人教人，大概只是说孝悌忠信日用常行的话”⑤。否则，若道迩求远，超直就仁之发见处识仁之所谓本体，即易导致学者认仁为一物并进而流于观摩揣度，且致人不学以明，误人于歧途⑥。无疑地，湖湘学者以上达识仁作为功夫入路，是否意味着不做下学功夫，至少从文本上我们不能做出此一结论。然而，对朱子而言，作为个人的（与禀赋资质相联的）识仁路数与作为普遍的教法指点必须严加分别，换言之，在教法指点上我们只能循序渐

① 《朱子语类》卷六，第 107 页，陈淳录。
② 同上书，第 105 页，李闳祖录。
③ 同上书，第 109 页，董铢录。
④ 同上书，第 108 页，余大雅录。
⑤ 同上书，卷八，第 129 页，李儒用录。
⑥ 朱子在《答张敬夫十六》中即明确指出：“熹尝谓，若实欲求仁，固莫若力行之近。但不学以明之，则有挞埴冥行之患，故其弊愚。若主敬致知，交相为助，则无此弊矣。”此处所当注意者，在朱子看来，“上达识仁”的功夫入路已多少内含了排斥致知穷理的观念，此即难怪有人会疑之为反智论倾向（余英时先生主之，而刘述先先生商量之）。只是此处是否意味着朱子是以知识的进路以言道德？此实有待于我们做进一步的讨论。

进，“宁烦毋略，宁下毋高，宁浅毋深，宁拙毋巧”，若以“径易超绝，不历阶级为快”①，即其至险绝处也必而深无疑。明乎此，即朱子在《仁说》中何以汲汲然区分情与性、仁与爱；何以忧忧然斥泛言“同体”者，“使人含胡昏缓而无警切之功，其弊或至于认物为己者”，斥专言“知觉”者，“使人张皇迫躁而无沉潜之味，其弊或至于认欲为理者”；又何以哓哓然以“克己复礼”鼓动和唱白于天下，其为道之郁郁苦情实不难见之真切。同年（乾道八年壬辰 1172）朱子在《答汪尚书》第七书中就“上达”与“下学”两种不同的教法作了详细的评论，朱子云：

> 圣门之教，下学上达，自平易处讲究讨论，积虑潜心，优柔厌饫，久而渐有得焉，则日见其高深远大而不可穷矣。程夫子所谓“善学者求言必自近，易于近者非知言者也”，亦谓此耳。今日此事，非言语臆度所及，必先有见，然后有以造乎平易，则是欲先上达而后下学，譬之是犹先察秋毫而后睹山岳，先举万石而后胜匹雏也。夫道固有非言语臆度所及者，然非颜曾以上几于化者不能与也。今日为学用力之初，正当学问思辨而力行之，乃可以变化气质而入于道。顾乃先自禁切，不学不思，以坐待其无故忽然而有见，无乃溺心于无用之地，玩岁愒日，而卒不见其成功乎！就使侥幸于恍惚之间，亦于天理人心叙秩命讨之实，了无交涉，其所自谓有得者，适足为自私自利之资而已。②

道体无形，神妙不测，固有言语所不能及者，然直悟此道体却有待于颜曾之资。退一步，即便此颜曾之直悟亦只是个人之直觉体验，其所达之精神境界乃是“无确定形式的天才抒发”（李泽厚语），与吾儒所汲汲于追求的建立天理人伦、叙秩命讨的理性的人文秩序尚相隔一段。不能不看到，朱子虽以其自认的“顽钝之资”但却在很早（三十五岁甚至以前）就敏锐地发现，所谓上达识仁教法终是“险教”，而

---

① 《朱子文集》卷三十《答汪尚书第三》。
② 同上书，卷三十。

不能护儒门于正途，更不能完成吾儒“自明诚”、曲物理、“经纶天下之大经”，重塑吾儒理性主义精神的使命。盖“上达”言者率以超绝悟入为门径，于学问之精微曲折处皆忽略厌弃，以为卑近琐屑，不足留情，而将识仁一着推而置诸冥漠不可测之地，终日兀然，以待廓然一悟。然依朱子，若于此处失去格物穷理功夫，即“彼既自谓廓然而一悟者，其于此犹懵然也，则亦何以悟为哉？又俟之而未必可得，徒使人抱不决之疑，志分气馁，虚度岁月而怅怅耳”①。如是，朱子每每拈出孔子平实下学教法，以为入德之方“莫贵于循序而致精”②，而不在于寡头一悟。朱子高弟陈淳于此领悟极深，其云“大抵吾儒工夫，有节目，有次第，非如释氏妄以一超直入相诳眩，须从下学，方可上达；须从格物致知，然后融会贯通”③。我们不得不承认，陈氏之说实得朱子之血脉和真味。

“仁说之辨”看似是朱子与南轩之间的辩难，实即表明了朱子对整个湖湘学派的警觉和不满，而湖湘一脉的识仁旨趣乃是从明道直下传承而来的。

明道虽不言太虚、太极，然如何识得仁体却是其哲学的核心。按理，明道言“学者须先识仁”意思非常明确，依明道之意，所谓“须先识仁”是要学者于日用常行之中先立出一个主脑，以为反身既诚，即无功夫处，处处功夫，所谓“心苟不懈，何防之有”，“存久自明，安得穷索”。套用《大学》的语式，就是心正，则诚意以上一段功夫自然周浃。对此，蕺山曾有一段属于他自己的解释，其云：“程子首言识仁，不是教人悬空参悟，正就学者随事精察力行之中，先与识个大头脑所在，便好容易下工夫也。”④果如此，则“识仁”一篇自是圆融浃洽。然则，在功夫入路或教法指点上，是就着于浑然天成、不落阶级呢，还是切实于规矩准绳、布帛粟菽？此中造德各异之方一则关联着儒家思想

① 《朱子文集》卷三十《答汪尚书第三》。
② 同上书，卷十四《行宫便殿奏札二》。
③ 《北溪大全集》四库文渊阁本，卷二十八。
④ 《刘子全书》卷五，《圣学宗要》。

之历史进境，一则牵涉到吾儒人文化成之规格和条理，而不能不有所讲求。换言之，在朱子，道之本统之承继与发扬，是依乎孔子下学穷理的功夫入路还是就着孟子“是他自知得”[1]之直觉体验，已经成了时代中令人关切的核心问题。就一理之周纳和展现上说，朱子未尝对明道没有相应的理解，其云“明道语言甚圆转，初读未晓得，都没理会，仔细看，却成段相应”。又云“明道语言浑沦，仔细看，节节有条理”[2]。然而，在教法指点上，朱子却始终反对超直悟入，率意腾口，而力主于日用之中，从容潜玩，几微之际，毫厘毕察。《语类》记直卿谓明道之《定性书》为造道之言，朱子即答之曰，“然。只是一篇之中，都不见一个下手处”[3]。肯定其为“造道之言”即就理知上说、理路上说，然而，“不见一个下手处”乃就教法指点上说。实际上，朱子对明道即上达识仁以言教法指点始终保持高度的警觉，在谈到明道“识仁”篇时，朱子就指出：“明道这般说话极好，只是说得太广，学者难入。”[4]从“不见一个下手处”到“学者难入”几乎是朱子对明道功夫论的典型评说，而核心都落在教法指点上，言语婉转中实则表明了朱子内心深深的不满，学者不可不察。而由上蔡、五峰下开的湖湘学派乃上宗明道，其学问路数悉以识仁一着纲维脉络，而终又归落于某种个人的神秘的直觉体验，故其遭至朱子之辩难、批评实乃势所必至。

（五）结　语

然则，朱子时时斥言湖湘一派识仁功夫为悬空揣度，究竟是朱子“不见道”，抑或是其内心还有对实存的“另一种隐忧和敏感”？

前此我们曾经指出，朱子始终在教法指点上把“上达识仁”功夫看作是“险教”，朱子的这种担忧和警觉不是没有根据的。近人唐君

① 《朱子语类》卷一百二十四，第 2968 页，余大雅录。
② 同上书，卷九五，第 2444 页，陈淳录。
③ 同上书，卷九十五，第 2441 页，杨道夫录。
④ 同上书，卷六十，第 1437 页，金去伪录。

毅先生曾这样认为：

> 泛言仁，只是浑然与物同体之感，然此感之是否真实，则有不同之程度。而一般所谓与物同体，恒可是观照性、思虑性之与物同体，盖此中所思虑之人物义理，只是一所思、所观照者，亦只平铺于观照心、思虑心之前者，而未尝实入于此心，以彻入吾人之生命，而与此生命，疾痛相感，以实为一体。①

我们可以说，直超识仁自理上言即已包含了极度滑转的可能②，若以之作为教法指点，即直下滋长学者轻浮刻薄、避迂求捷之病，并进之于诳人诳己，实势有所必，于吾儒人文理性之确立又岂非南辕北辙?！明初学者胡敬斋在《居业录》中就曾记云："上蔡记明道语，言'既得后，须放开'。朱子疑之，以为'既得后，心胸自然开泰，若有意放开，反成病痛。"朱子此疑果如其言乎？此观后期学者之言固可明了。胡敬斋即发现，由明道下开之学路，功夫入路虽亲切、明快，然其教法指点却不免疏松，故其云："今人未得前，先放开，故流于庄、佛。又有未能克己复礼，先要求颜子之乐，所以卒至狂妄。……故放开太早，求乐太早，皆流于异端。""今人不去学自守，先要学随时，所以苟且不立。""今人学不曾到贯通处，却言天地万物，本吾一体；略窥见本原，就将横竖放胸中，再不去下格物功夫，此皆是助长，反与理二。"③胡氏之言固非空穴来风，我们从其语脉中亦不难看到，所谓"未得前，先放开""未能克己复礼，先要求颜子之乐""不去学自守，先要学随时""学不曾到贯通处，却言天地万物，本吾一体"，诸种言说，似皆指着明道而来，而用语与明道亦何其相似！且胡氏之言已非只是一理之述说，而乃事实之表陈。此种历史解释学为我们了解朱子学问之

---

① 唐君毅:《中国哲学原论・原教篇》，台北：台湾学生书局1989年，第153页。

② 此处乃撇开了现代哲学对"本心仁体"的主体考古学的考察和追究，学者当自能看出。

③ 《明儒学案》(沈芝盈点校)，北京：中华书局1985年，卷二《崇仁学案二》，第37、42页。

功夫路数指明了方向。其实，早在朱子与湖湘学派接触不多之时，即以其对实存之警觉，敏锐地发现近世言道学者“失于太高”，而其所谓一悟之“廓然”，实也只是“懵然”①。朱子认为，明道以识仁教示学者原为转相偏矫，因病立方，然而，湖湘一派接此话柄，推衍至极，不意却反成病痛，故而朱子时时以《论语》为经典文本，以“存在事件”为取论方向。朱子云：

> 只看《论语》一书，何尝有悬空说底话。只为汉儒一向寻求训诂，更不看圣人意思，所以二程先生不得不发明道理，开示学者，使激昂向上，求圣人用心处，故放得稍高。不期今日学者，乃舍近求远，处下窥高，一向悬空说了，扛得两脚都不着地，其为害甚于向者之未知寻求道理，依旧只在大路上行。今之学者却求快捷方式，遂至钻山入水。②
>
> 至谓类聚言仁，亦恐有病者，正为近日学者厌烦就简，避迂求捷。此风已盛，方且日趋于险薄。若又更为此以道之，恐益长其计获欲速之心，方寸愈见促迫纷扰而陷于不仁耳。③

由此看来，朱子所以要辟五峰、辩南轩，亟亟然以平正之教法指点，坚实之功夫入路教示学者，并时时以孔子以为存照，甚至不惜斥言孟子，已远非只是其才质之横列或一己之偏好所可界说，而实乃浸透了他的时代关切和现实用心。换言之，朱子严持下学穷理的功夫入路，并在在以“克己复礼为仁”指点学者，乃深深地根植于“今人私

---

① 由“心学”所主张的“本心即理”之判言，假如透过当代哲学的深度分析，即其究竟是“心与理一”还是如胡敬斋所言“反与理二”，实当引起我们的重视。当然，这样一种诠释方式我们要遵守如牟宗三先生所说的“依法不依人，依义不依语”（参阅氏著：《现象与物自身》，台北：台湾学生书局1975年，第8页）的原则。但本文对朱子思想所作的诠释，至少就作者初衷而言，并不想只滞于“历史的知识”，而试图于“理性的知识”（同上书，第17页）有所融摄。

② 《朱子文集》卷一一三。

③ 同上书，卷三十一《答张敬夫十九》。

欲万端,纷纷扰扰"[1]的深刻认识以及由"上达识仁"所事实上已经带来的诸种病象之中。故朱子坚执"下学上达"之教法指点,以为非如此即不足于辟佛老,去恍惚,扫虚见而就实理,进之于开拓吾儒之规模和气象。我们甚至不妨说,朱子借以对由孔子所指点的"仁"之在"事"的诠释,即之于其对实存社会的病象的敏感,为儒家的道德修养和人文世界的理性化开示了一个新的时代。

透过朱子与南轩的仁说之辨,我们可以发现,由朱子力持的"下学穷理"的功夫入路所发展出来的诠释学面向充分地表现在执"事"以定"理"、养"迹"以护"本"、察"殊相"以见"共相"的特点上。我们曾言,宋室南渡后,儒学的内部争论主要表现在功夫的入路或教法的指点上。面对"识仁"的相同主题,是经由上达直悟本心而得其个人的内向的直觉体验呢,还是经由下学穷理的功夫周展出一套条理化、系统化的人伦和物理世界的脉络?是津乐于玩弄天资,还是踏实于功夫竞进?这在朱子所处时代已变得殊为迫切,而且事实上也成为儒学下一步发展的方向性的中心主题。无疑地,"孔颜乐处"与"万物一体"作为一种精神境界,自为儒者所称许。然则,这种精神境界之实现途径是满足于"终日兀然,以待廓然一悟"[2],还是进之于平铺地建立起一套理性原则以化成天下,成己成物?显然,朱子清楚地认识到了这一问题,同时也自觉地承担了这一问题,时至今日,我们实不妨说,朱子也圆满地完成了这一问题。

这或许是哲学和历史进路之诠释思维所可能得出的一种结论。

---

① 《朱子语类》卷九五,第 2441 页,杨道夫录。

② 王门后学发展到王龙溪那里时,直言"悟门不开,无以征学",似已发展成另一独立形态之学问,而不必是儒家博厚高明、成己成物之学。龙溪云:"当下本体,如空中鸟迹,水中月影,若有若无,如沉如浮,神机妙应,当体本空,从何处识他?于此得个悟人,方是无形象中真面目,不著纤毫之力中大著力处。"(《明儒学案》卷十二《浙中王门学案二》,第 246 页)显然,如此说本体固是自成规格,但却不必是儒学的,甚至也不必是阳明的。劳思光先生以"主体性非对象义之存在"评点龙溪的"悟门之学",可谓传神与端的。

五、「取之有时」与「用之有节」

——朱熹「宇宙图象」中人与物的关系问题

(一) 引　言

论及"人与自然"的和谐问题,让人想起日益风行的各色生态理论毋宁说是非常自然的。的确,在当代道德意识与社会关怀的发展中,对生态危机的关注已愈发成为人们心目中十分重要的一环。但正如人们已经看到的,对生态危机的回应,并不能单纯通过技术的方式来获得担保,相反地,如何从不同的文化传统资源中开发出适应现代经济和社会生活的生态哲学理念,以便人们寻求一种崭新的生活方式和精神价值的委身已越发显得重要。

因而,同样很自然地,当西方的非人类中心主义(不论是生命中心论还是自然中心论等等)的生态伦理传入中国后,学者们纷纷推介,传扬阐发,并且溯源返本,力图从中国自身的传统思想中寻求生态伦理资源。这种努力一方面固然是在理论上对西方生态伦理所作的回应和配合,但另一方面也表达着学者对当前中国社会生态环境问题的关切。

不过,不论是出于对现实的生态危机的忧虑,还是由于对西方非人类中心主义的生态伦理欠缺必要的理论审查,我们发现,有些学者在回顾、反省中国传统儒家思想时似乎不自觉地带着上述西方非人类中心主义的观念、视角、方法来诠释儒家思想中的生态伦理内涵,甚至将此一内涵独立阐发为可与某些西方自然中心论相互比肩的学说。观其初衷和动机,在很大程度上固然是为了证明"西方有的,吾国固有之"。然而,浸淫摇荡之下,西方非人类中心主义生态理论之缺憾固然不能看出,而儒家所以为儒家的理论特质亦复淹没不显。

显然，此间问题牵涉广泛，我们无法一一作出详细的说明[①]。不过，从实践的角度看，儒家有关人与自然的关系问题实不仅仅是理论内部的疏解和证明问题，而是儒家的相关观念在现代语境下具有何种目标明确的价值指向，同时又在何种程度上可以被理解和应用于现代化社会进程的问题。为此，我们实在有理由进一步追问：当西方的非人类中心主义生态伦理学汲汲于宣言整个生态系统具有与人同等的道德权利和地位时，儒家的一套人与自然的观念如何给出现代意义下生态伦理所当有的合理的权利、责任概念？从理论上看，儒家讲天、地、人三者之和谐关系，是否仅仅只是某种已经给定的、既成的结构，还是自始只是一个实践的、待完成的过程？儒家讲人与自然的“和谐”是否只在“合”“一”中体现，还是必须在“分”“两”中证成？进一步地，当我们着力于阐发儒家的“生生之仁”“博爱万物”的观念时，我们又当如何深入儒家思想的深处，揭示其“利用”“天之为利人”的理性主义、现实主义的品格，并将此品格协调于我们这个现代化时代所背负的“世界历史天命”？对这些问题的回答，我们显然应当抛弃“人云亦云”的跟风心态，而应该在提高我们的理论识别能力和正视自身传统特性的基础上，面对现代化事业，展示我们的大开大合：唯其在大开中我们才能立出大信，亦只有在大合中我们才能兴为大用。[②]

职是之故，我们觉得，仅就本文所涉及的有关朱子人与自然的和谐关系的主题而言，尚有待进一步讨论的问题是，在朱子的宇宙图像中，是否也有如自然中心主义者所说的那种自然万物与人具有同等的道德地位与意义的想象？朱子的“生生”的观念究竟是存在论的描述还是儒家“价值优先立场”的忠实说明？朱子的格物理论与其所说

---

① 有关对西方非人类中心主义的生态理论作出批判和反省的论著，学者可以参阅陈剑澜：《非人类中心主义环境伦理学批判》，载《哲学门》2003 年第 1 期；孙道进：《非人类中心主义环境伦理学悖论》，载《天府新论》2004 年第 5 期；甘绍平：《应用伦理学前沿问题研究》，南昌：江西人民出版社 2002 年。

② 西方对儒家有关天、地、人之关系及其生态蕴含的论述，请参阅 *Confucian and Ecology: The Interrelation of Heaven, Earth and Humans*, ed. by Mary Evelyn Tucker & John Berthrong, MA: Harvard University Press 1998。

的“取之有时”“用之有节”的观念究竟存在何种内在的逻辑关联？

人们常说，儒家思想的核心乃是以人为中心的一套观念，这一观念是否就是人类中心主义完全可以作进一步的研究，此亦并非本文所要处理的问题①。但具体到朱子本人的思想，我们认为，朱熹(以及儒家)有关人与自然的和谐观念与西方的自然中心主义的主张在本质上有很大的不同。换言之，朱子人与自然的观念忠实而传神地表达着儒家“正德、利用、厚生”的基本原则：“正德”之德乃是天德②，故为大本；“利用厚生”为依物、待物之道，故其乃显诸用。“正德”求诸己，“利用、厚生”散诸物，而言“利用、厚生”必当以“正德”为依归，此儒家首出之原则也。然儒家言“正德”又非一往只是道德心之觉悟，而必覆载、涵润于万物，同时，亦必开人民之幸福生活。从人与自然和谐的角度上讲，“正德”必含“厚生”，盖“正德”之德既是天德，亦复是人之仁义心、真实心，故自理想言，一物不获其所，不遂其生，便是此仁义心所不能忍，依阳明，则所谓“使有一物失所，便是吾仁有未尽处”也。③另一方面，儒家言生物、成物，言覆载、涵润，又不舍“利用”“胜食”，不弃“天之为利人”，此所以尊人、尊生之现实主义。④要之，儒家言人与自然之和谐既没有役物主义之激情，亦没有自然中心主义之浪漫，它以厚德载物为基础，可以发为“与物同体”之超越境界乃至于美的欣趣，但其灵魂却始终是扎根于“生活世界”(life world)

---

① 相关论著很多，不能一一列出，学者亦可参阅陈来：《道德的生态观：宋明儒学仁说的生态面向及其现代诠释》，载赖品超、李景雄编：《耶儒对话新里程》，香港：香港中文大学崇基学院宗教与中国社会研究中心2001年。

② 所谓“天德”者，即是儒家所谓的“仁”，是生生之大德，天地之仁唯是生物。

③ 《王阳明全集》卷一《传习录上》，上海：上海古籍出版社1992年，第25页。

④ 儒家言人与自然和谐关系的实质根本在于在“正德”的基础上，讲尊人、尊生，利用、厚生的现实主义品格，此为牟宗三先生所雅言。毋庸讳言，此一精神品格源绪颇为悠久。《逸周书·文传解》文王告太子曰：“吾语汝，我所保与我所守，传之子孙。吾厚德而广惠，忠信而志爱。人君之行，不为骄侈，不为泰靡，不淫于美，括柱茅茨，为民爱费。山林非时不以斧斤，以成草木之长；川泽非时不入网罟，以成鱼鳖之长；不卵不攗，以成鸟兽之长。畋猎唯时，不杀童羊，不夭胎，童牛不服，童马不驰不骛，泽不行害，土不失其宜，万物不失其性，天下不失其时。土可犯，材可蓄。”“山林非时”云云意谓人们应在“正德”的基础上讲求“利用”；而“土可犯，材可蓄”即明示人们利用自然以谋求生存的合理性。此外，《左传》又还有所谓“六府、三事”之说，“水、火、金、木、土、谷，谓之六府；正德、利用、厚生，谓之三事”。参阅杨伯峻：《春秋左传注》(第二册)，北京：中华书局1995年，第564页。

的理性主义甚至是实用主义的原则之中。

此亦是我们了解朱子之相关观念的眼目与间架，亦所以朱子会哓哓然以“取之有时，用之有节”以为我们的行为准则而求其合内外之道者。①

（二）说人、物关系

从理论上看，人与自然万物的和谐关系包含着人与万物是否平等的问题，若是，则在哪一种意义上为平等？若不是，则和谐又当如何理解？我们都太习惯于儒家思想讲天人合一、讲人物和谐，而这样一种“成见”伴随着西方生命中心或自然中心主义的论调，不自觉地延伸出诸如儒家思想也内在地包含着人与物之间的道德平等的观念。②实则就朱子而言，对上述问题之了解当首先说明朱子有关宇宙生成图像之观念。对此，我们的问题是，在朱子的这一宇宙图像中，朱子是如何来阐释由天地洪荒到万物生成的过程？而在这一过程中，朱子又如何解释自然的现象世界的纷繁复杂，以及在这种纷繁复杂的关系中人在自然万物中的地位？

人皆认为，朱子学说四通六辟，涵容广大，而论及人、物关系则牵涉到他对宇宙图像的构作，就此而言，其理论形态主要表现为宇宙论与形上学；而其理论资源则主要综合了濂溪的《太极图说》、横渠的《西铭》以及二程的哲学而成就了他的独特之论③。朱子在《西铭论》中说：

---

① 朱子之观念颇有代表性，参阅：《朱子语类》卷十五，北京：中华书局 1994 年，第 295、296 页。

② 在儒家的思想传统中，人与物的关系基本上都认为人是万物之灵。但此处亦可以分为两面说，从一气混成，人是万物中之一物的本源论上看，儒家确有人与物之间“究竟平等”的“齐物心灵”(the panequalizing mind)，然而，儒家所以为儒家的本质乃在于它的价值优先立场，所以在人与物之间，儒家非常讲求“仁义之心”“能推、不能推”的差别。此处则涉及宇宙论与价值论之间的关系，只看到一面而不看到另一面显然是不合适的。

③ 劳思光先生则在比较的基础上，认为朱子的综合系统就内容言，“则主要为濂溪及二程学说之综合，其取于横渠者，不及取于周程者重要”。参阅氏著：《中国哲学史》三上，台北：三民书局 1981 年，第 272 页。

天地之间，理一而已。然乾道成男，坤道成女，二气交感，化生万物，则其大小之分，亲疏之等，至于十百千万而不能齐也。不有圣贤者出，孰能合其异而反其同哉？《西铭》之作，意盖如此。程子以为明理一而分殊，可谓一言以蔽之矣。盖以乾为父，以坤为母，有生之类，无物不然，所谓“理一”也；而人物之生，血脉之属，各亲其亲，各子其子，则其分亦安得而不殊哉！

此处，朱子不仅以“理一分殊”来解释横渠的《西铭》，而且也以此为纲领来解释宇宙万物的生成。“理一”是统一原则，但人物之生却万殊不同。

然而，由“理一”到“分殊”的生成过程究竟如何展开？对此，朱子乃依濂溪的《太极图说》加以说明。①显然，如若不究其间理论上的细节及其可能存在的理论困难②，濂溪所谓由“无极——太极——阴阳（动静）——五行——万物”的观念演绎提供给我们的正是一幅宇宙万物生成过程的图像，对此，朱子首先加以形而上的解释。朱子以为，此太极或无极之真即是形而上的理，而二气五行之精即是形而下的气。朱子一方面把理与气的分别看得十分紧切，认为“天地之间，有理有气。理也者，形而上之道也，生物之本也；气也者，形而下之器也，生物之具也。是以人物之生，必禀此理然后有性，必禀此气然后有形”③。其意是说，每一事物的背后必有一“理”决定其存在，我们也可以说，在理论的逻辑次序上“理”先于“物”。但另一方面，理与气又决不可分：“所谓理与气，此决是二物。但在物上看，则二物浑沦不可分开各在一处，然不害二物之各为一物也。若在理上看，则虽未有

① 按濂溪之说：“无极而太极，太极动而生阳，动极而静；静而生阴，静极复动。一动一静，互为其根。分阴分阳，两仪立焉。阳变阴合，而生水火木金土。五气顺布，四时行焉。五行一阴阳也，阴阳一太极也，太极本无极也。五行之生也，各一其性。无极之真，二五之精，妙合而凝，乾道成男，坤道成女，二气交感，化生万物。万物生生，而变化无穷焉。”（《周濂溪集》卷一）

② 参阅劳思光：《中国哲学史》三上，第97—109页；无疑地，牟宗三则取另一种不同的了解方法。

③ 《朱子文集》卷五十八《答黄道夫书》。

物，而已有物之理。然亦但有其理而已，未尝实有是物也。大凡看此等处，须认得分明，又兼始终，方是不错。”①故此，我们可以说，在朱子的思想中，理气关系乃是不离不杂的关系，具体到现象世界中的一切事物，都具有理与气两面。从理一分殊的角度看，大千世界具体事物所以千差万别的原因归于阴阳五行之气上说，但现象世界事物之间虽各各不同，却同禀一太极普遍之理。《语类》卷十八谓“万物之生，同一太极也”，“近而一身之中，远而八荒之外，微而一草一木之众，莫不各具此理”，卷九十四又云：“总天地万物之理，便是太极”，说的是“理一”；但朱子又说：“花瓶便有花瓶底道理，书灯便有书灯底道理，水之润下，火之炎上，金之从革，木之曲直，土之稼穑，一一都有性，都有理。人若用之，又着顺它理始得。”（《语类》卷九十七）说的即是“分殊”②。

“理一分殊”是朱子构筑其宇宙图像的重要观念③。这一观念最引人注意的是，它在朱子的思想中表达着人与自然万物在“理一”上的关联。由于有此本体论或宇宙论上的关联性④，一些研究儒家思想尤其是研究儒家生态伦理思想的学者或由此推出儒家在人与物之间具有有机的、内在联系的观点，这种说法当然有其合理性，但也有一些学者由此认为在儒家的思想系统中，人与物之间乃具有某种平等的道德地位。若对此一说法不加认真分析和鉴别，即不觉之间将朱子思想一顿扯入西方的自然中心主义的版图中去。事实上，当我们说完人与物在“理一”上的关联性之后，我们尚有更重要的问题需要追问：所谓本体论上的“理一”在朱子那里是否可以直接推出人与自然万物具有同等的道德价值和地位？若是，那么，在逻辑上我们便会问，难道一切病毒皆有其与人一样的生存的道德权利？

---

① 《朱子文集》卷四十六《答刘叔文》。

② 有关朱子在人、物之间理、气同异的问题，朱子本人的思想也有一个发展，具体论述学者可以参阅陈来：《朱子哲学研究》，上海：华东师范大学出版社 2000 年，第 124—143 页。

③ 朱子也常常以“月印万川”来表示。

④ 参阅陈来：《朱子哲学研究》，上海：华东师范大学出版社 2000 年，第 113 页。

推而之极，我们是否要接受诸如“病毒、寄生虫等等在人体内的公正居留权”？①然而，这种结果是否为朱子或儒家所接受？②如若不是，则在朱子的宇宙图像中，人与自然万物之间的和谐关系又当如何看出？进一步地，所谓人与物的和谐是否只是理论上的一种预认的结构，还是对于朱子而言，只有在确立了人为天地之心的价值优先的基础上，以仁心之实践来照见、体现这一和谐？

上述问题无疑牵涉甚广，只是就朱子而言，这些问题又多少可以在其理一分殊之间架中或在具体描述万物之生成的过程中窥见答案。依朱子，自然万物之生成乃纯落于气上来说明，其间原因即在于理乃无计度、无情意，无造作，用今天的话来说，理具有超越具体时空制约的特性。虽然如此，朱子认为，太极（理）含有动静之理，气即依据此理而有实际的动静，所谓一气动静，分阴分阳，阴阳二气氤氲相荡，阳变阴合，乃生、水、火、木、金、土五行，此即是朱子所谓的阴阳五行混合便是生物的材料。③朱子又云：

> 天地初间，只是阴阳二气，这一个气运行，磨来磨去，磨得急了，便拶许多渣滓，里面无出处，便结成个地在中央，气之清者便为天，为日月，为星辰，只在外，常周环运转，地便只在中央不动，不是在下。④

我们不妨认为，朱子的这一思想多少承接着汉儒以下的陈说，依今看来，其中当然不乏依经验而来的猜想。⑤但此处我们当注意“化

---

① 参阅拙著：《从横渠、明道到阳明——儒家生态伦理的一个侧面》，香港：香港中文大学出版社2005年，第81页。

② 儒家传统思想历来有“人禽之辨”，含义固然颇为广阔，但儒家严辨人禽，反对率兽食人的立场则至为明显，丝毫不得含混。

③ 参阅《朱子语类》卷九十四，第2367—2368页，周谟录。朱子认为：“天地生出个物事，这个都是气。”（同上书，卷一，第3页，沈僩录。）又认为：“阴阳是气，五行是质。有这质，所以做得事物出来。”（同上书，卷一，第9页，舒高录。）

④ 同上书，卷一，第6页，陈淳录。

⑤ 如朱子认为：“天地始初，混沌未分时，想只有水火二者，水之渣脚便成地。今登高而望，群山皆为波浪之状，便是水泛如此。”（同上书，卷一，第7页，沈僩录。）

生”与“形生”两个概念，在朱子看来，由阴阳五行的感应妙合所生的形体，即是气化而生，那时没有种，只是由气蒸腾凝结而来。①朱子以为，所有的物种从源头上看皆是由气化生而来，待有种后即为形生，“形生却是有此一个人后，乃生生不穷底”②。然而，按朱子理一分殊之说，宇宙万物皆由理气两者结合而成，但显然万物在性质及表现上却千差万别；又，依朱子，理在每一个自然万物上均是同一的，因而对万物差异的原因我们似乎不能求之于理，而只能求之于气。问题在于，若只是在气上而不是在理上求万物之差异，尤其是人与物之间的差异，则这一理路似乎与孟子力辩人禽之别形成矛盾与紧张。盖儒家传统历来强调人、物之别，这种分别并不仅仅是气上的，而且也是理上的，尤其表现在道德之理（性）上，否则，孟子就不会对告子说“然则犬之性犹牛之性，牛之性犹人之性与？”（《孟子·告子上》）因此，我们大体可以说人与人之间的差异不在性理，而只是由于气昏使人所禀之理受到蒙蔽，但人与物之间的差异究竟是在性理上物即比人偏，还是在气禀上由于受气昏之蔽而在理上表现为蔽塞？显然，朱子如果在人与自然万物之间突出强调“理一”的绝对性，忽略其间的差别，即此种结果不唯难与孟子的相关观念相一致，也不免会被某些具有自然中心主义情结的人引为同调。其实，朱子对上述问题亦曾与门人之间切磋问难，反复较量。据陈来研究，朱子对于上述问题的“定见”当在庆元之后，亦即朱子六十六岁之后。③我们试摘录其中几段，以备分析，朱子云：

所论理气之偏，若论本源，既有理而后有气，故理不可以偏全论。若论禀赋，则有是气而后理随以具，故有是气则有是理，

---

① 朱子云：“气化是当初一个人，无种，后自生出来底。”又云：“天地之初，如何讨个人种？自是气蒸结成二个人，后方生许多万物……当初若无那二个人，如今如何有许多人？那二个人便似如今人身上虱，是自然变化出来。”（同上书，卷九十四，第2380页，黄义刚录。）

② 《朱子语类》卷九十四，第2380页，黄义刚录。

③ 参阅陈来：《朱子哲学研究》，第132页。

无是气则无是理，是气多则是理多，是气少则是理少，又岂不可以偏全论耶？①

在上述短短的几行字中，朱子用了两个完全相反的判断来区分人与物之间的差异：一个是本源论意义上的“理不可以偏全论”，一个是禀赋论意义上的理“又岂不可以偏全论”。观察朱子之用心，我们不难发现，他既要保持“理一”的普遍性，又要在人、物之间画出界线、作出区分，似乎有点左支右绌。的确，若将“理一”绝对化，以为人与物毫无差异地同禀此“理一”，而看不到“分殊”一面对“理一”的松动、瓦解乃至销蚀，那么，充其极致，此一论点即可能泯除人与物之间的差别，将人作为“物”看。这确乎有西方的自然中心主义者的“同体”意味，只是无论如何，朱子不会、也不能接受这种论点。但若反过来，作为统一原则之理一“管不了”分殊的气，则理一的普遍性及其“彻上彻下”的性格又不能得以保证，以至“理一”与“分殊”之间不能畅然贯通。由此观之，本源论和禀赋论归根结底亦只是一种权说而已。②

事实上，我们所谈论的人与物的关系，本质上乃就整个自然万物之关系而言，既包括生物，也包括无生物。但若究之于朱子的思想世界，不仅生物与无生物不同，而且在所有有生命的事物中，人却是最为独特的，金永植教授指出，在朱子那里，“人甚至不算在‘万物’里面，他从来不用‘物’来指人”③。人的独特性当然表现在人为万物之灵，这是儒家一贯的传统观念，远的有荀子所说的“水火有气而无生，草木有生而无知，禽兽有知而无义。人有气有生有知亦且有义，故最为天下贵也”（《荀子·王制》），近的则有濂溪所谓的“二气交感，化生万物，万物生生，而变化无穷焉，惟人得二气之秀而最灵”④。我们暂时撇开朱子理一分殊、理气异同在说明人之与物关系上所可能遭遇

① 《朱子文集》卷五十九《答赵致道一》。

② 朱子的“气强理弱”以及“理管他不得”之说既可以诠释为理气之间的辩证，但却不能掩饰其间所存在的矛盾和紧张。参阅劳思光：《中国哲学史》三上，第286页。

③ 金永植：《朱熹的自然哲学》，上海：华东师范大学出版社2003年，第199页。

④ 《周敦颐集·太极图说》。

到的理论困难，有一点是明显的，即朱子坚持了儒家的这一传统观念：人与自然是一个不可分割的整体，人在这个整体中也处于中心地位，这种中心地位固然不是鼓励人们对自然采取任意的征伐和利用，而应当在“正德”的基础上承担起一份责任和义务。但是，我们却不能从这一整体意识中、从理一的观念中片面地认为，在朱子的宇宙图像中人与物具有某种现实的平等的地位。从价值优先的立场出发，朱子坚持认为，人与物处在不同的等级之中，他们之间是有差别的。在《答余方叔》的书信中，朱子写道：

> 天之生物，有有血气知觉者，人兽是也；有无血气知觉而但有生气者，草木是也；有生气已绝而但有形质臭味者，枯槁是也。是虽其分之殊，而起其理则未尝不同。但以其分之殊，则其理之在是者不能不异。故人为最灵而备有五常之性，禽兽则昏而不能备，草木枯槁，则又并与其知觉者而亡焉。但其所以为是物之理，则未尝不具耳。如若所谓才无生气便无此理，则是天下乃有无性之物，而理之在天下乃有空阙不满之处也，而可乎？①

朱子的上述说法有两点需要注意，一是朱子坚持认为，天下万物其分虽殊，但其同禀共同意义之理则一。这种说法蕴含着太极的共同意义之理与自然万物的特殊的性理之间的不一，同时也意味着朱子的理一在生成世界的过程中不能保持其自身；二是朱子明确地认为，万物之间存在着差别，人最灵，动物次之，植物和无生命的事物再次之，而其所以如此，则在于物之分殊不同，而其理也不能不有异。在《答严时亨》书中，朱子则谓“究其所以然者，却是因其气禀之不同而所赋之理固亦有异”②。这种解释，毋宁说朱子已经赋予“气禀”独立的性格。但我们感兴趣的问题显然在于，通过上面的论述，我们不难发现，在朱子那里，无论是宇宙论还是形上学，朱子其实都在辗转

① 《朱子文集》卷五十九。
② 同上书，卷六十一《答严时亨三》。

护持着人与物的不同，这种不同一方面表现在气禀上，另一方面表现在道德上。如朱子谓：

> 或问：“人物之性一源，何以有异？”曰：“人之性论明暗，物之性只是偏塞。暗者可使之明，已偏塞者不可使之通也。”①
>
> 人物之生，其赋形偏正，固自合下不同。然随其偏正之中，又自有清浊昏明之异。②
>
> 以其气而言之，则得其正且通者为人，得其偏且塞者为物。是以或贵或贱而有所不能齐。③

依朱子的这些说法，尽管在形式的共理上，人物同出一源，然而，朱子却必要分出物因在气禀上的“偏塞”而在理上的“偏塞”，而与人不同。所谓或贵或贱“不能齐”既可以看作是朱子对世界各自然现象物之描述，但同时也是一种价值判断。换言之，人、动物、植物以及其他无生命之物之间事实上蕴含了一种由于所禀赋之气的偏全、通塞不同而有的价值上的高低上下，所以会有贵有贱，“或贵或贱”。

当然，对于那些“动物权利论”“动物解放论”等急于为自然之物予以道德权利和地位加冕的学者而言，朱子强调突出人与物在气禀和道德方面的差别的观点不免让人有些气馁。尽管朱子认为，物（因气之偏塞而致）所禀之理的欠缺并不能说明只有人才具有仁义礼智之德，动物亦与人一样同禀此德，如虎狼之父子，蜂蚁之君臣，豺獭之报本，雎鸠之有别等。然而，这种在今看来将动物之本能拟人化地给予“道德品质”之描述的做法，正显示出在人与物的关系中，是人才处于道德中心的地位——人禀得全，而物则禀得偏：

> 如饥食渴饮，趋利避害，人能之，禽兽亦能之。若不识个义

---

① 《朱子语类》卷四，第 57 页，余大雅录。
② 同上书，第 56 页，沈僩录。
③ 同上书，第 59 页，枅录。

理，便与他一般也。①

知觉运动，人能之，物亦能之；而仁义礼智，则物固有之，而岂能全之乎？②

物物运动蠢然，若与人无异。而人之仁义礼智之粹然者，物则无也。③

或问：如蝼蚁之有君臣，桥梓之有父子，此亦是理？曰：他只有这些子，不似人具得全，然亦不知如何只是这几般物具得些子。④

不能不说，朱子类似的说法很多，且愈到晚年愈"倾向于理禀有偏全而导致人物之性（理）有同异的说法"⑤。因理之偏，即人与物终有高低、上下、贵贱之分。

那么，在朱子的宇宙图像中，我们又能从中获得什么样的结论呢？就人之与物的关系而言，首先，朱子尽管有理一与分殊的讨论，有人物在理气同异上的斟酌较量，但朱子的根本立场仍然坚持天地万物人为贵的传统观念，即人因在气禀上的通正而有理禀上的通正，而要高于物在气禀、理禀上的偏塞。其次，尽管朱子理论上认为"物亦具有五行"，虽昆虫之类也具四德，但我们却不能认为动物具有与人一样的道德品质。⑥因此，站在人的立场，我们并不能给予动物以

① 《朱子语类》卷五十九，第1389页，黄义刚录。

② 同上书，卷四，第59页，枅录。

③ 同上书，第56页，甘节录。

④ 同上书，卷五十九，第1377页，吕焘录。

⑤ 参阅陈来：《朱子哲学研究》，第136页。金春峰教授注意到了与陈来这一说法的某些不同意见。应当说陈来的梳理是有根据的，可信的，而那些坚持认为朱子在人物之间理气异同问题上具有一贯主张的观点，实在没有认识到朱子在这一问题上左右较量的苦心。请参阅金春峰：《朱熹哲学思想》，台北：东大图书公司1998年，第135页。

⑥ 朱子认为，"人之异于禽兽，是父子有亲，君臣有义，夫妇有别，长幼有序，朋友有信"（《朱子语类》卷五十七，第1348页，沈僩录）。此五伦作为一种道德品质是动物所没有的。此处我们所当指出，尽管朱子认为"仁义礼智物岂不有，但偏耳"（同上书，卷六十二，第1492页，陈淳录。），但若衡之于朱子大量的相关说法，所谓"物岂不有"之"有"，用今天的眼光看，更多的只是那种属于动物本能的"性向"（disposition）而已，此亦朱子屡言"偏"之意思之一。

及其他无生命的物质以人一样的道德权利和地位，极言之，人与物之间，在价值上仍然有高低、贵贱之分。最后，在朱子的宇宙图像中，人与自然万物的和谐根本上不是人之与物“平等式”的和谐，不是那种预认的、现成结构意义上的和谐，而是那种在人与物之间存在高低、贵贱之等级秩序意义上的“差序和谐”。也因此，这种和谐始终是以人为中心的基础上照之于人的道德实践的一种待证成、待完成的过程。

然而，我们的问题是，在朱子的宇宙图像中，人与物之间既然有高低、贵贱之等级差别，“和谐”之说究竟从何说起？我们又将如何避免或防止人对物的“傲慢”以及因这种“傲慢”可能而来的人对物的戕贼乃至掠夺？为此，我们当转而讨论朱子的“仁”与“生生”的概念。

（三）说“仁”与“生生”概念

一般地说，儒学重仁，而仁主要被认为是讲人与人之间的道德关系。其实，儒学讲仁、讲道德虽主要落在人际关系上，但也不尽然，仁即“生生”在儒者那里也是非常重要的主题。①《易传》所谓“天地之大德曰生”、《中庸》所谓“天地之道，可一言而尽也，其为物不二，则其生物也不测”，则明言将“天地之大德”和“天地之道”看作“生”和“生物不测”。此“道”和“德”若就其指向生物、成物而言，显然可以把它诠释为一种广被自然万物的伦理观念。顺此以往，宋明儒皆喜言“生生”概念，而朱子之前，将“仁”与“生生”概念相提并论，且见、证独特者，明道尤甚。

基本上，朱子于此继承了先儒的成说而尤有转进。平心而论，在朱子的宇宙图像中，理气概念以及理一分殊之间架已经包括了万物与人生两界，然而在钱穆看来，其间终嫌微有空廓不亲切之感，“及其以仁字释理气，乃见其亲切人生，而天人两界之诚为一体，盖至是而

① 陈来近年来还专门著有仁论的专著，参阅《仁学本体论》，北京：生活·读书·新知三联书店 2014 年。

义据通深，可以无憾”[①]。何以以“仁”释理气在理境上要远胜于以理气释天人？理气关系，冯友兰先生以类似希腊亚里士多德的形式与质料言之[②]，但形式与质料之于世界毕竟其形构之意味重，而难见其有机、亲切，故以仁说宇宙万物之全体，并落于一“生”字，乃见其温润弥缝、融一无间。

然而，朱子言“仁”与“生生”在理论上具体有哪些特色？朱子又如何由以仁说生或以生说仁，在人与物之间的等级、贵贱关系中彰显人的一份道德责任和义务？[③]

首先，朱子盛言仁即生，生即仁，并谓天地生物之心即是仁。朱子云：

> 仁是天地之生气。[④]
>
> 生底意思是仁。[⑤]
>
> 仁者，天地生物之心。[⑥]
>
> 只从生意上说仁。[⑦]
>
> 天只是一元之气，春生时全见是生，到夏长时也只是这底。到秋来成遂，也只是这底。到冬天藏敛，也只是这底……浑沦看，只是一个。[⑧]

---

① 钱穆：《朱子新学案》(第一册)，台北：三民书局 1989 年，第 345 页。钱先生又认为：“自孔孟以下，儒家言仁，皆指人生界，言人生、人事，朱子乃以言宇宙界。”(同上)钱先生此说亦情见乎辞之言

② 参阅冯友兰：《中国哲学史》下，上海：华东师范大学出版社 2000 年，第 259 页。劳思光先生虽在基本意义上同意此一看法，但却指出两者之不同，盖在朱子那里，作为“质料”的气本有清浊等属性，而在亚里士多德那里，作为绝对意义的“质料”则本身全无属性可言。参阅氏著：《中国哲学史》三上，第 286 页。

③ 有关仁与生生的关系，陈来的《仁学本体论》(北京：生活・读书・新知三联书店 2014 年)一书有非常详细、系统与恰当的论述，学者可参阅。

④ 《朱子语类》卷六，第 107 页，郑可学录。

⑤ 同上书，第 107 页，甘节录。

⑥ 同上书，卷五十三，第 1298 页，辅广录。

⑦ 同上书，卷六，第 119 页，杨方录。

⑧ 同上书，第 107 页，陈淳录。

上述所引，问题之重点似乎不在于什么是仁，而在于什么是生，盖我们所言之“生”本可有两重意义：一是作为描述辞，如见眼前之自然万物姹紫嫣红、欣欣向荣，充满蓬勃生意。就其作为描述辞而言，生之为生乃排斥死或毁灭，只指向生之现象自身；一是作为生之理，即要求我们透过生（或死）的现象背后，看出整个宇宙、人生乃表现为一生生不息、继继不止的自然过程，并即此自然过程发现生之理作为一普遍存在之原则。因而，就生之作为理而言，它是包括死或毁灭于自身的，换言之，死或毁灭在此只是作为生的其中的一个环节。

若就现象描述而言，自然世界春生夏长、秋收冬藏，万物花开花谢，生生死死，其实表现为一种近乎残酷的适者生存，不适者淘汰的过程，即此而言，我们实不能说天地之自然现象只是生生。但儒家言生不取这一路，而取生之理或天之道一路，由春之盎然固可见出生意，然冬之肃杀同样也是生之表现，“今以树为喻，夫树之根固有生意，然贯彻首尾，岂可谓干与枝花与叶无生意也。只如四时，春为仁，有个生意。在夏则见其有个亨通意，在秋则见其有个成实意，在冬则见其有个贞固意。在夏秋冬，生意何尝息。本虽凋零，生意则常存。大抵天地间只有一理，随其到处，分许多名字出来”①。今观朱子之意，虽其以树木和四时之自然现象为喻，但其言生之断语却不从经验事实之观察而来，而从宇宙生化之普遍原则上建立，即朱子谓“浑沦看，只是一个”，“统是一个生意”②。所谓于凋零中见出生意，即是要透过现象看出本质，此即是天地间只有一个生之理，进而言之，天地只以生物作为其本质。

理论上，作为现象描述之生与作为原理、原则之生，尽管皆指向宇宙世界，然而，两者的理论效力却绝然不同，不待言。当年南轩似乎就有此疑问，以为朱子只将“生物”看作天地之心恐于事理有未安处。朱子即答之曰：“熹窃谓此语恐未有病。盖天地之间，品物万形，各有所事，惟天确然于上，地颓然于下，一无所为，只以生物为事。故

① 《朱子语类》卷六，第 105 页，余大雅录。
② 同上书，卷九十五，第 2416 页，陈淳录。

易曰:'天地之大德曰生',而程子亦曰:'天只是以生为道'。其论复见天地之心,又以动之端言之,其理亦已明矣。然所谓以生为道者,亦非谓将生来做道也。凡若此类,恐当且认正意,而不以文害词焉。"[①]此处所谓"将生来做道"即是将描述之生或自然万物之生之事象看成道,此即是不当有的误解,牟宗三先生释之曰:"不是这'生之事'本身是道,乃是生之事之所以然(超越的所以然之实体)是道。"[②]由生之事看出生之道而谓生即是仁,此处之生或仁即蕴含了一个价值判断,生与仁之间,以生言,则春夏秋冬四时俱含生意;以仁言,则仁义礼智俱是仁之善的表现。扩而言之,在朱子的思想中,天之春夏秋冬,地之金木水火,人之仁义礼智,皆可一一相配,且最后会通于一生生不息的生机上。[③]

其次,从天之道曰生,生即仁的逻辑脉络中,我们已经可以隐约看出天人之间的内在联系,这种联系在朱子那里固可有其宇宙生成论上的背景,然而,在此一脉络中,天人之间却主要是一种价值意义上的关联和关切。所当注意的是,在朱子的宇宙图像的结构中,人与物之间因禀赋的差别而有高低贵贱之分,但说"高低贵贱"已经表明一价值判断,这一判断固来自儒家传统中的价值优先原则,然而,当朱子如此说时,他可以放在万物生成的过程中来显明。换言之,万物所以有差异,原在其禀赋上即有明暗、通塞、偏全之别。职是之故,朱子所谓万物有"高低贵贱"之说似乎又不全是一种价值上的断语,而多少有其存在论上的根据。[④]然而,这种所谓"存在论上的根据"是否足于引发人对物的轻忽抑或傲慢?这一问题正是朱子和儒家所以与

① 《朱子文集》卷三十二,《答张钦夫第十二书》。

② 牟宗三:《心体与性体》第三册,台北:正中书局1995年,第260页。

③ 朱子喜将仁义礼智、春夏秋冬、金木水火、元亨利贞等打合在一起,誉之者或谓其善于会通,毁之者则谓其作无实义的参合比附。前者可以钱穆先生为代表,后者可以劳思光先生为代表。李明辉先生在《刘蕺山对朱子理气论的批判》一文中对相关义理有非常清楚的说明,该文虽非针对朱子而发,但其间涉及的分析颇有启发,请参阅氏著:《四端与七情——关于道德情感的比较哲学探讨》,台北:台湾大学出版中心2005年,第123—168页。

④ 不论朱子如何捍卫"理一"之普遍性,然而,儒家人禽之别的传统对他而言始终是一道难于逾越的关隘,所以愈到晚年,朱子愈益倾向于人物之间在气禀上、理禀上有差别。

西方的生态伦理同中有异、异中有同的地方。要言之，朱子不会在道德上置物与人同等的地位，但人却当以天道生生之原则作为自己行为的原则。所以，在朱子那里，所谓"人与自然万物的和谐"一定是在人的道德实践中来证成的，是需要以人的道德理性来作保证的。朱子云：

天地以生物为心，天包着地，别无所作为，只是生物而已。亘古亘今，生生不穷，人物则得此生物之心以为心。①

仁者，人也。仁字有生意，是言人之生道也。②

人得那生底道理，所谓心，生道也。③

天地以此心普及万物，人得之遂为人之心，物得之遂为物之心，草木禽兽得之，遂为草木禽兽之心。凝聚地说，只是一个天地之心，散开地说，却是万物各个之心，此心只是一个"仁"，只是一个"生"。对于人而言，以天地生物之心为心发为一实践原则究竟如何表现？从儒家的天道形上学立场上看，人既得天地生物之心为心，则人理应效法天地之道，所谓"先天而天弗为，后天而奉天时"。人之所奉只是此生道，此仁道。人是什么？不是只懂得"饥来吃饭困来眠"的单纯的欲望躯壳，"言人而不言仁，则人不过是一块血肉耳"④。故朱子又说："孔门之学，所以必以求仁为先，盖此是万理之原，万事之本。"⑤以仁为实践原则，即是以利人生物为行为规则，使物物各尽性命，各遂其生。虽然，依朱子，万物里面各有一个天地之心，而人作为万物之灵与他物之不同处，即在于"人里面各有一个圣人之心"⑥。人与禽兽草木之不同就在于，禽兽草木得天地之心以为欲生而好生，而人

---

① 《朱子语类》卷五十三，第 1280 页，沈僩录。
② 同上书，卷六十一，第 1460 页，陈淳录。
③ 同上书，卷五十三，第 1298 页，辅广录。
④ 同上书，卷六十一，第 1459 页，辅广录。
⑤ 同上书，卷六，第 114 页。
⑥ 同上书，卷二十七，第 690 页，杨道夫录。

则不仅于此而复有其仁心仁道，并借此仁心仁道而可使此生物之心发扬光畅，进之于参天地、赞化育。就此而言，朱了借由其对人的道德理性的信任在某种程度上消解了所谓的以物为中心的自然主义对以人为中心的儒家学说的偏见。①

然而，话虽这么说，对朱子而言，对人的道德理性的信任乃同时地与其对人的非理性的欲望的警惕紧紧地联系在一起。虽然人禀天地之心、圣人之心，但人却不似圣人而不免于气拘物蔽，故常常“随其所好，高者过，卑者不及，而不知其过且不及也”②。究其原因，则在于“人有是身，则耳目口体之间，不能无私欲之累，以违于礼而害夫仁”③。“耳目口体”是指人的感官欲望，而所谓“害夫仁”即我们可以理解为不能以天地生物之心为心。依朱子，人虽有道德理性，但强烈的感官欲望常常使人顺欲望而行。其实，朱子对人的私欲之蔽有着过人的观察和警惕，所谓“一日之间，声色臭味，游衍驰驱，土木之华，货利之殖，杂进于前，日新月盛”④。有鉴于此，朱子乃刻刻教人“存天理，灭人欲”，以提清人之作为万物之灵的一份道德责任和道德义务，故其虽谓存、灭，但目的只是一个，即是要人肖于天地之仁，与天地相似，一句话，即是要以天地生生之大德以为我们的行为准则。朱子云：

> 吾之心即天地之心。但天命至正，人心便斜。天命至公，人心便私。天命至大，人心便小。所以与天地不相似。而今讲学，便要去得与天地不相似处，要与天地相似。⑤

---

① 如大家熟知的 H.罗尔斯顿，尽管其书已有翻译，但就其本人而言基本不认为儒家思想可以为现代意义的生态伦理提供有价值的理论资源，请参阅其论文《东方思想可以为西方世界提供有价值的资源吗？》，“Can the East Help the West to Value Nature?” *Philosophy East and West*，1987(2).

② 《朱子文集》卷四十二《答石子重》。

③ 《四书或问》卷十二。

④ 《朱子文集》卷四十二《己酉拟上封事》。

⑤ 《朱子语类》卷三十六，第 977 页，林夔孙录。

毕竟如何“与天地相似”，此处涉及存天地生生之理与除人欲过不及之私的系统功夫。但天理之存与人欲之除根本上不是口耳之间相为讲授的概念游戏，而是道德实践的实际课题，为此，我们将进一步讨论朱子的依物、待物之道。

不过，在转入下一节之前，我们有必要就有关对朱子仁与生生观念的几种相互对立的观点稍作回顾，以便见出其间所存在的问题。牟宗三先生取“心即理”的立场，对朱子的《仁说》①所涉及的仁、心与生的关系提出了严厉的批评。依牟先生，朱子言仁乃从心性情三分、理气二分的立场将仁作横摄的、僵固的了解，其所谓“天地以生物为心”只是虚说的而非实说的心：从正面“有心”之义观之，心只是理之定然义，心被吞没于理；从反面“无心”之义观之，心只成气化之自然义，心被吞没于气。其次，天地之心既已虚脱，则人物之生如何得乎天地之心以为心亦无实义，亦是虚说。最后，朱子由天地生物之心说到人以仁为心，仁即生道，此亦只是“类比地虚笼着说”，并不表示它们之间“一定有原委关系”。②不用多大的努力，我们即能看出，在牟先生的理解间架中，朱子之心若只是虚说的、随形气而有的经验之心，那么，与此心相关联，仁与生道亦是无实义的、固化的、非生机活泼的，盖它们之间的联系只能落在气化流行上说。

牟先生对朱子之批评颇显峻刻峭急，毫无躲闪与粘牙嚼舌之处，此自与其所取心即理之立场与朱子性即理之立场两相对立之故。但如此判分引发另外一些学者之异议也自在情理之中③，如钱穆先生之作《朱子新学案》或有见于如此理解朱子显失公平，钱先生的许多议论如谓朱子将仁会通到生生不已之生机上，乃朱子说仁之一大贡献；朱子由生之理、生之意，说到天地以生物为心，乃使仁之生意之说更为落实确定，至钱穆辨析朱陆之异、月旦人物等等，容或概非无的

---

① 朱子的《仁说》载《朱子文集》卷六十七。

② 牟宗三：《心体与性体》第三册，第236—239页。

③ 学者对牟先生的批评涉及许多方面，即以涉及本文之主题而言，蒙培元先生几不以牟先生之说为说，且对牟先生有关朱子与明道之关系的论说提出了不同的意见。参阅氏著：《人与自然——中国哲学生态观》，北京：人民出版社2004年，第十五章。

放矢之言。以“平情”方式研究朱子的陈荣捷先生对牟先生之论亦持保留意见，其谓：“在程朱仁乃生生之力，心生道也。今(指牟先生之论)以之为枯死，未得为平。”①

另一位对朱子提出批评的学者则是劳思光先生。依劳先生，朱子思想其实是“天道观”和“本性论”相混合的系统②。所谓“天道观”则在肯定世界上先大致断定有一形上共同原理实际运行于万物之中，以为存在界之总方向，并就此总方向上建立价值观念。如以《易传》之“天地之大德曰生”为例，“生生”是原理，是万物运动的总方向，也是善的价值的根源。但问题在于，万物承受此一“天道生生”的决定，何以在实际世界中，“生”与“生之破坏”相依而立？如为成人之生而杀牛，即此“生”只对人而言为“善”，对牛而言却是“恶”，如此，即以“生生”为价值根源只具有相对性。所谓“本性论”，即以对每事物之本性加以完全实现作为价值标准，在朱子“性即理”的间架中，“理”可以在“事”中实现，但亦可以不实现。理未实现而理仍存在，故理与事不看作本来合一，这样，理可以无经验事实的牵累。但其理论困难在于，事物本性之实现若就性或理与相应之事观之，似无问题，但就众多本性彼此关系观之，则就有物之本性的冲突问题。如有生之物虽各有本性，但全生却是其性或理之所在，对于靠肉食为生的动物而言，欲全其生必食他物，其间便存在一个物之本性在实现过程中的冲突问题。③劳先生以朱子为例指出：

> 若今有一虎，以残害其他动物为其维持生命之方法。依朱氏之说，虎所以会如此凶残，乃因其“气”是如此。换言之，“虎”由“凶残之气”决定其有“凶残之性”。如以凶残为悖于共同之理者，则即可说：“虎”是一有“恶性”之存在。此处似可用伊川之

---

① 陈荣捷：《论朱子之仁说》，《朱学论集》，台北：台湾学生书局1982年，第50页。

② 此处所谓“天道观”与“本性论”皆是劳先生自己的一套说法，具体参见氏著：《中国哲学史》三上之第二章第四部分“宋明儒学所面对之哲学难题”，第76—94页。

③ 上述概括只是依本文主题相关之处而来，实则劳先生于此间旁及许多义理问题，今特作说明，以免读者生出不必要的误解。

"不能推"一语解说，即"虎"之求生妨害他物之生，在"虎"不能"推"其求生之理以全他物之生，因此是"恶"物。将此点予以一般化，则即可说：万物以实现其本性为"好"，但某种存在则在实现自身之本性时，即破坏其他存在之本性之实现，此种存在因此即应看作具有"恶之本性"者。如此表述，似一面仍可以维持"以实现本性为善（或好）"之原则，另一面又可以对虎之凶残之否定立一理论基础。然而，倘接受此说，则生命界中除植物外，其余即全具有"恶"之"本性"，盖一切动物，包括人类在内，皆以破坏其他生命为维持自身生命之必需手段。在"天道观"一面，若以"大德曰生"定"天道"之内容，则生命界即似是皆悖于天道者。在"本性论"一面，如以"生"为"生物"之本性，则生物同时相互否定对方本性之实现。此所谓生命界之内在冲突……朱氏对此问题似全未作深思，动辄以"气"之"不好"交待之，其实就朱氏所持"理气不离"之观点说，此问题尤为严重也。①

上引一段劳先生之语亦可谓长矣，但目的乃是为了显示问题之所在。劳先生长于哲学分析，更倾向于从具有普遍意义的哲学观点来评论各家哲学之得失。他对"天道观"和"本性论"之内在理论困难的彰显本质上直接指向他对形上学语言之反省。对此，誉之者或谓劳先生的观点乃是最清晰、最健康的理论②，而辟之者则谓劳先生对新儒家"天道性命相贯通"之旨心存隔膜③。依今看来，若站在劳先生的立场，即以天道之生生或本性之实现作为万物的价值决定的根源的话，则劳先生之质疑似不应被忽视，这并不意味着笔者就完全同

① 劳思光：《中国哲学史》三上，第 316—317 页。

② 如冯耀明先生认为："劳先生此一以'生之条件'的事实来批判'天道大生论'，和达尔文以'生之条件'的事实来批判'上帝创生论'，可谓异曲同工，我们可称之为'劳氏的达尔文批判'。"参阅：《劳思光与新儒家》，载刘国英、张灿辉编：《无涯理境》，香港：香港中文大学出版社 2003 年，第 91 页。

③ 相关论述请参阅杨祖汉：《再论儒家形上学与意志自由》，载《天人之际与人禽之辨》，《新亚学术集刊》第 17 期，第 107—121 页；郑宗义：《心性与天道——论劳思光先生对儒学的诠释》，载《无涯理境》，第 57—85 页。

意劳先生的看法，但如此存在的问题显然值得我们正视。揆之于朱子理论，以《仁说》所及之心、仁、生之关系为例，其间的确涉及“天道”与“心性”两面固无可疑①，然而，其间究竟是以“存在说明价值”还是“以价值说明存在”则存可供进一步研究之空间。对朱子而言，其未尝不会认识到自然世界中“生”与“生之破坏”乃胶着存在，物之“能推”“不能推”仍是某种“弥缝式”的解释，其目的乃是引导人们以“仁”为行事立身之准则。不过，说完这一点似乎并不能逃离或代替对此“天道”或“本性”理论自身在究极意义上的质疑和追问，但显然，这样一种质疑和追问其实亦非针对朱子个人而发，而可延伸到整个儒家所谓“宇宙秩序即是道德秩序”的断言上。

（四）说“格物穷理”

还是让我们回到本文之主题。

依本文之逻辑脉络，在朱子的宇宙图像中，人与物之间原就存在着高低、贵贱之分，但这样一种高低、贵贱在理论方向上所以未曾发展为人对物的轻狂和掠夺，乃根于人的仁与生生概念。人作为万物之灵，在朱子那里，当然可以是对人的一种赞美，但同时也是一种“天大”的责任。朱子清楚地认识到，人虽优于其他事物，但他同时也是极易顺欲望而行的存在，故需刻刻讲明道理，修身以自律。无疑，在朱子的思想中，明道修身的范围很广，即就本文的主题而言，格物穷理显然是其中重要的一环。

但必须指出，从仁即生生，仁心之发必指向遂物之生的角度上看，朱子虽主张人应当依循“天地之大德曰生”的原则以为我们的“处物”之道，以使万物各尽性命，各遂其生，然而，此处我们却绝对需要拒斥那种浪漫主义的想象，以为朱子言生即拒绝杀生，甚至将这一观点张扬之极，而不惜将之引向西方式的生命或自然中心主义那里去。

---

① 参阅陈来：《论宋代道学话语的形成与转变》，载《中国近世思想史研究》，北京：商务印书馆2003年，第87页。

其实，儒家(包括朱子)在人对待万物的基本立场上，根本与那些“动物权利”论或“动物解放”论的旨趣不同，它不是以人与物的先在的、预认的平等来构筑人与自然万物和谐的景象。在儒家，这种和谐必经由人的道德实践来达成，并且在这一实践过程中，儒家也绝不讳言对植物、动物在道德律令许可的范围内作必要的杀伐。①我们知道，从《周书·文传》文王告太子“土可犯，材可蓄”“川泽非时不入网罟，以成鱼鳖之长；不卵不撰，以成鸟兽之长。畋猎唯时，不杀童羊，不夭胎，童牛不服，童马不驰不骛”，到王阳明“人与禽兽同是爱的，宰禽兽以养亲，与供祭祀，燕宾客，心又忍得”②，基本上表现出了儒家利用、厚生和尊人、尊生的现实主义乃至实用主义品格③。显然，我们的问题在于，朱子既要言仁、言生物、成物，同时又不弃尊人、不舍利用，那么，这两者之间的紧张在具体的道德实践上又将如何化解？在这个意义上，我们也要了解朱子的格物穷理理论，简言之，扣住本文的主题而言，朱子的格物穷理即是要我们明了在道德实践过程中如何“处物是当”的道理。

无疑，要真正做到“处物是当”，其先决条件即必须对物之理有一了解。我们看到，朱子非常重视格物，这不仅仅因为在其理气观中，实际世界之理必寓于物中，而无无物之理，同时，格物穷理还是朱子实现“仁即生生”理论以及最终实现人与物和谐的前提和保证。也因此之故，朱子非常反对以“格心”言“格物”而将穷理作悬空理解的弊陋，其云“《大学》不说穷理，只说个格物，便是要人就事物上理会”④，“盖说

---

① 人们或许多少会感到困惑，儒家一方面讲“生生之为大德”，另一方面又从不讳言杀生，而对于孟子为什么“君子”要“远庖厨”的理由，亦即“闻其声不忍食其肉”的回答，人们更不免生虚伪之讥。表面上看，人们的这种感受是情有可原的。但人们往往忽视了儒家讲生生而又不反对杀生乃是其一贯的、明确的主张，在这一主张背后有其特殊的人观及其价值优先立场。这一问题牵涉复杂，此处不宜处理。

② 《王阳明全集》卷三，《传习录下》，上海：上海古籍出版社 1992 年，第 108 页。

③ 大家一眼即可看出，此处所谓“不杀童羊”云云非不杀羊，这里涉及如有些学者所指出的“时禁”问题。还要补充说明的是，这种“时禁”在中国古代实际上是一种礼制的内容。参阅何怀宏主编：《生态伦理——精神资源与哲学基础》，保定：河北大学出版社 2002 年，第 27 页。

④ 《朱子语类》卷十五，第 288 页，廖德明录。

穷理则似悬空无捉摸处”①，如龟山之论，“以为反身而诚，则天下万理皆备于我。万物之理须你逐一去看，理会过方可。如何会反身而诚了，天下万物之理便自然备于我，成个什么?”②

朱子“要人就事物上理会”，其合下之意自然是反对将“物”仅仅理解为“意中物”③。依朱子，所谓“物”是一个包含甚广的概念，“凡天地之间，眼前所接之事，皆是物”④。具体地说，大到日月星辰，小至一草一木一念虑之微无不是物，而所谓格物即是“穷至事物之理，欲其极处无不到”⑤。我们暂时撇开朱子如此定义的格物说是否包含朝向经验科学发展之可能的争论不说，有一点显然是可以肯定的，亦即在朱子的思想世界中，认知的地位和意义以及对客观事物之理的关注已被提到了相当重要的地位。在朱子看来，世间之物，无不有理，是理则皆当格过：

> 盖天下之事皆谓之物，而物之所在莫不有理，且如草木禽兽，虽是至微至贱，亦皆有理。
>
> 上而无极太极，下而至于一草一木一昆虫之微，亦各有理。一书不读则阙了一书道理，一事不穷则阙了一事道理，一物不格则阙了一物道理。须着逐一件与他理会过。⑥

人生在世，所接触的事物无穷得多，依朱子一一事物当格之说，自不免让人生发浩叹。然而，此处我们应该区分理论上的当格与实践上的所格，它们之间任何时候都存在距离，正如理论上的“可欲”与

---

① 《朱子语类》卷六十二，第 1498 页，沈僩录。

② 同上书，第 1489 页，沈僩录。朱子与龟山由于理论不相侔，故有此说。

③ 严格地说，当我们讲人与自然万物之关系、当我们讲生态伦理所及之物时，此中之“物”即不应是“意中物”，而应是自然物或现象物，也因此，由孟子之“良知良能”所披及的“物”或由阳明良知说而拖带出来的“物”皆是“意中物”。从严格的理论的内在一贯性来看，非经由细心的分析，即不可轻易地将之纳入到人与自然物或生态伦理的论题中来。

④ 《朱子语类》卷五十七，第 1348 页，叶贺孙录。

⑤ 《四书章句集注》，北京：中华书局 2012 年，第 4 页。

⑥ 《朱子语类》卷十五，第 295 页，杨道夫录。

实际上的“可行”总不可能一一对应一样。朱子的上述言说只是预示给我们一个为学的方向，即穷理必须注重对外在事物的考察，而且这种考察必须大小精粗皆不放过。《语类》载门人问格物当如何着力，朱子便答之曰：“遇事接物之间，各须一一去理会始得。不成是精底去理会，粗底又放过了；大底去理会，小底又不问了。如此，终是有欠阙。但随时遇物，皆一一去穷极，自然分明。”[①]

毋庸讳言，朱子言格物穷理之最终的目的是为了把握天理，成就德性，如读书以讲明道义，应接事物以处其是当，论古今人物以别是非斜正等皆主要在道德意义上讲，朱子甚至也讲“且如今为此学，而不穷天理，明人伦，讲圣言，通世故，乃兀然存心于一草木、一器用之间，此是何学问？如此而望有所得，是吹沙而欲其成饭也”[②]。所以，就最终目的而言，朱子的格物穷理理论终究是“理学”，而非近代意义上的自然科学。[③]然而，此处我们尚需分别两种情况：一是如学者所言，完全否认朱子格物说中“也有认识论的意义”并不全面，事实上，在朱子的言说中，的确在许多地方涉及有关对外在物的具体知识的了解[④]，此不烦赘述；另一是在朱子那里，成就德性与对草木器用之理加以客观的考究是否不相容？对此，我们想要指出，朱子鼓励人们对自然事物如鸟兽草木之理进行穷格，但是，朱子反对人们沉溺于鸟兽草木之理而不能上升到天理、天道的高度来把握。《语类》载：

> 问：所谓一草一木亦皆有理，不知当如何格？曰：此推而言之，虽草木亦有理存焉，一草一木岂不可以格？如麻麦稻粱，甚时种，甚时收，地之肥，地之硗，厚薄不同，此宜植某物，亦皆有理。[⑤]

---

① 《朱子语类》卷十五，第 286 页，曾祖道录。朱子认为：“圣人教人，不是理会一件，其余自会好，须是逐一做工夫。”(同上书，卷四十六，第 1174 页，叶贺孙录)朱子之所以有如此教言，乃是针对当时学者动辄开口一贯，不去事上一一理会的学风而来。

② 《朱子文集》卷三十九《答陈齐仲》。朱子此通书信似乃针对陈齐仲解格物之偏而发，意谓格物要把握大方向，要讲求缓急先后，非谓存心于草木器用之间而忽有悬悟。

③ 参阅侯外庐等主编：《宋明理学史》上，北京：人民出版社 1984 年，第 399 页。

④ 陈来：《朱子哲学研究》，第 298 页。

⑤ 《朱子语类》卷十八，第 420 页，徐寓录。

显然，上述所谓以合适的地力、时节种植合适的植物，皆可以看作是对客观事物因果关系的一种探究，是对具体事物之知识的了解。推而广之，虎之性暴烈，牛之性温顺；南方多雨水，适宜栽种水稻，北方多干旱，适于种植小麦等皆是朱子格物的内容。但对于我们来说，重要的是，朱子言格物是要我们明了处物、待物之道，所以从这个意义上看，即物而穷究事物客观之理也可以被看作是一个“副套”而作为通向天理、天道的环节被安顿。

虽然我们说，在朱子那里，格物穷理也可以被看作是一个“副套”而作为通向天理、天道的环节来安顿，但我们切不可以为只要径直去把握天理而可不顾对具体事物之理的了解，即可以达到“处物是当”、达到人与物和谐。依朱子，天道生生之理虽只是一个，然而它却散在万物，如何时撒网捕鱼、何时上山伐木、此地宜于植树、彼地适于种稻等皆有一个依物之生之理而款物、待物的道理，这些道理皆须一一加以了解。依此一逻辑推之，即在朱子看来，尽管人可以明了仁的价值、生的道理，甚至清楚知道人与自然万物和谐相处的重要，但若仅仅止于此一抽象的，甚至是孤立而悬空的了解，而不将此一道理之了解与具体事物之理相结合，则这样一种所谓的了解始终只是一种被架空了的了解。在结果上，既不能尽人、物之性，遂人、物之生，即人与物和谐的愿望亦终只是一种“愿望”而已。朱子云：

> 万理虽只是一理，学者且要去万理中千头万绪都理会，四面凑合来，自见得是一理。不去理会那万理，只管去理会那一理，只是空想。①
>
> 天下岂有一理通便解万理皆通，也须积累将去。学问却有渐，无急迫之理。②
>
> 今只就一线上窥见天理，便说天理只恁地了，便要去通那万事，不知如何得。萃百物，然后观化工之神；聚众材，然后知作室

① 《朱子语类》卷一百一十七，第2820页，黄义刚录。
② 同上书，卷十八，第391页，周明作录。

> 之用。须撤开心胸去理会。①

上述言说,我们可以把它看作是朱子的警示性的教言,具有鲜明的针对性。假如我们把"一理"了解为"天理""仁"或"生生之理",朱子毋宁是要告诉我们,天道之仁或生生之理要成其为真实,要落实于有形世界,并成其功化,即对此仁、此理在落实过程中必然要关联到的其他具体事物之理的了解便是不可缺少的。否则,天道生生之理本身在应物与成物的过程中便无法获得其应有的保障。假如上述理解不错,那么,在朱子,格物穷理之说便不仅是实现其"仁即生生"的保证以及成就人与自然和谐的前提,而且从更广泛的意义上看,它显然提供了一条不同于孟子的、在成德过程中强调具体事物知识的合理性的思考路线。对此,我们想说的是,站在今天的立场,在这个由现在共识化了的公共社会实践所组成的世界中,显明知识在成德过程中的应有地位和作用的观念,乃是一种具有现代性的、富有时代生命力的观念。②

当然,在成德过程中所要求的知识并非专家式的知识,朱子似乎也不希望人们走向为知识而求知识的道路,因而朱子言穷究具体事物之理乃有其伦理的关怀。在《答江德功二》书中,朱子写道:

> 人之生也,故不能无是物矣,而不明其物之理,则无以顺性命之正而处事物之当,故必即是物以求之。知求其理矣,而不至于物之极,则物之理有未穷,而吾之知亦未尽,故必至其极而后已,此所谓"格物而至于物,则物理尽"者也。物理皆尽,则吾之

---

① 《朱子语类》卷一百一十七,第 2831 页,黄义刚录。

② 顺便指出,现代西方哲学,不论是英美还是德法传统发展到今天,它们的一个共同特点都表现为强调知识或认知(cognitive)在成就道德行为过程中的重要作用,前者以罗尔斯为代表,后者以哈贝马斯为代表。请参阅罗尔斯的"Two Concepts of Rules," *Philosophical Review*, 1955(64);哈贝马斯:《交往与社会进化》(张博树译,重庆:重庆出版社 1989 年)等相关论著。

知识廓然贯通，无有蔽碍，而意无不诚，心无不正矣。[1]

此处朱子指出格物穷理之目的乃在于“顺性命之正而处事物之当”，“正”与“当”乃是价值领域之事，此无可疑。但尽管如此，依朱子，对人来说第一步要做的却是即物而求其理，此求理之活动当然是智之事。然而，从最终的目的而言，事物之理之求总是要上升到性命之理或天道生生之理上来，或换言之，在终极意义上，事物之理与天道性命之理是同一的。虽是同一，在朱子看来，却要通过对具体事物之理之穷格此一曲折，才能真正把天道性命之理显现出来。此处，朱子并不依循孟子一路[2]，直接以格心中一贯之理以应事处物，依朱子，若不即物以求具体事物之理，便不能保证心中一贯之理是否能真正处物之当，“今人动便说一贯，一者，对万而言。今却不可去一上寻，须是去万上理会”[3]。“所谓一贯者，会万殊于一贯。万殊皆自此出，虽万殊却只是一理，所谓贯也。若只见语一贯，便将许多合做底事都不做，只理会一，不知贯个甚底。”[4]比如，人们可能怀抱着生物、成物的善良愿望，但若对具体事物之理全无了解，我们便难于避免动机与效果相背离的尴尬，以致造成“好心办坏事”的结果。如此看来，朱子言格物穷理，原是要透过具体事物之理来显现天道生生。《语类》记门人问何谓致知、格物，朱子云：

此心爱物，是我之仁；此心要爱物，是我之义；若能分别此事之是，此事之非，是我之智；若能别尊卑上下之分，是我之礼。以至于万物万事，皆不出此四个道理。其实只是一个心，一个根柢出来抽枝长叶。[5]

---

① 《朱子文集》卷四十四《答江德功二》。

② 此处所谓“孟子一路”乃是泛指，实即是依孟子理路而来的学者，在朱子当时，主要是指明道后学以及湖湘学的一些学者。

③ 《朱子语类》卷二十七，第680页，黄罃录。

④ 同上书，第679页，黄罃录。

⑤ 《朱子语类》卷十五，第293—294页，黄卓录。

很显然，朱子此处以仁义礼智来诠释致知格物充分显示出儒家依物、待物的伦理情怀，格物必要上升到天理的高度才是完满的。在这里，仁义礼智是道德上的所当然之则，而这种所当然之则的基础或其所以然之故即是天命之性或天道生生之理①，因而，格物是要人真切地体会到物我一体、内外合一的道理，这个道理自然是仁理、是生生之理，知此理并依此理而处物、待物，我们才能真正谈得上人与自然万物的和谐。故朱子云：

> 自家知得物之理如此，则因其理之自然而应之，便见合内外之理。目前事事物物，皆有至理。如一草一木，一禽一兽，皆有理。草木春生秋杀，好生恶死。“仲夏斩阳木，仲冬斩阴木”，皆是顺阴阳道理。自家知得万物均气同体，“见生不忍其死，闻声不忍食肉”，非其时不伐一木，不杀一兽，“不杀胎，不夭夭，不覆巢”，此便是合内外之理。②
>
> 自家知得这个道理，处之各得其当便是。且如鸟兽之情，莫不好生而恶杀，自家知得是恁地，便须“见其生不忍见其死，闻其声不忍食其肉”方是。③

依朱子，人要处万物于“是当”，即既要有爱人爱物的仁心，亦复要“知得物之理”。形式上看，仁心与物理之间似乎是劈成两截的东西，但它们两者在最终意义上却是一致的。

然而，此处我们仍需注意的是，朱子所谓“处之各得其当”之“当”乃是儒家对待自然万物的价值标准、行为规范，这种标准和规范并不能在西方的生态中心主义的字典那里找到相应的解释。依朱子，人对待自然万物，一方面无疑要依仁即生生的原则处之，以利物、生物、

---

① 参阅陈来：《朱子哲学研究》，第 300 页。朱子云：“此事此物当然之理，必有所从来，知天命是知其所从来也。”（《朱子语类》卷二十三，第 557 页，滕璘录。）

② 《朱子语类》卷十五，第 296 页，徐寓录。

③ 同上书，第 295 页，杨道夫录。

成物作为我们行为的出发点，但此绝非意味着人面对自然万物只能厚待而不能利用。朱子云：

> 圣贤出来抚临万物，各因其性而导之。如昆虫草木，未尝不顺其性，如取之以时，用之有节。[1]

“取之以时，用之有节”乃是朱子格物说中处理人物和谐的根本原则。事实上，在这里，“取”“用”和“时”“节”四字我们皆可以作泛化的处理，前者乃指我们可以也应当“利用”自然（此是尊人），后者则是一种道德训诫和道德条规（此是尊生）[2]。在朱子（儒家）看来，人在“正德”的前提下“利用”自然万物乃是“和谐”的原义、本义、题中应有之义，换言之，所谓人与物之间的和谐一定是在人“利用”或“取用”自然万物过程中获得的，而缺少人的活动（“利用”）而有的人与自然世界的和谐，其所谓的“一体义”和“和谐义”皆是没有意义的空和谐、死寂的和谐。相反，因人之“利用”所呈现出来的人与自然万物的和谐才是富有人文意义和价值意义的和谐，而这种和谐既是儒家所追求的目标，是儒家道德实践功化的体现，同时也是儒家实现人的责任和尊严的标志。

（五）简短的结语

毫无疑问，论述朱子人与自然的和谐关系可以从各个不同的侧面着手。依本文的脉络，由人、物关系说到仁即生生再到格物穷理乃是其中三个环环相扣的逻辑环节，盖在朱子的世界图像中，对人、物关系之论述，我们所要究明的乃是人在宇宙中的地位；而仁即生生之

---

① 《朱子语类》卷十四，第 256 页，叶贺孙录。

② 在这种道德条规中，我们看到天理与自然事物之理乃是合一的。又，虽有“尊人”“尊生”之说，同是一个“尊”，但两者意义并不相同，学者自可鉴别。

言说即是要彰明人对万物的一种责任；最后论及格物穷理，目的便是要我们在道德实践过程中以“取之以时，用之有节”作为我们的依物、待物之道。我们认为，在朱子的思想世界中，人与自然万物的和谐既非概念之玄辩，亦非是已经预认的结果，而是有待于人在实际的生活世界的道德实践中不断证成的过程，并只能通过人的自觉努力不断地接近。因此，我们也未尝不可以说，这样一种人与自然的和谐乃是在现在和未来的时间向度中尚未被规定的、待制作的东西。

六、朱子的道德动机及结构

——以朱子对《孟子·告子上》的诠释为线索

(一) 引　言

本文之主要目的在于探究朱子的道德动机及其结构问题，而重点在于呈现朱子道德动机的结构及其特点。由于相关主题学者的研究并不多，故而在行文结构上，本文将从学者有关“孟告之辩”的争议着手，逐渐过渡到对朱子相关主张的分析。

我们知道，道德行动的动机与道德行动的理由有非常密切的关系，从日常的道德经验中，我们可以看到，人之所以如此（道德）行动常常有其理由。例如你为何要尊敬长者？你尊敬长者的行动是因为对象是“长”的缘故？还是你的尊敬是出于你真实的内在情感？又如在公共汽车上让座给老人、孕妇、行为不便者和小孩为什么是应当的？我为什么要对一个晚期的癌症病人说谎？诸如此类的现象皆蕴含着行为者进行如此这般道德行动的理由。

理论上，道德行动的理由旨在说明行为者为何决定如此这般行动，如是，理由之于行为者而言就具有两方面的功能或作用：一方面，道德行动的理由为行为者提供行动的动力及如何行动的指导；另一方面，道德行动的理由本身就具有某种规范的意义，而此一规范的意义对行为者的行为方向具有某种规约的作用。道德行动的理由必定包含规范义或规则义，否则，此理由便丧失了对行动者之行动进行评价的依据。

然而，如果我们再作进一步的分析，则所谓道德行动的理由从内容上似可以分为解释性理由（explanatory reason）和证成性理由（justifying reason）；从性质上又可以分为内在性理由（internal reason）和外在性理由(external reason)①。前者如"因为塞车,我上课迟到了十分钟",这是解释性理由,对所以迟到进行因果性说明或解释;"即便塞车,我也有理由准时上课",这是证成性理由,其正面表达的意思是,即便塞车,我也应当按时上课,因为按时上课是做学生的最基本的要求。而后者所谓的内在理由和外在理由所涉及的情况颇为复杂,也颇有争议,今姑且以伯纳德·威廉斯(Bernard Williams)的主张为例,简单地说,依威廉斯,所谓内在理由,即 A 有理由做 ϕ,此理由源于"如果 A 去做 ϕ,则 A 的某些欲望会被满足",这时的理由即叫内在理由②;而所谓外在理由,即 A 有理由去做 ϕ,而且不论 A 究竟拥不拥有和 ϕ 这个行动相关联的动机,A 都有理由去做 ϕ,这时的理由叫外在理由。

道德行动理由的内在性和外在性在当代分析伦理学中牵涉到非常繁复的争论,此非本文所欲讨论的对象,但此一问题与一个人的道德行动的动机的内在性问题有着非常密切的联系,这却是本文关注的中心。前面所说的道德行动的内在理由常常指涉到一个人行动的内在动机问题,亦即某人有动机做某事,意味着某人有某个欲望想要某事,而且他相信做某事可以实现那个欲望或得到那个东西;而动机外在论一般而言则否认道德判断与动机之间具有必然的联结,他们认为道德动机的来源是心理意动的态度,其概念内容不包括道德的思想,例如 S.斯瓦瓦尔斯多蒂(S.Svavarsdottir)认为,动机的来

---

① 此一划分又牵涉到"规范理由"和"动机理由",相关说明请参阅史密斯《道德问题》,林航译,杭州:浙江大学出版社 2011 年,第 92—97 页。

② 此处所谓"某些欲望"中的"欲望"不应作狭义的理解(与休谟不同),威廉斯亦称之为"主观动机的集合"(subjective motivational set),包括个人的价值观、情绪状态以及个人尊严等等。Bernard Williams, "Internal and external Reasons", in *Moral Luck*, New York: Cambridge University Press, 1981, p.102.该书已由徐向东译出,上海译文出版社 2007 年。威廉斯主张所有的理由都只能是内在的理由,没有所谓外在的理由;而主张外在理由的学者则有大卫·布林克(David Brink)、菲利帕·富特(Philippa Foot)、H.A.普里查德(H.A.Prichard)以及 D.帕菲特(D.Parfit)等。威廉斯后来说自己提出内在理由概念有两个根本动机,第一个就是拒斥所谓解释性理由和证成性理由的截然划分。一个人的证成性理由必须能够成为(虽然暂时还没有成为)他的解释性理由,同样,一个人的解释性理由必然有一定的理性辩护的力量。参阅 B. Williams, "Internal reasons and the obscurity of blame", in *Making Sense of Humanity*, New York: Cambridge University Press, 1995, pp.35-45。感谢魏犇群博士帮我补充指出这一点。

源纯粹是"想成为道德"①。通常我们会认为，一个人真诚地做出某种道德判断与这个人的行动之间会有某种内在的联系，虽然此一观念本身在不同的学者之间充满了异议，但也有学者认为，一道德判断的形成本身即蕴含了判断者有动机依已形成的道德判断去行动，道德判断本身具有实践的性格。如A说"做人做事应当表里如一"，我们一般会倾向于认为A做人做事是光明磊落、内外一致的，反之，我们则会认为A是一个不够诚实的人。倘若有人认为道德判断不含动机因素，那么，人的日常道德实践的动机来源则必有待于说明：是什么或基于何种原因促使我们道德地行动(what motivates us to act morally)？因此，判断一种道德动机究竟是内在还是外在，在理论上便与其道德判断的理由是内在还是外在有紧密的关联性。②

(二) 动机与义内、义外之辩

我们知道，朱子的思想包括他的伦理主张，很大程度上是经由他对经典的诠释而建构起来的。其中，《孟子·告子上》所涉及的孟子与告子有关"义内还是义外"的论辩即包含了道德判断或道德行动理由(根据)是内在还是外在的论述，而我们要了解朱子的道德动机理论及其结构，最简便的方式之一则经由回溯朱子对此一论辩的注疏

① Xiusheng Liu, "Mengzian Internalism", in *Essays on the Moral Philosophy of Mengzi*, ed by Xiusheng Liu and Philip J. Ivanhoe, Indianapolis/Cambridge: Hackett Publishing Company, Inc. 2002, pp.102-103.

② 以理由来说明行动本身又是一个充满争议(disagreement)的话题，有的学者认为，理由的说明只是一种因果性的说明，似乎与主体的动机欲望有别；但也有学者认为，理由的说明表达的是一种目标导向型的说明，具有明显的实践性格。而目标导向型说明是否包含"信念"本身又有不同的理解。依休谟，人有动机做某事，即必定有其心理上的"欲望—信念"状态，但欲望与信念又不同，信念本身并不是动机的构成要素，仅有对道德事实的信念，并不能成为动机的来源。参阅休谟《人性论》下卷；又见史密斯《道德问题》，第7页。当然，休谟的主张也受到争议，T.内格尔(T.Nagel)则反对所有的动机皆由欲望引起，参阅 T.Nagel, *Possibility of Altruism*, Oxford: Clarendon Press, 1970, p.30。

及其相关解释来呈现朱子道德动机理论的特点。①为此，本文在引述孟子和告子的论辩内容之后，将以相关学者如信广来（Kwong-loi Shun）、倪德卫（D.S.Nivison）以及 Chan Lee 等人的论述为引子，以进一步论述朱子道德动机的结构及其特点。

有关“义内或义外”的论辩出于《孟子·告子上》的第四、第五章，原文如下：

> 告子曰：“食色，性也。仁，内也，非外也；义，外也，非内也。”
>
> 孟子曰：“何以谓仁内义外也？”
>
> 曰：“彼长而我长之，非有长于我也。犹彼白而我白之，从其白于外也。故谓之外也。”
>
> 曰：“异于白马之白也，无以异于白人之白也。不识长马之长也，无以异于长人之长与？且谓长者义乎？长之者义乎？”
>
> 曰：“吾弟则爱之，秦人之弟则不爱也。是以我为悦者也，故谓之内。长楚人之长，亦长吾之长，是以长为悦者也，故谓之外也。”
>
> 曰：“嗜秦人之炙，无以异于嗜吾炙。夫物则亦有然者也。然则嗜炙亦有外与？”

此章是发生在孟子与告子之间的论辩，有关此章的诠释，很多学者皆给予了高度的重视②，而西方的许多汉学家更将此章与孟子的

---

① 有学者认为，孟告之辩之核心在于道德行为之根据和标准问题，似与动机问题牵涉不大，如 Paul R. Goldin 认为：“孟告之辩的关键是道德的来源问题，它是内在的还是外在的？”P. R. Goldin, *Rituals of Way: The Philosophy of Xunzi*, Chicago and La Salle, Illinois: Open Court, 1999, p.32.但也有学者认为，在孟告之辩中，孟告皆认为，“内在”指的是行为的“动机来源在我”。Kim-chong Chong, “Mengzi and Gaozi on Nei and Wai”, in *Mencius: Contexts and Interpretations*, ed by Alan K. L. Chan, Honolulu: University of Hawaii Press, 2002, p.109，又见氏著 *Early Confucian Ethics: Concepts and Arguments*, Chicago and La Salle, Illinois, 2007, p.40。就义行出于羞恶之心而言，其必涵道德的动机与动力。

② 今只以新儒家为例，牟宗三在《圆善论》、徐复观在《中国人性论史·先秦篇》以及唐君毅在《中国哲学原论·原道篇》《中国哲学原论·原性篇》中皆对此有深入的讨论。李瑞全教授对此有相关的论述，参阅氏著：《儒家道德规范根源论》，新北市：鹅湖出版社 2013 年，第 232—234 页；又见《评各家对〈孟子·告子上〉第四章之释义》，载林维杰、邱黄海主编：《理解、诠释与儒家传统：中国观点》，台北：台湾“中央研究院”中国文哲研究所 2010 年，第 13—31 页。

道德动机是内在还是外在联系在一起来讨论[1]；另一章则是发生在公都子和孟季子之间的论辩，原文云：

孟季子问公都子曰："何以谓义内也？"

曰："行吾敬，故谓之内也。"

"乡人长于伯兄一岁，则谁敬？"

曰："敬兄。"

"酌则谁先？"

曰："先酌乡人。"

"所敬在此，所长在彼，果在外，非由内也。"

公都子不能答，以告孟子。

孟子曰："敬叔父乎，敬弟乎？彼将曰敬叔父。曰弟为尸，则谁敬？彼将曰敬弟。子曰恶在其敬叔父也？彼将曰在位故也。子亦曰在位故也，庸敬在兄，斯须之敬在乡人。"

季子闻之曰："敬叔父则敬，敬弟则敬，果在外，非由内也。"

公都子曰："冬日则饮汤，夏日则饮水，然则饮食亦在外也？"

此章可以看作是对上一章的延续。孟子和公都子捍卫义内的立场，而告子和孟季子则认为是义外。公都子可能是孟子的一个学生，在与孟季子论辩中请求孟子的帮助以捍卫孟子的义内主张。[2]其实，依杨伯峻，"仁内义外"之说早在《管子》中即有记载，而《墨子》一书即从逻辑上对此提出了批评。[3]无疑地，讨论《孟子·告子上》第四、第五章中有关孟子是何种类型的内在论并非本文的中心，西方学者对此有相当多的关注。而信广来教授在《孟子与早期中国思想》一书中对孟告之辩进行了详细的辨析，信氏将学者对孟子义内的主张主要

---

① 如倪德卫、黄百锐(David B. Wong)、任满说(Manyul Im)、柯雄文(Antonio Cua)以及刘秀生(Xiusheng Liu)等人皆对此有相关的论述。

② Kwong-loi Shun, *Mencius and Early Chinese Thought*, Stanford: Stanford University Press, 1997, p.94.

③ 参阅杨伯峻:《孟子译注》,北京:中华书局 2010 年,第 237 页。

划分为三种不同的诠释：第一种所谓义内是指，义之行动之所以为义，乃不仅因此行动是适宜的，而且行动者完全倾向于(fully inclined to)如此行动，这种诠释为朱子和倪德卫所主张；第二种所谓的义内是指，“义”是“性”的一部分，人已把义看作是四端之一而倾向于行义，张栻、焦循、戴震和刘殿爵循此思路加以诠释；第三种所谓义内是指，人对义的知识来源于心的某种确定性特征，焦循、王阳明、黄宗羲、牟宗三、徐复观和唐君毅等人持此主张。①信氏认为，上述三种不同的诠释分属于义内观念的不同内容，他们分别主张行动主体对义行的动机(motivation)、性向(human dispositions)和对义的知识的来源(source)的解释。②在信氏看来，无论是动机还是性向的诠释皆不能切合孟告的相关说法，因此，孟子的义内既非指的动机亦非指共享的人性特征，而只有第三种知识的诠释才能完全切合文本的全部内容。

对信氏上述三种划分在理论上的得失，庄锦章(Kim-chong Chong)③、刘秀生、李瑞全、Chan Lee④ 等学者从不同的角度加以辨析。就涉及本文的主题而言，我们感兴趣的是，信氏将朱子对孟告之辩的诠释归结为义内，且是动机诠释的一种。依信氏，朱子的动机诠释若就着孟告之辩的文本而言，并不能满足“非有长于我也”“彼长而我长之”等文义的要求，盖类似的说法似乎与动机不相关涉。⑤就信氏在该书的行文和主旨而言，我们当首先断定，信氏无意就一般的意义上或在更广泛的议题上(large topics)评论朱子思想的特点。毋宁

---

① Kwong-loi Shun, *Mencius and Early Chinese Thought*, pp.98 - 99.

② Ibid., p.99.

③ Kim-chong Chong, *Early Confucian Ethics: Concepts and Arguments*, Chicago and La Salle, Illinois, 2007, pp.41 - 42; and also see “Mengzi and Gaozi on Nei and Wai”, in *Mencius: Contexts and Interpretations*, ed. by Alan K. L. Chan, Honolulu: University of Hawaii Press, 2002, pp.103 - 125.

④ Chan Lee, “Zhu Xi on Moral Motivation: An Alternative Critique”, in *Journal of Chinese Philosophy*, 37:4(December 2010), pp.622 - 638, and also see Chan Lee's Dissertation for Ph.D: *Self-cultivation, Moral Motivation and Moral Imagination: A Study of Zhu Xi's Virtue Ethics*, Honolulu: University of Hawaii, 2008, pp.94 - 141.

⑤ 但刘秀生颇不同意相关说法，参阅 Xiusheng Liu, “Mengzian Internalism”, in *Essays on the Moral Philosophy of Mengzi*, ed. by Xiusheng Liu and Philip J.Ivanhoe, Indianapolis/Cambridge: Hackett Publishing Company, Inc. 2002。

说，信氏对朱子思想的评论只是随顺其对孟子思想的解释而拖带出来的解释。即此而言，我们似没有理由对信氏所持的有关朱子思想的评论作出过多的评价。不过，由朱子赞同孟子的义内主张，且被视为是动机诠释中的一种，亦即义行指向一个人的行动不仅是适宜的，而且行动者完全倾向于如此行动，那么，由此一评论所蕴含的“意义剩余”的确会引导我们探究：朱子的道德动机理论的特点究竟何在？首先我们看到，朱子对于义行的“适宜性”(appropriateness)提出了自己的看法，朱子云：

> 若只以义为宜，则义有在外意。须如程子言“处物为义”，则是处物者在心，而非外也……“事之宜”虽若在外，然所以制其义，则在心矣。①

传统上一般认为“义”即“宜”也，所以朱子也说“义，便作‘宜’字看”②，但以“宜”释“义”乃落在事物的外在关系上，所以当学生问：“‘宜’字乃是就事物上说。不知义在心上，其体段如何？”朱子答曰：“义之在心，乃是决裂果断者也。”③所谓“决裂果断者”即是处物以制其义的根本在心④。故朱子云：“义在内，不在外。义所以度事，亦是心度之。”⑤信氏将朱子对孟告之辩的诠释解读为一种义内或动机论的关键(crucial)文本源于《朱子语类》中的一段话，朱子云：

> 众朋友说“食色性也”。先生问：“告子以知觉处为性，如何与‘彼长而我长之’相干？”皆未及对。先生曰：“告子只知得人心，却不知有道心。他觉那趋利避害，饥寒饱暖等处，而不知辨

---

① 《朱子语类》，黎靖德编，王星贤点校，北京：中华书局1994年，卷五十一，第1219页，叶贺孙录。

② 《朱子语类》卷六，第120页，张洽录。

③ 同上书，第122页，潘柄录。

④ 朱子在《孟子集注·告子上》第五章注云：“所敬之人虽在外，然知其当敬，而行吾心之敬以敬之，则不在外也。”信氏认为，相同的诠释也为赵岐等人所主张。

⑤ 《朱子语类》卷五十一，第1227页，陈淳录。

别那利害等处正是本然之性。所以道'彼长而我长之',盖谓我无长彼之心,由彼长,故不得不长之,所以指义为外也。"①

此处我们需特别注意朱子评论告子"我无长彼之心,由彼长,故不得不长之"的说法,因为正是此一说法包含朱子反对义外,主张义内,且义行出于动机,即一个人的行动不仅适宜,而且行动者"完全倾向于如此行动"的主张。当然,朱子类似的说法在《孟子集注》的其他章节中也有表述。依信氏,在《告子上》第四章中,孟子似乎主张,义是指"彼长而我长之"的适宜的行为,而不是指诸如年长等外在的事物;同时,公都子则以"使一个人尊敬地行动"来解释义内,而这正是朱子在《孟子集注》中将"义内"之"义"理解为使尊敬的行为出自一个人的内心而非出自外在的对象的缘故②,盖一个人若有长彼之心,即此长彼之心自会发出某种道德判断,而此道德判断本身即蕴含了判断者有动机依已形成的道德判断去行动,亦即对人自然会"有动机想要"发自内心地"长之",而不是只因其外在之长而长之;若因其外在之长而长之,则人"长之"之行动不出于内在想要的意愿而带有某种强迫性,故朱子谓"不得不长之"之行动为义外,我们也可以说,义外的行动是缺乏内在动机的行动。

当然,对朱子认为以"宜"释"义"而有外在义的观点,信氏结合孟子的文本也提出了商量。依信氏,首先,孟子有时似乎用"义"来指涉行动或关系的可欲的品质(desirable quality),如是,则孟子不太可能认为"义"不是指这些如"适宜性"一样的外在事物③。其次,义内义外的这种解释主要牵涉到"义"这个词的用法,然而,孟子在《公孙丑上》第二章中认为,告子对义外的看法对道德的发展有严重的后果,

---

① 《朱子语类》卷五十九,第1378—1379页,黄义刚录。

② Kwong-loi Shun, *Mencius and Early Chinese Thought*, p.110.魏犇群博士在给我的来信中指出,朱子的这种看法只有站在第三人称的角度才是对的,若站在第一人称看,通常"我想要某个东西是因为它好",而不是"我想要某个东西是因为我想要"。

③ 信氏分别举《离娄下》"大人者,言不必行,行不必果,惟义所在"以及《滕文公上》"劳心者治人,劳力者治于人……天下之通义也"对此加以说明。Ibid., p.110.

因而孟子也不太可能赞同一个词的用法能有这种后果的主张。最后，这种解释也暴露了弄清《告子上》第四、五章所有论辩中的问题，如当告子和孟季子分别捍卫义外时，两人皆卷入了有关范例式义行的确定性观察，亦即将老人作为老人来对待，但如此一来却很难弄清楚，似乎他们所捍卫的是这样一种主张，即“义”这个词指的是对象物而不是适宜的行动。①

基本上，信氏对朱子义内的诠释乃紧扣孟子的文本而来，有其独特的视角，所谓“一个人的行动不仅是适宜的，而且行动者完全倾向于如此行动”之说，若衡诸信氏所云的“内在义”或“动机说”，其中心内容有两个方面，即行动的“适宜性”，以及“行动者完全倾向于如此行动”。行动的适宜性，若脱开文本的脉络而泛言之，既可以指行动者的理性认知，并借此认知为行动提供证立的理由，也可以指对一项已经实现的行为的回溯性说明。②但何谓“行动者完全倾向于如此行动”？信氏就着第四章的文本已有论述。不过，此处我们想引申开来说明，即如果一个道德行动（义行）是内在的，且是有动机的，除了理性认知外，它应当包含情感意愿和欲求等因素。果如是，即所谓的行动的适宜性和行动者“完全倾向于如此行动”的说法乃可理解为一个道德行动必须出于行动者的理性认知、内在的情感和意愿，如在 P 情境中，A 应做 ϕ 行动，它意味着在 P 情境中，A 认知到应当、愿意并且有欲求会去做 ϕ 行动。就此意义而言，所谓“完全倾向于如此行动”似强调了行动者所以如此行动的内在意愿和欲求。信氏将朱子和倪德卫一同归入义内和动机诠释的一种或许可以透露出某种信息，盖倪氏在《“二本”还是“一本”》的文章中将孟子视作一种行动内在论者（a kind of act-internalist），依倪氏，孟子所谓的“义外”，指的是一个人做某种行动不是出于内在的情感和意愿，而是规则强迫他去做，但依孟子，“一道德行动与其表

① Kwong-loi Shun, *Mencius and Early Chinese Thought*, pp.110 - 111.

② 切合文本而言，此句意思信广来教授有明确的说法，可参阅 Kwong-loi Shun, “Zhu Xi on the ‘internal’ and the ‘external’: A response to Chan Lee”, in *Journal of Chinese Philosophy*, 37:4(December 2010), p.641。

达的情感相关联，正如微笑与情感相关联一样，一个强迫的微笑当然不是微笑。孟子进一步主张，以类似强迫的方式做出的行动实际上可能会伤害一个人的道德发展"①。信氏对朱子的义内与动机论的看法与倪氏将孟子看作是行动内在论者的看法应当是相关联的，而其关联的核心处，在 Chan Lee 看来，正在于"朱子认为无法避免的长之不是长之，正如倪氏认为强迫的微笑不是微笑一样"，两者具有相同的逻辑和语脉。所谓"无法避免的长之"(an inevitable treat)即是前引朱子所说的"由彼长，故不得不长之"，"不得不"谓行动者内心没有意愿，但因其客观、外在之长而不得不长之；而所谓"不是长之"即是朱子所言的"我无长彼之心"。"换言之，(在信氏看来)行动的意愿能够保证道德行动的资源来源于行动者内部，此资源可称为道德动机。因此，信氏似乎将行动的意愿看作是行动的内在性的来源。"②

就实而言，信氏的上述说法并非没有相应的根据。只是由于信氏是从整体上对孟子义内的了解划分为三种不同的诠释，尽管信氏本人也清楚地表明了此三种划分是相互关联的③，但此三种诠释之划分本身至少从表面上看乃是一"强判断"(strong claim)。所以，Chan Lee 对信氏将朱子的义内归入第一种诠释提出了不同的意见，认为信氏如此解释朱子的义内显得有些粗鲁。依 Chan Lee，尽管"义"事实上可以通过行动来呈现其自身，但在孟子和朱子那里，"义"本质上是否真的与行动的动机来源相同？在 Chan Lee 看来，至少在朱子的伦理思想中，义的内在性并不同于行动的内在性。简言之，Chan Lee 认为，朱子对义的理解要比信氏解读孟子时将义规定为一个人的伦理属性的含义更为丰富；同时，在朱子，义也根于完整的人性，而非孟子所说的"端"，"端"仅仅意味着我们有最初的倾向。"然

① David S.Nivison, "Two Roots or One?", in *The Way of Confucianism: Investigations in Chinese Philosophy*, ed. with an Introduction by Bryan W. Van Norden, Chicago and La Salle, Illinois, 1996, p.144.

② Chan Lee, "Zhu Xi on Moral Motivation: An Alternative Critique", in *Journal of Chinese Philosophy*, 37:4(December 2010), p.626.

③ Kwong-loi Shun, *Mencius and Early Chinese Thought*, p.98.

而，对朱子而言，行动的动机来源是义，亦即德性，而非‘端’（苗芽）。如是，当孟子聚焦于发展性的‘端’时，朱子则着重于突显发现性的水的源头。”①其次，信氏将张栻划分为义内的第二种解释，亦即“义”是“性”的一部分，Chan Lee 认为，张栻的论述与朱子的主张其实并无差别；同时，通过对“已发、未发”的检讨，Chan Lee 也区分了张栻与朱子的不同。Chan Lee 最后得出结论认为，信氏所说的三种义内的不同诠释皆能为朱子所接受，因此，“我们怀疑朱子对道德动机的观念是否可以在这种内在与外在的架构中来理解”，或许它“可以被构想为一种在内在与外在之间回环共振的东西，而不是在内在与外在之间作出取舍”②。

如何评论 Chan Lee 对信氏有关朱子诠释的质疑不是本文的目的，Chan Lee 反对信氏将朱子的诠释与第二种亦即人性的诠释相区分的主张，刘秀生教授似乎持有相同的看法。③但信氏随即发表长文对 Chan Lee 的质疑作出了回应，简言之，信氏从三个方面提出了自己的看法。首先，信氏认为，由于 Chan Lee 的主要兴趣在朱子，所以常常把其论孟子的书当作有关论述朱子的论著来评论；其次，信氏认为，Chan Lee 在文中所用的许多词语诸如“行为内在论”“道德动机”“道德行为的动机来源”等皆是其有意避免的，因为这些词语在不同的情形中有不同的内涵，这些词语在研究中国思想与西方哲学的相关性方面有其地位，但作为一般语言来运用时却必须小心解释以免模棱两可；最后，由于 Chan Lee 的主要兴趣在理解朱子思想时如何区分“内在”和“外在”，但信氏认为其书中义内、义外的用法只是对《孟子》一书中有关义内、义外表达的翻译，所以，内、外作为一种翻译是用在一个特殊的脉络之中的，而 Chan Lee 在文章中用内、外的表

---

① Chan Lee, “Zhu Xi on Moral Motivation: An Alternative Critique”, in *Journal of Chinese Philosophy*, 37:4(December 2010), p.628.

② Ibid., p.634, p.635.

③ Xiusheng Liu, “Mengzian Internalism”, in *Essays on the Moral Philosophy of Mengzi*, ed. by Xiusheng Liu and Philip J.Ivanhoe, Indianapolis/Cambridge: Hackett Publishing Company, Inc. 2002, pp.111 - 112.

述很明显不在相同的方式上使用。随后，信氏用了很大的篇幅从四个方面（如朱子有关人的心理性情等状况、心之管控、学习与探究以及自我修养诸不同方面之关系的看法）检讨了朱子有关内与外的观点，限于篇幅，在此不作一一引述。①

基本上，信氏对Chan Lee的回应有其正当的理据。衡诸信氏的论著，其对孟告之辩的相关概念和义理，分析得极为周匝和细密。不过，另一方面，在阅读了信氏的论述和朱子的相关说法后，我们也发现，信氏在书中确实暗示出，朱子有关义的内在性的说明涉及行动者行动的动机来源问题。②若顺着信氏的说法，我们感兴趣的是，在朱子那里，“行动者完全倾向于如此行动”的“道德官能”（moral faculty）究竟是什么③？其有何结构和特点？以下我们将就此相关问题展开论述。

（三）动机与动机结构

让我们先检讨孟告之辩中朱子的相关诠释④，此处我们只举出

---

① Kwong-loi Shun, “Zhu Xi on the ‘internal’ and the ‘external’: A response to Chan Lee”, in *Journal of Chinese Philosophy*, 37:4(December 2010), pp.639 - 654.

② 有学者也指出，朱子的理论属于内在论的一种形态，参阅李瑞全《朱子之道德规范根源问题》，载《当代儒学研究》，中坜：“国立中央”大学儒学研究中心2008年第4期，第23—37页。不过，鉴于本文的讨论只在于着重处理道德实践的议题，所以，朱子的理论究竟是内在论还是外在论不是本文关注的中心。李明辉先生在给笔者的来信中提出了不同于李瑞全先生的看法，在他看来，由于在朱子那里，心并不是道德价值的根源，而只能是道德行为的动力。就前一意义而言，朱子与告子同调，都是外在论者。朱子的心不能决定道德价值，只能认知道德价值，故依然是“义外”。

③ 此处所谓“道德官能”一词取自柯雄文援引J.巴特勒(J.Butler)的说法，原文为，“It is manifest great part of common language, and of common behavior over the world, is formed upon the supposition of such a moral faculty, whether called conscience, moral reason, moral sense, or divine reason; whether considered as a *sentiment of the understanding or perception of the heart*, or, which seems the truth, as including both”, Antonio S.Cua, “Xin(Mind/heart) and Moral Failure: Note on an Aspect of Mencius's Moral Psychology”, in *Human Nature, Ritual, and History: Studies in Xunzi and Chinese Philosophy*, Washington, D.C.: The Catholic University of America Press, 2005, p.350.

④ 朱子的相关说明又可见《语类》卷五十一、五十二、五十九以及《文集》卷五十四《答项平父六》等。有关孟告之辩的文本和义理解释，岑溢成先生有深入的分析，参阅氏著：《白人与长马——〈孟子·告子上〉“食色性也”章的分析》，载台北《鹅湖学志》1997年第18期；亦可参阅庞朴：《试析仁义内外之辨》，载济南《文史哲》2006年第5期。

以下四例：

有关“且谓长者义乎？长之者义乎？”朱子注云：“义不在彼之长，而在我长之之心。”

有关“吾弟则爱之，秦人之弟则不爱也，是以我为悦者也，故谓之内”，朱子注云：“言爱主于我，故仁在内；敬主于长，故义在外。”

有关“耆秦人之炙，无以异于耆吾炙”，朱子注云：“言长之耆之，皆出于心也。”

有关“行吾敬，故谓之内也”，朱子注云：“所敬之人虽在外，然知其当敬，而行吾心之敬以敬之，则不在外也。”

以上四例有三例涉及“心”字，例二虽未直说“心”，但主于我的“爱”实际上说的是主于我的心，故四例言(仁)义内皆就着“心”而说，换言之，义之内在乃是内在于心①；此外，所谓长之之心、耆之之心、敬之之心、爱之之心，除“耆之之心”作为一比喻无道德含义外，其余“长之、敬之、爱之”皆指向“内心完全倾向于如此”之“长、敬、爱”，而此“长、敬、爱”即指涉道德行动的理由和动机问题，此理由和动机不由外定，不由客观事物的性质而定，而由行动者的内心而定。②因此，我们也可以说，在朱子那里，道德行动的“动机官能”(motive faculty)是“心”③，前引朱子所言义行须断制于心的说法，实际上意味着心具有引发道德实践的能力，故而李明辉先生认为，“在朱子，相应于道德主体底地位的是‘心’”④，此当是无可疑义的确论，刘述先先生则把“心”看作是“朱子哲学思想的枢纽点”⑤，而钱穆先生更认为“纵谓朱

① 本文所作只试图从人的心理构造角度处理道德实践的议题，故此处所谓义“内在”于心不作形上学的了解。

② 此处所谓“不由客观事物的性质而定”并非否认客观事物，而是指客观事物只具引发的作用。

③ 在朱子那里，道德主体，同时也是道德动机问题归诸在心上说，而不归诸在性上说，故朱子云“凡事莫非心之所为，虽放辟邪侈，亦是此心”(《朱子语类》卷十三，第230页，杨道夫录)。性是理，无形迹、无对象、不活动，故不存在道德动机问题；但性作为理，却通过人的心之认知为人们提供道德行动的准则。

④ 李明辉：《孟子的四端之心与康德的道德情感》，载氏著：《儒家与康德》，台北：联经出版事业公司1990年，第137页。

⑤ 刘述先：《朱子哲学思想的发展与完成》，台北：台湾学生书局1982年，第230页。

子之学彻头彻尾乃是一项圆密宏大之心学，亦无不可”①。

然而，有关朱子对心的认识在学者中争论颇大，此处引入形上学或本体论的争论虽然与议题相关，但考虑到本文主要从具体的道德实践的动机结构上讨论问题，因此，本章将侧重从道德心理学的角度讨论朱子有关人的心理构造(psychological makeup)的诸因素与道德实践的关系。基本上，人的行动就其外在表现而言，有善有恶，有合道德有不合道德，但人之所以会有这种种行动，其内在心理必有相应的因素。就朱子论心而言，依陈来，虽然朱子有时把心仅仅作为道德意识的主体，相当于所谓实践理性，但这种用法较少，“在朱熹哲学中也不占主要地位”。相反，朱子论心的主要特点表现在：“‘心’只是一个现实的、经验意识的概念，只是一个感应知觉之心，在经验意识与现实知觉之外之后不存在其他作为本体的心，在变化出入的心之外不存在其他不起不灭的心。”②陈氏此说乃就朱子论心之为心的基本特点而言，当有其根据。实际上，在朱子，心之作为意识活动的总体或主宰③，包含着知、情、理、欲、意与志等多种要素④，正是这些要素共同构成了朱子具体的道德实践的动机结构。心的理性认知主要表现为知觉能力，具体地说即是能知能觉能思的能力。朱子特别强调心之能力为知，“知”指导人之行动一如走路时眼睛指导双脚一样，“如目无足不行，足无目不见”⑤。实际上，“知明而行无过”乃为荀子和朱子所共守的观念；情则不仅指“七情”与“四端”，而且“发于智识念虑处皆是情”⑥；情是已发，是动的，提供某种确定的能力；而性是未发，是理，理是无

① 钱穆：《朱子新学案》第二册，台北：三民书局1971年，第1页。

② 陈来：《朱子哲学研究》，上海：华东师范大学出版社2000年，第217、249页。

③ 朱子云：“一身之中，浑然有个主宰者，心也。”（《朱子语类》卷二十，第464页，叶贺孙录。）

④ Kwong-loi Shun, “Zhu Xi's Moral Psychology”, in *Dao Companion to Neo-Confucian Philosophy*, ed. by John Makeham, Dordrecht: Springer, 2010, pp.180－181.以下说明心之诸要素源自信广来此文。

⑤ 《朱子语类》卷九，第148页，李闳祖录。

⑥ 同上书，卷九十八，第2514页，周谟录。有关朱子“四端”“七情”与性之间可能存在的矛盾，参阅陈来：《朱子哲学研究》，第210—211页。

形迹且不动的，但因这情，便可见得这性，而“心便是包得那性情”[①]。欲则是情发出来的，但可以把一个人引向特定的事物，不像情那样少些方向性，“心如水，性犹水之静，情则水之流，欲则水之波澜”[②]。

就欲从属于心而言，其近于意。朱子把意描述为想要做某事，“欲为这事，是意；能为这事，是情”[③]。情与意的区别在于，情强调特定的能力，而意则更为直接，如好恶是情，但好好色，恶恶臭是意；意与欲的区别在于，欲的出现无须一个人有意识地想要如此，相反，意则更表现为某种处心积虑，“意是去百般计较做底”[④]。而意与志皆从属于心，所不同的是，意只是喜爱某事的一种想法，志则更为具体和明显。志包含直接指导行动的决定和意向，“心之所之谓之志”[⑤]，“志便清，意便浊；志便刚，意便柔；志便有立作意思，意便有潜窃意思”[⑥]。因此之故，朱子赞同张载“志公而意私”的观念。

综上我们看到，在朱子所言的心中，由于性是理，无情意，无计度，无造作，不能直接充当动机因素；又由于“志与意都属情”[⑦]，因此，作为道德行动的动机官能，心至少包含认知、情感和欲求三个层面[⑧]。从道德动机的结构特征上说，信氏所谓“一个行动不仅是适宜的，而且行动者完全倾向于如此行动”之说，若作进一步的分解，其实义当是：心之推动道德行动或者说一个人的道德实践（“义行”）之完成包括心对道德规范或要求有所认知，同时，心当处于适宜状态（朱子一再强调“心有善恶”），亦即此时之心经由操存修养之功夫已克去

---

① 《朱子语类》卷五，第 91 页，沈僩录。

② 同上书，卷五，第 94 页，董铢录。

③ 同上书，卷十六，第 349 页，林子蒙录。

④ 同上书，卷五，第 96 页，黄义刚录。

⑤ 同上书，第 96 页，沈僩录。

⑥ 同上书，卷九十八，第 2514 页，叶贺孙录。

⑦ 同上书，卷五，第 96 页，沈僩录。

⑧ 当然，为了更好地理解朱子的伦理思想，正如信氏所言，我们需要超越其有关人的心理构造的观念，并把他的这种观念放在与他人的关系中来思考，盖依朱子，万物皆由理与气所构成，个人与所有他人他物乃紧密地联系在一起。Kwong-loi Shun, “Zhu Xi's Moral Psychology”, in *Dao Companion to Neo-Confucian Philosophy*, ed. by John Makeham, Dordrecht: Springer, 2010, p.181. 不过，本文并无意从总体上阐述朱子的伦理思想，只是想从具体的道德实践的角度说明朱子道德动机的结构和特征。

私欲，同时摒除了各种不合理的情绪，并且心还欲求实现道德的规范或要求。此时心之所动即能决定一个恰当的道德行动，而不为情感或欲望所干扰。如是，心之动机结构既含有道德行动的目的，亦含有发动此一行动的动力和欲求。

不过在具体讨论此一问题之前，我们似乎应该在观念上先做一区分，那就是，与陆王不同，在朱子，圣人与众人或常人不同，“圣人万善皆备，有一毫之失，此不足为圣人”①。而众人却常不免知有不切、情有所滥或欲求不力，在《孟子・公孙丑上》“先王有不忍人之心，斯有不忍人之政矣”，朱子注云：“众人虽有不忍人之心，然物欲害之，存焉者寡，故不能察识而推之政事之间。唯圣人全体此心，随感而应，故其所行，无非不忍人之政也。”此处当注意，朱子谓“众人虽有不忍人之心”一句，亦即作为道德行动的动机结构，众人与圣人在此一点上毫无差别，差别在于两者的动机状态，亦即一个人在实践道德时的主观心理状态（psychological states）②。换言之，心之认知、情感和欲求各层面是否处于“纯一无伪之本然”（《孟子集注・离娄下》），抑或知、情、欲各各处于错乱走作之中？孟子曾云：“禹、稷、颜回同道，禹思天下有溺者，由己溺之也，稷思天下有饥者，由己饥之也。”（《孟子・离娄下》）朱子注云：“圣贤之心，无所偏倚，随感而应，各尽其道。”圣贤无所偏倚之心可以了解为因修养而后所得的动机状态，这种状态无疑是一理想的状态。在朱子，圣人无疑是“无一毫之失”的人格典范，其道德行动的动机状态本身就构成了众人修养的目标。让我们再看朱子注《孟子・离娄下》“舜明于庶物，察于人伦，由仁义行，非行仁义也”的一段话，朱子释云：

> 物，事也，明则有以识其理也；人伦，说见前篇，察则有以尽其理之详也。物理固非度外，而人伦尤切于身，故其知之有详略之异，在舜则皆生而知之也。由仁义行，非行仁义，则仁义已根于心，而所行皆从此出，非以仁义为美，而后勉强行之，所谓安而行之

① 《朱子语类》卷十三，第 232 页，吴寿昌录。

② 参阅迈克尔・史密斯：《道德问题》，第 94 页。

也。此则圣人之事，不待存之而无不存矣。尹氏曰："存之者，君子也；存者，圣人也。君子所存，存天理也，由仁义行，存者能之。"

此处，朱子引尹和靖之释已明确区分了"存者"与"存之者"，亦即圣人与君子(同时也是众人)之差别。[①]圣人无所谓"存"，也不待存，然而却无所不存。朱子此处是凝聚地说，亦可说是境界地说，虽谓凝聚，却仍有"明"与"察"为前提，朱子显然把"明"与"察"了解为一种道德认知，而且特别重视这种知。《语类》卷六十四又记有如下问答："问：'生知安行'为知，'学知利行'为仁，'困知勉行'为勇，此岂以等级言耶？曰：固是。盖生之安行主于知而言。不知，如何行？安行者，只是安而行之，不用着力。然须是知得，方能行得也。"[②]作为理想人格，圣人生之安行而不待存，然而行之却能随心所欲而不逾己。不过，从朱子所言圣人"生而知之""须是知得""不待存之而无不存"等言说中，我们仍可以看到，圣人之所以为圣人，"知"成为其突出的特征之一[③]，更为重要的是，圣人(舜)之"明"与"察"之作为道德认知，当下便具有内在的实践性，具有主要的动机功能。我们也可以说，圣人的这种道德认知表现出一种"认知内在论"的特征，亦即圣人由理性认知(朱子强调圣人也主于知)所作出的道德判断，本身即内在地关联到道德情感和道德欲求[④]，在圣人身上不存在所谓知而不行的问题，换言之，我们亦可谓圣人由道德认知所获得的规范理由同时即是动机理由，两者是内在地合一的。知之，即情之、欲之而行之，如舜居深山之中，及其闻一善言，见一善行，便决若江河，沛然莫之能御。审如是，我们亦可以说，在圣人身上根本就不存在道德失败。

① 此处尹氏区分圣人与君子，目的在于凸显圣人纯一无伪之品格。君子不是圣人而不免有道德失败，在此意义上，君子与众人一般。

② 《朱子语类》卷六十四，第1560页，董铢录。

③ 朱子此一观念或亦有承于荀子，盖荀子亦将"知"看作是圣人的突出品格之一。撇开其他间接的论述，荀子直接将"知"与"圣人"联系起来的说法即有"圣人为知矣"(《不苟》)，"知之，圣人也"(《解蔽》)，同一说法又见于《儒效》等。

④ 与此相反，所谓的认知外在论则认为，道德认知所认知的道德要求并非行动证立的理由，道德认知只是发现道德要求与其欲求之间所存在的"工具-目的"关系。

（四）动机结构与动机状态

然而，众人与圣人虽然在“动机结构”上一样，但在“动机状态”上却大不相同。圣人之心纯一无伪，无一毫之失，故能随感随应，随应随润，觉润无方。而众人之心由于修养程度的差别和欠缺却可能放失无常，在知、情、欲等各方面“大段流动走作”，朱子曾云：

> 熹窃谓人之所以为学者，以吾之心未若圣人之心故也。心未若圣人之心，是以烛理未明，无所准则，随其所好，高者过，卑者不及，而不自知其为过且不及也。①

众人之心未若圣人之心当然不是从动机结构上说，而是从动机状态上说，此动机状态即涉及心所包含的知、情、欲诸方面，所谓“烛理未明”“随其所好”“过与不及”等即是明证。正因为如此，朱子特别注重格物穷理、诚意正心等修身功夫，而对心之操存舍亡则尤加致意，《孟子集注》在孟子引孔子“操则存，舍则亡，出入无时，莫知其乡。唯心之谓与？”一段后，朱子注云：“孔子言心，操之则在此，舍之则失去，其出入无定时，亦无定处如此。孟子引之，以明心之神明不测，得失之易，而保守之难，不可顷刻失其养。学者当无时而不用其力，使神清气定，常如平旦之时，则此心常存，无适而非仁义也。”②总体而言，在朱子，心是一个活物，作为经验意识，无时不在感应之中，其活动之特点如丸之走盘，横邪圆直，难于捉摸，所谓出入无定时亦无定处，得失之易而保守之难等，在强调心之得失之易、保守之难的特点，同时更指明以诚敬专一的方式养心、汲汲于操存之功夫的重要。心能得其操存，即能使其神清气定，此时，心便处于适宜状态，而激情和

① 《朱子文集》卷四十二《答石子重一》。

② 相关研究，学者可参阅陈来：《朱子哲学研究》，第234—247页；亦可参阅《朱子语类》，卷五十九，第1400—1403页。

私欲则不能干扰。朱子云：

> 人之生不能不感物而动。曰感物而动，性之欲也，言亦性所有也，而其要系乎心君宰与不宰耳。心宰则情得其正，率乎性之常而不可以欲言矣；心不宰则情流而陷溺其性，专为人欲矣。①

前面说朱子要保守此心得其养，其目的是要使心处于主宰的地位。但从道德动机的角度上看，心之主宰表现在哪个方面？此处朱子使用"心君"一词，大体也可以认为是承荀子之说而来②，换言之，心之主宰系乎心之知觉或认知。在朱子，性与情的关系是体用关系，也是理气关系；朱子所言的情，属感性层，非天情，或用牟宗三先生的话来说，这种情非"本体论的觉情"(Ontological feeling)③。情是用，属已发，"可以漫荡无归"④，而心所以能主宰情，使所发之情得其正，原因在于心之知觉可以认知理("率乎性之常")，实现以理制情，以理导情。如是，则"心为之宰，则其动者，无不中节矣"⑤。因此，在朱子的道德动机结构中，理(性)虽然是无情意、无计度、无造作，然而它却是保证心之动机活动有其正确性(标准)的根据。不过，其动力不来自于性本身，而只能来自于心；又，由于朱子之心"只是一个感应知觉之心"，此心不即是理，而只是在"认知活动中赅摄理"⑥，如是，心依理而行便缺少自发的动力，导致其道德实践之动力不足。⑦

---

① 《朱子文集》卷六十四《答何倅》。

② 参阅《荀子·解蔽》篇。荀子有"心者，形之君也，神明之主也……"的说法。

③ 牟宗三：《心体与性体》第三册，台北：正中书局 1969 年，第 277 页。

④ 刘述先：《朱子哲学思想的发展与完成》，第 230 页。

⑤ 《朱子文集》卷三十二，《答张敬夫六》。

⑥ 李明辉：《孟子的四端之心与康德的道德情感》，载氏著：《儒家与康德》，第 141 页。

⑦ 牟宗三先生以为，在朱子之思想中存在将成德之教与一般的学习程序相混淆的倾向，通过从然到所以然的了解，此一方式并不切于道德。朱子主心与理为二，心对理的认知乃通过后天的经验而得，理只存有而不活动，"心之具此理而成其为德是'当具'而不是'本具'，是外在地关联地具，而不是本质地必然地具，是认知地静摄地具，而不是本心直贯之自发自律地具"(参阅氏著：《心体与性体》第三册，第 243 页)。如是，心依理而行便缺少自发的动力。但最近看到杨祖汉先生的一篇论文，杨先生认为如果朱子认为道德之理是人本来有所知的，则其格物穷理便是从人本有的对道德之理的了解，求进一步彻(转下页)

然而，在朱子那里，心之知觉或道德认知是否可以引发道德情感和道德欲求，从而落实为相应的道德行动？或者，在朱子，道德认知在其动机结构中可否充当一个独立的因素？类似问题涉及如何从动机结构的角度来了解朱子的知行关系问题。我们知道，在休谟那里，道德动机问题被了解为理性认知与情感欲望相互分离的问题，道德动机不能来自于理性认知，只能来自于情感和欲望。① 如果我们承认道德的理由能够引发行动，那么，此一理由也一定是从情感和欲望中衍生出来的。就朱子思想的总体而言，朱子主张“知与

(接上页)底的明白。若如此解释，则朱子之思想并不一定是岐出的，当然，其道德实践也自然有其动机力量。杨先生的文章有更为详细的论证，学者可参阅氏著:《从朱子思想看道德教育》，载台北《揭谛》第二十六期，2014 年 1 月，第 1—26 页。杨先生之文显然是有启发的，只是对论者而言，我所感兴趣的是，我们究竟该如何来了解所谓“道德之理是人本来有所知的”？此一义在朱子那里又是如何表现的？最近我阅读到一篇文章，论及哈贝马斯后期对伦理学的反省(参阅沈云都、杨琼珍:《道德认知主义向经验历史的敞开——哈贝马斯论民族—宗教生活史的道德意义》，载《马克思主义与现实》2012 年第 4 期)。哈氏认为，只要我们像苏格拉底和康德那样，仅仅把道德建立在人的认识上面，我们就会缺乏把道德判断转化为实践的动力，因此，哈氏赋予“动机”以社会事实的含义。何谓“社会事实”？依哈氏，对于道德上的善恶、好坏、是非、对错，有许多是以百姓日用而不知的、非认知的、感性直觉的形式出现的，它们根植于百姓日常生活的无意识之中，而所有这些都构成了道德行动的动机。这种日常道德直觉表现于人的日常生活之中，对于违背常理的道德行为，如伤害他人，我们凭直觉就可以知晓，有些情况下，只存在道德动机而不存在道德认知，仅凭道德直觉就可以触动人的道德感，并引发人的道德行为，这种“前认知”的道德直觉正是道德成为一种实践的主要动机。(参阅尤尔根·哈贝马斯:《包容他者》，曹卫东译，上海:上海人民出版社 2002 年，第 8—42 页)在此，我想指出的是，在朱子那里，有相当多的论述的确涉及所谓的“前认知”的道德直觉，当然，它或是以隐默之知的方式出现的，但却可以是“人本来有所知的”，亦即这些道德直觉经由诸如社会习俗、传统和习惯等方式内化于人们的心灵之中，而这些内容毫无疑问构成了我们讨论朱子道德动机的一个部分，同时我们或可以从这个角度在一定程度上减少人们常认为的有关朱子道德实践动力不足的看法。对此，论者已另撰文加以处理，此处不赘。魏犇群先生在给笔者的来信中引述了另一种观点认为，某种内化的、表现为直觉的传统和习俗植根于人们的生活形式(forms of life)，生活形式只存在在共享此生活形式的共同体之中，本身便融合着描述、事实与规范、评价。对于个体而言，生活形式并不依赖他的意志，具有客观性，需要他去学习和实践，同时，他必须生活于某个生活形式之中，从而，生活形式构成了他感受和行动的方式。如此一来，生活形式既具有认知性，又具有实践性，似乎是道德判断所旨在反映的理想对象，即道德事实。参阅 Sabina Lovibond, *Realism and Imagination in Ethics*. Minneapolis: University of Minnesota Press, 1983。我想这种看法自有其道理，但哈氏强调的是生活形式之于个人所表现的直觉，正是此直觉使得道德认知隐而不彰。然而，所说这些，依然要求我们判明“本来之有”与“根源之有”的分别，因为“本来”可以包含后天习得之义。

① 休谟认为，“我们只要承认，理性对于我们的情感和行为没有影响，那么如果我们妄称道德只是被理性的推断所发现的，那完全是白费的”(参阅氏著:《人性论》，关文运译，北京:商务印书馆 1980 年，第 497 页)。

行,须著并到。知之愈明,则行之愈笃。行之愈笃,则知之益明,两者皆不可偏废”①。又云:“论先后,知为先;论轻重,行为重。”②然而,作为一个教育者,朱子特别注重为学之方,教人先明义理,“实践求仁,固莫若力行为近。但不学以明之,则有擿埴冥行之患,故其蔽愚”③,“若不理会得这个道理,不知是行个什么”④,“欲行而未明于理,则所践履者又未知其果何事也”⑤。朱子强调认知以明理,所谓明理即是获得正确的道德行动的理由,在类似的说法中,我们可以看到,在朱子那里,道德理由与道德行动的关系是认知的。又,我们前面说过,朱子区分圣人与众人,而圣人的道德认知本身就具有内在的实践性,亦即由道德认知而来的道德理由,由于其内在地关联到情感与欲望,本身就构成了道德动机。然而,在众人那里,道德认知却常常可能出现大量的道德失败,并未形成动机能力,其最明显的表现即是“知而不行”。通常我们对“知而不行”此一道德失败现象的解释是把此一认知了解为未知或非真知,认为若是真知,则必然能行,朱子亦谓“知而未能行,乃未得之于己,此所谓知者亦非真知也。真知则未有不能行者”⑥。学者将朱子的这种“真知”了解为“彻底的、高度的自觉化的道德自觉”,“认为达到这样自觉彻底的程度就会避免知行脱节”⑦,论者相信这种解释无疑有其道理,论者也将就此另撰文进行分析和处理⑧。不过,就着本文的主题,亦即从道德动机结构上来分析,我们以为,一方面,“真知”此一概念仍可以作进一步的散开来说;另一方面,若果将“知而不行”的现象一概归诸于“知不至”“知不切”或“非真知”,虽然在一定程度上有助于我们了解事情的原委,但也有

① 《朱子语类》卷十四,第281页,叶贺孙录。
② 同上书,卷九,第148页,李闳祖录。
③ 《朱子文集》卷三十一《答张敬夫十六》。
④ 《朱子语类》卷三十四,第894页。
⑤ 《朱子文集》卷五十九,《答曹元可》。
⑥ 同上书,卷七十二,《杂著·杂学辨·张无垢中庸解》。
⑦ 陈来:《朱子哲学研究》,第322、324页。
⑧ 见本书另一章“‘真知必能行’何以可能?——朱子论‘真知’的理论特征及其动机效力”。

可能对此一道德失败现象的解释流于简单化。盖从道德动机结构上分析，众人道德失败之所以发生，涉及颇为复杂的因素①，似乎并非一"知"字所可周纳，比如除心之认知是否正确外，还涉及心是否有相应的、适宜的情感以及有没有行动的动力(欲求)等等，其中任何一种因素的欠缺或失其正，皆可能导致道德行动的失败②。圣人当然不存在这种情况，众人却由于修养功夫的不齐或不力而常常发生，或有认知而无情感和欲求，或有情感和欲求而无正确的认知等等，此人心之"危"如此。

撇开圣人之知不论，在朱子那里，对众人而言，心之道德认知所提供的理由(性理)关联着评价的依据和标准，这在以经验心为动机官能的思想系统中扮演着十分重要的角色。理由所提供的标准是由理性所设定的，而不能由情感和欲求来制定。情感和欲求并不决定价值，相反，因为所欲求的东西有价值，所以此欲求才有正当性。故而朱子的伦理学特别注重理性的认知和分辨功能，同时对"志"给予了高度的重视，以"天理人欲"对举的目的正在于此③。然而，理论上，道德认知只说明了道德行动的理由的规范性，而未说明道德行动

① 此处所言"道德失败"之原因乃主要从道德行动主体之主观内部上说，并不涉及客观外部的诸多原因。比如柯雄文在讨论孟子的道德失败现象时论及六个方面，其中第五个方面即涉及"保持恒心之手段的缺乏"，此即指向"无恒产者无恒心"之外部客观原因。参阅 Antonio S. Cua, "Xin (Mind/Heart) and moral Failure: Notes on an Aspect of Mencius's Moral Psychology(1999), in *Human Nature, Ritual, and History: Studies in Xunzi and Chinese Philosophy*. Washington, D.C.: The Catholic University of America Press 2005, pp.365 - 366。

② 魏犇群先生认为，朱子将道德失败一概归于"知不切"并不一定会导致"简单化"解释，关键在于如何诠释朱子说的"真知""知之详略"和"知之切或不切"。无论是经验知识还是实践知识都有程度的深浅可言，而实践知识的深浅虽然表现为其与情感欲望的协同关联，但这种协同关联在朱子看来是通过对实践知识理解的深化而实现的，而不是通过对情感欲望的直接操作实现的。参阅 Xinyan Jiang, "What Kind of Knowledge Does a Weak-willed Person Have? A Comparative Study of Aristotle and the Ch'eng-Chu School", in *Philosophy East and West*, Vol.50, No.2(Apr., 2000), pp.242 - 53。我觉得这更像是从认知内在论的角度所作的一种诠释，但这种诠释从道德动机结构的角度上看，似乎取消了情感和欲望在动机结构中所具有的独立地位。

③ 日本学者山根三芳著有《朱熹伦理思想研究》一书，总共两章，第一章为"道德意志论"，第二章为"伦理思想"，而"道德意志论"一章即占有此书一半的篇幅，由此可见一斑。参阅氏著:《朱熹伦理思想研究》，神奈川县秦野市:东海大学出版会，昭和五十八年(1983)。

的理由的实践性，道德行动理由的实践性需要通过情感和欲求来完成，道德情感和欲求确保了理由与动机的关系。果如是，则朱子所谓“真知自然能行”的观念，从动机结构上分析，其恰当的内涵应该包含心之知觉已获得了正确的道德认知、心之情感经由修养已处于适宜状态，同时心也有实现此一道德认知的欲求。此处尚需说明的是，在朱子，圣人之知固然一往皆是真知，而众人经由学习和修养也可以获得真知，然而，此真知却不必即是圣人之真知，盖圣人之知之为真知乃“不待存而无不存”，属“生而知之”；而众人之真知乃必经由严格之学习修养而有的境界。朱子云：

> 知有至未至，意有诚未诚。知至矣，虽驱使为不善，亦不为。知未至，虽轧勒使不为，此意终迸出来。故贵于见得透，则心意勉勉循循，自不能已矣。①

此处所说的“知至”，就其作为究竟之知而言，亦可谓为“真知”。此“知至”虽只言一“知”字，但就其知而必能行而言，实已包含“情感”与“欲求”于其中，而且这种情感和欲求皆处于无过不及的适宜状态。当然，朱子更重视道德失败，而道德失败最直接的表现是无知或浅知，因无知和浅知而不能识理或识理之全，则行之自然不能合于道德，但这种现象可借由穷理致知等功夫得以改善。②更为复杂的是涉及知、情、欲三者的交错关系，朱子常常将涉及情感和欲求的道德失败也归诸“知不切”或“未真知”，《语类》记云：

> 只争个知与不知，争个知得切与不切，且如人要做好事，到见得不好事，也似乎可做。方要做好事，又似乎有个做不好事底心从后面牵转去，这只是知不切。③

---

① 《朱子语类》卷三十一，第784页，杨道夫录。
② 见《朱子语类》卷四十六，第1173页。
③ 同上书，卷九，第154页，叶贺孙录。

又云：

> 知不善之不当为而犹或为之，是特未能真知之也。所以未能真知者，缘于道理上只就外面理会得许多，里面却未理会得十分莹净，所以有此一点黑。这不是外面理会不得，只是里面骨子有些见未破。[①]

依朱子，想做好事而不去做是"知不切"，知道不善之事不当为而"犹或为之"是"未能真知"，此处皆以"知"字为中心加以说明。有学者认为，或许，朱子是站在第一人称的实践角度来讨论道德修养。作为一个性善论者，朱子真的相信人性（而非人心）本善。性一方面作为知觉意识的大背景，人不可能跳出自己的本性去行动；另一方面，情感和欲望从根本上说皆源出于性，而之所以会出现偏差或不中节，乃是因为性在发用时受到了诸多气禀之杂的干扰。故修养的功夫全在去除那些干扰上面，旨在让性真实地流露，呈现于意识，表现为欲望和情感。如此，站在第一人称的立场，如果性善是给定的前提，那么，道德实践就是知的问题：真实地了解各种对象的诸种特征及其与其他事物的关系。这些认识如果是正确的，那么，性借由这些知识信念而发动，并得到扩展，形成理由，自然就会产生善行[②]。不过，从说明道德动机结构的角度上看，此"知不切""未能真知"毋宁说依然是一个有待解释的概念，所谓"有个做不好事底心从后面牵转去""道理上只就外面理会得许多，里面却未理会得十分莹净""有此一点黑""见未破"等究竟所欲传达何意？一个人本想做好事，旋而改变意念不做，我们当然可以把原本想做好事的认知看作是不切之知，因为依

---

① 见《朱子语类》卷四十六，第1173页。

② 魏犇群博士在给我来信中提及此点。这种内格尔式的"基于明智的理由（prudential reasons）而行动"的说明并非没有道理。不过，本文旨在给出一个说明动机（结构）的理论，而内格尔提供的是形上学的说明，亦即出于明智思考的动机不必依赖欲望，而是要描述出理由必须遵循的条件，并说明这个条件的出现所要依赖的人的概念，参阅 T.Nagel，*Possibility of Altruism*，Oxford：Clarendon Press，1970，p.99。但这种说明是否合理或有可讨论的空间。

朱子,“知之切”即是“知至”,也是“真知”,所以不存在道德失败。不过,一个人所以改变意念,而且产生一个“做不好事的心”牵转人原本想做好事的认知,此一现象只能从心所包含的情与欲方面去解释,是一个人的激情和私欲改变了其原本想做好事的认知。[①]比如,一个人拾到一个钱包,原本想应当交回给失主,然而,转念想到自己母亲生病住院,而钱又不够,所以,刹那改变了自己原有的想法。这一认知(想法)转变的过程,笼统地说,当然可以认为是“知不切”,盖若知得切,即不会存在意志软弱,不会存在任由私情和私欲“牵转”自己原有的认知。但既然此一过程已经发生,则所谓“知不切”之实义当落在一个人的情与欲上来加以解释。“情”和“欲”具有松动和瓦解一个人的认知的力量,使得认知不成为“真知”,果如是,即道德修养不但应在认知方面着力,而且也应在情与欲方面加强[②];同样道理,知不善不当为而为之也可以解释为知之浅或非真知,但朱子谓外面道理理会得许多,里面道理却理会得不够,其想表达的意思究竟是什么?复案原文,此段乃朱子合着《大学》说,“外面道理”当指教人即事即物、格物穷理;“里面道理”当指落在自家身上,正心诚意。如是,即所谓“有此一点黑”指的应是心不够正,意不够诚。粗略地看,此中也涉及情感与欲求问题。因此,当朱子以真知来解释知必能行,或以非真知、知不切等来解释知而不行时,从动机结构上看其实涉及知、情、欲等复杂的关系。

如若上述解释有其道理,那么,朱子所谓的“知不切”“非真知”可

---

① 此处又涉及朱子所谓的“自欺”(self-deception)和“意志软弱”(weakness of will)。依朱子,“所谓自欺者,非为此人本不欲为善去恶。但此意随发,常有一念在内阻隔住,不放教表里如一,便是自欺”(《语类》卷十六,第 328 页)。意志软弱在朱子伦理学中乃是一个核心问题,需专门处理,此处从略。可参阅 Chan Lee's Dissertation for Ph.D: *Self-cultivation, Moral Motivation and Moral Imagination: A Study of Zhu Xi's Virtue Ethics*, Honolulu: University of Hawaii, pp.135 - 139。

② 信广来教授在回应 Chan Lee 的文章中,借由其对内与外的解释,非常重视朱子有关心之管控的功夫,如慎独、知几、戒慎恐惧、持敬克己等,这些功夫在很大程度上皆有针对心之活动的特点而设,而归在自我修养上。参阅 Kwong-loi Shun, “Zhu Xi on the ‘internal’ and the ‘external’: A response to Chan Lee”, in *Journal of Chinese Philosophy* 37:4(December 2010), pp.645 - 648。

能指的是无知、浅知，或者更多的情况是，虽有认知，然而这种认知却没有进入一个人的情感和欲望系统，所以，此道德认知没有实践性，未能形成动机能力，基本上，朱子伦理学中大量的道德失败现象皆与此相关。从理论上看，道德认知与道德情感有非常密切的关系，一般而言，我们会认为，道德认知会引发相应的道德情感，“如见赤子入井，皆有怵惕恻隐之心，此其事所当然而不容已者也”①。此处所谓“见”即便是“乍见”，或依朱子，“也著手脚不得，纵有许多私意，要誉乡党之类，也未暇思量到”②，但泛言之，仍可以了解为认知的一种形式。因“见（认知）”而触发人的同情心，感知到孺子入井的危险，并形成道德行动的理由。也正因为如此，我们同意，在朱子那里，道德认知在某种意义上具有实践性。③不过，此处有两点必须注意，其一，在朱子，情感本身并没有规范的证立功能，能够具有规范证立功能的只能是理（性）。“情”的确是一感发原理，可以提供某种确定的能力，然而由于其杂于气禀，所以情之发不免有善恶。人“见”落井之童产生怵惕恻隐之心，这种恻隐同情之心当然与道德实践有密切的关系。但我们却不能反过来说因为某人具有恻隐之心或同情之心就断言某人的行动是合乎道德的，因为仅凭这种恻隐或同情的情感，既可以促使一个人去做道德的事，也可能促使一个人去做不道德的事，前此引朱子谓义行当出于心之断制，广义地说，也蕴含着心之理性认知对情感的主宰之意，故朱子云：“恻隐羞恶，也有中节、不中节。若不当恻隐而恻隐，不当羞恶而羞恶，便是不中节。”④此处“当不当”的标准需要由心之知觉对理的认知来提供；又云：“四者（指四端之情）时时发

---

① 《朱子语类》卷十八，第 414 页，辅广录。

② 同上书，卷五十三，第 1281 页，黄义刚录。

③ 李明辉先生认为，在朱子，心之知觉本身“是一种认知能力，但朱子也赋予它一种实践的意义，使它同时成为一种抉择能力和主宰能力”。参阅氏著：《朱子论恶的根源》，载钟彩钧主编：《国际朱子学会议论文集》，台北：台湾“中央研究院”中国文哲所筹备处 1993 年，第 574 页。亦可参考 Chan Lee's Dissertation for Ph.D：*Self-cultivation，Moral Motivation and Moral Imagination：A Study of Zhu Xi's Virtue Ethics*，Honolulu：University of Hawaii，p.122。

④ 《朱子语类》卷五十三，第 1285 页，陈淳录。

动，特有正不正耳。如暴戾愚狠，便是发错了羞恶之心；含糊不分晓，便是发错了是非之心；如一种不逊，便是发错了辞逊之心。日间一正一反，无往而非四端之发。”[①]由此可见，仅凭恻隐之同情，不足于判断其行动的道德性，故朱子认为“不成只管恻隐，须有断制”[②]。“断制”涉及一个理智的评判标准，在朱子，言断制一般乃指在四端所发之前，心已有了断制，此即是仁与义，亦即理，如朱子云：“这仁与义，都在那恻隐羞恶之先，未有那恻隐底事时，已有那爱底心了；未有那羞恶底事时，已有那断制裁割底心了。”[③]其二，我们也应当看到另一面，即道德认知并不一定会引发道德情感从而落实为道德行动。理论上，就着道德责任而言，我们同意“应当涵着能够”(Ought implies can)[④]，但知道应当做而不一定会去做的现象在我们的道德生活中却是大量存在的事实，对此我们当然有必要从道德动机结构的角度加以解释。前面我们将“见孺子入井”之“见”了解为认知的一种形式，但朱子也说，“见只是见，见了后却有行，有不行”[⑤]。见了有行，即此“见”可以触发人的情感并落实于行动；见了不行，即此见不能落实于情感和欲望之中，发为行动，极端情况即是所谓的心不在焉、无动于衷、铁石心肠，万百安(Bryan Van Norden)把这种现象称作是“麻木”(acedia)，亦即一个人根本就不能集中足够的动力或动机去做他知道是正确的事情。以批改学生的论文为例，我知道这是我当老师应尽的职责，但即便没有被其他特别的东西所引诱，我就是不能让自己去尽当尽的责任[⑥]，在这种状况下，道德认知与行动之间没有任何的关系。

---

① 《朱子语类》卷五十三，第1293页，李方子录。

② 同上书，第1285页，廖德明录。

③ 同上书，第1282—1283页，沈僩录。

④ 参阅李明辉：《孟子的四端之心与康德的道德情感》，载氏著：《儒家与康德》，第144页。

⑤ 同上书，卷九，第153页，黄罃录。

⑥ David S.Nivison, *The Way of Confucianism: Investigations in Chinese Philosophy*, ed. with an Introduction by Bryan W.Van Norden, Chicago and La Salle, Illinois, 1996, “Introduction”, p.2.

当然，这种极端情况也可以被理解为意志无力的典型形式，但意志无力无疑也涉及一个人内心的情感和欲望[①]。前面我们说过，在朱子那里，情是感发原理，而欲即是动力原理。不过，朱子也常常将情与欲连言。[②]而依以利亚·米尔格拉姆(Elijah Millgram)，内在论者有关行动理由的观念必须“求助于欲望”(invoke desire)，毕竟只有(广义解释下的)欲望才能解释行动。在适宜的情况下，行动理由必须能够解释行动。[③]尽管这种主张在学者中间也不免存在争议，但它却提示给我们一个问题：在朱子那里，欲望或欲求是否可以作为道德动机结构中的一个独立要素？朱子论欲常常被认为是道德修养所要克治的对象，因为欲与恶有着密切的联系，劳思光先生大概就持这种较为狭义的观点，认为情之发兼以私意主之便是欲，而流于欲即不免为恶。[④]不过，此处我们不必作这种狭义的理解。问题的关键在于，如果我们把朱子的欲望了解为行为的目的要素，这自然会使我们陷入尴尬的境地，因为依天理的要求所实践的道德行为似乎不能由欲求(欲望)来推动(天理本身即是目的因)，也不可能为基于欲望的工具理性所证立。不过，这种理解的前提是已经认定了朱子的欲望是非道德的，但这并不符合朱子的本意。其实，在朱子，欲有好，有不好，而判断其好坏的标准不在欲望，而在天理。朱子云：

> 心如水，性犹水之静，情则水之流，欲则水之波澜，但波澜有好底，有不好底。欲之好底，如“我欲仁”之类；不好底则一向奔

---

① 朱子晚年对《大学》“诚意”章的改写已愈发引起越来越多学者的重视。朱子六十岁刊《大学章句》和《大学或问》，主知至则意自诚。若果如此，则知至以后，诚意功夫便有落于虚设之危险。故而，在六十岁尤其是六十五岁以后，朱子注意到知至以后，意并不一定会自诚，知至只是诚意的必要条件而不是充分条件。依朱子，意有潜窃计较之特征，难于觉察，故诚意功夫当由明理(知)而定志，再由心之所之之志而使意诚。此处，诚意和立志皆构成朱子动机结构中的重要内容。限于篇幅，此处即顺便提及，不作展开论述。

② 钱穆：《朱子新学案》第二册，第30页。

③ Elijah Millgram ed., *Varieties of Practical Reasoning*, Cambridge, MA: The MIT Press, 2001, p.6.

④ 劳思光：《中国哲学史》三上，台北：三民书局1981年，第290—291页。

驰出去，若波涛翻浪；大段不好底欲则灭却天理，如水之壅决，无所不害。①

欲有好底，如欲为善即是，在解释《论语》"吾欲仁，斯仁至矣"时，朱子引程子语谓"为仁由己，欲之则至，何远之有?"此处朱子即把欲了解为一种实现原理、动力原理。若再广而论之，在朱子的道德动机结构中，仅有认知，并不能成全道德行动，即便有认知和情感，也不一定就能落实为道德行为，欲望或欲求作为一种动力原理其实充当着一个不可或缺的因素。朱子曾云："知之而不肯为，亦只是未尝知。"②以"未尝知"或"知不切"来解释知而不行，可以认为是朱子的通常用法，自有其理绪。但在此处我们看到，"不肯为"在严格意义上说主要不涉及"知不知"的问题，而是涉及"意愿"和"欲求"的问题，换言之，知而不行源于行动主体没有意愿和欲求。

(五) 意愿与欲求

让我们再看《孟子·梁惠王上》"以羊易牛"的对话以及朱子的相关诠释。原文如下：

(齐宣王)曰："若寡人者，可以保民乎哉?"

(孟子)曰："可。"

曰："何由知吾可也?"

曰："臣闻之胡纥曰，王坐于堂上，有牵牛而过堂下者，王见之，曰：'牛何之?'对曰：'将以衅钟。'王曰：'舍之。吾不忍其觳觫，若无罪而就死地。'对曰：'然则废衅钟与?'曰：'何可废也，以羊易之。'——不识有诸?"

曰："有之。"

---

① 《朱子语类》卷五，第93—94页，董铢录。

② 《朱子语类》卷二十三，第551页，辅广录。

> 曰:“是心足以王矣。百姓皆以王为爱也,臣固知王之不忍也。”

此段对话为人所熟知,齐宣王认为自己只是一个“好勇”“好货”“好色”之人,他怀疑自己是否有实行仁政、保民而王的能力,而孟子通过宣王“以羊易牛”的故事,认为其有“不忍人之心”,借此不忍人之心施之于百姓便可实现保民而王。对此,朱子注云:“王见牛之觳觫而不忍杀,即所谓恻隐之心,仁之端也。扩而充之,则可以保四海矣。故孟子指而言之,欲王察识于此而扩充之也。”依朱子,宣王见牛即将被宰杀,而牛表现出“哆嗦可怜”的样子,又因牛的这种哆嗦可怜的样子而引发出宣王的恻隐同情之心。此处所谓的“见”,如前所云,可以被广义地理解为道德认知的一种形式,而恻隐之心即是一种同情心。换言之,朱子在此肯定,道德认知可以引发某种意义的道德情感。但是,正如大家知道的,见牛之觳觫而生同情只是一个引子,孟子之目的乃在于借宣王对牛的不忍之情“转移”到其治下“饥寒冻馁”的百姓身上,此所以朱子谓“欲王察识于此而扩充之也”,故宣王又问孟子:“此心之所以合于王者,何也?”意即我的这种同情心与您的王道可以相合,又有何道理?

> (孟子)曰:“有复于王者曰:‘吾力足以举百钧,而不足以举一羽;明足以察秋毫之末,而不见舆薪。’则王许之乎?”
>
> 曰:“否。”
>
> “今恩足以及禽兽,而功不至于百姓者,独何与?然则一羽之不举,为不用力焉;舆薪之不见,为不用明焉;百姓之不见保,为不用恩焉。故王之不王,不为也,非不能也。”

孟子认为宣王可以对牛之觳觫而有同情之心,却对自己百姓的苦难心不在焉,这种情况正如力举千钧而不能举一羽、明察秋毫而不能见舆薪一样,不是不能,而是不为。对此朱子注云:“盖天地之性,人为贵。故人之与人,又为同类而相亲。是以恻隐之发,则于民切而于物缓。推广仁术,则仁民易而爱物难。今王此心能及物矣,则其保民而王,非不能也,但自不肯为耳。"如欲了解朱子此注,我们当先了解两点:其一是宣王原来怀疑自己没有实行王道的能力,但通过"以羊易牛"的故事,孟子指点出宣王有恻隐同情之心,而此心正是实行王道的能力的标志,宣王经由孟子之指点认知到自己有实行王道的能力;其二,我们可以设想,经由孟子的指点和劝说,亦即宣王既然对牛之觳觫尚有恻隐同情之心,那么对自己治下的百姓就更应抱有这种同情之心,所以宣王通过孟子的启发也认识到应当对百姓施以好处(功及于百姓)。[①]至此,我们看到,通过孟子的劝说和启发,宣王已有相应的认知,也应当有相应的情感,但这种认知和情感似乎并未能为宣王提供行动的动力,故宣王依然没有实行保民而王的行动。原因何在? 此中难易之分,人禽之别,一目了然,而宣王却不做举手之劳,不为长者折枝,孟子谓"非不能",而是不为,朱子将孟子的"不为"诠释为"不肯为",可为点睛。学者可能会认为,宣王的认知和情感皆只具工具性的、自我关涉(self-regarding)的性质,所以他不可能有保民而王的行动,这当然构成另一层面的解释,但朱子谓"不肯",如前所云,"不肯"涉及的是动机结构中的意愿和欲求问题。抽象地说,即便有认知,有情感,但若没有欲求,即依然不能形成动机能力,不能真正落实为道德行动。

以上我们只就朱子的道德动机的结构所作的分析,目的在于通过说明朱子动机官能中的诸因素,以见其发生作用的特点。如前所云,信广来教授通过对孟告之辩的分析,将朱子义内的诠释理解为一种动机诠释;同时,也有学者(李瑞全)认为朱子的理论属于内在论的一种形态。但若依内格尔的说法,"内在论的观点主张,一道德行动之动机的呈现,乃由伦理命题自身的真实性来保证,如是,则动机必

---

① Cf. Kwong-loi Shun, "Moral Reasons in Confucian Ethics", in *Journal of Chinese Philosophy* 16(1989), pp.322 - 323.

须与伦理陈述的真实性和意义如此紧密地相连，以至于当在一特殊的情形下，某人在道德上有义务(morally required)做某事(或许他仅仅相信他如此)，他便有动机做某事"①。不难看到，这种观点的背后被学者认为包含一种认知主义的预设，在某种意义上它似乎可以被代换为对行动理由的信念本身即包含了行动的动机。当然，在西方，内在论有各种不同的表现形式，从性质上看，有所谓动机内在论和理性内在论②；从动机效力上看，又有所谓的强式内在论和弱式内在论，前者如艾耶尔(A.J.Ayer)，后者如史密斯(M.Smith)等等，至于各学者之间在理论上的细微差别更是林林总总，不一而足。但正如信广来教授一再强调的，若不加分析地挪用西方有特殊用法的词语用于解释中国传统的思想，常常不免于似是而非的结果。平情而论，朱子有关心、理、性、情等概念的特殊意义和用法可能在许多方面不同于西方，因为西方哲学在理性与情感、理论与实践以及知识与意志等方面常常有清楚的区分。③但若从两者的相关性上看，假如我们把朱子的理论也看作是一种内在论(这当然是一个富有争议的话题)，那么，这种内在论的特色之一似乎在于朱子对评价性信念(evaluative belief)所具有的动机效力的执着。依内格尔，内在论者主张，动机必须与伦理命题的真实性和意义相连，此伦理命题既是信念(依道德认知而有的道德判断表现的是信念)，也是行动者道德行动的理由，对道德理由的信念本身必具动机效力。④在朱子那里，此伦理命题的真实性所表现的道德信念即是天理，或人之所以为人的道理⑤，而人的道德行

---

① Thomas Nagel, *The Possibility of Altruism*, Oxford: Clarendon Press 1970, p.7.

② Cf. David O.Brink, *Moral Realism and the Foundations of Ethics*, Cambridge: Cambridge University Press, 1989, p.40.

③ 黄勇:《儒家伦理的几个基本问题——〈中国哲学百科全书〉若干文章评论》，载氏著:《全球化时代的伦理》，台北:台大出版中心 2011 年，第 162 页。

④ 休谟认为，欲望与信念是两种独立的东西，持有某种道德信念，即便是真信念，也不一定会有相应的实践行为。但这种观点后来受到诸如 D.戴维森、伯纳德·威廉斯、T.内格尔等人的修正。

⑤ 参阅黄慧英:《儒家对于"为何道德"的证立》，载氏著:《道德之关怀》，台北:东大图书股份有限公司 1995 年，第 89—105 页。

动的动机则被内置于他的那个信念体系之中，此所以朱子一再强调“知而不行只是未知”“真知即未有不能行”的深层原因。若就此意义而言，我们似乎可以把朱子的“内在论”姑且言之为“信念的内在论”。当然，这不是本文所主要关注的，学者如欲进一步了解此间的论述，可参阅下一章的具体分析。

七、「真知必能行」何以可能？

——朱子论「真知」的理论特征及其动机效力

(一) 引　　言

在"朱子的道德动机及其结构"一章中，笔者曾从动机结构(the motivational structure)的角度，对朱子的道德认知、道德情感和道德欲求尝试作出分析，而结论在于"知"所以能"行"关涉到行动主体的情感和欲求系统；而知所以不能行，原因之一在于一个人的道德认知未能进入其情感和欲望之中①。

就伦理学此一特定的领域而言，朱子对于道德认知与道德行动的基本看法，在于强调道德认知先于道德行动，亦即只有先知道事物的当然之则，才能做出合乎当然之则的行动，否则，便难免会患冥行盲动之病，故朱子云："为学之实固在践履，苟徒知而不行，诚与不学无异。然欲行而未明于理，则所践履者又未知其果何事也。"②此处，朱子只就知、行作为两种事项之间的先后关系提出自己的看法。而我们进而所要讨论的问题是，在朱子那里，道德认知是否必然会导致道德行动？如果是，那么这种道德认知在理论上有何特点？如果不是，那么我们是否可以把"道德失败"(ethical failure 或 moral failure)理解为认知失败？③当然，从理论上看，导致一个人道德失败的原因是多

---

① 本文发表于 2014 年 12 月由香港中文大学哲学系主办的"朱熹思想国际学术研讨会"。

② 《朱子文集》卷五十九，《答曹元可》。

③ 如果从比较宽泛的角度而言，所谓"道德失败"指的是个体在道德修养过程中所出现的违理现象。道德失败涉及的范围很广，但主要可分为主观和客观两个方面。柯雄文在一篇论述孟子的道德心理学的论文中认为，道德失败(moral failure)当然主要源于行为者的主观内部方面，但也出现在缺乏维持低度生活资源的情况，如《孟子·梁惠王上》曰："无恒产而有恒心者，惟士为能。若民则无恒产，因无恒心。苟无恒心，放辟邪侈，无不为已。"这种情况说的是导致道德失败的客观条件，有其道理。但另一方面，儒家(转下页)

方面的，但若就着认知与行动的特定关系而言，把道德失败理解为认知失败，毋宁说是朱子伦理学的一个重要特征，在朱子的许多论述中，“道德失败”常常表现为“知不切”，而“知不切”，笼统地说，正可以把它理解为一种认知失败。如朱子云：“只争个知与不知，争个知得切与不切。且如人要做好事，到见得不好事，也似乎可做，方要做好事，又似乎有个做不好事底心从后面牵转去，这只是知不切。”①换言之，一个人所做的与道德要求相背离的行为之所以产生，在朱子看来，其重要原因之一在于这个人的道德认知出现了问题（“知不切”）。假如一个人真正知道了道德的规范和要求，那么，他的行动必然会符合此一规范和要求，而不会出现背离。前引朱子所谓“知而不行”的现象，笼统地说，即属于所谓“道德失败”的一种。

不过，把道德失败笼统地理解为一种认知失败，假如我们不对朱子所说的“知不切”做认真分析的话，则无论在理论上还是在实际的生活中皆可以说是一个很难获得辩护的理论。即便我们同意道德的规范要求是客观的，但一个人认知了某一规范要求，可在行动中并未依照此一规范要求去做，或者用传统儒家常说的，人知道“为子当孝”，但却不能真实地行孝，这种在实际生活中当是大量存在的现象，似乎从一个侧面反显出：一个人有了认知，并不必然会有相应的道德行动，还需要有激发道德行动的动机或动力因素，换言之，相对于道德行动而言，认知的确是一个必要条件，但却似乎不是一个充分条件。

当然，认知是理性活动的一个特征，而对于一个“顽固的认知主义”者而言②，道德认知主义之所以可能，其理论基础正建立在先验

（接上页）更重视在艰苦的环境中磨炼自己，突出道德的意义。本文讨论的道德失败主要局限于行为主体的主观内部方面。柯氏文请参阅 Antonio S. Cua, “Xin (mind/heart) and moral failure: notes on an aspect of Mencius's moral psychology”, in *Human Nature, Ritual and History: Studies in Xunzi and Chinese Philosophy*, Washington D. C.: Catholic University of America Press, 2005, p. 354, pp. 365 - 366。同时学者亦可参阅 Kwong-loi Shun, *Mencius and Early Chinese Thought*, Stanford, California: Stanford University Press, 1997, pp. 173 - 179。

① 《朱子语类》，黎靖德编，王星贤点校，北京：中华书局 1994 年，卷九，第 14 页，叶贺孙录。

② 转引哈贝马斯对康德的评论，参阅氏著：《包容他者》，曹卫东译，上海：上海人民出版社 2002 年，第 6 页。

主体的理性上面，康德就认为，"一个出于责任的行为，其道德价值不取决于它所要实现的意图……，它只能在意志的原则之中，而不考虑引起行动的目的"①。换言之，对于一个道德行动而言，道德动机就是道德律本身，除此之外，不存在任何别的动机②，而道德律正是理性认知和把握的对象。③不过，这种理性的道德哲学或道德认知主义，在理论上似乎很难摆脱休谟式问题的困扰，盖在休谟看来，一道德行动之产生，"理性自身在这一点上是完全无力的"，"理性对于我们的情感和行为没有影响"，它是"完全没有主动力的，永远不能阻止或产生任何行为或情感"④。依休谟，一个人的行动的理由必定是动机理由，而动机理由总是内在地关联到行为主体相关的动机欲望，并且这种(原初)欲望(original desire)并不接受理性的管束。如是，道德要求或理性认知若要成为真正有效的行动理由，必定要内在地关联到行为主体之动机欲望。审如是，对于康德哲学，我们便可问：仅仅凭借理性本身，我们怎么可能为人的道德行动提供足够的动机效力？其实，休谟理论的独特之处或许正在于他较好地处理了由理由到动机的过渡，因而其主张在现代不乏支持者，如 B.威廉斯、M.史密斯等，麦基(J.L. Makie)不会同意道德原则或要求有所谓的客观性。但他显然也认识到，即便"客观的"道德原则经由人的理性认知能够给人们提供行动的标准，但此标准对于道德主体而言，亦顶多只是一个规范的理由，而不是动机的理由。如康德相信，纯粹理性自身就是

① 康德：《道德形而上学原理》，苗力田译，上海：上海人民出版社 1986 年，第 49 页。此处"意图"一词究竟如何翻译，有不同的看法。学者在给我的文章的评论中指出，"'意图'(Absicht)有意图、目标、目的等意思，'问题是，将 Absicht 放在康德的伦理学里头看，此处不该译为意图，因为康德义务论极为看重行动的意图是否出自对道德法则的尊重。剑桥版、Allen Wood 及 Gregor & Timmermann 的英译本将此处译为目标(aim)或目的(purpose)，是较佳译法'"。笔者感谢此一专业的说明。

② 康德：《实践理性批判》，邓晓芒译，北京：人民出版社 2003 年，第 99 页。

③ 作者如此解读乃依哈贝马斯的相关看法而来，参阅哈贝马斯(2002：3—56)。学者已经指出，康德伦理学容许建构论(constructivism)与实在论(realism)两种解读，而前者自罗尔斯之后又是主流。依照建构论的看法，道德律是实践理性运作的逻辑，个别道德要求则是实践理性依此逻辑运作建构而得，不论道德律或道德要求皆非理性认知和把握的对象。而哈氏显然偏重于实在论的解读。

④ 休谟：《人性论》下册，关文运译，北京：商务印书馆 1980 年，第 497—498 页。

实践的,然而他并没有自命能够解释它是如何可能的。换言之,即便存在外在的客观的道德标准,并且人的理性对它可以有完整的认识,但人们在行动中依然可以违背道德的要求。①

毫无疑问,对类似这种"知而不行"的现象,朱子给予了大量的关注,而结论似乎又非常的简单:"知而不行"只是未真知;"真知则必能行"。必须指出,一个人"知而不行",在理论上涉及许多方面的原因,而最为人们熟知的即是所谓的"意志软弱"(Akrasia)问题,在西方哲学中,意志软弱不仅讨论意志本身,而且涉及认知、情感和欲望等诸多因素。但说来有意思的是,至少在朱子"真知说"的论说结构中,所谓"知而不行"所表现的"道德意志软弱"问题,朱子似乎并不依循亚里士多德等人的思路来加以解释,而是通过对"知"的类型、程度及其特征等方面的分析来说明何以知而不能行。②因此,本文的用意乃试图通过对朱子"真知"概念的内容和结构的分析,将重点聚焦于"真知何以必能行"的动力(动机)方面,以回应休谟式问题的诘难,盖依朱

① J.L. Mackie, *Ethics: Inventing Right and Wrong*. London: Penguin, 1977, p.24.

② 学者普遍注意到,知行问题与意志软弱问题具有密切的联系。一般地说,"意志软弱"属于更广泛的行动哲学的问题,D.戴维森对"意志软弱"的定义认为,一个行动者知道什么是最好的,但他却选择去做不是最好的。"意志软弱"所以会被西方分析哲学视为一个哲学问题,个中理由在于一个理智的人却不按照最符合自己的利益而行动,这似乎是一个悖论。(与"意志软弱"有所不同,"道德意志软弱"则属于一个伦理学问题。意志软弱还是坚强并不一定涉及道德问题,一个意志软弱者没有采取对自己有长远利益的行动,但是,是否克服了意志软弱就一定符合道德?这完全取决于行动者采取的行动本身是否符合道德,一个极端的例子如一个人为了今后生活地幸福,打算去抢银行,但因为意志不够"坚强"而终止。假如有一天他斗胆这样去做了,我们也不会把他的"意志坚强"看作是一种道德行为;但如果他不去做,也并不表明他的"意志软弱"是属于道德行为。)依西方学者研究,"意志软弱"包含多种可能,如鲁莽和放纵、非理性的情感、伪君子以及玩忽职守的无知等。(相关研究参阅 D. Davidson, "How is weakness of will possible", in *Action and Events*, Oxford: Clarendon, 1980;中文研究请参阅黄勇:《意志软弱(Akrasia)何以不可能:程颐论知行》,载于王中江、李存山主编:《中国儒学》第一辑,北京:商务印书馆 2009 年,第 237—269 页)在朱子的思想中有大量涉及类似"道德意志软弱"的描述,笔者亦撰有《朱子论道德失败》的文章,专门讨论此一问题。简单地说,朱子相信,一个人的道德认知、欲求与行动之间有着必然的联系,而他对意志软弱现象则尝试通过分析一个意志软弱者在临事的刹那间所表现的"知"的特性来解决此一问题。依朱子,一个意志软弱者在行动的刹那间的决断之所以"软弱",主要不在其为不适当的情感或欲望等因素的干扰,根本原因在于其所拥有的"知"的不完备性,"若是知得那贴底时,自是决然不肯恁地了"(《朱子语类》卷十六,第 323 页,黄义刚录)。而对于这种"知"的不完备性的改变,学习固然重要,但更重要的是要通过不断的行动和实践来加以深化。

子，“真知必能行”，意味着一个单纯的“真知”即蕴含了人们行动的动机效力，那么，此一说法在理论上又是如何可能的？“真知”是否等同于一般的理性认知？如果不是，那么此一“真知”在理论构成上又有何特点？并且这些特点将如何为一个人的行动提供动机效力？上述问题的核心可以归结为“真知必能行”何以可能的问题，以下我们将围绕朱子的相关论述来展开分析。

（二）何 谓“真 知”？

要弄清楚何以“真知必能行”，我们首先必须对什么是“真知”有一个基本的了解。就通常字面意义而言，真知指的是真实、正确而深刻的认知。一般我们了解真知，会想起伊川“老虎伤人”的例子，它试图告诉我们：真知与常知异，乃是有真实体验的知识。若不做进一步的分析，这种了解无疑是对的，故凡可称之为真知的东西一定是经由实践检验为真的知识，否则不可称之真知。因此，若要检验一个人的所知是真还是不真，是真知还是略知，“只看做不做如何”①，凡真知，则必依其所知去做。

但是，真知却不是每个人皆需要从直接经验中获得，这里的关系是：凡从直接经验中获得的真实、正确的知识是真知，但真知并不是要求每个人都需要从直接经验中获得。《语类》记：“又问真知。曰：‘曾被虎伤者，便知得是可畏。未曾被虎伤底，须逐旋思量个被伤底道理，见得与被伤者一般，方是。’”②曾被虎伤者知得虎会伤人固然是真知，但未曾被虎伤者要获得“虎会伤人”之知却并非一定得亲历，只是要使“虎会伤人”之知成为“真知”而不是常知或略知，尚需“逐旋思量个被伤底道理”。此处所当注意的是，“虎会伤人”之知若是常知或略知，其所知之知识只是落于外在的对象上，是一种抽象之知。

① 《朱子语类》卷十五，第 302 页，杨道夫录。
② 同上书，卷十五，第 309 页，周明作录。

“即便小孩也知道虎能伤人，但他的知不是真知。”[①]但“虎会伤人”之知若是真知，则此知除有对象性知识之了解外，更为重要的是要在自家心上逐个思量出被虎伤的道理，此道理有如及身体验、感同身受般真切，故亦可谓真知。朱子又云：“凡人皆知水蹈之必溺，火蹈之必焚，今试教他去蹈水火，定不肯去。无他，只为真知。”[②]水火对人之溺焚，乃是被人类实践凿凿证明了的知识，对于任何一个人而言，不必需要再次去亲身尝试也可定然确然的，这种知也是真知。

另一方面，在朱子有关真知的大量论说中，朱子似乎特别强调一个人知的深度和强度与其行为之间的内在关联，知之愈至、愈切，则行为的动机愈强，愈能发为道德实践[③]，在这个意义上，朱子也常常把真知说成是“知至”或“知之切”等等，它意味着一个人行动的可能性与其实践之知的程度是成正比的。朱子云：

> 真知，是要彻骨都见得透。[④]
>
> 若知一而不知二，知大而不知细，知高远而不知幽深，皆非知之至也。要须四至八到，无所不知，乃谓至耳。[⑤]
>
> 为善，须十分知善之可好。若知得九分，而一分未尽，只此一分未尽，便是鹘突苟且之根。[⑥]
>
> 人各有个知识，须是推致而极其至。不然，半上落下，终不济事。须是真知。[⑦]
>
> 若半青半黄，未能透彻，便是尚有渣滓，非所谓真知也。[⑧]

---

① Xinyan Jiang, “What kind of Knowledge Does a Weak-Willed Person Have? A Comparative Study of Aristotle and the Cheng-Chu School”, in *Philosophy East and West*, Vol.50, No.2(Apr.2000), p.246.

② 《朱子语类》卷二十八，第715页，宇录。

③ 但此处需注意，一个人知的深度与强度究竟如何促进与行为动机之间的互动，是一个仍待说明的问题。

④ 《朱子语类》卷十五，第283页，杨道夫录。

⑤ 同上书，第296页，潘履孙录。

⑥ 同上书，第300页，沈僩录。

⑦ 同上书，卷十八，第391页，廖德明录。

⑧ 同上书，第391页，廖德明录。

此处，“彻骨都见得透”“推致而极其至”之说似乎在说知的深度，而“四至八到，无所不知”“须十分知善之可好”云云指的则是知的广度。换言之，在朱子看来，一个人的知若在深度和广度上达到了极致的程度，这种知即是真知，真知即自然能发为行，而且知的程度越高，发而为行的可能性即越大，“在特定的情境下，一个人对何为最好的知道得越深，他就越可能依其判断去行动，当一个人之知达到了最高的程度，他便完全会依知而行”①。所谓知的最高程度即是“知至”，至者，尽也，是彻上彻下、表里洞彻之谓，“须是其外无不周，内无不具，方是知至”②。

但“知至”除了在知的深、广度上表现为彻上彻下外，对于所知的主体而言又究竟有何特殊的表现？对此，朱子首先区分了“知至”与“知止”的不同。依朱子，知止就事上说，指知事之所当止；知至就心上说，指心之知识无不尽。③此处，“心之知识无不尽”之说透露了朱子对所以为真知的关键性理解。若说“知至”在外在方面要做到天下事物之理知无不到的话，那么，“知至”在内在方面即需要使“心之知识无不尽”。“心之知识”是指认知主体的主观方面，那么，“心之知识无不尽”之实意究竟所指为何？朱子之说实际上可以分为两个不同层次的论说，其一是指心之知识要知得“真”、知得“实”；其二是指此知要在自家心上“体验得一个是非”。

我们先来看第一层，朱子云：

> 真知是知得真个如此，不只是听得人说，便唤作知。④
>
> 今人知未至者，也知道善之当好，恶之当恶。然临事不如此者，只是实未曾见得。若实见得，自然行处无差。⑤

---

① Xinyan Jiang, “What kind of Knowledge Does a Weak-Willed Person Have? A Comparative Study of Aristotle and the Cheng-Chu School”, in *Philosophy East and West*, Vol.50, No.2(Apr.2000), p.246.

② 《朱子语类》卷十五，第 296 页，潘履孙录。

③ 同上书，第 296 页，钱木之录。

④ 同上书，卷十七，第 376 页，沈僩录。

⑤ 同上书，卷十五，第 302 页，沈僩录。

又云：

> 若知之已至，则意无不实。惟是知之有毫末未尽，必至于自欺。且如做一事当如此，决定只著如此做，而不可以如彼。若知之未至，则当做处便夹带这不当做底意在，当如此做，又被那要如彼做底心牵惹，这便是不实，便都做不成。①

一个人知得"真""实"与否是相对于"虚""假"而言的，然而，如何判断其所知是真实还是虚假？通常我们看到某人可以对着他人信誓旦旦地说"为子当孝""百行孝为先"，表现出他对孝之知识的认知和了解，然而，"临事"时却做出不为老人折枝的行为。依朱子，这种人的知即不是真知，因为他的知从未达到彻底和完备的程度，不是"知得真个如此"。因此，判断一个人的知究竟是真知还是略知或是假知，最有效的方法是将其放在"临事"（实践过程中的刹那的决断）的表现方式上来了解。但是，此处又有两种不同的解释，按照亚里士多德的说法，一个人在行动的刹那之所以不能将其有关何为最好的知识落于实处，原因在于在行动的刹那他被自己过分的欲望或爱好所征服，"有的人沉湎于一切快乐，不能自拔而成为放纵。有的人则如一个苦行者，回避一切快乐而成为感觉迟钝的人。这就足于证明，节制和勇敢是被过度和不及所破坏，而为中道所保全"（*NE*1104a20—25）。②然而，在朱子的真知论说中似乎并不把一个人"知而不能行"的原因归结为其在行动的刹那的认知为情感和欲望所阻隔或征服，相反，在朱子看来，"知而不能行"之知与"真知"毋宁说乃是两种不同性质的知，有"夹带"、有"牵惹"之知只是自欺之人之知，而自欺之人"是个半知半不知底人，知道善我所当为，却又不十分去为善；知道恶

---

① 《朱子语类》卷十六，第327页，叶贺孙录。

② 参阅亚里士多德：《尼各马可伦理学》，苗力田译，北京：中国社会科学出版社1999年，第30页；又见 Xinyan Jiang, "What kind of Knowledge Does a Weak-Willed Person Have? A Comparative Study of Aristotle and the Cheng-Chu School", in *Philosophy East and West*, Vol.50, No.2(Apr.2000), p.248。

不可作，却又是自家所爱，舍他不得，这便是自欺”[①]。因此，自欺之人由于意不诚、意不实，其在行动的刹那（“临事”）所表现出来的知实际上只是略知或假知。

无疑地，所谓“行动的刹那”只是一个描述的说法，它刻画的只是一个人的知在“临事”时的外在表现，以此来说明一个人的知是真知还是略知或假知，至少在理论上还有待于我们对其知的内部结构作出分析。如前所云，朱子特别强调真知与常知或略知的差别，朱子曾云，圣门求仁，须“略晓其名义而求实造其地位”[②]，所谓“略晓其名义”指的当是知识之知，也就是我们通常所说的认知，其所知者是作为对象被认识的，而对象也先于人的认知活动而存在，如知晓事物各概念之间的脉络条理、稍分界分，“免得学者枉费心神，胡乱揣摸，唤东作西”等。这种“知”在朱子又被认为是“略知”，也称为“常知”或“浅知”，其原因在于，在朱子看来，一个人即便对此知掌握得再广再多，若学者不能依此知着实践履（“实造其地位”），即此知亦与学者之身心性命了无关涉。而且进一步，在朱子看来，一个人之知，无论是经验知识之知还是实践知识之知都有程度的深浅、生熟可言[③]，而实践知识的深浅、生熟虽然表现为其与情感欲望的协同关联，但在朱子的真知的论说结构中，这种协同关联与其说是通过对情感欲望的直接克服来实现的，毋宁说是通过对实践知识理解的深化来实现的。

（三）真知与心肯意肯

然而，所谓“通过对实践知识理解的深化”究竟指的是什么？显

---

① 《朱子语类》卷十六，第327—328页，杨道夫录。参阅Chan Lee：*Self-cultivation, Moral Motivation and Moral Imagination: A Study of Zhu Xi's Virtue Ethics*，Honolulu：University of Hawaii，2008，p.137。

② 《朱子文集》卷三十三，《答吕伯恭二十四》。

③ 朱子强调一个人知到“熟”了，才能真正做到知行为一，如云：“孟子曰‘仁，亦在乎熟之而已。’熟，则一唤在面前。不熟时，才被人问着，便须旋去寻讨，迨寻得来时，意思已不如初矣。”（《语类》卷一百一十三，第2744页）同时，朱子还将真知与“诚”相联系。学者亦可参阅Kwong-loi Shun，“Zhu Xi's Moral Psychology”，in *Dao Companion to Neo-Confucian Philoosophy*，ed. by John Makeham，New York：Springer 2010，p.188。

然,在朱子真知说的脉络中,对这种知的理解的深化并不落在知的外在对象上,而落在知的主体主观内部自身,以使对象性之知真正转为“我有”,成为“自家物事”,这便转向朱子所说的“心之知识无不尽”之实意的第二层,亦即要使此知在自家心上“体验得一个是非”。故朱子云:

> 知而未能行,乃未能得之于己。①

“未能得之于己”之知只是外在的抽象的知,这种知犹如“一加一等于二”那样只是一种命题性之知(propositional knowledge),它是以外在的客观事实作为对象的知;但实践知识之知若是真知必是得之于己的“知得真个如此”。在朱子看来,要“知得真个如此”就不能仅仅停留于知的外在对象性层面,而应转向认知主体的主观内部层面。朱子以镜照的比喻来说明道德的真知主要是对自己的一个认知,朱子云:“致知乃本心之知。如一面镜子,本全体通明,只被昏翳了,而今逐旋磨去,使四边皆照见,其明无所不到。”②陈来把朱子的真知理解为“彻底的、高度的自觉化的道德自觉”③应当正是这个意思。

当然,真知所必然包含的高度的道德自觉在朱子那里也可以有一个展开的过程,此处所谓的“道德自觉”主要表现为主体对自己主观内部的“本心之知”的体验和反省,盖依朱子,“物与我心中之理,本是一物,两无少欠,但要我应之耳”④。故朱子云:

> 就略知得处着实体验,须有自然信得及处,便是真知也。⑤

---

① 《朱子文集》卷七十二,《张无垢中庸解》。
② 《朱子语类》卷十五,第 283 页,龚盖卿录。
③ 陈来:《朱子哲学研究》,上海:华东师范大学出版社 2000 年,第 322 页。
④ 《朱子语类》卷十二,第 220 页,杨方录。
⑤ 《朱子文集》卷五十九,《答赵恭父》。

前面说过，略知即对象性认知所得之知识是事物之名义，此名义当然也有规范义、规约义，就道德实践的意义上也对人有指导作用。这种知常表现为当然之则，如事亲当孝之类。然而，这种知多就在事上而说，所以仍是"略知"或"浅知"，仍可能出现知而不行的现象。真知不同，真知不仅指向事说，而且指向事之理说；真知也不同于略知或浅知而为对象性知识，真知更表现为自家对心之知识的反省、体悟，而且经由这种反省和体悟，使这种知表现出一种"自然信得及"的信念。因此，朱子也常常将略知与真知区分为知"所当然"与知"所以然"，依朱子，知所当然是"知此事"，知所以然是"觉此理"；一为外，一为内，两者有层次的不同。朱子云：

> 如事亲当孝，事兄当弟之类，便是当然之则。然事亲如何却须要孝，从兄如何却须要弟，此则所以然之故。①

孝悌是道德规范、当然之则。人皆知事亲当孝、事兄当悌，但却常常做不到孝悌，这是道德失败，此知也就不是真知。对"当然之则"之知可以只停留于道听途说或口耳之间，唯当人经由反省体验，在自家身心上知道为何"事亲却需要孝，从兄却需要弟"之后，即人自会去孝、去悌，这便是真知。此处，"如何却须要"的"如何"其实义指的是"为何"，而"如何却须要"不是对象性之知的追问，它指向反求诸身，追问的是孝、悌在自家身心上的理据。朱子又云：

> 知事物之当然者，只是某事知得是如此，某事知得是如此。到知其所以然，则又上面见得一截。②
>
> 如为人君，便当止于仁；为人臣，便当止于敬。又更上一著，便要穷究得为人君，如何要止于仁；为人臣，如何要止于敬，乃是。③

---

① 《朱子语类》卷十八，第 414 页，周谟录。
② 同上书，卷二十三，第 555—556 页，胡泳录。
③ 同上书，卷十五，第 284 页，董铢录。

知事物当然之则之知尚不是真知，真知是在此基础上知得事之所以然，而此所以然的道理在自家身心上，经过反省体验而得。①在朱子看来，人“知”道德规范可以是一种外在的知，唯有将这种知在自家的身心上求得一个“为何”“如何”的道理（所以然），那么，人便可以由此知生发“自然信得及”的信念并落实在行动中。

然而，所谓经由反省体验而得的道理具体指的又是什么呢？此即是事物所当然之则的根据和来源处，朱子云：“理之所当然者，所谓民之秉彝、百姓所日用者也……其所以然则莫不原于天命之性。”②从伦理学的角度上看，“百姓日用”说的是道德规范，如为子当孝等，“天命之性”说的是为什么为子当孝的根据和来源，但这种根据和来源却不是与己无关的，相反，它正正根植于一己身心之中的“天命之性”。不过，这种天命之性在朱子那里却关涉到“人之所以为人”的道理，并且这种道理先天地内具于人的身心之中③，故而朱子说：“人有此身，便有所以为人之理，与生俱来，乃天之所付。”④如此看来，如果我们即此而追问，为何真知要求人在自家身心上求得一个“为何”“如何”的道理，而且此道理本身即能生发道德行动的动力，其原因或许在于，在朱子那里，源自天命之性的所以然之理由于其直接指向人禽之辨、所以为人之理。因此，真真知道这种理便获得了伦理命令（天命之性）意义上的祈向与祈使，它既构成了人的道德行动的理由，而且这种理由本身又具有“动机效力”（motivational efficacy）⑤：“信得

① 仅知事物当然之则之知虽不能即说是真知，但此知之意义仍不可低估，盖在朱子，此知乃所以昭显人心中之性理故也。参阅唐君毅：《中国哲学原论·原教篇》，台北：台湾学生书局1984年，第272、274页。

② 朱子：《四书或问》，上海：上海古籍出版社2001年，第259页。

③ 朱子的“心具理”在学术界有各种不同的解说。从伦理学的角度看，朱子的“心具理”是指人的性理先天地内具于心而为心的内容。参阅陈来：《朱子哲学研究》，第223页。

④ 《朱子文集》卷六十三，《答叶仁父一》。

⑤ Thomas Nagel, *Possibility of Altruism*, Oxford: Clarendon Press, 1970, p.32.内格尔认为，理由的动机效力来自于掌管（governs）理由从它们存在的条件中衍生出来的原则（此原则在朱子那里，即表现为“所以为人之理”之系统），比如我有理由孝敬父母，此理由中就包含了孝敬父母的动机因素，如“我想要（desire）父母健康幸福”或“我想要（desire）成为一个好儿子”。这个原则掌管着理由的出现或不出现，而且此一原则的结构特征能够说明出于理由的行动，即一个人基于明智的理由（prudential reasons）而行动。

及"地决定在行动中如此而不如彼。显然，在这种论说结构中，"人之所以为人"的普遍理据由于先天地内具于人的身心之中，人对其进行真切的反思和体贴，一方面使得我们在进行道德行动之前总是将这种反思体贴指向某种特定的身份（"所以为人"），以使我们将要实施的行动能够"配享"我们所具有的特定的身份；另一方面这种反思体贴又当下具有了激发一个人依理而行的动机效力，亦即在这里，道德动机效力的可能性是由作为道德主张的"真理性"来保证的，这种真理性正源于"所以为人之理"的有关人的概念的形上学。因此，这种动机效力并不由激情或欲望直接提供，而是行动主体通过对自家身心上的道德是非的反省和认可以及道德的自我认同来获得的。

正因为如此，朱子对真知之为自家身心上的道德"是非"一义极为重视。朱子云：

> 凡自家身心上，皆须体验得一个是非。①
>
> 事事物物上各有个是，有个非，是底自家心里定道是，非底自家心里定道非。就事物上看，是底定是是，非底定是非。到得所以是之，所以非之，却只在自家。②

朱子此处所说的"是"与"非"有特定的讲求。"就事物上看"的是非，一般而言，指的是"所当然之则"，"知所当然之则"即是依理性认识道德规范以指导行为。但正如陈来所说，"知当然之则只是知应当如此这般去做的具体规范"，"当然之则还较多地带有'事'的色彩，故说知所当然是'知此事'"③。但知此事的"是非"是低一层次的是非，是就"事物上看"的是非。就此意义上的是非而言，知此是非之知尚不能说是"真知"。所谓"真知"是"是底自家心里定道是，非底自家心里定道非"的是非，这种是非是"自家心里"的是非，因而是高一层次

① 《朱子语类》卷十五，第 284 页，廖德明录。
② 同上书，第 285 页，叶贺孙录。
③ 陈来：《朱子哲学研究》，第 300 页。

的是非，亦即是所以然之故，因而朱子又说"所以然之故，即是更上面一层"。[①]换言之，"知所以然之故才能知道为什么应当如此这般去做的普遍理据"[②]，因为"所以是之，所以非之"的道理只在自家身心里面。但是，为什么知所以然之故才能知道应当如此这般去做的普遍理据？循朱子之意，人若对自家心里的是非之知进行反省体贴，获得了然的觉悟，那么这样一种知便不是一般的知：能够使人"定道是""定道非"的知，似乎融合了贯彻此知的意志品格和动力资源，故而它当下即能够使人如此这般去做。

其实，当朱子区分"所当然"之知与"所以然"之知以明真知之实义时就已经透露出了上述意思。依朱子，"知其所以然故志不惑，知其所当然故行不谬"[③]。一个人依所当然之则而行，其行为自然合于道德要求而不会出现差谬；但一个人要真正依所当然之则而行，却还需要动力的发动和意志的贯彻。依朱子，一个人"知其所以然故志不惑"，志者，决心、意愿之谓，又依《鬼谷子·阴府》："志者，欲之使也。"如是，"知其所以然"之知本身似乎就包含了专一的意志品格和动力的资源。因此，在解释何为"所以然"时，朱子直言"见得不容已处，便是所以然"[④]。换言之，一个人若能真切地体贴出自家心上的是非（谓为人不为禽！），则其不能自禁地会发为即知即行。而正是在这一点上，朱子与亚里士多德发生了分歧。如前所言，在亚里士多德看来，一个人之所以不能将其认为最好的知在行动的刹那落于实处，是由于被其过度的欲望和爱好所阻隔。然而，在朱子真知的论说结构中，对于上述亚里士多德式的道德失败的原因，朱子似乎并不将其归咎于过度的欲望或爱好，而是将之理解成不能在自家身心上彻知其所以然之故，故不能在即知即行上"所以是之，所以非之"。由此而观，朱子所言的知"所以然"的"为人之理"的真知直指一个人内心深

---

① 《朱子语类》卷十七，第383页，沈僩录。
② 陈来：《朱子哲学研究》，第300页。
③ 《朱子文集》卷六十四，《答或人七》。
④ 同上书，卷五十三，《答汪长孺四》。

处的确信，“是必然会牵动情感和意志并必然会引发行为之不可遏止的精神生命”①。

综上看来，朱子所言的真知，是站在第一人称的角度，追问自家身心上的先天就具有的是非理据，然后发为“所以是之、所以非之”的动力和信念。朱子云：

> 致知，不是知那人不知底道理，只是人面前底。且如义利两件，昨日虽看义为当然，而却又说未做也无害；见得利不可做，却又说做也无害；这便是物未格，知未至。今日见得义当为，决为之；利不可做，决定是不做，心下自肯自信得及，这便是格物，便是知得至了。②

在可做与不可做之间犹豫不决，那是未知，“知得至了”说的是真知，其特点在于必经过第一人称意义上“心下自肯自信”。譬如“为子当孝”的道德规范要求，如要成为个人的道德自我的一部分，即需要主体的肯信，经由此一肯信，“为子当孝”便不仅仅只是一单纯的理性认知，而是同时贯穿着个人的意志和情感，落实在行动中即表现为“决为之”“决定是不做”，故朱子又云：“致知者，须是知得尽，尤要亲切。寻常只将‘知至’之‘至’作‘尽’字说，近来看得合作‘切至’之‘至’。知之者切，然后贯通得诚意底意思，如程先生所谓真知者是也。”③故真知必能行。

（四）真知与动机效力

通过以上分析，我们看到，朱子的道德真知不仅是对所当然之则知得“真”、知得“实”，而且还要求行动主体对自家身心上先天具有的

---

① 赵峰：《朱熹的终极关怀》，上海：华东师范大学出版社 2004 年，第 162 页。
② 《朱子语类》卷十五，第 297 页。
③ 同上书，第 299 页，周谟录。

所以然之故(道德之理据)经由切己的反思体贴、自我认同,获得第一人称意义上(“自家”)的“自肯自信”,从而证成“真知必能行”。不难看到,朱子以自我肯信表现出来的即知即行的理论背后,包含一个有关人的概念的(“所以为人之理”)形上学的预设。对朱子来说,道德规范之所以对我们而言能够成为自身的规范,其主要原因在于,一者这些规范原本就先天地具在我们自家身心上,二者我们对这些自家身心上作为规范之理据的“是非”(天命之性或所以为人之理)有了真切的反省、体认,便能获得一种内在的“肯信”,故知道德规范便能行道德规范。①

不过,此处仍有一个问题,此即朱子的真知概念尽管与一般的理性认知相比有着更为丰富的内涵,但从心与理的关系着眼,朱子对真知的论述或许在一些人看来似乎是偏重于对道德规范之“理由”的论述,而不是对行道德规范之动力的论述。的确,在一般人看来,“理由”与“动力”有所不同,而理由总是理性认知所把握的对象。事实上,在朱子有关真知的特点和内在规定的大量论述中,似乎追问的多是规范的“理由”或“根据”问题,如事亲如何却须要孝、从兄如何却须要悌;为人君如何要止于仁、为人臣如何要止于敬等等,包括朱子所说的要在自家身心上“体验得一个是非”,这些说法皆重在对道德规范之理由或理据的说明。不过正如前面所分析的,在朱子的真知论结构中,“理由”的论说确然明白地给我们呈现出具有激发道德行动之动机的能力,这从朱子“自然信得及”“自家心里定道是、定道非”“心下自肯自信”等言说中可以清楚地看出。换言之,在朱子,真知所以必能行,其动力来源并不是直接诉诸行动主体的情感欲望,而是来源于行动主体对道德规范理由的认知反省和切身的体贴。

---

① 此处想指出的是,朱子“心具理”之“具”当如牟先生所说的是认知地具、管摄地具、关联地具,而不是“心即理”之实体的心之自发自律地具。(参阅氏著:《心体与性体》第三册,台北:正中书局 1969 年,第 374 页)陈来亦认为,“心具众理的意义……从构成论上说,即心包藏着禀受的天地之理,在伦理学上指人的内心先天地具有道德的品质和属性。从哲学上看,对于思维心理活动来说,心是一个标志现象总体的范畴,性则是一个标志本质的范畴。这两个概念及其所用以表征的对象决不是同一个层次上的。用传统的范畴来分疏,心之体是性,但不可说心即是性,即是理”(见氏著:《朱子哲学研究》,第 223 页)。

然而，这在理论上又如何可能？如前所言，在休谟和休谟论者看来，道德行动的动力是由情感和欲望颁发的，理性认知在人的行为的最深层的动机上是无能为力的，情感和欲望才具有行为的动机能力，只有在情感和欲望之后，理性认知基于事实和推论而提供了行为的理由，但理性认知本身并不能直接决定要不要行动这个问题。因此，若站在休谟式的立场看，尽管朱子强调知之切至（真知）以贯通诚意，俾以获得道德行动的动力①，但正如牟宗三先生所说的，“然此种诚意（谓‘道德的心意’）粘附于‘知’而见，很可能只表示知之诚，即实心实意去知，不是浮泛地知，真感到求知之迫切，真感到理之可悦而真切地去知之……但以此‘真知’说诚意，反过来亦可以说诚意只是知之诚。是则‘真知’与‘诚意’只是一事之二名，意之诚为知所限，而与知为同一。然正心诚意所表示之心意，是道德之心意，是道德行动之机能，而知是认知之机能……实心实意去知、所诚的只是知，此与诚意以开行动之源、这其间毕竟有距离”②。

牟先生之说最重要的一点即认为，在朱子那里是以“知之机能”来决定“行之机能”，“即就道德之事以穷之，其所穷至之理道平置而为外在的理道，纳于心知之明与此外在理道之摄取关系中”③，其结果即可能导致道德行动力的减杀，故即便行之，亦不免勉强，而不能如孟子或陆王那样即道德之心意直下开发而呈其“沛然莫之能御”之力量。揆诸牟先生对朱子思想的判定及其对朱子“心具理”的分析，这种疑问毋宁说由来有自，而并非在理论上是毫不相关的。不过，另一方面，我们也看到，就一般的知与行的关系而言，朱子的确注意到

① 朱子知之切至以贯通诚意，此诚意依牟宗三先生，指的即是“道德的心意”。细察牟先生的相关分析，其所说的“道德的心意”当是指的直接激发道德行动主体行动的情意欲之类的内容，所以牟先生又称之为“道德行动之机能”。参阅氏著：《心体与性体》第三册，台北：正中书局 1969 年，第 394、402 页。当然，牟先生以朱子解《大学》的诚意而言之为“道德行动之机能”，内涵似有所扩大。其实，朱子亦谓“诚意者，行之始也”（《语类》卷十五，第 305 页，董拱寿录）。而激发行动则涉及一个人的情意欲，所以朱子又谓“意诚只是要情愿做工夫，若非情愿，亦强不得”（《语类》卷十五，第 299 页，龚盖卿录）。

② 牟宗三：《心体与性体》第三册，第 402 页。

③ 同上书，第 394 页。

"勉而行之"的一面①,但言及真知与行的关系,如上分析,似乎并不存在动力不足的问题,朱子亦谓"既知则自然行得,不待勉强"②。此知即是指真知而言,依朱子,一个人之知若是真知,其道德行动便会如"好好色,恶恶臭"那样,有发自内心的自觉自愿的动力,而不存在勉强而行的现象。显然,面对这种情况,若是固守休谟式的立场,我们便一时难以找到令人满意的答案。

其实,在分析伦理学中,以人的情感和欲望或简单地说以人的欲望来解释人的行为之所以可能,大体可以看作是休谟式伦理学的一种基本主张③,但是这样一种主张在随后的发展过程中,也遭受到许多学者的质疑,托马斯·内格尔便是其中之一④。内格尔明确反对休谟式的主张,他认为,"以源自行动主体的欲望来说明所有动机问题的模棱两可的肤浅方法应当结束了"⑤。"如果我们经由这些观察来追问,那么,显然没有理由相信,所有的欲望总是在产生行动理由的必要条件之中。"⑥但有人之所以会相信每个有意识的行动背后皆有欲望作为基础,原因在于他们混淆了"有动机"(motivated)的欲望和"没有动机"(unmotivated)的欲望,以至于认为所有行动的动机效力皆由欲望所提供。内格尔认为,就像很多信念需要"通过决定和思虑以后"(by decision and after deliberation)才取得的一样,很多欲望也是在决定和思虑以后才有的。不过,此处我们必须简别一种现象,亦即有些欲望不必经过决定和思虑,就那样单纯地出现了,如食欲;那么,这种单纯就出现在我们面前的欲望虽然可以被说明,然而这种

---

① 参阅朱子:《四书或问》,第 82—83 页。"勉而行之"之"勉"当是"勉强"之意。牟先生认为,朱子以知之机能来决定行之机能,其结果即是勉强。参阅氏著:《心体与性体》第三册,第 402 页。

② 《朱子语类》卷十八,第 390 页,郑可学录。

③ 休谟主张,人的"原生的欲望"(original desire)是在人的理性认知的标准管辖范围之外的,人的理性认知的评价对象只适合于人的"衍生的欲望"(derived desire)。如我想喝水,这是原生的欲望;喝可乐还是喝矿泉水,这是衍生的欲望。

④ 此处援用内格尔的理论并非意味着以此来图解朱子,或谓两者在理论上的一致,而是试图借其方法以疏解其中的问题。

⑤ Thomas Nagel, *Possibility of Altruism*, Oxford: Clarendon Press 1970, p.27.

⑥ Ibid, p.30.

欲望却是无动机的欲望，换言之，这种欲望并没有驱动行动主体有所行动的动机效力。相反，那种经由决定和思虑之后而有的“欲望”①，才能真正驱动行动主体去做某件事，这种欲望被内格尔称之为（有）动机欲望②。

不难看到，内格尔强调，真正驱动行动者行动的动力产生有一个核心的条件，那就是必须经由“决定和思虑”，其实质即是认识、反思和决断，而其所涉及的对象即是道德行动的理由。内格尔承认，人的行动的所有动机都意味着欲望的伴随出现，但这一事实并不能推出所有的动机都需要由欲望来激发，相反，动机（动力）倒是由理由来激发的，而理由却未必都需要欲望来提供。内格尔进一步认为，理由的体系结构（the structure of a system of reasons）与人类的动机结构（the structure of human motivation）之间有所联系③，一个人基于决定和思虑之后的理由（又称“明智的理由”）而行动，本身就包含了动机因素或动机效力，而这种理由的动机效力又与一个有关人的自我概念的形上预设密切相关④。用内格尔自己的话来说，我的“诠释方法是试图将这些实践原则与同样基本的每个人所拥有的有关自身以及自身与这个世界的关系的观念特征相联系，并使实践原则被看作是对上述观念的实践表达，这种方法是形上学伦理学的方法：道德和其他实践要求被奠基在行动的形上学之中，而且最终被奠基在人的形上学之中”⑤。如“我有理由多吃蔬菜”，在这个理由中就已经包含了为何要多吃蔬菜的动机因素，诸如“我想要健康”或其他的动机态度等；同样，“我有理由行孝”，在这个理由中也包含了为何要行孝的动机因素，诸如“我想要成为一个人”（“所以为人之理”）或“我想要远离禽兽”等。当然，内格尔也注意到，“我应当行孝”作为一个实践判断可以提供行动的理由，但这个理由却未必能导致行动，也就是说，

---

① 此处 Nagel 虽然使用的是“欲望”一词，其实质意义即是指驱动行为的动力。
② Thomas Nagel, *Possibility of Altruism*, Oxford: Clarendon Press, 1970, p.29.
③ Ibid, p.32.
④ Ibid, p.100.
⑤ Ibid, p.18.

知道德规范未必能行道德规范，如是，则实践判断的理由顶多只能支持信念而不必然能触发行动，对此，内格尔认为，“有关个人有理由去做某事的判断，包含着接受对做此事的辩护，而这就是判断的动机内容”①。然而，动机内容并不一定导致动机效力，某人可以接受某种行动的理由，但却并不一定有相应的行动，这就是朱子所说的知而不行的非真知情况，对此，内格尔也认为，对于一个明知嗜酒不好却经常嗜酒的人而言，“他仅仅只是在口舌之惠（paying lip-service）上把实践判断看作行动理由，却没有真正接受过……如果某人形成了一个实践判断，并且没有相反的影响在起作用，那么，这个判断自身就可以激发他产生适当的行动或欲望，而且通常如此”②。

基本上，休谟是从道德心理学的层面通过区分欲望与理性认知，阐释了动机与理由的关系，而内格尔则通过突出认知的因素和“目的-手段”的关系，反对休谟的欲望单一动机理论，他以“口渴”与“饮料机”的例子来说明这种关系：我口渴，我身边有一饮料机，我投币并取出水喝了。这个例子我们可以代换成：A 口渴，A 相信把钱投入饮料机可以取水解渴，所以 A 想把钱投入饮料机。在这个例子中，内格尔认为，口渴不仅有能力激发 A 去喝水，而且还有能力激发 A 往饮料机的货币槽里而不是往别的如削铅笔机里投币似乎是很神秘的，也才是需要我们去加以说明的，因为口渴本身并没有激发这种“技术性的行为”（technical undertaking），因为对货币和饮料机的使用说明的认识扮演了至关重要的角色，换言之，口渴让 A 有理由把钱投入饮料机，因为这个理由中包含了“目的-手段”的关系，而正是对这种“目的 手段”关系的认识激发了 A 的上述行动的动机，而这里却并不需要引入欲望作为中介因素来说明 A 为何把钱投入饮料机。③

① Thomas Nagel, *Possibility of Altruism*, Oxford: Clarendon Press, 1970, p.65.
② Ibid, p.66.
③ Ibid, p.33.

（五）简短的结语

转就朱子而论，"真知必能行"的说法，如上分析，已明确地表示出人的行动的理由以特殊的方式关联到了行动的动力，对此我们不想再作进一步的重述了，但显然地，在朱子的这些论说中，人的行动的动力与其说是直接依赖于情感和欲望，毋宁说更多的是透过行动主体对道德规范原理和原则的反省、思虑，并最终上升到"天命之性"和"人之所以为人"之理的高度来获得的。尚需指出的是，本文所引入的内格尔的上述主张原本隶属于他对利他主义可能性的讨论，但其中则涉及对人的道德行为的动机结构和特性的解释，虽然朱子对真知说的论述有其不同于内格尔的特殊脉络，但通过上述梳理，我们不难发现两者皆在不同程度上认可道德动机的可能性必须由道德主张的真理性来保证，而这种道德主张的真理性则紧紧地与有关人的形上学联系在一起。如果允许我们更具体一点地说，那就是，使理由和要求之所以对我们发生作用的东西，必然相应地规定了我们的动机结构赖以发生行动的能力，就此而言，他们或亦有大致相同或相近的看法。

八、「反其本而推之」

——朱子对《孟子·梁惠王上》「推恩」问题的理解

(一) 引　　言

"推恩"问题出自《孟子·梁惠王上》第七章"以羊易牛"章。就现今学术视野看,对孟子"推恩"的解释,除老一辈学者如冯友兰、任继愈等之外,当今学人对此也已做了相当多的研究①,而英语学界对孟子"推恩"理论的解释则较为繁杂,在某种意义上说也可视为一种推进和深入。②

正如论题所显示的,本文所要处理的只是围绕朱子对"推恩"问题的相关解释以显示朱子立论的特色。

"推恩"问题表面上看似乎只是一个较为简单的道德推扩问题,但若作深入的考察,其间亦可涉及许多复杂的政治和道德问题。今暂且撇开政治问题不论,即就概念语词及其蕴含而言,诸如何谓"推"?"推"是一种类比推论吗(analogical reasoning)?抑或是一种类逻辑的占有(para-logical occupation)?朱子为何将"推恩"直接理解为"扩充"?若"推恩"是一种逻辑意义上的类比推理,目的在寻求一致性原则(a principle of consistency)(一情境之有到另一情境之有保持普遍的一致),那么,我们又当如何理解朱子所说的"盖天地之

---

① 参阅刘清平:《论孟子推恩说的深度悖论》,载《齐鲁学刊》2005年第4期;吴先伍:《"见牛未见羊也"——〈孟子〉中"见"的道德本性》,载《中国哲学史》2008年第2期;张丰君:《孟子推恩说何以可能》,载《管子学刊》2012年第2期;李凯:《论孟子"推恩"说的现实性、困境及出路》,载《齐鲁学刊》2012年第5期等,不繁赘引。

② 在英语学界,较有代表性的学者如倪德卫(David S. Nivison)、信广来(Kwong-loi Shun)、黄百锐(David B. Wong)、艾文贺(P.J.Ivanhoe)、万百安(Bryan W. Van Norden)、任满说(Manyul Im)、田中孝治(Koji Tanaka)、井原敬(Craig Ihara)等皆对此有专门的论述。笔者在给研究生上课时,曾专门就西方汉学家(指英文世界而言,其余则由于语言能力所限,不能论及)对此的相关论述给予了梳理。由于该部分与本文相涉不是很大,故而我们在稍后只作为背景资料加以必要的说明。

性,人为贵”,与牛相比,人更值得同情?换言之,“一致性原则”与“差等化理由”之间的文本解释与理论效力究竟如何落实?此外,什么是“恩”?“恩”是一种道德感吗?假如“恩”是一种道德感,就其作为类比逻辑“推”的对象又是如何可能的?朱子何以要人透过恻隐之情看到恻隐之仁心?我们究竟应当如何理解“见牛之觳觫”的情境性引发与朱子所强调的“无那物时,便无此心乎”①之间的关系?

似乎可以说,上述每一个问题都涉及复杂的道德和心理理论的解释。由于论题所限,本文只试图以朱熹对“推恩”的解释为主干,并就此作简单的勾勒。同时,除对“推恩”本身的解释之外,假如我们把第七章孟子与齐宣王的整个对话结构一并纳入进来考察,我们会发现,在孟子对齐宣王的劝说中,孟子劝宣王推其恩以行仁政似乎只是出于实现宣王之政治大欲的“目的-手段”的考虑,而成为行动的理由,而仁政本身却不构成行动的理由。换句话说,在与宣王的对话脉络中,孟子似乎主要不在理论上证成(justify)仁政本身,而似乎在竭力为宣王给出行仁政的动机理由,这在一定程度上造成了《孟子》一书在理论本质与对话脉络中的意义蕴含之间在解释上的“罅隙”与紧张。本文的基本主张认为,西方学者对“推恩”的相关解释固然有其优越之处,但相比之下,朱子的诠释更能显示出理论的整全与一致。本文的主要目的有二,此则一方面尝试透过朱子对“推恩”的理解以显示朱子理论的主要特色,并即此回应西方学者的解释,另一方面也试图透过朱子的这种解释以呈现朱子在某种意义上对孟子理论的“扭转”。

(二)文本与概念解释

孟子的整个理论立说,大端而言,是对礼崩乐坏的世界提出救治之方。孟子的理想是施王道,开出的良方是行仁政。仁政为什么能

① 《朱子语类》,黎靖德编,王星贤点校,北京:中华书局1986年,卷一百二十,第2907页,陈淳录。

行？是因为"人皆有不忍人之心。先王有不忍人之心，斯有不忍人之政矣"(《公孙丑上》)；仁政该如何实行？孟子认为，只要在位者推其不忍人之心及于其治下的百姓，便足于保四海、致太平。孟子因齐宣王不忍见一牛无罪而就死地之觳觫，认为其必能实行仁政，故孟子云：

> 老吾老，以及人之老；幼吾幼，以及人之幼，天下可运于掌。《诗》云："刑于寡妻，至于兄弟，以御于家邦。"言举斯心加诸彼而已。故推恩足以保四海，不推恩无以保妻子。古之人所以大过人者无他焉，善推其所为而已矣。(《梁惠王上》)

就孟子此段而言，"推恩"的要义可以理解为"举斯心加诸彼"，用现在的话说，即是"设身处地，将心比心"去想去做，"老吾老，以及人之老；幼吾幼，以及人之幼"以及"刑于寡妻，至于兄弟，以御于家邦"乃是通过具体的带有事例性意味的说法以便明了推恩之义。故而，所谓"推恩"，简单地说，指的是行为者在面对某事件(或境况)时发现自身所具有的特殊的"心"会自然产生某种道德反应，并将此"心"所产生的道德反应施加到其他相关事件或境况中去，以使该行为者在面对其他相关的事件或境况时也能作出相同的道德反应。

不过，要理解孟子此段所说的"推恩"，最好还是与孟子对齐宣王"以羊易牛"章的整个言说脉络联系起来。宣王有莅中国、王天下的政治愿望(欲望)，孟子告之于保民而王，则莫之能御。所谓"保民而王"即是孟子所说的仁政，而仁政的基础即是不忍之心。但宣王怀疑自己有这样的能力，孟子则通过"以牛易羊"的故事，认为宣王对无罪而就死地的牛尚且不忍其觳觫，可见若宣王发其不忍之心推恩泽于百姓便足以统一天下，故孟子认为，宣王"今恩足以及禽兽，而功不至于百姓者，独何与？然则一羽之不举，为不用力焉；舆薪之不见，为不用明焉，百姓之不见保，为不用恩焉。故王之不王，不为也，非不能也"(《梁惠王上》)。意思是说，宣王的不忍之心足以使禽兽沾光，却不能使百姓得益，个中原因是什么呢？一根羽毛都拿不起，只是不肯用力；一车柴火都看不见，只是不肯用眼；百姓得不到安定的生活，只是不肯推恩。因此，宣王不行仁政来统一天下，只是不肯干，而不是不能干。由此观之，“推恩”问题在孟子与齐宣王的对话脉络中首先是作为政治与社会哲学问题提出来的，或者用我们现在的话来说，是外王的问题，孟子正是由此脉络提出其推恩理论。①

不过，既言“推恩”，即推恩本身亦可作一个相对完整或独立的问题来分析。如前所言，“推”本身预设了两种事件或境况，“举斯心加诸彼”亦可分析得出“此”与“彼”的分别，而所“推”者则一。具体地说，在孟子的文本中，“推恩”问题涉及三个相互关联的不同要素及特征，其一是同类对象之间的差别。从“老吾老”推及到“人之老”，从“幼吾幼”推及到“人之幼”；从“寡妻”推及到“兄弟”“家邦”，这种同类对象之间的差别，在孟子同时也预设了“远与近”“厚与薄”的不同。其二是不同类对象之间的难易。宣王对无罪就死之牛尚且有不忍之心，并见其觳觫而给予赦免，但宣王却对作为同类对象的其治下的百姓所遭遇到的苦难无动于衷。依常识而立，这种做法不合情理，也不可想象。依孟子，对不同类之对象施以同情已经较为困难，而对同类之对象施以恩泽则更为容易，因为人与人之间“同类相亲”，而人与禽兽之间则“同生而异类”。因而“推恩”所表现的亲亲、仁民、爱物之间不仅有远近、厚薄的差别，而且也有难易的不同。正因为如此，孟子批评宣王“恩足以及禽兽，而功不至于百姓者”，是寻难而弃易，是不为而非不能。其三是“推恩”的范限问题。孟子论推恩在其言说脉络中常常由人己、远近、难易等概念指点而出，上述概念由于其具体性特征，在一定程度上影响到对推恩所及范围的理解。就理上言，孟子的推恩原则上并无封限可说，“推恩足于保四海，不推恩无以保妻

① 冯友兰先生认为，依孟子，若齐宣王“因己之好货好色，即推而与百姓同之，即‘举斯心加诸彼’也。若实现此心于政事，则其政事即仁政矣。‘善推其所为’即仁也，即忠恕也。孔子讲仁及忠恕，多限于个人之修养方面。孟子则应用之于政治及社会哲学。孔子讲仁及忠恕，只及于‘内圣’；孟子则更及于‘外王’”。参阅氏著：《中国哲学史》上，上海：华东师范大学出版社 2000 年，第 95 页。

子","保四海"谓安天下,"天下"概念并不是具体的实指的封限概念。

明白了上述特征以后,我们再转过来讨论"推恩"问题。

如前所云,"推恩"是行为者在面对A事件(境况)时("吾老"),其心会自然产生道德反应("老"),并将此种道德反应推及到B事件(境况)(人之老)中去,使行为者在面对B事件(境况)时具有相同的道德反应。这是对"推恩"的原则性或本质性的说明,在此一说明中,的确预设了A与B两种事件或境况;同时,用孟子"举斯心加诸彼"的话来解说"推恩","推"即是"举","恩"即是"心","推恩"当约略可了解为"举心"或"推心"的另一种说法。尚需说明的是,"恩"固然可以理解为恩德或恩惠等不同的含义①,而在孟子的言说脉络中,具体所指的是宣王给百姓带来的实际好处或"益品"(goods),但落在"以牛易羊"的脉络中,此"恩"指的是由此心所发的不忍、恻隐之情(或曰同情心,朱子常谓之恻隐之心),所以,在某种意义上我们也可以把它理解为一种道德情感。需要强调指出的是这种道德情感乃是根于心而发的,故孟子总是云"举斯心""以不忍人之心,行不忍人之政""是心足于王矣"。审如是,则在我们对"推恩"的这种本质性说明中,"推恩"指的就是由A事件或境况到B事件或境况的推扩,推恩过程所必然涉及的人己、远近、难易等概念只具有具体的、说明性的功能,而不具有抽象的、普遍性的意义。

在西方学者中,对于孟子"推恩"的解释,倪德卫首先问,"人们怎样去'推'他们的爱、憎、同情心、潜在的自我尊重等,从而使他们'充其类',充分而有效地推动他们去做明白或该明白他们应该做的事?"②倪氏注意到墨家的类比逻辑所使用的"推"的概念,亦即通过显示两个东西是相似的,迫使论辩对手把他们的赞成由这个东西推到那个东西,"孟子把'推'的概念从辩论的逻辑扩展到对我的意志

① 杨伯峻将"恩"理解为"好心好意"或"恩惠"。参阅氏著:《孟子译注》,北京:中华书局2010年,第18、19页。

② 倪德卫:《儒家之道——中国哲学之探讨》,周炽成译,南京:江苏人民出版社2006年,第129页。

(原文为"dispositions",当为"意向"较恰当)的自我控制。看到这个情形(case)(我在这个情形中有主动的同情)和那个情形(我在那个情形中没有主动的同情)的相似性,我把我的同情从这个情形推到那个情形。然后,我就能在那个情形中做(并且以正确的方式要做)我以前认识到应该做但又不愿做并且不能(以正确的方式)做的事情"①。具体到第七章的解释,在倪氏看来,孟子通过指出宣王因被牛的痛苦所感动而赦免牛此一事件,正是试图让宣王认识到他应当对同样处于苦难中的他治下的百姓作出同样富有同情心的反应。倪氏因而提出,孟子在此处的劝说或论辩存在一种逻辑论证,亦即如果宣王赦免牛但又不去解除百姓的痛苦,便会陷入自相矛盾之中。②

类似的主张我们也可以在信广来的相关论说中看到。在信广来看来,在"以牛易羊"章中,孟子劝说宣王实行仁政的过程体现出孟子所采取的是一种类比推论的方式,借由这种方式使宣王认识到他有行仁政的能力(对牛之就死所表现的不忍之心),同时也让宣王认识到他治下的百姓正处于痛苦之中。如是,通过凸显宣王对牛的同情与对百姓的无情两者之间的不一致(inconsistence)以使宣王实行仁政。信氏认为,孟子将宣王对牛的反应和态度看作是道德的自我培养的起点,孟子使用"推"这个技术性的词汇意味着在他的心目中有一个类比推理(analogical reasoning),亦即通过一种用于特定的自发(spontaneous)反应和态度作基础的类比推理,人们可以发现他们应当在其他境况和对象上具有相似的反应和态度。③

以类比的逻辑推理来理解孟子的"推恩"在一定程度上有助于

---

① 倪德卫:《儒家之道——中国哲学之探讨》,周炽成译,第173页。参阅原文 David S. Nivison, "Two Roots or One?" *The Ways of Confucianism: Investigations in Chinese Philosophy*, ed. by Bryan Van Norden, Chicago: Open Court, 1996, p.137。

② 任满说对此认为,倪氏所理解的"推"在某种意义上是一种"修辞性的说服模式"(a rhetorical mode of persuasion),或者说是一种"理性压力的策略"(rational pressure tactic)。Manyul Im, "Action, Emotion, And Inference In Mencius", *Journal of Chinese Philosophy*, 2002, 29(2), p.235.

③ Kwong-loi Shun, "Moral Reasons in Confucian Ethics", *Journal of Chinese Philosophy*, 1989, 16(3-4), p.322.

显明推恩过程中由此及彼的关系，但也有一些学者并不同意这种理解。任满说认为，孟子在此章中所采取的道德论辩不应理解为一种逻辑推理，孟子劝说齐宣王并非要宣王接受某种信念(beliefs)，孟子言“推”的所及的对象常常采取的是一种“关心的模式”(mode of regarding)①。黄百锐则将对已有的有关孟子“推恩”的解释划分为几种类型，如倪德卫、信广来的“逻辑的扩充”，万百安、井原敬、任满说的“情感的扩充”以及他自己的“发展的扩充”②。事实上，尽管艾文贺不同意倪德卫以逻辑推理来解释孟子的推恩，进而提出一种“类比共鸣”(analogical resonance)的观念③，但在黄百锐看来，艾氏所谓的“类比共鸣”仍然是一种推理④。需要注意的是，虽然上述学者对孟子的“推恩”是不是逻辑推理互有争论，但他们的共同特点都紧扣着事件(如以牛易羊、见牛不见羊等)以及事件所引发出来的人物的道德心理反应进行各种深度的动机、理由的分析。黄百锐认为，孟子的推恩或扩充包含着对各种情感能力的养育美化、富有意义的改变和拓展，而这些变化并不能仅仅通过对逻辑一致性的认识而获得。⑤在《〈孟子〉一书中存在理性与情感的区分吗?》一文中，黄氏认为，《梁惠王上》第七章孟子对宣王的劝说并不是一种逻辑论证，换言之，孟子并非试图通过指出宣王对牛的同情与对百姓的无情之间的不一致，并以改变这种不一致来获得道德行动的理由。假如孟子对宣王劝说的目的是要让宣王认识到他应该对百姓施于同情，而宣王没有这样的同情反倒是正常的，因为认识到应该有同情与实际上是否有同情是两种不同性质的问题。依黄氏，孟子要向宣王确认，认识到牛

---

① Manyul Im, “Action, Emotion, And Inference In Mencius”, *Journal of Chinese Philosophy*, 2002, 29(2), p.221, p.242.

② David B. Wong, “Reasons and Analogical Reasoning in Mengzi”, *Essays on the Moral Philosophy of Mengzi*, ed by Xiusheng Liu and Philip J. Ivanhoe, Indianapolis: Hackett Publishing Company, Inc., 2002, pp.190 - 191.

③ Philip J. Ivanhoe, “Confucian Self Cultivation and Mengzi's Notion of Extension”, *Essays on the Moral Philosophy of Mengzi*, ed. by Xiusheng Liu and Philip J. Ivanhoe, Indianapolis: Hackett Publishing Company, Inc., 2002, p.234.

④ David B. Wong, “Reasons and Analogical Reasoning in Mengzi”, pp.198 - 199.

⑤ Ibid., p.191.

的痛苦并由此而产生的同情心既是宣王赦免牛的动机，也是其行为证立的理由。故而面对理性认知与道德情感互斥的困难，黄氏认为，孟子的道德情感具有认知的面相，“同情(compassion)典型地包含着至少隐含着对以特定方式行动的理由的认识”①。可以说，黄氏的此一主张是试图为倪德卫的解释遗留的问题所做的解困。不过，情感如何具有证立行动理由的功能？学者肯定会有不同的看法。②通常人们会认为，情感表达的是好恶，而认知表达的是对错，这当然只是西方道德哲学的主流看法，但若谓儒家传统不同于西方，故情感皆具有证立行动理由的功能，我们亦恐很难遽下断语。

(三) 朱子的理解

以上我们简略地对孟子的“推恩”概念以及西方学者对此的相关看法作了介绍，必须说明的是，对西方学者的介绍只是就其观点的主要方面略作了陈述，殊不是全面呈现其主张。事实上，对于“推恩”问题，无论是把它理解成逻辑的扩充、情感的扩充还是发展的扩充，上述学者之间都有严肃的商量、批评和讨论。只是当我们的视线转向朱子对孟子“推恩”问题的理解时，我们会发现，与西方学者的看法和观点相比，朱子的诠释表现出颇为不同的风格和特色。总体而言，西方学者的解释偏于分析哲学的路数，从认知、行动、情感、理性，到内在、外在，动机、理由等等，牛毛蚕丝，无不辨识，但另一方面也仿佛给人一种析之既细，离之亦远的印象，而朱子的解释虽有其自己的立场，但他却能从孟子思想的整体出发，充分体现出儒家心性哲学的特色。

从文献资料上看，朱子对孟子“推恩”说的解释，除《集注》外，可以说遍及其他许多地方如《语类》《或问》《文集》等，仅《语类》部分便

① David B. Wong, “Is There a Distinction between Reason and Emotion in Mencius?”, *Philosophy East & West*, 1991, vol.41(1), p.32.

② Cf. Craig K. Ihara, “David Wong on Emotions in Mencius”, *Philosophy East and West*, 1991, vol.41(1), pp.45 - 54.

有约十七卷以不同方式论及对“推恩”的解释。理论上看,“推恩”之所以可能的前提是人天生必有“恩”,此“恩”在上述的文本脉络中指的是恻隐之心,或说不忍之心、同情之心,故朱子云:“人若无此,则不得谓之人,所以明其必有也。”①推恩就是推此恻隐之心。但所谓“推”究竟作何理解?如前所云,倪德卫和信广来等学者皆在不同程度上借用墨家“推”的概念,将孟子的“推恩”在某种意义上理解成类比逻辑的推理。这种理解所遭遇到的理论难题是,无论是出于理性压力的策略(谓合理不合理),还是出于准逻辑的推论(谓一致不一致),推理能得出的只是知识,但却难于造就行动,何况就恻隐、同情之心作为道德情感来理解的话,其如何作为推理的对象也并非不待解而明的。而当我们转到朱子的理解时,我们注意到,在朱子的众多说法中,朱子并未将“推”与类比推理联系起来,而是直接把“推”理解为对恻隐之心的“扩充”②。《集注》中,当宣王看到牛无罪就死之觳觫而心生不忍时,孟子指点曰“是心足以王矣”,朱子对此注云:

> 王见牛之觳觫而不忍杀,即所谓恻隐之心,仁之端也。扩而充之,则可以保四海矣。故孟子指而言之,欲王察识于此而扩充之也。③

我们说过,“推恩”的“恩”在此指的是恻隐之心,而朱子对“推”的理解明确指的是“扩充”,换言之,推恩就是扩充恻隐之心。朱子所谓“扩而充之,则可以保四海”明显是对着孟子“推恩足于保四海”而来的。而作为对“以羊易牛”章的总结,我们同样可以看到朱子对“推恩”理解为“扩充”的主张保持一致的看法,朱子云:“此章言人君当黜霸功,行王道。而王道之要,不过推其不忍之心,以行不忍之政而已。齐王非无此心,而夺于功利之私,不能扩充以行仁政。”④

---

① 《四书章句集注》,北京:中华书局 2012 年,第 239 页。
② 此处所谓“恻隐之心、不忍之心”指的即是“情”。
③ 《四书章句集注》,第 208 页。
④ 同上书,第 212 页。

如果离开《集注》，朱子在其他地方的说法也一样，如朱子云：

如怵惕孺子入井之心，这一些子能做得甚事。若不能充，今日这些子发了，又过却，明日这些子发了，又过却，都只是闲。若能扩充，于这一事发见，知得这是恻隐之心，是仁；于别底事便当将此心充去，使事事是仁。如不欲害人，这是本心，这是不忍处。若能充之于每事上，有害人之处便不可做，这也是充其恻隐。如齐宣王有爱牛之心，孟子谓“是乃仁术也”。若宣王能充着这心，看甚事不可做！①

如齐宣王因见牛而发不忍之心，此盖端绪也，便就此扩充，直到无一物不被其泽，方是。②

孺子入井之恻隐，爱牛之不忍，表达了相同的道德情感，扩充此情感则足于保四海。我们此前说过，推恩预设了 A 与 B 两种事件或境况，而且就理上言，推恩在原则上并无封限。这种说法既可以说是从朱子而来，也可以说是印证了朱子的主张。上引所谓“于这一事发见”“于别底事”即是两种事件由此推及于彼的表达，朱子只是将“推恩”的“推”理解为“充”或“扩充”，而扩充的结果并无封限，所以朱子云“使事事是仁”“看甚事不可做”“无一物不被其泽”。朱子是否自觉地意识到不采用墨家的“推”来理解孟子的“推恩”，由于未曾看到确切的文献，不敢断言。但朱子不用逻辑推理的概念，而用“扩充”的概念来理解“推”，当有其特定的用心，在义理上也更为周全。推理概念就其内涵规定而言指向的是理性的品格，而扩充概念就其内涵规定而言则偏向于意志的品格，若放在《孟子》的文本和思想系统中来了解，朱子的这种诠释无疑更为妥帖。

在另一方面，我们也不难看到，朱子虽然在许多地方把推恩理解为扩充人的恻隐、不忍之心，但此恻隐、不忍之心，在朱子那里说的正

① 《朱子语类》卷五十三，第 1292 页，林子蒙录。
② 同上书，卷十八，第 403 页，廖德明录。

是情，这与朱子对心、性、情的特定了解密切相关，如朱子云：“恻隐、羞恶、辞让、是非，情也。仁、义、礼、智，性也。心，统性情者也。”[①]“如曰‘恻隐之心’，便是心上说情。”[②]又云：“四端便是情，是心之发见处。四者之萌皆出于心，而其所以然者，则是此性之理所在也。”[③]正因为如此，学者将这种恻隐、不忍之心称为道德情感显然是有所据的。不过，如此一来，若把朱子所理解的“推恩”直接了解为“推情”，却并不符合朱子的意思。在朱子那里，“推恩”的准确意思乃是扩充此心。

但是，有些西方学者如万百安[④]、井原敬、任满说等人则据此将孟子的“推恩”直接理解成“推情”，亦即“情感的扩充”(emotive extension)，他们的主张当然并不是没有根据，因为孟子所言的推其不忍之心的确可以理解为推其道德情感，他们认为人的天生的情感能力已然自足，无须重要的改变、扩展和培养。[⑤]我们暂且撇开他们在照应孟子的整体文本及义理上是否足够有效不论，“情感扩充”的主张其实已经受到了一些学者的质疑。[⑥]另一方面，情感如何扩充？单纯的情感本身是否可以给人的行动提供足够动力？这些问题在理论上似乎也并不是自明的。[⑦]而黄百锐则将自己的主张理解成“发展的扩充”(developmental extension)以区别于“逻辑的扩充”和“情感的

---

① 《四书章句集注》，第 239 页。

② 《朱子语类》卷四，第 64 页，黄罃录。

③ 同上书，卷五，第 90 页，杨道夫录。又引一条供参考，朱子云：“心者，兼性情而言；兼性情而言者，包括乎性情也。孝弟者，性之用也。恻隐、羞恶、辞让、是非，皆情也。问：伊川何以谓‘仁是性’？孟子何以谓‘仁人心’？曰：要就人身上说得亲切，莫如就‘心’字说。心者，兼体、用而言。程子曰：‘仁是性，恻隐是情。’若孟子，便只说心。程子是分别体、用而言；孟子是兼体、用而言。”(同上书，卷二十，第 475 页，黄榦录)。

④ 万百安文请参阅“Kwong-loi Shun on Moral Reason in Mencius”, *Journal of Chinese Philosophy*, 1991, 18(4), pp.353 - 370。

⑤ 主张“情感扩充”的学者虽然在主要方面有其相似的看法，但他们之间在具体观点上也各不相同。

⑥ David B. Wong, “Reasons and Analogical Reasoning in Mengzi”, *Essays on the Moral Philosophy of Mengzi*, ed. by Xiusheng Liu and Philip J. Ivanhoe, Indianapolis: Hackett Publishing Company, Inc., 2002, p.191.

⑦ 我们举一个生活中的实例，如小张平时就喜好、也了解汽车，一日受同事之邀到销售汽车的 4S 店观看一部他早已了解、名声甚好的汽车，经由对样车的驾驶体验和销售员对该车的各种性能指标的详细讲解：(1)小张知道了这是一部好车；(2)小张从内心也喜欢这部车；(3)小张也不缺钱购买这部车。但最后小张并没有购买这部车。类似这样的例子可以从一个侧面把它理解为情感在行为动机方面的失效。

扩充”。依黄氏，当一个富有同情心的人对他的行为进行辩护时，他所诉诸的是他人的痛苦，而不是诉诸他正好有解除他人痛苦的欲望，换言之，同情心既包含了解除他人痛苦的目的，也为解除这种痛苦的行为提供理由，但同情心却不包含对此一目的的欲望。①同情心包含了目的，这一点我们当然承认，但同情心如何为行动提供证立的理由？一个出于同情的行为一定具有道德上的正当性吗？朱子可能不会遽然同意，朱子明确指出：“恻隐羞恶，也有中节、不中节。若不当恻隐而恻隐，不当羞恶而羞恶，便是不中节。”②又云：“四者（指四端之情——引者注）时时发动，特有正不正耳。”③由此看来，同情心并不具有行为规范的证立功能，不能一任同情心之发，“须有断制”，此断制即是此心所包含的仁与义，亦即理，故朱子云：“这仁与义，都在那恻隐羞恶之先，未有那恻隐底事时，已有那爱底心了；未有那羞恶底事时，已有那断制裁割底心了。”④

我们再回到原来的思路。前面说过，朱子并不把“推恩”直接理解成“推情”，而是理解成扩充此心。依朱子，恻隐、不忍之情既为此心之发见处，那么，推此恻隐、不忍之情，严格说来当在推此心处用力，恻隐、不忍之情只是此心所发的表现，故而在根源意义上，扩充此恻隐、不忍之情当在扩充此心上直落下手方为究竟功夫，道德行动的理由和动机亦应当在此心（“心统性情”意义上的“心”）上寻找。所以，当孟子说宣王不行仁政，非挟泰山以超北海，乃折枝之类时，朱子对此注云：“是心固有，不待外求，扩而充之，在我而已，何难之有？”⑤前面我们说过，当朱子把“推恩”理解成“扩充”，而“扩充”又偏向了意志的品格时，此意志则预设了一个道德主体，而这个道德主体正是朱子所说的“心”。如是，我们看到，在朱子的解释中，“推恩”似乎每每

① David B. Wong, “Is There a Distinction between Reason and Emotion in Mencius?”, *Philosophy East & West*, 1991, vol.41(1), p.33.

② 《朱子语类》卷五十三，第 1285 页，陈淳录。

③ 同上书，第 1293 页，李方子录。

④ 同上书，第 1282—1283 页，沈僩录。

⑤ 《四书章句集注》，第 209 页。

在不同的角度被理解为"推心"。如朱子云:"古之圣王所以博施济众而仁覆天下,亦即是心以推之而已,岂自外至哉。"①"如爱牛,如赤子入井,这个便是真心。若理会得这个心了,都无事。"②又云:"心有何穷尽?只得此本然之体,推而应事接物皆是……盖此乃尽心之效如此,得此本然之心,则皆推得去无穷也。如'见牛未见羊'说,苟见羊,则亦便是此心矣。"③依朱子,"推心"乃是"反本"的功夫,此前我们曾引朱子对孟子"是心足于王矣"的注释云:"王见牛之觳觫而不忍杀,即所谓恻隐之心,仁之端也。扩而充之,则可以保四海矣。故孟子指而言之,欲王察识于此而扩充之也。"④此处所谓恻隐之心乃是仁心所发的端绪,"欲王察识于此"之"察识"在朱子乃是已发处的功夫,已发的察识功夫当然重要,但似乎不完整不根源,察识的目的还要反本以见此心,并由此心推而扩充出去,"此心之发,固当密察存养而扩充之矣,然其明暗通塞之几,乃存乎平日,所以涵养之厚薄,若曰必待其发见之已然,而后始用力焉,则喜怒哀乐未发之时,学者为无所用其力,可乎?"⑤正因为此,在《集注》中,朱子常常强调"反本"来扩充此心,如朱子云:"王因孟子之言,而前日之心复萌,乃知此心不从外得,然犹未知所以反其本而推之也。"⑥又云:"盖力求所欲,则所欲者反不可得;能反其本,则所欲者不求而至。"⑦《孟子或问》中的一段说法可以看作在某种意义上透露出了朱子对"情感扩充"论的批评和回应,朱子云:

> 范氏诸说皆善,但以齐王不能推其所为,不能举斯心加诸彼,则孟子此言正谓推近及远者,发以明齐王能远遗近之失,欲其于此深识其本而善推之,非欲其反推爱物之心以及于仁民也。⑧

---

① 《孟子或问》,朱熹撰,黄坤点校,上海:上海古籍出版社,合肥:安徽教育出版社2001年,卷一,第420页。

② 《朱子语类》卷一百二十四,第2983页,叶贺孙录。

③ 同上书,卷六十,第1426—1427页,杨方录。

④ 《四书章句集注》,第208页。

⑤ 《孟子或问》卷一,第422页。

⑥ 《四书章句集注》,第209页。

⑦ 同上书,第211页。

⑧ 《孟子或问》卷一,第421页。

此处所谓“爱物之心”指的是恻隐、不忍之情，乃此心之发见处。依朱子，孟子言“举斯心加诸彼”乃欲即宣王对牛的不忍之情反其本以见此心（所谓“深识其本”），并就此扩充出去，而不是推已发不忍之情以仁民。今观朱子之意，“斯心”与“此情”之间有一种“本根与枝叶”或“迹与本”的关系，我们不能重其“迹”而遗其“本”，而应该反其“本”而显其“迹”，如是方能推近及远，福泽万民。假如我们将朱子此意与他把“推”理解为“扩充”，把“推恩”理解为“扩充此心”联系起来，我们大体可以看到，在朱子的心目中，宣王见牛之觳觫而生的不忍之情，只是一个“引子”，朱子真正教导我们的是，要透过这个“引子”让人反思到自家恻隐之仁心，此仁心深广不竭，不可胜用，唯就此扩充出去，方为究竟之法。①

假如上述分析有其根据，那么，我们可以进一步看到，朱子对孟子“推恩”说的理解所体现的轻其枝叶、直落本根的方法，表现出与西方学者迥然不同的特色。按之于“以羊易牛”的案例，孟子的确指出了偶发的事件、情境的特殊事实，并就此事实中指点出不忍的道德情感。西方学者在诠释孟子“推恩”的过程中，无论持何种观点和主张，他们皆十分注重此偶发事件、情境，并就此事件、情境对人物所引发的各种可能的心理现象进行细密的分析，从动机到理由、从感受到意向、从情感到欲望、从认知到实践等等，似乎对每一现象都试图找出因果性的分析和说明。平情而论，这种努力在一定意义上的确拓展和深化了儒家道德心理学的理论，应当得到重视和肯定。不过，如此一来，孟子的“推恩”理论所涉及的更为基础性和本质性的问题反倒淡出了人们的视野，一方面，对偶发的事件、情境及其所引发的道德情感现象的分析得到了凸显与放大；另一方面，真正生发出此种道德情感的不待外求的恻隐之仁心本身反而隐而不显。站在朱子的立

① 《四书章句集注》，第 335 页。在注释《孟子・告子上》“仁义礼智，非由外铄我也，我固有之也，弗思耳矣。故曰：‘求则得之，舍则失之。’或相倍徙而无算者，不能尽其才者也”时，朱子云：“言四者之心人所固有，但人自不思而求之耳，所以善恶相去之远，由不思不求而不能扩充以尽其才也”。

场，这种了解方式毋宁说犯了本末倒置的错误。正如种树，重点不在料理枝叶，而在壅培本根一样，“推恩”问题也主要不在注重这种由特定的偶发事件所引发的各种情感和态度，而是要学者借此已发的情感和态度反思到自家身上本有的恻隐之仁心，并就此栽培壅灌、涵养扩充。这才是根本，才是掘井及源的究竟一着。如果只是执着于此类偶发事件及其情感表现，则无异于舍本逐末，故朱子云：

> 这生物之心，只是我底，触物便自然感；非是因那物有此心，我方有此心。且赤子不入井，牛不觳觫时，此心何之？须常妆个赤子入井，牛觳觫在面前，方有此恻隐之心；无那物时，便无此心乎？①

此处需要强调指出的是朱子“无那物时，便无此心乎”一说，“那物”可以指的是赤子入井、宣王见牛之觳觫。在这种说法中，“那物”与宣王所生的恻隐的情感之间建立起了因果关系，有那物即有那情，无那物即无那情。如此一来，人的恻隐、不忍之情的产生似纯系乎偶发的“那物”，而真正生发人的恻隐、不忍之情的“生物之心”（恻隐之仁心）却不再引起人们的重视。为了见此情以至见此心，人们只得被动地等待“那物”的出现，甚至“常妆个赤子入井，牛觳觫在面前”。可以看出，朱子之时，这种头足倒置、舍本逐末的为学现象已经出现，故朱子谆谆教诲学者“这生物之心，只是我底，触物便自然感；非是因那物有此心，我方有此心”②，而是无“那物”时，我心已在，必须就此已在之心上涵养推扩。依朱子，“以羊易牛”章中因对牛的同情而发见自家本有的仁心并就此扩充以成就德行，原本只是孟子因机指点的方便说法，若学者执着于此，并以为是上手佳途，便不是。正有见于此，朱子乃反反复复地加以说明，且累言之而不足：

---

① 《朱子语类》卷一百二十，第 2907 页，陈淳录。
② 同上书，第 2907 页，陈淳录。

孟子指齐王爱牛之心，乃是因其所明而导之，非以为必如此然后可以求仁也。夫必欲因苗裔而识本根，孰若培其本根而听其枝叶之自茂耶？①

孟子此事，乃是一时间为齐王耳。今乃欲引之以上他人之身，便不是了。②

孟子告齐王，乃是欲因而成就之，若只执此，便不是。③

知言问"以放心求心如何"，问得来好。他答不得，只举齐王见牛事。殊不知，只觉道我这心放了底，便是心，何待见牛时方求得！……如终身不见此牛，不成此心便常不见！④

"因苗裔而识本根"、因那情而见那心并非全不是，却非为学成德的正确之方。学者当在本原处涵养理会，反其本而推之，即此心自然会触物便感，随感随应，随应随润，如是，则何须待那些子发见！

最后，孟子的"推恩"说在理论上还涉及一个远近、难易和亲疏厚薄的问题。依孟子之说，"老吾老，以及人之老"或"刑于寡妻，及于兄弟"，这里有一个人与我或寡妻与兄弟之间的关系，对同类而言，这种关系存在一个远近问题，推恩的途径和方法即是由近及远，故朱子对此注云："盖骨肉之亲，本同一气，又非但若人之同类而已。故古人必由亲亲推之，然后及于仁民；又推其余，然后及于爱物，皆由近以及远，自易以及难。"⑤当然，推恩所涉及的对象自非只止于同类之间，就仁心无封限而言，推恩必同时及于世间的每一物，如是，推恩就还有一个异类之间的推的问题。自己与骨肉之间"本同一气"，故爱由亲始；同类之间，虽有远近不同，但"同类而相亲"，故推恩容易；同类与异类之间的推，由于"同生而异类"，与人相隔亦远，推恩则较难。在"以羊易牛"章中，宣王对牛（作为异类之物）无罪就死而生不忍之

① 《朱子文集》卷七十三。
② 《朱子语类》卷一百一，第2588页，郑可学录。
③ 同上书，卷一百，第2551页，郑可学录。
④ 同上书，卷五十九，第1401页，童伯羽录。
⑤ 《四书章句集注》，第210页。

情,并给予赦免,但对其治下的百姓的苦难却无动于衷,这是一种违背常识的做法,故孟子责之云:"今恩足以及禽兽,而功不至于百姓者,独何与?"(《梁惠王上》)依孟子,恩及于百姓容易,恩及于禽兽较难,而宣王却反其道而行之,故宣王之不为,实乃失当然之序,故朱子注曰:"盖天地之性,人为贵。故人之与人,又为同类而相亲。是以恻隐之发,则於民切而於物缓;推广仁术,则仁民易而爱物难。今王此心能及物矣,则其保民而王,非不能也,但自不肯为耳。"①又云:"今王恩及禽兽,而功不至於百姓。是其爱物之心重且长,而仁民之心轻且短,失其当然之序而不自知也。"②

围绕此一问题,学者争议较多的是其中涉及的差等亲疏的问题。有学者认为,孟子的"推恩"说试图从特殊的血缘亲情出发,实现普遍性的仁者爱人,但孟子同时又主张"爱有差等",如是,推恩的普遍之爱与爱有差等两者之间便难以相容③。基本上,孟子的推恩以恻隐之仁心为基础,以"亲亲而仁民,仁民而爱物"(《尽心上》)为路径,以"达之于天下"(同上)为目的,故而我们认为,推恩在原则上是一个无封限的概念,在此意义上也可以称作普遍之爱。但孟子的思想中的确蕴含爱有差等,在孟子与夷子的辩论中,孟子认为,天之生物,使之一本,而夷子却是二本,朱子对此注云:"孟子言人之爱其兄子与邻之子,本有差等。……且人物之生,必各本于父母而无二,乃自然之理,若天使之然也。故其爱由此立,而推以及人,自有差等。"④然而,在理论上,普遍之爱与差等之爱如何得到合理的说明呢?《孟子或问》的一段话可以给人启发,朱子云:"老吾老,以及人之老,幼吾幼,以及人之幼,而天下可运于掌,何也?曰:天地之间,人物之众,其理本一而分未尝不殊也。以其理一故推己可以及人;以其分殊,故立爱必自亲始。为天下者诚能以其心而不失其序,则虽天下之大而亲疏远迩无一物不得其所焉,其治岂不易哉。"⑤普遍的爱是"理一",差等的爱

① 《四书章句集注》,第 209 页。
② 同上书,第 210 页。
③ 参阅刘清平文。
④ 《四书章句集注》,第 266 页。
⑤ 《孟子或问》卷一,第 421 页。

是“分殊”。因为是“理一”，所以普遍之爱有其必然；又因为世间万物各有不同，所以差等之爱有其必要；虽谓差等，但其爱则一，故而在朱子看来，“推恩”与“爱有差等”并不矛盾。对此，陈来有更为详备的解释，陈来认为：“照理学看，每个人在宇宙中都占有一定的地位，对他人他物具有一定的义务，由于地位不同，每个人对他人直接承担的义务也不同。个人对亲属、对外人，对天地万物各具有不同义务，其间有等级差别，一个人应当首先爱其父母，然后及人及物，这就是立爱必自亲始。虽然，仁爱在具体施行上亲疏有等、贵贱有别，但在理学看，其中体现的道德原则是一致的，或者说是同一个基本原则。即是说道德的基本原则表现为不同的道德规范，这也就是道德原则中普遍与特殊的关系，从这样一个特定的角度涉及一般与个别的关系。”①

（四）对孟子的扭转？

就较为狭隘的意义上说，“推恩”问题在理论上涉及道德实践中的道德成就问题，而理解孟子的道德实践至少可以有两种不同的进路或方式：其一是通过说明“四德”之实践所需要的人性论基础和修养功夫来呈现孟子道德实践理论的特征，即此而言，我们会认为，孟子的道德哲学倾向于动机论和义务论，这从其性善论之断言以及“由仁义行，非行仁义也”（《离娄下》）、“君子所以异于人者，以其存心也。君子以仁存心，以礼存心”（《离娄下》）、“从其大体为大人，从其小体为小人”（《告子上》）等言说中明显可以看出；其二是通过分析孟子与他人的对话或论辩，尤其是通过分析孟子试图借此对话和论辩以改变他人的道德思考、走上道德实践之路的事例来呈现孟子道德实践的特色。按理，上述两种进路所讨论的道德实践本质上应当是一致的，但表现上却不尽相同，前者侧重于从道德实践的理论层面来表现

① 陈来：《朱子哲学研究》，上海：华东师范大学出版社2000年，第112页。

孟子道德哲学的特色，它要求在理论上提供一套可证立、可委身的价值理想；后者则侧重于从道德实践的事实层面（如对话、论辩等）来表现孟子思想的特点，需要指出的是，由于后者明显地落在对话和论辩的脉络之中，因而显示出很强的“理由”“效果”的特色，而这种特色在对话脉络中可能会呈现较为严重的理论问题。

在本章第一部分中我们曾经指出，整体地看，“推恩”问题在第七章孟子与齐宣王的对话脉络中首先是作为政治与社会哲学问题而提出的。政治当然要讲求道德作为基础，要接受道德的咨询，但政治问题与道德哲学问题却有不同的侧重：前者所关心的是“事”，所讲求的是“效果”；后者所关心的是“理”，所讲求的是价值的证立与委身。而我们通过朱子对孟子“推恩”理论的诠释，可以看到，朱子的注释包括其在《语类》等著述中的诸多解释，虽然紧扣着孟子与齐宣王之间的对话、论辩脉络展开，但很明显，朱子是将孟子的“推恩”理论在较严格的意义上理解为一套道德哲学的术语（terms），解释为对“恻隐之仁心”的“扩充”，而扩充恻隐之仁心即落在道德成就或道德实现的层面，所谓“扩充得去”、“要都尽”①、“使事事是仁”②。此一现象至少表示出朱子对孟子劝说齐宣王的对话更多的是站在成就道德的角度来理解的，而未曾将孟子如何从对话、劝说的角度“打动”（motivate）齐宣王施行仁政以统一天下的政治考量更多地纳入其中，换言之，朱子是更侧重从内圣的角度而非外王的角度对此加以解释。在朱子看来，孟子的目的是意欲通过说服、劝导的方式让齐宣王完善和成就道德，而不是直接劝说他施行仁政（我们这样说并不是意味着朱子未曾意识到政治的外王的层面，而是从侧重面上说的）。如前所云，在朱子的理解中，孟子所取的齐宣王见牛无辜就死而生的不忍，并就此所作的一整套包括“推恩”在内的道德劝说，只不过是孟子面对齐宣王时的一种方便说法而已。因为在朱子看来，齐宣王“人欲蔽固”③，而

---

① 《朱子语类》卷五十一，第 1223 页，杨方录。
② 同上书，卷五十三，第 1292 页，林子蒙录。
③ 同上书，卷一百一，第 2593 页，杨方录。

要对这种人进行有效的道德劝说和引导，便只能“指其可取者言之”[①]，否则便很难达到劝说的目的。依朱子，齐宣王只要依照孟子的劝说，由见牛所生的同情反其本，扩充其恻隐之仁心，即可成就道德，至于仁义政治和统一天下乃是顺此而有的不期然而然的结果。

不过，如果我们把“推恩”问题放到第七章孟子与齐宣王的整个对话脉络中来理解，那么，其对话结构大体呈现这样的情形：

1. 孟子劝齐宣王实行仁政；
2. 宣王觉得其志向在于“辟土地，朝秦楚，莅中国而抚四夷”；
3. 孟子说，只要实行仁政，保民而王，则可以实现其志向；
4. 所以宣王应该推恩以行仁政。

在此一对话结构中，孟子的中心关怀是仁义政治的施行，“推恩”及其涉及的不忍和恻隐之心只是其中的一个环节，或者说，推其不忍之情即可实现宣王的志向。正因为如此，在上述的对话结构中，我们是充分地将齐宣王的政治目的(志向)纳入孟子的劝说中来考虑。第七章一开头齐宣王即要求孟子讲述齐桓、晋文称霸诸侯之事，此其实已确然无疑地透露了宣王的心志，但孟子却劝说宣王要实行仁政，并通过“以羊易牛”的事例向宣王证明：(1)宣王有能力实行仁政；(2)同时，宣王通过孟子的劝说，也了解到其治下的百姓处于苦难之中，觉得自己应该对百姓施于恩泽(“推恩”)。但是，宣王却“恩足以及禽兽，而功不至于百姓者”，孟子认为宣王是不为而非不能。然而，宣王为什么不为？宣王谓“将以求吾所大欲也”，宣王之大欲即是“欲辟土地，朝秦楚，莅中国而抚四夷也”，终至无敌于天下。不过，孟子除了认为依宣王那种做法根本不可能满足其愿望外，在此对话脉络中，孟子似乎自始至终皆没有对宣王之政治大欲的正当性问题给予必要的反省。同时，孟子似乎也没有就仁政本身在理上的自足性给予足够的说明，相反，在孟子的劝说脉络中，反而顺着宣王的心志，认为只要宣王发施仁政便可竟其一统天下之功。换言之，孟子首先默认了宣

---

① 《朱子语类》卷一百一，第2593页，杨方录。

王的政治大欲，只是认为如欲成就其政治大欲，当以推恩以行仁政为先，如是，“推恩”问题似乎成了成就宣王政治大欲的手段。

此一对话结构的特色也可见于第五章：

> 梁惠王曰：“晋国，天下莫强焉，叟之所知也。及寡人之身，东败于齐，长子死焉；西丧地于秦七百里；南辱于楚。寡人耻之，愿比死者一洒之，如之何则可？”孟子对曰：“地方百里而可以王。王如施仁政于民，省刑罚，薄税敛，深耕易耨，壮者以暇日修其孝悌忠信，入以事其父兄，出以事其长上，可使制梃以挞秦楚之坚甲利兵矣。彼夺其民时，使不得耕耨以养其父母，父母冻饿，兄弟妻子离散。彼陷溺其民，王往而征之，夫谁与王敌？故曰：‘仁者无敌。’王请勿疑！”（《梁惠王上》）

在此一章中，梁惠王的政治愿望乃是替那些为国牺牲的人雪耻报仇，并问孟子“如之何则可”，孟子仍未就梁惠王的政治愿望之正当性问题提出任何质疑和意见，而是顺着梁惠王的心志，认为只要惠王能够“施仁政于民”云云，那么，惠王的人民即便拿的是木棒也足于打败秦楚身披坚厚的铠甲、手执锐利兵器的军队了。因此，施行仁政的人可以无敌于天下，其政治愿望自然亦皆可满足和实现。

通过上述分析，我们大体可以将上述两段的对话结构表述为：

1. A有X欲望；

2. 行仁政可以实现和满足A的X欲望；

3. A应行仁政。

上述孟子与宣王和惠王的对话结构我们在表述上略有不同，但实质上并无差别。为免烦琐，我们即以宣王为例进行分析。在上面的对话结构中，宣王所以行仁政（此仁政即包括推恩问题在内）乃是因为借此可以成就其政治大欲，如是，仁政之被实行并不是出于仁政本身，而是出于宣王之政治大欲，而仁政或推恩倒成为手段。若就理论本身而言，孟子试图劝说宣王行仁政，其最大的理由当来自于仁政本身，可在上述对话结构中，孟子并未在这点上用心，相反，在孟子的对话中,仁政只是出于实现宣王之政治大欲的"目的-手段"的考虑,而成为行动的理由,而仁政本身却不构成行动的理由。

宣王没有行仁政,没有推其恩以德泽其治下的百姓,"推恩"失败了,孟子说宣王是"不为"。从道德心理学的角度看,"推恩"的失败或宣王的"不为"涉及对话者为何要"推"其"恩"以行仁政的动机或欲望问题。在上述对话脉络中,我们看到,宣王最大的欲望是莅中国而抚四夷,今假设经由孟子的劝说,宣王即便有了行仁政的欲望,那么,这种欲望也并不是由仁政本身产生出来的,而是由其一统天下的政治目标产生的,用休谟的话来说这种欲望也只是"衍生"(derive)的,而不是"原生"(original)的欲望,而衍生的欲望并不能直接激发人的行动,因而宣王即便认识到行仁政的理由,此理由也只是工具性的理由,而不是目的性理由。孟子随顺宣王之政治大欲,以为行仁政即可无敌于天下,这种劝说在效果上的确足于让宣王动心。然而,在这种劝说结构中,无敌于天下是行仁政自然而有的结果,而不是为什么要行仁政的理由。如此看来,孟子对宣王的对话和劝说主要不在理论上证成(justify)仁义之政,而似乎在竭力为宣王给出行仁政的动机理由,这种动机理由最大的诱人之处在于它能满足或恰巧符合宣王的政治大欲。不过,这种劝说策略也潜藏着一些问题,给出人们去做某事(行仁政)的动机理由,主要在情感和欲望上激发和"推动"人们去做某事,其重点并不落在某事(行仁政)本身是对的,并因为某事是对的而应该去做;相反,是因为劝说对象看到了做某事(行仁政)的好处,而这种好处又恰恰能够满足其最大的欲望("辟土地,朝秦楚,莅中国而抚四夷")。换言之,孟子的对话和劝说似乎是以效果论为道德实践寻找动机和理由,这在理论上便会有极大的风险①,盖从孟子

---

① 有关孟子思想或其道德劝说是否具有效果论性质的问题,西方学者间或有所提出,可参阅顾立雅(G.H.Creel, *Chinese Thought*: *From Confucius to Mao Tze-tung*, Chicago: The University of Chicago Press 1953, pp.86-87);倪德卫(David S. Nivison, *The Way of Confucianism*: *Investigations in Chinese Philosophy*, ed. with an Introduction by Bryan W. Van Norden, Chicago and La Salle, Illinois: 1996, p.106);信广来(Kwong-loi Shun, "Moral Reasons in Confucian Ethics", *Journal of Chinese Philosophy* 16, 1989, p.341)等。中文学界较有代表性的是蔡信安,参阅氏著:《道德抉择理论》,台北:时英出版社 1993 年,第 150—154 页。

的道德哲学的理论上看，仁政本身便具有理由和动机的自足性，仁政也不需要依凭别的后果来证明其自身的价值或正当性，仁政之实行自然有其后果（如统天下于王道），但此后果不是用来证明仁政之正确，而是仁政之实行不期然而然的结果。

如此看来，孟子的道德哲学理论与其通过对话和劝说结构（此处只以第五章和第七章为例）所表现出来的理论特色之间似乎并不那么协调一致[①]，前者可以被诠释为一套“义务论”，后者却具有“效果论”的意味；与此相应，“推恩”问题如果落在前者，其自身便是自足的[②]，如果落在后者，“推恩”即可能成为某种手段或工具。

假如上述分析还有文本根据的话，则朱子本人是否意识到可以对《孟子》一书就有关对话、劝说的章节在结构上进行独立的理解和分析，我们目前尚未看到相关的文字。但可以确定的是，朱子对《孟子》的《梁惠王上》第七章理解为一套自足的心性论理论[③]。同时，以朱子四十年如一日注释“四书”，他不可能不熟悉《孟子》一书的篇章和对话结构，剩下的可能解释是，朱子或者根本不认为第七章中孟子与齐宣王的对话，在结构及此结构蕴含的意义理解上存在任何问题；或者朱子只是站在自己的立场将孟子与宣王具体的对话结构及其蕴含的意义理解从孟子的整体理论上加以分析把握。就目前来看，后一种解释无疑更符合朱子的理解方向。《孟子或问》有一段记录或可得其大概，朱子云：“齐王不忍一牛之死，其事微矣，而孟子遂以是心为足于王者，何也？曰：不忍者心之发，而仁者天地生物之心，而人之所得以为心者也。是心之存，则其于亲也，必知所以亲之；于民也，必

---

① 此处所谓“并不那么协调一致”乃基于两个假设的前提，一是假定对《孟子》一书可以有整体理论的把握和章节对话脉络的分析两种不同的读法；二是假定孟子的相关对话章节可以作为独立的文本加以分析。某一段落或章节是否可以作为独立文本加以分析，而不至于被认为断章取义，当满足以下两个条件：(1)该段落或章节论述的目的、宗旨清楚且确定；(2)该段落或章节论证的过程完整而清晰。

② 朱子云：“七篇之书，莫非体验、扩充之端……孟子大概是要人探索力讨，反己自求。”（《朱子语类》卷十九，第444页，程端蒙录）。

③ 此处所谓“自足的心性论理论”暂时已撇开了牟宗三先生对朱子道德哲学的具体质疑，乃就朱子本人思想系统而言。

知所以仁之；于物也，必知所以爱之矣。然人或蔽于物欲之私，而失其本心之正，故其所发有不然者，然其根于天地之性者，则终不可得而亡也。故间而值其不蔽之时，则必随事而发见焉。若齐王之兴兵结怨，而急于战伐之功，则其所蔽为不浅矣。然其不忍一牛之死，则不可不谓之恻隐之发，而仁之端也……王既不能自知，而反以桓、文为问，则孟子安得不指此而开示之耶？然战国之时，举世没于功利，而不知仁义之固有，齐之百姓又未见王之所以及民之功，是以疑其贪一牛之利。非孟子得其本心之正，而有以通天下之志，尽人物之情，亦孰知此为本心之发，而足于王于天下哉？”①

当然，指出《孟子》一书中，整体理解上所表现的道德哲学的“义务论”特色与某些对话章节结构中所表现的“效果论”意味，或许是有些学者不愿看到或者认为根本就是没有意义的多此一举。但此一现象的确具有文本解读的根据。考虑到孟子的核心关怀是在政治上推行仁政，而其所使用的却是心性的道德的方法，故而在孟子与各诸侯的对话、劝说中，政事与道德之间不免会有掺杂、扞格，这似乎并不难理解，何况战国之时，各诸侯一心想的是富国强兵、统一天下，孟子要实现自己的政治理想，推行仁政，若不从“效果”上打动他们，几乎连对话的可能都非常困难。②由此观之，在孟子的整体理论特色与章节对话的义理蕴含之间存在扞格和罅缝，毋宁说是合乎情理的。而相比之下，朱子的理解便显得更为纯粹，直以心性道德的语言和思路对孟子的“推恩”问题作出了融贯的说明，严格地说，朱子非不关心仁政王道的问题，但在朱子，仁政王道问题是作为“推恩”所表现的道德实践和道德完成自然而有的结果。

在此并不十分严格的意义上，我们把这一点看作是朱子在政治

① 《孟子或问》卷一，第419、420页。《四书或问》虽被认为是未定之书，但亦不可一概而论，朱子自己说他作《或问》乃“欲学者试取正意”（《朱子语类》卷一百二十一，第2928页，吴必大录）。相比而言，我们固当以《集注》为主，但《或问》也有参考的重要价值。

② 对话、劝说如要获得成功，一个重要的特点就要在现场情境下切实“打动”对方，而面对满眼都是功利的诸侯而言，若不在“效果”上着手，则很难真正“打动”他们，这是从常识着眼的理解，却十分符合战国时期众多士人游说诸侯的策略。

和道德问题上对孟子的"扭转"。

(五) 简短的结语

"推恩"问题在孟子的思想中是一个颇有特色的理论问题，涉及政治、道德以及道德心理学的诸多方面，也引起了中外学者的相当的重视。本文既以朱子论"推恩"为主题，则相关学者的研究只是作为背景资料而立，以期起对照显发之用。

朱子对"推恩"问题的理解与他的整个心性理论协调一致，紧密相连，同时也表现出与西方学者的相关理解颇为不同的理论特色。朱子把"推恩"的"推"理解为"扩充"，而所扩充的主要不是作为已发的恻隐、不忍的道德情感，而是此道德情感赖以生发的恻隐之仁心，故而朱子教导人们应在此未发的恻隐之仁心处涵养用力，而不当过分执着于因境而发的道德情感，而推恩所涉及的远近、难易、差等问题，朱子则以其"理一分殊"的理论加以解释，表现出儒家传统智慧的特色。总体而言，朱子对"推恩"的理解自成一体，在理论的整全性和一致性上，似有胜于西方学者的一面。

九、「两头明，中间暗」

——朱子对象山心学的批评及其蕴含的理论问题

象山无疑是儒家心学的重要代表之一，因而围绕对象山学的反省和批评，我们便有理由看作是对心学的某种反省和批评。不过，本文的作意不在泛论对象山学的评论，而是取径于朱子对象山学的某种特定批评，并尝试透过此一批评以揭示其可能蕴含的理论问题①。

众所周知，朱子对象山的批评所涉范围甚广，存留的文献繁多②，学者的相关研究也难于计数，其中，常为学者所征引、也最为人们所熟知的一种说法，便是朱子认为"陆子静之学，看他千般万般病，只在不知有气禀之杂，把许多粗恶底气都把做心之妙理，合当恁地自然做将去"③。应该说，朱子的这种批评指义确定而清晰，偏重于理论上的剖析，谓其"不知有气禀之杂"，"把许多粗恶底气都把做心之妙理"。然而，朱子对象山的批评还有另一种说法，谓象山说话"两头明，中间暗"，"暗"就是不说破，不说破"便是禅"④；又说"陆子静说道理，有个黑腰子"⑤，此处"中间暗"与"黑腰子"意思大体相同。很明显，朱子的这种说法是一种比喻性的说法，偏重于学问性质和教法上的判定，故直指陆象山之学为禅学，而此种说法似乎尤其吃紧，我们从牟宗三不厌其烦的辩难中不难看出。⑥对此我们要问，朱子所谓的"两头明，中间暗"具体所指为何？象山之学究竟如何表现为"两头

---

① 本文因会议论题的机缘，乃由十余年前的笔记加以整理、修改和补充而成。

② 据学者不完全统计，仅在《朱子语类》中便有140余条直接涉及象山的语录，而其中卷一百二十四《陆氏》即有68条之多。

③ 《朱子语类》，黎靖德编，王星贤点校，北京：中华书局1986年，卷一百二十四，第2977页，叶贺孙录。

④ 同上书，卷一百零四，第2620页，辅广录。

⑤ 同上书，卷六十四，第1586页，黄义刚录。

⑥ 牟宗三至少在《从陆象山到刘蕺山》《中国哲学十九讲》《宋明儒学的问题与发展》等著作中不断提及此一问题。

明,中间暗"?假如朱子的批评有所针对,则由其针对所透露出来的象山之学的理论问题又是什么?审如是,本文的目的有三,一是说明朱子批评的含义,二是顺朱子的批评而呈现象山学之教法上的特点,三是提出一点拓展性研究,亦即站在当今哲学的立场显示象山之学所可能存在的理论问题并作出相应的反省。

(一)为何是"中间暗"?

按,朱子批评象山之学"两头明,中间暗"的原文如下:

> "子静说话,常是两头明,中间暗。"或问:"暗是如何?"曰:"是他那不说破处。他所以不说破,便是禅。所谓'鸳鸯绣出从君看,莫把金针度与人',他禅家自爱如此。"①

此条为辅广所录,时在甲寅亦即宋光宗绍熙五年(1194)朱子65岁以后,另一条谓象山说道理"有个黑腰子",其原文是这样的:

> "极高明",须要"道中庸",若欲高明而不道中庸,则将流入于佛老之学……某尝说,陆子静说道理,有个黑腰子。其初说得澜翻,极是好听,少间到那紧处时,又却藏了不说,又别寻一个头绪澜翻起来,所以人都捉他那紧处不著。②

此条为黄义刚所录,时在癸丑亦即宋光宗绍熙四年朱子64岁以后。以上两条可断为朱子晚年所论,而且皆指象山之学为佛禅之学。因此,以"两头明,中间暗""有个黑腰子"来比喻象山之学在教法上为禅学是朱子所以如此立说的关键理由。

今按,朱子谓象山之学近禅或是禅乃是其一贯的看法,但其中又

① 《朱子语类》卷一百零四,第2620页,辅广录。
② 同上书,卷六十四,第1586页,黄义刚录。

大体可分为早晚两个时期①。朱子早期目象山似禅可以"鹅湖之会"为中心,鹅湖之前,朱子只是在传闻中得象山之学近禅,淳熙元年甲午(1174,朱子45岁),朱子有答吕子约书,云"近闻陆子静言论风旨之一二,全是禅学,但变其名号耳。竞相祖习,恐误后生。恨不识之,不得深扣其说,因献所疑也"②。鹅湖之后,朱子经由对象山之接触,在赞赏其气象的同时,对其学也深致疑虑。淳熙二年乙未,时象山三十七岁,《年谱》记云:"吕伯恭约先生与季兄复斋,会朱元晦诸公于信之鹅湖寺。"③是年,朱子有答张敬夫书云:"子寿兄弟气象甚好,其病却是尽废讲学而专务践履……其自信太过,规模窄狭,不复取人之善,将流于异学而不自知耳。"④由此看来,朱子早期虽对象山之学不满,但似尚未坐实其为禅学,且有融通之意。⑤晚期朱陆交恶乃以淳熙十年癸卯朱子为曹立之作墓表为契机,而以淳熙十三年丙午(1186,朱子57岁)《答程正思》第十六书为分界,朱子对象山学的态度已不复唯阿,变至如王白田所谓的"诵言攻之"⑥,朱子云:"盖缘旧日曾学禅宗,故于彼说虽知其非而不免有私嗜之意。亦是被渠说得遮前掩后,未尽见其底蕴……去冬因其徒来此,狂妄凶狠,手足尽露,自此乃始显然鸣鼓攻之,不复为前日之唯阿矣。"⑦朱子自此以后至晚年对象山之学便提出了严厉的批评,如云:"若陆氏之学……此煞坏学者。某老矣,日月无多。方待不说破来,又恐后人错以某之学亦与他相似。今不奈何,苦口说破。某道他断然是异端!断然

① 相关研究可参阅牟宗三:《从陆象山到刘蕺山》,台北:学生书局1990年;刘述先:《朱子哲学思想的发展与完成》,台北:学生书局1984年;陈来:《朱子哲学研究》,上海:华东师范大学出版社2000年。

② 《朱子文集》卷四十七《答吕子约》第十七书。

③ 《陆九渊集》,钟哲点校,北京:中华书局1980年,卷三十六,《年谱》,淳熙二年条,第490页。

④ 《朱子文集》卷三十一《答张敬夫》第十八书。

⑤ 同上书,卷五十四《答项平父》第二书。

⑥ 王懋竑:《朱熹年谱》,何忠礼点校,卷二,《年谱考异·卷之二》,北京:中华书局1998年,第341页。白田云:"癸卯以后,子寿既卒,而子静之溃决益甚,朱子于是知其不可以挽回也。至乙巳、丙午,乃诵言攻之,以示学者,俾不惑于其说。"据陈来考证,朱子鸣鼓以攻,时不在丙午而当在丁未,白田为非。参阅氏著:《朱子哲学研究》,第384—388页。

⑦ 《朱子文集》卷五十《答程正思》第十六书。

是曲学！断然非圣人之道！”①

朱子晚年断言象山之学是禅学，是祸害学者的“异端”“曲学”，其间所涉问题繁复，非本文所欲一一辨明者。②然而，平实地说，朱子之攻象山虽语词、气态刚厉凌逼，但其如此主张实非说象山之学之本质为禅学，多是指其在为学教人的方式上似禅。③今以“中间暗”“有个黑腰子”喻说象山之学，前者谓其“不说破”，后者谓其“藏了不说”，意思大体相同；但“两头明”究竟所指为何，朱子似未有明确的说明，牟宗三谓：“实则所谓‘两头明’只是一方挥斥闲议论之失，一方令归朴实之得，这得失两头甚为分明。”④又谓：“至于‘两头明’则是指孟子见道的这一头，与朱夫子不见道的那一头。朱夫子也承认陆象山对他的批评，所以他认为陆象山批评他的那一面，以及令人所归到的那一面，都很清楚，这就是他所谓的两头明。”⑤牟宗三此说乃其自己站在象山立场所作的解释，恐非朱子之意。今观朱子著述，“两头”一说多有，俱为比喻描状之词，如《论语集注》卷五《子罕第九》对“我叩其两端而竭焉”句，朱子注云：“两端，犹言两头。言终始、本末、上下、精粗。”由此看来，朱子谓象山“两头明”大意当指象山学之本原与目的说，本原指的是四端之心，目的指的是成圣成贤，此两头象山言之凿凿，朱子亦无能置疑；而所谓“中间暗”“黑腰子”乃就如何借由恰当的方法、确定的传达途径以表现由本源到目的的过程而言，亦即象山的

---

① 《朱子语类》卷二十七，第 684 页。此条为林夔孙所录，时在庆元三年（1197）丁巳朱子 68 岁以后。

② 在《从陆象山到刘蕺山》一书的第二章中，牟宗三站在其特有的立场上对朱子与象山的争辩作了详细的梳理，其中第八节则对朱子攻象山为禅作了详尽的辨明，参阅氏著：《从陆象山到刘蕺山》，第 187—212 页。此外，学者亦可参阅牟宗三的《中国哲学十九讲》《宋明儒学的问题与发展》等书的相关论述。此外，有关“朱陆异同”的论辩，请参阅陈来：《朱子哲学研究》第十七章，第 397—421 页。

③ 学者如陈钟凡认为，陆九渊教人“与禅家口吻，宛尔同符”（氏著：《两宋思想述评》，北京：东方出版社 1996 年，第 266 页）。祈润兴认为，“象山……确实有禅宗的学术风格”（氏著：《陆九渊评传》，南京：南京大学出版社 1998 年，第 34 页）。张立文则认为，朱子谓象山为禅主要涉及“重内遗外的作风，存心绝物的功夫，简易为学的倾向等”（氏著：《心学之路——陆九渊思想研究》，北京：人民出版社 2008 年，第 237 页）。朱子也多把象山后学的猖狂恣肆归因于象山而谓其为禅。

④ 牟宗三：《从陆象山到刘蕺山》，第 14 页。

⑤ 牟宗三：《中国哲学十九讲》，台北：学生书局 1983 年，第 353 页。

“不说破”的“非分解”的表示方式，朱子于此斥之为禅，此从朱子《语类》卷一百零四、一百二十一、一百二十四等诸多论述中不难看出。朱子对此的相关言说甚多，今以《语类》卷一百二十四《陆氏》为例，朱子谓象山学之“暗”和“黑”的意思大体包含以下几个方面。

首先，象山之说“无定常”，无定常乃所以“暗”。所谓“定常”是一个总说，包括多层含义，而重心在于认为成德之学当有确定的传达途径，有必要的次第、规则，故朱子云“圣贤教人有定本”，而象山之学则似禅家教人无定，“子静之说无定常，要云今日之说自如此，明日之说自不如此。大抵他只要拗”，“可知是他所学所说尽是杜撰，都不依见成格法。他应事也只是杜撰，如何得合道理！”①当然，今日之说如此，明日之说如彼，并不一定是杜撰，盖本心之发，如水银洒地，随遇随应，随应随润。然而，朱子谓象山之学“无定常”究竟包含什么内容？具体所指为何？依朱子，其一是不著言语，排斥分解性言说。朱子云：“陆子静不著言语……陆只鹘突说过。”②“鹘突”即模糊、疑惑不定之意，象山不以清晰确定的语言表达成德之方法、路径，此乃所以“暗”和“黑”也。朱子又云：“吾儒头项多，思量著得人头痹，似陆子静样不立文字，也是省事。只是那书也不是分外底物事，都是说我这道理，从头理会过，更好。”③象山无心细看圣贤文字，“凡说未得处，便将个硬说辟倒了，不消看”④。其二是“跳踯”，意即教法上躐等跳跃，不落阶级，泯除难易远近，无法示人以确定的循序的阶梯和轨道。其实，在朱子，“跳踯”和“鹘突”可以理解为一个钱币的两个方面。朱子云：“近来一种议论，只是跳踯。初则两三步做一步，甚则十数步作一步，又甚则千百步作一步，所以学之者皆颠狂。”⑤朱子又云：“陆子静说‘良知良能’‘四端’等处，且成片举似经语，不可谓不是。但说人便能如此，不假修为存养，此却不得。譬如旅寓之人，自家不能送他

① 《朱子语类》卷一百二十四，第2974—2975页，叶贺孙录。
② 同上书，第2971页，潘植录。
③ 同上书，第2974页，沈僩录。
④ 同上书，第2970页，叶贺孙录。
⑤ 同上书，第2969页，李方子录。

回乡，但与说云：'你自有田有屋，大段快乐，何不便回去？'那人既无资送，如何便回去得？"[①]此处朱子仍是用比喻性的说法，所谓"那人既无资送"非谓人无成德之资、之本，而是指经由修养有效地到达目的的途径和方法，此处若"无"，即朱子所谓的"中间暗""黑腰子"。其三，与象山攻击朱子一样，朱子也认为象山立说乃是"假借"。所不同的是，在象山看来，朱子是假圣人之言以说己意[②]；而在朱子看来，象山则是假己意以说圣人之言。朱子云："陆子静之学，自是胸中无奈许多禅何。看是甚文字，不过假借以说其胸中所见者耳。据其所见，本不须圣人文字得。他却须要以圣人文字说者，此正如贩盐者，上面须得数片鲞鱼遮盖，方过得关津，不被人捉了耳。"[③]朱子此说，意指象山之学为了防人耳目，乃假借圣人之言，说自己的意见。

其次，象山之学以悟代证，拒斥一切议论和意见，导致"默然无言""寂然无思"。无言无思、默然寂然乃让人不得其意，不明所以而为"暗"。"暗"是对着"明"而言的，而此处所谓"明"依朱子的功夫教法，乃在于借由认知、讲说、议论、辨明（主要是对着圣人之经典而言）达成客观、公共的道理和节次以便让人有所持循，盖若只任单个人之直觉体悟，则其体悟固然可直趋本根，涤除阶级、不着言诠以至瞑迹显本，但此个人所体悟者究竟是"廓然"之本心抑或是"懵然"之私意？[④]如何防止妄拟情缘为妙用？又如何识别参情识、荡虚玄于本心本体？此类问题似尚需讲究，而依朱子，象山教人"只道这是胸中流出"，"若识得一个心了，万法流出，更都无许多事"[⑤]。如是者，象山

---

① 《朱子语类》卷一百二十四，第 2970 页，万人杰录。

② 象山云："晦翁之学，自谓一贯，但其见道不明，终不足以一贯耳。吾尝与晦翁书云：'揣量模写之工，依放假借之似，其条画足以自信，其节目足以自安'，此言切中晦翁之膏肓。"《陆九渊集》卷三十四《语录上》，第 419—420 页。

③ 《朱子语类》卷一百二十四，第 2978 页，辅广录。

④ 朱子曾在给汪尚书的第三书中指出："大抵近世言道学者失于太高……理既未尽，而胸中不能无疑，乃不复反求诸近，顾惑于异端之说，益推而置诸冥漠不可测知之域，兀然终日，味无义之语，以俟其廓然而一悟。殊不知物必格而后明，伦必察而后尽。彼既自谓廓然而一悟者，其于此犹懵然也，则亦何以悟为哉？"（同上书，卷三十《书·答汪尚书第三》）

⑤ 《朱子语类》卷一百二十四，第 2977、2981 页，叶贺孙录。

乃排斥一切议论、意见,"今陆氏只是要自渠心里见得底,方谓之内;若别人说底,一句也不是。才自别人说出,便指为义外"[①]。故朱子云:"某向与子静说话,子静以为意见。某曰:'邪意见不可有,正意见不可无。'子静说:'此是闲议论。'某曰:'闲议论不可议论,合议论则不可不议论。'……'他之无意见,则是不理会理,只是胡撞将去。若无意见,成什么人在这里!'"[②]"'既不尚议论,则是默然无言而已;既不贵意见,则是寂然无思而已。圣门学问,不应如此。若曰偏议论、私意见,则可去,不当概以议论意见为可去也。'"[③]又云:"某谓除去不好底意见则可,若好底意见,须是存留……圣贤之学,如一条大路,甚次第分明……今只理会除意见,安知除意见之心,又非所谓意见乎?"[④]依朱子,若去除一切思索讲论,群疑胸塞,都没分晓,其学则不免"言语道断,心行路绝",堕而为"陷溺人之深坑"。

朱子对象山学之"中间暗"的批评无疑是从其所理解的"圣门学问"出发的,且其所涉论旨林林总总,非上述简说所能尽,但约其核心则主要在不著语言,主直觉之悟,排斥一切议论和意见,在作用和表现方式上有类于禅。

然而,我们说过,牟宗三曾在数本论著中对朱子斥象山之学"中间暗"而为禅作了全面的辩护,其中又尤以《从陆象山到刘蕺山》一书为详。[⑤]围绕朱子"中间暗"的批评,综合牟宗三的相关说法,我们大体可以概括出以下几个方面。首先,牟宗三在区分朱陆之学之"端绪得失"的前提下认为[⑥],朱子说象山之学"中间暗""不说破"指的是象山"非分解"的表示,而"非分解"的表示不是禅。象山继承孟子,走的

---

① 《朱子语类》卷一百二十四,第2976页,黄畲录。

② 同上书,第2972页,甘节录。

③ 同上书,潘柄录。

④ 同上书,2972—2973页,万人杰录。相关意思又见《朱子文集》卷三十四《答吕伯恭九十四》。

⑤ 我们还需说明,牟宗三对朱陆之学得失同异的论辩涉及许多方面,本文只就与论题密切相关者展开简约的说明,余则不涉。此外,牟宗三虽在其论著和不同场合的演讲中反复提及朱子"中间暗"的批评,但其核心意思并无多大差别。

⑥ 象山云:"学问固无穷已,然端绪得失,则当早辨,是非向背,可以立决。"(《陆九渊集》卷一《书·与邵叔谊》,第2页)此为牟宗三分判朱陆最为重要的前提。

不是分解的路，他用非分解的方法表达，分解的义理在孟子，他的假定都在孟子①，但因象山取“非分解以指点”的方式，“遂令朱子误想其为禅。其实这与禅何干?”所谓“中间暗”“只是因为于朴实之得以‘非分解方式’来指点，指归于孟子，令人就实处来理会，便足够，故不须再从事于分解，盖孟子已说破，已分解地言之矣，何须再分解？又何暗之有?”“所以在此，孟子的分析就是他的分析，孟子的那些分别说，就是陆象山所肯定的分别说”②。其次，“陆象山在某一方面虽然用非分解的方式，可是在某一方面，仍然用的是分解的方式，这与禅宗所用的方式还是不同”③。禅家之风格是当我们一旦归于朴实之途，进一步想把本心即理之“本心”不起一毫作意与执着，如如地呈现之时，便有禅之风格，此即禅家所谓“无心为道”，亦即是作用义的无心，不是存有论的无心。要说禅，只有在此作用义的无心上始可说，但此义可在明道、阳明及龙溪、近溪处见，且此作用义之无心的境界乃是共法，非佛家之专利；即便如此，象山也尚未进至此义，尚未有这种禅的表现风格④，“故朱子说他是禅根本是误想，而且是模糊仿佛的联想”⑤。最后，是挥斥“闲议论”。象山讲学宗旨在发明本心，去除一切虚说浮论，归于道德实践而不在追求知识，盖实事实理顺本心自律而发，本就坦然明白，读书讲论或分解的表示若不相应于本心的发明，则为粘牙嚼舌，徒增葛藤，“知识本身自有其独立意义，但不必与道德实践有直接而本质的相干”。“象山之挥斥议论不是挥斥此种知识本身，乃是挥斥依知识之路讲道德。依知识之路讲道德，即成为‘闲议论’，不是知识本身为‘闲议论’。”⑥总之，牟宗三认为，在象山

① 参阅牟宗三:《宋明儒学的问题与发展》，台北:联经出版事业股份有限公司2003年，第206页。

② 牟宗三:《从陆象山到刘蕺山》，第13—14页，亦见第56页;《中国哲学十九讲》，第348页。牟宗三此说所表示的只是“说明”(explanation)而非“论证”(argument)。

③ 牟宗三:《中国哲学十九讲》，第348页。牟宗三云:“象山在批评朱夫子之学问为议论之途时，仍然是分别说，目的在区分何者为议论之途，何者为朴实之途。”(第351页)

④ 象山曾云:“人非木石，安得无心？心于五官最尊大。”《陆九渊集》卷十一《书·与李宰二》，第149页。

⑤ 牟宗三:《从陆象山到刘蕺山》，第14—15页。

⑥ 同上书，第37页。

那里,若能就本心即理之第一义处实落下手用功,则"其语言不待分解亦自明",因为"分解无论如何重要,总属第二义"①。故象山以启发、指点、训诫、遮拨的方式来豁醒人,"因为他一眼看到孟子所昭显者皆是实事实理,坦然明白,只须吾人以真生命顶上去,不落于虚见虚说,不落于文字纠缠粘牙嚼舌之闲议论,便自然能洞悟到那坦然明白之实事实理而内外洞明,进而更能真切相应地呈现之而挺立吾人之人品"②。

(二)如何是"中间暗"?

不难看到,牟宗三力辩象山"非分解"的表示不是禅,而只是朱子的"模糊仿佛的联想",此种"非分解"的表示非但不"暗"、不"黑",反而是"坦然明白"。牟宗三之如此的辩护乃基于一重要的理论判断前提,此即朱陆之间有关第一义或"端绪"上的"正当"与"不正当"之分,这无疑是另一个独立而重大的理论问题,已超出本文的范围。我们所关注的问题是,即便"端绪"或第一义已明,分解地展示,认知、讲说、议论是否还有必要?是否可以一概加以挥斥?即便象山的义理在孟子处已分解,已说破,至象山教人时是否即可以无须分解,无须说破?倘若如此教人,其是否即能使人得其"坦然明白"?

即便就着牟宗三的疏解而言,议论、讲说之分解地表示相对于第一义而言虽落第二义,但却依然不可忽视,依然为第一义之内在要求,说其为第二义乃只是比较之权说。对象山心学而言,此处有两点尤为重要,一是象山主脱落习染,直悟本心,功夫固是直截简易,然亦会因此简易而驯至下半截之无危无惧,乃至落于指情缘为妙用,簸弄精魂,玩弄光景;另一是本心之理虽亭当活泼,圆满自足,当恻隐自恻隐,当羞恶自羞恶,是非在前,自能辨之,但若无分解地表示,则此本

---

① 牟宗三:《从陆象山到刘蕺山》,第7页。
② 同上书,第5—6页。

心之理仍不足于应众机以适情境、时代变化之需，因情之不同，时之不同乃至所因应的具体的人、物、事之不同，则必当有对此情、此时、此人、物、事之认知之分解以呈现此心此理，以泛应曲当，此理之易明者，亦为牟宗三所意许，而象山对此亦非无所知觉。《语录》记象山云："千古圣贤若同堂合席，必无尽合之理。然此心此理，万世一揆也。"①依象山，若千古圣贤同堂而坐，其议论作为也必不能尽同，然其安身立命之理，必无毫发之差。象山强调此心此理万世一揆，此端绪上必当先立者。此心此理充塞宇宙，当恻隐时必有恻隐之心之生发，故一切功夫、一切议论和分解必当在发明本心上实落下手，凡外于此者则为闲言闲议论，即此而言，象山自无排斥议论、分解之理，亦无拒斥读书、讲说之理②，盖象山已明确认识到，即便"圣贤"同堂合席，必也无"尽合之理"。然而，何故万世一揆之心之理，即便圣贤也不能尽合？象山于此虽在理上认识到读书、讲论的必要，然其教人多在扭转朱子上用心用力，更多地强调本心之"同"，强调当恻隐"自"恻隐，是非在前，"自"能辨之的"自"，而对于为何不能"尽合"的原因和道理欠缺足够的、必要的条陈和说明；不仅如此，象山教人多诉诸当事人自己的体悟，或以当机指点的方式让当事人豁醒，而对于成德过程中的节目、次第、规则，对于各主体心灵间确定的传达渠道亦即形式型知识的确立等并不着力关心，以致常使学者"每闻先生之言，茫然不知所入"③。

其实，在象山在世时，便因其教人"空腹高心"，脱略文字，主简易直绝，直趋本根而被时人目之为禅，就连当时的皇帝也这样认为。④牟宗三虽力辩象山"非分解"的表示非禅，"他是在'对朱子之歧出而欲扭转之'这个特殊机缘(particular occasion)下才用非分解的方式

① 《陆九渊集》卷三十四《语录上》，第405页。

② 如象山云："人谓某不教人读书……何尝不读书来？只是比他人读得别些子。"又云："某何尝不教人读书，不知此后煞有甚事。"见《陆九渊集》卷三十五《语录下》，第446、470页。

③ 《陆九渊集》卷三十五《语录下》，第439页。

④ 同上书，第447页。

来说的”[1]，故认为朱子的联想不对，但牟宗三也不得不承认“陆象山是有这个姿态，他不说破，就很容易令人误解为禅”[2]。又云：“当然，朱夫子批评陆象山是禅，并不正确；但在某一层意义上，朱夫子的联想也不完全没道理。”[3]象山在教人讲学上有“不说破”的“姿态”，这种“不说破”在《陆九渊集》中有许多记载，最重要的是表现为象山教人排斥分解的展示，诉诸当机指点以期于学者对本心的自悟与自成。

象山立言，本孟子主“先立乎其大”，所谓“大者”即是本心，“此心之良，人所固有”，故“古人教人，不过存心、养心、求放心”[4]。然而，对于此人所固有的本心的把握，在象山和心学家看来，并不是通过知识性的、能所对立的分解方式来实现的，而主要诉诸当事人的体悟和体证来获得，对此熊十力先生说得很清楚，“体认者，能觉入所觉，浑然一体而不可分，所谓内外、物我、一异、种种差别相，都不可得……哲学家如欲实证真理，只有返诸自家固有的明觉。即此明觉自明自了，浑然内外一如，而无能所可分时，方是真理实现在前，方名实证。前所谓体认者即是此意”[5]。基本上，象山教人也并不是不资用经典，然而，在象山，经典顶多只是一种引发，关键存乎人的自我体证，

① 牟宗三：《中国哲学十九讲》，第349页。牟宗三在此对象山“非分解”的辩护似乎有些让人难于释怀，盖一方面牟宗三认为象山本孟子(端绪之明)以非分解的方式挥斥闲议论，点示此理坦然明白，致使儒门的内圣之学“至是而始一明也”；另一方面又认为即便“端绪”已明，分解的方式依然很重要，依然不可缺少，否则便不足以应众机以适时代之需，也因此之故，而有阳明重新分解以立义，提出致良知以对治朱子之顺取的格物穷理说。此仍归于孟子学，然有所立也。(见氏著：《从陆象山到刘蕺山》，第21页)若说象山之非分解的表示有扭转朱子的特殊机缘，故其非分解有正当性，则阳明分解地立义亦复有对治朱子之失之义，且依牟宗三，阳明学也是孟子学，如是，象山、阳明同有扭转或对治之特殊机缘，同为孟子学，何以一取分解，一取非分解？又，若说分解之表示甚为重要，不可缺少，则象山之非分解在何种意义上将导致“不足以应众机”而有待于我们正视？牟宗三虽引阳明谓象山之学“有粗处”，然而，在牟宗三的笔下，象山之学似乎仍然粗而不粗，如其谓“盖就学之风格而言，粗既只由‘非分解’而显，则粗亦只是非分解方式下之遮拨‘闲议论’与点示实事实理所显之排荡相，此即粗而非粗，粗只是他人之感想”(同上书，第24页)。实则假如我们撇开先见，阳明所谓的“粗”与朱子所谓的“暗”似乎有同指而异名之意。类似问题乃顺牟先生之疏解而生，故顺便指出。

② 牟宗三：《宋明儒学的问题与发展》，第206页。

③ 牟宗三：《中国哲学十九讲》，第348页。

④ 《陆九渊集》卷五《书·与舒西美》，第64页。

⑤ 熊十力：《十力语要》，台北：广文书局1975年，第22页。

此从杨简扇讼之例中可见，据《年谱》记载：

> 四明杨敬仲时主富阳簿，摄事临安府中，始承教于先生。及反富阳，三月二十一日，先生过之，问："如何是本心？"先生曰："恻隐，仁之端也，羞恶，义之端也，辞让，礼之端也，是非，智之端也。此即是本心。"对曰："简儿时已晓得，毕竟如何是本心？"凡数问，先生终不易其说，敬仲亦未省。偶有鬻扇者讼至于庭，敬仲断其曲直讫，又问如初。先生曰："闻适来断扇讼，是者知其为是，非者知其为非，此即敬仲本心。"敬仲忽大悟，始北面纳弟子礼。①

此一案例常为学者所引。杨简问"如何是本心"当包含本心的概念义和活动义，即什么是本心？本心如何表现？象山原封不动地以孟子语作答，且再三之而不易，似乎侧重从概念上作答，但这并未解答杨简的疑问，及至扇讼毕，经由象山的当机指点，杨简"忽大悟"。当机指点则侧重于从本心的作用表现上以明本心为何，象山并没有用自己的分解性的语言以让杨简明白何谓本心，毋宁说，象山是用本心"怎么样"来代替本心"是什么"。在象山看来此本心之分解的表示孟子已经说过，不必再次劳攘，而象山所以不厌其烦地重复孟子之语，目的则在于引发杨简返诸本心，令其在事上自悟自得自成。象山虽言必称孟子，但在明端绪得失之外，孟子之语似乎也依然只是一种衬托，一种假手和方便法，关键还是在个人的体悟体证。对于利根之人，此法或可有见拳石即泰山之效，但对于更多的资质平常之辈，此法则不免有引而不发乃至茫然不知所措之病②。

与此相联系，在功夫修养方面，象山教人也不免鹘突。《语录》记：

> 伯敏问云："以今年校之去年，殊无寸进。"先生云："如何要

① 《陆九渊集》卷三十六《年谱》，乾道八年条，第487—488页。
② 参阅第十章"体悟、言说与规则——'杨简扇讼'案例的哲学分析"。

长进？若当为者有时不能为，不当为者有时乎为之，这个却是不长进。不恁地理会，泛然求长进，不过欲以己先人，此是胜心。”

此处伯敏困于年来修身无长进而有以问之，象山答谓要理会当为不当为的本心之理，否则便是求胜之心，象山之答可谓有针指。但接下来的对话却不能让人释怀。

伯敏云：“无个下手处。”先生云：“古之欲明明德于天下者，先治其国；欲治其国者，先齐其家；欲齐其家者，先修其身；欲修其身者，先正其心；欲正其心者，先诚其意；欲诚其意者，先致其知；致知在格物。格物是下手处。”伯敏问：“如何样格物？”先生云：“研究物理。”伯敏云：“天下万物不胜其繁，如何尽研究得？”先生云：“万物皆备于我，只要明理。然理不解自明，须是隆师亲友。”①

伯敏疑于功夫无下手处，象山如回答杨简之问一样，先原封不动地大段铺陈《大学》的原文，最后仍归结为要明本心之理。伯敏之疑原在此本心之理在日用常行处如何寻着下手，蕴含由近及远、由简到繁、由低到高的阶梯、次序和规则等等，但象山回环一圈，依然返回到原点，认为此理不解自明。我们有理由相信，象山的回答并没有有效地化解伯敏的疑问。但象山此处提出“理不解自明，须是隆师亲友”，似乎告诉伯敏，功夫的下手处在隆师亲友。象山教人的确重视师友，象山尝言：“道广大，学之无穷，古人亲师求友之心亦无有穷已。以夫子之圣，犹曰‘学不厌’，况在常人，其求师友之心，岂可不汲汲也！”②师友之间的切磋、提点、讲论乃至榜样固有益于明道，不过，象山对此依然保持警惕，认为一方面师友聚会不可必得，还是要依恃个人随分

① 《陆九渊集》卷三十五《语录下》，第 440 页。
② 同上书，卷三《书·与黄元吉》，第 43—44 页。

用力，另一方面若遇非真实的师友，反相眩惑①。故象山认为，功夫之下手处依然在发明本心，而此发明本心之关键则在“自得，自成，自道”，在“不倚师友载籍”②。《语录》又记：

> 徐仲诚请教，使思孟子“万物皆备于我矣，反身而诚，乐莫大焉”一章，仲诚处槐堂一月，一日问之云：“仲诚思得孟子如何？”仲诚答曰：“如镜中观花。”答云：“见得仲诚也是如此。”顾左右曰：“仲诚真善自述者。”因说与云：“此事不在他求，只在仲诚身上。”既而又微笑而言曰：“已是分明说了也。”少间，仲诚因问《中庸》以何为要语。答曰：“我与汝说内，汝只管说外。”③

象山让仲诚思考孟子“万物皆备于我矣，反身而诚，乐莫大焉”一章，象山显然并未解说孟子此章何意，我们或可理解为在象山看来，此章之意在反身自证、自求，而不在语言之解说。④仲诚思之一月，乃以“镜中观花”喻其心得，象山称仲诚“真善自述”，盖依象山，唯有透过镜子，乃可知万花皆映照在镜中；亦唯有透悟此心，乃可知万物皆在此心中。除却心，如何见得自然世界之枝叶扶疏？故镜中观花即喻了万物皆备于我，而了解孟子此章的根子在自家心上，不在向外他求万物。象山教人汲汲于在心上立根，亦常常以“不说”来说明“已是分明说了”⑤，反身自求是为学的大关节，故当仲诚问《中庸》以何为要语时，象山以为类似之问落于概念、语言之解说，皆是枝叶、歧途，学问之道唯在自家本心上用功，这便是他所说的“知学”。

---

① 《陆九渊集》卷一《书·与侄孙濬》，第 13 页。

② 同上书，卷三十五《语录下》，第 452 页。

③ 同上书，卷三十四《语录上》，第 428 页。

④ 其实，对孟子此章之分解地表示之，非不能，亦非不必要，牟宗三对此便有详细的分解。

⑤ 《语录》记象山语云：“子贡言‘性与天道不可得而闻’，此是子贡后来有所见处。然谓之‘不可得而闻’，非实见也，如曰‘予欲无言’，即是言了。”（《陆九渊集》卷三十四《语录上》，第 397 页）从类似记载来看，象山教人，以不说来说明已说，以不言来说明已言，的确是其非常个人化的教学方式，存乎学者自悟本心之理。

象山尝言,"上是天,下是地,人居其间。须是做得人,方不枉。"①又云:"人须是闲时大纲思量:宇宙之间,如此广阔,吾身立于其中,须大做一个人。"②学者每闻此言,不免下自警策,倏然而兴,骤然而动。象山教人,亦每对学者言,"汝耳自聪,目自明,事父自能孝,事兄自能弟,本无少缺,不必他求,在自立而已"③,故为学者当打扫心田,收拾精神,自作主宰。依象山,主体自我完具作道德实践的天赋和能力,关键在于自立和立志,"道非难知,亦非难行,患人无志耳"④。因此,为学之要,首在立志,"今曰向学,而又艰难支离,迟回不进,则是未知其心……此乃为学之门,进德之地。得其门不得其门,有其地无其地,两言而决。得其门,有其地,是谓知学,是谓有志。既知学,既有志,岂得悠悠,岂得不进"⑤。凡此皆果决刚实之言。不过,当伯敏问"如何立"的时候,象山则一仍如旧地强调在本心田地上用功,并以禅宗棒喝的方式说道:"立是你立,却问我如何立?若立得住,何须把捉。"⑥象山谓"立是你立"于理上固然亭当。然而,伯敏是经象山之开诱已知"自家固有根本,元不待把捉",但却苦于无路头可入;常思量不把捉,又苦于无下手处。故伯敏"如何立"之问的实质原在于求得一个人为学进德的确定的方法和轨道,目的在于要象山提供某种可传达的、形式型的知识和途径,然而,象山却并未回答伯敏之疑,反而责伯敏方法上为异端。顺此而下,象山乃大段引经据典说要在学问根源上理会此心,谓"若能尽我之心,便与天同"。可当伯敏问"如何是尽心?性、才、心、情如何分别?"时,象山断然斥之为"枝叶",是只求解字,不求血脉,认为"情、性、心、才,都只是一般物事,言偶不同耳","不须得说,说着便不是,将来只是腾口说,为人不为己。

① 《陆九渊集》卷三十五《语录下》,第450页。
② 同上书,第439页。
③ 同上书,卷三十四《语录上》,第399页,亦见第408页。
④ 同上书,卷一《书·与侄孙濬》,第13页。
⑤ 同上书,卷五《书·与舒西美》,第64页。
⑥ 同上书,卷三十五《语录下》,第443页。

若理会得自家实处，他日自明”[①]。问者之意在于，即便端绪已明，毕竟情、性、心、才有何不同？但象山却取鹘突模糊的方式，将不同概念做打合的、浑沦的处理，并认为不须得说，说着便不是。可问题是，若情、性、心、才不须分别，又何以要有情、性、心、才的分别？何况这种分别不也来自《孟子》吗？何以孟子有此分别而象山却认为“不须得说”？这正是伯敏不明而求有以明之之处，但这种知识上的讲求和分辨象山认为是碍道的闲议论。然而，“知识上的分辨”与“依知识之路讲道德”原是两个不同的问题，即便理会得“自家实处”，此“自家实处”仍有情、性、心、才之分别，仍需讲求，否则，自家实处仍不易得，不易明，而象山却常常混而为一，或不事讲求，故有学者问“如何是穷理尽性以至于命”时，象山则云：“吾友是泛然问，老夫却不是泛然答。老夫凡今所与吾友说，皆是理也。穷理是穷这个理，尽性是尽这个性，至命是至这个命。”[②]问者是问怎样或什么才是穷理尽性以至于命，问得似乎并不泛然，象山却通通用“这个”加以鹘突地回答，什么样或如何样的“这个”？答得倒委实有点泛然。我们不禁要问，即如前之孟子、后之阳明，他们不也有对尽心、知性，对情、性、心、才等概念的讲说和分别么？莫非他们也是多此一举、也是“平地起土堆”？若谓象山取非分解的表示是为了扭转朱子之失，那么，何以同样是为了扭转朱子之失，阳明却采取了分解的表示？若上述疑问如理，则象山自己何以不示之以分解地立义，以便有效地接引学者？[③]显然，凡闻分解之问即斥为枝叶、闲议论，必有言之太过处。[④]审如是，象山千言万语，只教人在自家本心实处理会体证，而对于此本心

---

① 《陆九渊集》卷三十五《语录下》，第444页。

② 同上书，卷三十四《语录上》，第428页。

③ 参阅拙文：《只还粗些——阳明对象山之评论及牟先生之诠释》，载《新亚学术集刊》第19期，香港：香港中文大学新亚书院2006年。

④ 《语录》记：“有立议论者，先生云：‘此自是虚说。’或云：‘此是时文之见。’”（《陆九渊集》卷三十四《语录上》，第408页。）又云“今之所以害道者，却是这闲言语”（同上书，卷三十五《语录下》，第437页）。就象山为辟朱子之特殊机缘而言，固有其可说处，但若凡说议论皆是虚说，则未免太过。

实处所当含的言语讲说则不加理会，《语录》记：“曹立之有书于先生曰：‘愿先生且将孝悌忠信诲人。’先生曰：‘立之之谬如此，孝悌忠信如何说且将。’”①假如作为德行规范的孝、悌、忠、信不能说、也不必说，只是作为达到究竟境界的个人的体证方式，那么，儒门中作为成德的共同规范也就无从建立，但无论如何，主体心灵的道德自我意识的确定的传达，乃是建立共同规范必须满足的条件，除非儒家的道德哲学不必有此共同规范。

（三）“中间暗”蕴含的理论问题是什么？

综上可见，象山为学汲汲于教人在本心上自我体证，以为路头对了，则功夫之本全在自家切己自反②，故而象山教人特别突出一个“自”字，象山云：

> “诚者自诚也，而道自道也。”“君子以自昭明德。”“人之有四端，而自谓不能者，自贼者也。”暴谓“自暴”。弃谓“自弃”。侮谓“自侮”。反谓“自反”。得谓“自得”。“祸福无不自己求之者。”圣贤道一个“自”字煞好。③

从道德哲学的角度上看，人但凡认识到自己内在的良知良能深广不竭，不可胜用，则成就一个人德行的着力处乃取决于意志的自我决定，故做人“不可自暴、自弃、自屈”④，学问之根在“自得，自成，自

---

① 《陆九渊集》卷三十四《语录上》，第410页。

② 《年谱》淳熙十五年条记：“或问：‘先生之学自何处入？’先生曰：‘不过切己自反，迁善改过。’……又曰：‘吾之与人言，多就血脉上感动他，故人之听之者易。’”（《陆九渊集》卷三十六《年谱》，第502—503页）象山固知“人气禀清浊不同”（同上书，卷三十五《语录下》，第458页。）尝言“人之所以病道者：一资禀，二渐习”（同上书，第448页）。所谓“愚不肖者”蔽于物欲，“贤者智者”蔽于意见。（同上书，卷一《书·与赵监》，第9页）而象山进一步认为，“意见”所以蔽锢人心，其病尤深于物欲。象山言功夫强调“剥落”和“简易”与此有关。

③ 同上书，卷三十四《语录上》，第427页。

④ 同上书，卷三十五《语录下》，第433页。

道”，在“自作主宰”①，凡抛却自家田地兀自外求者，则是自我戕贼。②强调主体的自由意志的自我决定乃是成就道德的前提和道德责任赖于落实的基础，象山于此断之甚明，持之甚坚。然而，象山似乎并未认真考虑意志之“展示”与意志之“完成”的不同。③《年谱》乾道八年(1172)记“先生所以诲人者，深切著明，大概是令人求放心。其有志于学者，数人相与讲切，无非此事，不复以言语文字为意”④。象山教人所以“不复以言语文字为意”，强调单个人的自得自成，原因在于每个人的本心皆含具先天的道德原则，而此先天道德原则的最大特点就在于它的自我明证性。象山重言“自”，其意既在自作主宰，也在自悟自证。不过，尽管象山不事语言讲说，不喜格套条规，善于从血脉上感动学者，以期于学者自悟自明，然而，不可否认，学者也常有“无下手处”的窘境以及认“枝叶”为“根本”的陷落，以致象山自己也不免有“某有积学在此，惜未有承当者”⑤的遗憾和慨叹。如是，我们要问，何以象山教人旦旦然谓“坦然明白”，却又依然让人有“茫然不知所入”之“暗”？何以心体亭亭当当，而悟之者却似是而非？牟宗三对此已有他自己详细的解说，今且不论。然而，面对象山诸学生的诸多疑问，我们依然心有疑惑的是，学者对本心之理的体悟所得究竟是随“仁守”而有的“充实”？还是只随“智及”而来的“觉照”？学者所体悟

---

① 《陆九渊集》卷三十五《语录下》，第452、455页。

② 牟宗三谓象山“高明爽朗，直拔俊伟”(氏著:《从陆象山到刘蕺山》，第23页)，既是对象山之人的品评，亦是对象山之学的赞赏。

③ 理论上，自由意志并不是一个对象性的存在，其本质当如庄子所说的是“无待的”，亦即在任何情况下它都能展示、能呈现、能觉悟，强调此一点很重要。但另一方面，自由意志本身却必须透过作为现实主体的人才能表现，而现实主体的人既受到躯壳的限制而不免有妄拟情缘、玩弄光景之病，同时也受到社会存在的限制而不免于各种束缚和痛苦。如是，自由意志要完成其自身、实现其自身则不能使其仅仅局限于主体意志自身之展示或觉悟，而必须在现实的人及其存在的社会层面中完成和实现其自身的自我规定，如是则必会遭遇到限制而须疏通之。故而道德实践之充分实现，自由意志固是先决条件，但此外我们还必须赋予自由意志一个“外加”条件，亦即理性化。参阅劳思光:《论儒学在中国现代化运动中之正反作用》，载刘国英编:《虚境与希望——论当代哲学与文化》，香港:中文大学出版社2003年，第153页。只注重意志之自我展示而不思及意志之实现和完成，其病有可能流于自了汉式的哲学。

④ 《陆九渊集》卷三十六《年谱》，乾道八年条，第489页。

⑤ 同上书，《年谱》，淳熙十五年条，第504页。

的“自明”果真如此“自明”吗？抑或只是当事者自己觉得“自明”而旁人却是“茫然”？我们又有何途径和方法既让当事者“自明”又让旁人或他者亦“分明”，以便成就儒家道德哲学的共同规范理论？

无疑地，类似疑问已然涉及对道德的主体性哲学的根本性的反省，不过，在此脉络下它们却的确是经由朱子“中间暗”的批评被显题化出来的。这些问题涉及内外两个方面，从内部看，是所谓“玩弄光景”问题。象山主“自”，强调个人对本心的自我体悟，但其体悟所得究竟是真实的本体呢，还是体悟者“只是因智光之悟及而将其（指心之本体）横撑竖架，投射于外而为影子”？“智光悟及于天心仁体本身，而不能当下将此天心仁体融于践履中而为主，以成其为天心仁体，则天心仁体即失其守，吊挂而为光景。对此光景，说玄说妙，拟议猜卜，歌颂赞叹，皆是玩弄光景。”[①]从外部看，是所谓议论讲说所涉及的规则规范问题。虽依牟宗三所说，象山是因端绪之辨而挥斥一切闲议论，以非分解的方式启发学者，但牟宗三以扭转朱子之失而推述象山排斥言说讲论的正当性却并非是一好的、充分的理由[②]，其根本的原因还在于象山所言之本心本体本就无法言说，端赖乎学者的自悟自证，这才是根本的原因。然而，学者间对同一本体的体悟体证又必有不同，如是者，若一道德哲学理论仅仅局限于单个主体的“自悟、自道”，则作为道德哲学的共同规范将如何建立？各主体心灵间如何获得确定的传达？我们又有何办法来判定各人的体悟所包含的此是而彼非？上述内外两方面所涉义理繁复，我们在此只作简单的提领和点示。

先说光景问题。其实，牟宗三对心性之学在践履功夫上可能流于“玩弄光景、簸弄精神和气魄承当”有严肃的觉察，而且认为在陆王

① 牟宗三：《宋明儒学的问题与发展》，第247—248页。黄宗羲曾云：“胡季随从学晦翁，晦翁使读《孟子》。他日问季随：‘至于心，独无所同，然乎？’季随以所见解，晦翁以为非，且谓其读书卤莽不思。季随思之既苦，因以致疾，晦翁始言之。古人之于学者，其不轻授如此，盖欲其自得之也，即释氏亦最忌道破，人便作光景玩弄耳。”沈善洪主编：《黄宗羲全集》第七册，《明儒学案上·明儒学案发凡》，杭州：浙江古籍出版社2005年，第6页。

② 如前所云，依牟宗三，阳明也在扭转朱子之失，但其却有分解。

的心学一系中此三病尤为易显，“故自陆王以后，犯此者众，而觉此亦严。真伪疑似之际，不可不辨。盖陆王讲学，脱落习染，直悟心体，以立其大。简易是其主征。但简易是就透悟心体以立大本而言。中有存主，心体流行，直而无曲，自是至简至易……但透悟简易心体，而不能知险知阻，正视险阻，在‘必有事焉’中而落实，则因心体之简易而将‘事’亦简易，驯至下半截全部放弃或荒废而不关心，则心体吊挂，形同隔绝”①。牟宗三强调直悟心体，必当有笃实功夫在“必有事焉”的无限过程中一隙不断地践履，如是则无光景可玩，此当是心学之所以立之“法体”所必包含者。然而，象山教人却不无因重体悟而流于猜测卜度、因主简易而流于气魄承当者，致使其弟子也不能分辨自己所悟是真正识得本体还是只窥见本体之光景。《语录》曾记詹阜民“下楼之悟”：“他日侍坐无所问，先生谓曰：‘学者能常闭目亦佳。’某因此无事则安坐瞑目，用力操存，夜以继日。如此者半月，一日下楼，忽觉此心已复澄莹。中立窃异之，遂见先生。先生目逆而视之曰：‘此理已显也。’某问先生：‘何以知之？’曰：‘占之眸子而已。’”②占眸子语出《孟子》，原意是说观察一个人的心正还是不正，最好的方法莫过于观察一个人的眼睛，因为眼睛不会遮盖一个人的丑恶。（《孟子·离娄上》）詹阜民下楼“忽觉”心已澄莹，但此所忽觉之澄莹究竟是本心实理还是智光投射出去的影子？颇难判定③；象山则通过观察詹阜民的眼睛来判断他是否真正悟得本心之理，尤不免出玄入妙，此即难怪后之学者会有“茫然不知陆子之学为何如”④之叹。明儒罗整庵则站在性学立场，对杨简“忽省此心之清明，忽省此心之无始末，忽省此心之无所不通”以及詹阜民安坐瞑目，“忽觉此心已复澄莹”之悟，不唯斥之为禅家机轴，且直认为“二子之所见，即愚往年所见光

---

① 牟宗三：《宋明儒学的问题与发展》，第246—247页。

② 《陆九渊集》卷三十五，《语录下》，第471页。詹阜民（字子南，号默信）原从学于南轩，因无所得，后师事于象山。

③ 按陈淳之说，詹阜民悟道乃依佛家空寂之心映照万物的方式来理解象山所谓的本心，参阅《北溪文集》卷二《答赵季仁二》。

④ 《吴文正集》卷八十六，《故临川逸士于君玉汝甫妻张氏墓志铭》。

景，愚是以能知其误而究言之，不敢为含糊两可之词也”。整庵还对象山教人“眩于光景之奇特”深致慨叹，而谓“象山以英迈绝人之资，遇高明正直之友，使能虚心易气，舍短取长，以求归于至当，即其所至，何可当也？顾乃眩于光景之奇特，而忽于义理之精微，向道虽勤，而朔南莫辨，至于没齿，曾莫知其所以生者，不亦可哀也夫！”①

另一方面，象山教人固然简易直截，但简易而没有着实紧汲的功夫作前提，即不免沦为气魄承当。象山常有启发语、点示语、警策语，说得煞是动人，让人广广然，跃跃然，故朱子认为“近世所见会说话，说得响，令人感动者，无如陆子静”②。但不可否认，象山也有不少虚夸语，大话头，易于让人误会为只此一念之间便可一了百当，直与天地相似③，如象山尝言：“吾于践履未能纯一，然才自警策，便与天地相似。”④试想，若忽视践履功夫的纯一，则其所谓“才自警策，便与天地相似”鲜有不落于玩弄光景，气魄承当者！故朱子云：“他（指象山）是会说得动人，使人都恁地快活，便会使得人都恁地发颠发狂。某也会恁地说，使人便快活，只是不敢，怕坏了人。”⑤又云：“陆氏会说，其精神亦能感发人，一时被他耸动底，亦便清明。只是虚，更无底箪。”⑥

再说言语讲论问题。象山为学重个人的自得自悟，故不事言说讲论，这与其认定的作为形上本体之本心的特点密切相关，此一点前引熊十力之语说得甚明。其实，在心学一系中此一特点尤为突出，如作为明代心学的前期代表，陈白沙即认为，“道也者，自我得之，自我

① 《黄宗羲全集》，第八册，《明儒学案·下》卷四十七，《诸儒学案中一·文庄罗整庵先生钦顺》，第420—421页。当然，整庵如此评价有其自身特有的立场，与象山有隔。

② 《朱子语类》卷九十五，第2458页，沈僩录。朱子语带讥讽，但象山说话的确能感动人则是事实。

③ 劳思光认为，“象山学说之特色，自在于其‘心’观念，此所以后世有‘心学’之称。然象山立说之趋向固甚明显，其用语立论每每亦不甚严格，倘非对其所关之哲学问题能确定掌握，则读象山语录或他文，处处皆易生误解”。参阅氏著：《中国哲学史》三上，台北：三民书局1981年，第381页。

④ 《陆九渊集》卷三十六《年谱》，绍兴二十二年条，第483页。

⑤ 《朱子语类》卷一百二十四，第2982页，叶贺孙录。

⑥ 同上书，第2975页，黄嵤录。

言之可也,不然辞愈多而道愈室,徒以乱人也,君子奚取焉”[①]。阳明亦云:“心之精微,口莫能述。”[②]又云:“道不可言也,强为之言而益晦。”[③]象山挥斥闲议论,但自己教人也多不著言语、著述,不主与人辩说讲论,象山尝言:“辩论是非以解人惑,其任甚重,非吾友之责也。不与之论,他日却自明白。今欲遽论之,只是强说,自加惑乱耳。”[④]又云:“日享事实之乐,而无暇辨析于言语之间,则后日之明,自足以识言语之病。急于辨析,是学者大病。虽若详明,不知其累我多矣。”[⑤]不与辩说,期于学者于自家本心实处默而识之,默而成之,故云“吾之深信者《书》,然《易·系》言‘默而成之,不言而信,存乎德行’,此等处深可信”[⑥]。盖道不难知,也不难行,总在立志以自悟其是,非能宣之于笔舌,故云“平生所说,未尝有一说”[⑦]。如是,为学进德全在个人的觉悟和顿悟上,没有“如何”的过程,不注意客观理论的建构,更不能示人以确定的轨范和规则。朱子所以对此心存耿耿,正在于象山无形中萎缩甚至消解了儒家为学进德中必要的“过程”和“知性”,无法满足建立哲学理论的基本要求,故而其力主的讲说、议论、经典研究等可以被理解为朱子对“心”的内容意义和关联意义(associative meaning)的反省,他不取直觉的方式而是取客观化的方法来理解心之为心。而牟宗三则对复其心之本质有一详细的说明:“说到复其心之本质的关键并无巧妙之办法。严格说,在此并无‘如何’之问题,因而亦并无对此‘如何’之问之解答。其始,可方便虚拟一‘如何’之问,似是具备一‘如何’问题之样子,及其终也,说穿了,乃知并无巧妙办法以答此‘如何’之问,随而亦知在此根本无‘如何’之

① 《黄宗羲全集》,第七册,《明儒学案·上》卷五,《白沙学案上·文恭陈白沙先生献章》,第85页。
② 《王阳明全集》卷四,《文录一·答王天宇》,上海:上海古籍出版社1992年,第169页。
③ 同上书,卷七《文录四·见斋说》,第262页。
④ 《陆九渊集》卷七《书·与詹子南一》,第96页。
⑤ 同上书,卷十《书·与詹子南一》,第140页。
⑥ 《陆九渊集》卷三十四《语录上》,第403页。
⑦ 同上书,卷三十五《语录下》,第449页。

问题，而撤销其为问题之样子。记住此义，乃知觉悟、顿悟之说之所由立。觉悟、顿悟者，即对遮巧妙办法之谓也。知一切巧妙办法，到紧要关头，皆无用，然后始正式逼出此觉悟、顿悟之说矣。”①牟宗三基于心体之作为形上本体原不可作言语的分解的表示，故对此本体之知便无“如何”之问，因其本身便无“如何”的过程。审如是，凡试图对此本心本体作言语之分解、确定的传达途径的寻求、清晰而具共识的共同规范的建立等等，皆不可行，“这个方法之所以不可行，最重要的理由在于此一本体或本心逻辑地不可能构作任何方法程序。由于此一本体或本心是形而上的、超越的实体，它不可能建立有实践性的发生程序；又由于此一本体或本心是无对的、无分别的，它亦不可能提供有内容性的本质程序”②。无疑地，若依此逻辑推论，则所谓个人体证意义上的“见道之真”，所谓当下一悟，“是者知其为是，非者知其为非”，在根源上、在本质上便不是本心本体的自明自了，最多只是体道者后天的“自我得之，自我言之”（陈白沙语）的诠释与玄想，而这种单独的个人体证意义上的“诠释、玄想”，即便它仿佛可以与本心本体相合，也只是一种没有必然性的“巧合”或“偶合”。在此一意义上，象山虽力辟闲议论，但象山自己的议论仍不免于闲议论，而朱子谓“安知除意见之心，又非所谓意见乎？”乃可以获得其批评的正当性理由，其批评象山说话“中间暗”也必有其说。

盖体悟本心落于“自得”“自言”（象山说为“自道”），在逻辑上等值于将个人的“见道之真”看作是一种主观意义上的自我宣称（self-claim）。然而，假如一种理论能够成立，其重要的理由之一乃在于它能够被人所理解；而一种理论若要被人所理解，其预设的条件之一，则必须诉诸一些关于使用语言及传达意义的共同规则。在此意义上，“自我得之，自我言之”的自悟自明、自得自成固可以有其单独个人的“自我受用”，但这种类似于私人语言的喃喃自语却不能充当证

① 牟宗三：《从陆象山到刘蕺山》，第 164 页。

② 冯耀明：《“超越内在”的迷思：从分析哲学观点看当代新儒学》，香港：香港中文大学出版社 2003 年，第 167 页。

立理论本身的有效性理由，盖基于对本心本体的体证意义上的语言亦即“自言”“自道”式的语言乃是一种形上学的语言，这种形上学的语言只是表明我们对这个世界的态度，故有其个人“受用”的意义，但却并不能带给我们有关这个世界的知识①，因而它无法建立一种有效的、可沟通、可传达的哲学理论。牟宗三顺康德来疏解象山并证立象山②，假如撇开其间繁杂的异同不论，至少康德以后的众学者对康德道德哲学的反省和不满，抑或可以为我们理解朱陆之争带来某种启发。

无疑，康德以后，围绕对康德道德哲学的反省涉及诸多头绪，不是一篇简短的文章所能处理的，但扣紧我们的主题而言，则如何从先验主体的意识哲学发展到互为主体的语言哲学显然是一条极为突出的线索。③大家知道，黑格尔是站在“伦理”的立场来批评康德的“道德”的形式主义，黑格尔认为，康德“着重指出纯粹的不受制约的意志的自我规定，并把它作为义务的根源，这诚然很重要……但是固执单纯的道德观点而不使之向伦理的概念过渡，就会把这种收获贬低为空虚的形式主义，把道德科学贬低为关于为义务而尽义务的修辞或讲演”④。黑格尔进一步指出，在康德那里，“所谓道德律除了只是同一性、自我一致性、普遍性之外不是任何别的东西。形式的立法原则在这种孤立的境地里不能获得任何内容、任何规定。这个原则所具有的唯一形式就是自己与自己的同一”⑤。黑格尔批评康德的伦理

① 参阅劳思光：《从唐君毅中国哲学的取向看中国哲学的未来》，载《中国哲学研究之新方向》，郑宗义编，《新亚学术集刊》第 20 期，香港：香港中文大学新亚书院 2014 年，第 11 页。

② 当然，依牟宗三，象山之学仍有不同于康德、超越于康德之处。只是牟宗三觉得康德哲学依然不够“玄”、不究竟，“自由”在康德那里只是一种设准，不是一种呈现，故其最终不能证成“自律”；牟宗三乃取《大乘起信论》的“性觉”概念以完成他对儒家思想系统的最后的理解。

③ 基本上，到了 20 世纪，西方哲学已经完成了从近代的意识分析到现代的语言分析的哲学转向，20 世纪的许多哲学家都已达成了这样一种共识，即语言乃是人类知识的可能性和有效性的决定性条件，语言哲学转向的实质是把传统的意识理论放到一个更加可靠的方法论基础之上。

④ 黑格尔：《法哲学原理》，范扬等译，北京：商务印书馆 1982 年，第 137 页。

⑤ 黑格尔：《哲学史讲演录》第四卷，贺麟等译，北京：商务印书馆 1981 年，第 290 页。

学为形式主义的伦理学在理论上是否公平，学者自有不同的看法。不过，黑格尔批评康德伦理学的形式的立法原则“没有任何内容和规定”，只是“为义务而尽义务”，使自身局限于“孤立的境地里”等等，可以说既是构成哈贝马斯批评康德伦理学为“独白的伦理学”(monologue ethics)的原因，也是促使哈氏着力于借助沟通理论(the theory of communication)来重建康德式的伦理学的理由。①哈氏特别重视黑格尔对康德囿于意识哲学的批评，主张从意识哲学向语言哲学的过渡，从主体性向主体间性过渡。②依哈氏，康德把每一单个的主体(every single subject)当作理性的存在者，自己为自己给出道德法则和命令，然而，康德并没有从他人的立场、依据对话和理性讨论的共识来建立道德法则，如是，在康德的这种道德准则之下，本来道德哲学中人与人之间的“互动被消解成单一而自足的主体的活动”(interaction is dissolved into the action of solitary and self-sufficient subject)③。哈氏进一步认为：“就自律的观点而言，意志是由能够成功通过普遍化检验的格言所担当的。因此一个人的意志，是由应该对

① 李明辉站在康德的立场上对此从理论内部作了极为系统和明晰的回应。当然，究竟如何评价哈氏的交谈伦理借助沟通理论所作的对康德式伦理学的重建？哈氏放弃康德的形上预设，提出自己的“普遍化原理”、提出“真理的共识说或协商说”，认为康德的伦理学是独白的伦理学等等，在理论上究竟存在什么问题？这些皆可以作进一步的讨论。要之，哈氏的重建理论从康德出发，配合着意识哲学向语言哲学、主体性哲学向主体间性哲学转变的大势，当是我们审视哈氏理论的一个恰当的角度。学者可参阅李明辉：《独白的伦理学抑或对话的伦理学？——论哈柏玛斯对康德伦理学的重建》，收于氏著：《儒学与现代意识》(增订版)，台北：台大出版中心 2016 年，第 333—373 页。

② 哈氏所指的意识哲学指的是自笛卡尔以来以认识论为中心的近代哲学，这种哲学范式的重要特点之一是只注重单个的主体而忽视主体与主体之间的交互作用，并为了证成知识的普遍、必然性而将主体先验化。阿佩尔虽在哲学主张上与哈氏有所不同(如哈氏主普遍语用学，而阿氏主先验语用学等)，但阿氏显然也认为，“在笛卡尔、康德甚至胡塞尔意义上的意识明证性，不足以论证知识的有效性的基础”，相反，我们大有必要将个人直观明证性通过语用-语义规则而与“语言游戏”联系起来，“只有这样，个人意识明证性才借助于语言沟通而被变换为一种对我们来说的陈述的先天有效性，从而才能够在真理之一致性理论意义上作为一种具有先天约束力的知识是有效的”。参阅阿佩尔：《哲学的改造》，孙周兴等译，上海：上海译文出版社 1997 年，第 157、158 页。

③ J.Habermas, *Theory and Practice*, trans. by J. Viertel, Boston: Beacon Press 1973, p.151. 值得注意的是，罗尔斯的“正义理论”也与反省康德的伦理学密切相关，而且和哈氏一样，也主张发展出一套程序性的道德理论来代替康德式的伦理学。罗氏认为，道德哲学必须对一个人如何进行道德判断和道德实践提出一套理论的说明，以使道德原则和规范获得客观性，而不能仅仅满足于一种主观的宣称。

其他人同样有价值的理性所规定(当其他人被视作同一道德共同体的成员时)的。”因此,“自律不是一个分配的概念,而且无法个体地实现……康德用自律概念,自己已经引出一个只有在交互主体的框架下才能完全展开的概念”①。哈氏明显不同意那种出于单独个人的意志决定的所谓道德行为,不论这种意志决定是如何地秉承于可普遍化的先天的定言命令,因为自律无法个体地实现,相反,真正的道德行为是一种主体间的沟通行为。②沟通离不开语言,“沟通行为概念预先把语言设定为达到某种理解的媒介,在此一过程中,参与者借由自己与某一世界的联系,相互间提出可接受或拒绝的有效性要求”③。而哈贝马斯所发展出来的普遍语用学(universal pragmatics)正是要处理一种沟通行为何以可能的普遍、必要的条件④。依哈氏,若语言理论不再从语义学的角度讨论对某一命题的理解,而是从语用学的角度建构一组使得语言符号之所以有意义的规则,那么,各行动者相互间达成共识的表述便构成了彼此间同意的有关什么是对的行为规范,人们使用语言以达成沟通的行为即是理解和应用规则或规范的行为,因为语言是由规则所管辖的,而人们使用语言的行为也是一种被规则所管辖的行为。因此,哈氏认为,语义学的真理观和语用学的真理观并不相同,一旦人们接受了语义学和语用学有关真理问题上的区分以后,就会追问,对于规范正当性的话语为何是重要的。⑤审如是,则道德实践就已不再是单独个人“知道如何做”的体

---

① 参阅哈贝马斯:《对话伦理学与真理的问题》,沈清楷译,北京:中国人民大学出版社 2005 年,第 9—11 页。

② 参阅石元康:《罗尔斯》,桂林:广西师范大学出版社 2004 年,第 148—181 页。

③ J. Habermas, *The Theory of Communicative Action*, Vol. Ⅰ, trans. by T. McCarthy, Boston: Beacon Press, 1984, p.99.

④ 依哈氏,主体间的言语行为若要达成共识则需究明言语行为的可接受性条件(the conditions of acceptability),因为一个言语行为可以接受,意味着它满足了必要的条件,从而使得听众会对言语者所提出的要求采取肯定的立场,因而“任何处于交往活动中的人,在施行任何言语行为时,必须满足若干普遍的有效性要求并假定它们可以被验证”。这些要求包括真实性、正确性、真诚性和可理解性。(哈贝马斯:《交往与社会进化》,张博树译,重庆:重庆出版社 1989 年,第 2—3 页)

⑤ 杨国荣以其中西比较的学养和视野已敏锐注意到相关问题,并提出了自己的批评和意见,参阅氏著:《言说与存在:心学的一个向度》,《社会科学战线》1996 年第 6 期,第 9—17 页;《主体间关系论纲》,《学术月刊》1995 年第 11 期,第 3—8 页。

悟，而是“知道是什么”的知识，由这种知识所组成的规则即是道德规范，而这种道德规范乃是基于认知、讨论和行动者彼此同意的结果，不是也不能是单个的理性存在者自我决定或自我体悟的宣称，否则，这种自我宣称就像维特根斯坦所说的那样，是类似于“我的痛”那样的“私有的”感觉。①哈氏所主张的交谈伦理跳出了单个的主体性的自我意识的自明性宣称，将道德规范的有效性建立在主体间的认可的基础上，而且这种认可又具有程序性的说明和证明。某人应当做某事，意味着某人有好的理由做某事，而这个好的理由是出于理性论证而来的，是人们共认的标准，而人们之所以会同意这个标准乃是因为这个标准具有且符合清晰、明白、确定等形式条件，因此，支持这个标准的理由要比支持别的标准的理由要好。

无疑地，如何评价哈氏对康德伦理学的重建，学者有不同的看法本是情理中事，同时，我们引述哈氏的主张也并非意味着我们完全赞同他的所有看法。②就当今哲学研究的视野而言，伴随着20世纪由意识哲学向语言哲学的转向、由主体性哲学向主体间性哲学的转向，我们不难看到，无论是哈贝马斯和阿佩尔的“交往共同体”、罗伊斯的“解释共同体”、米德的“普通话语的共同体”、维特根斯坦有关“私人

---

① 参阅维特根斯坦：《哲学研究》，陈嘉映译，上海：上海人民出版社2001年，第243—246节，第135—136页。维氏有一种说法特别值得引起我们的注意，他认为，“‘遵从规则’是一种实践。以为（自己）在遵从规则并不是遵从规则。因此不可能‘私自’遵从规则；否则以为自己在遵从规则就同遵从规则成为一回事了”。（第202节，第123页）维氏的此一说法特别重要，它从另一个角度无异于将心学的自我体证式的见道宣称理解成无规则的私人语言。规则之所以为规则不是单个人的自我宣称，它必须以满足主体间的共识为前提条件。故问题的核心便在于，规则所包含的意义同一性必有赖于规则的主体间的有效性，离开了主体间性，我们就无法知道某一单独的个人是否在遵守某一规则。维氏的此一说法与哈氏自律“无法个体实现”具有异曲同工之处。

② 劳思光于2006年发表《论非绝对主义的新基础主义》［后载于《中国哲学与文化》（刘笑敢主编），第3、4辑，桂林：广西师范大学出版社2008年］一文，以宏观的视野检视了当代哲学及其存在的问题，认为当代哲学的危机在于旧基础主义所预认的“终极性、实体性和不可修改性”，并在此基础上提出了他对未来哲学发展的一种展望。具体到哈贝马斯，劳氏虽然对哈氏有所批评，但劳氏显然肯定哈氏的工作构成了他的新基础主义的一个方向，“哲学思维的真基础，是在对于一组不受级序限制的公设（即设定之规则）之认定。哈贝马斯所提出的四类‘有效性要求’即近似于这种公设……用到规范语言上，情况也是类似的。这种公设即可视为我所要肯定的‘新基础’”。参阅《中国哲学与文化》（刘笑敢主编）第4辑，第25页。

语言”的追问以及罗尔斯的契约论所包含的检验道德原则或规范之真假的决定性程序等似乎皆不约而同地指向康德式的先验主体所包涵的个人意识的明证性问题，而这些问题皆与我们反省象山之学之“自言、自道”为何是“中间暗”的问题息息相关。我们想进一步指出的是，假如我们仍然期待传统儒家心学在未来有一个可预期的、能为现代道德哲学理论所认可和接纳的健康的发展，那么，如何克服“中间暗”的问题无论如何构成了一个我们不可回避的问题。我们固然可以说，西方现代哲学的发展有其自身的问题意识，儒家哲学的研究不必随西方哲学起舞，我们完全可以“汉话汉说”。不过，我们并不认为这种“特色”论的主张足于证成和捍卫我们的“特色”，朱子早在八百余年前似乎已从另一个角度给我们提出了解答，这也是我们所以不惮以最简陋的知识作此拓展性研究的理由。

(四) 简短的结语

作为朱子对象山心学的某种特定批评，在朱子的观念中，“中间暗”的主要含义大体包括两个方面：一谓象山之学不著言语，在教法上躐等跳跃；一谓象山之学以悟代证，拒斥一切议论和意见。如是者，虽象山欲“鸳鸯绣出从君看”，然而却终未能把“金针”度与人；“道理固是自家本有”，但象山却只要自得，但“若自得底是，固善；若自得底非，却如何？”[①]此中朱子的担心既包含判定“是”与“非”的标准和方法，也包含“为何”之疑问、“如何”之思辨，凡此皆构成了我们反省的理论问题。

站在当今哲学的立场，我们想着重指出的是，现代哲学的发展给儒家传统的心性理论、尤其是心学本体论提出了值得我们正视的挑战。不必讳言，假如象山的本心本体确如熊十力所认定那样乃是泯除了“内外、物我、一异、种种差别相”，那么，我们对“本心”也就只剩

① 《朱子语类》卷一百二十，第2913页，吴必大录。

下返回到单个人的自我"明觉"一途了,而这样一种依恃"明觉"的体悟又由于"本心"此一形上的超越实体的"无对""无分别",故其结果乃不出两途:一是体悟者的体道之真顶多只是体悟者个人的自我宣称;一是体悟者的自我宣称亦如牟宗三所说的并无"如何"之问,亦无"如何"的过程。如是,所谓主体的"体悟、体证"也便从根本上取消了认知、讲说和讨论的必要,而其"自言、自道"的说辞虽然充满自信,但却并不能满足自我解释和理论解释的需要;虽悟者"深信"他与本心本体觌面相呈,但却不能说明他是如何与本心本体觌面相呈,由于其并不能提供客观的理据,无法建构一套形式型知识,因而也便无法说明自己的悟道的陈述何以为真①,最终或不免陷入如劳思光所说的"特权的谬误"(fallacy of entitlement)②。审如是,真正的问题似乎就转变成为,一个人的道德意识和决断已经不在于其究竟是如何出于本心,如何出于权威、典册,抑或是如何出于议论和意见,而在于如何确保由主体发出的当下呈现的意识具有主体间共认的普遍性和公共性之效力。假如我们同意哈贝马斯所说的"自律无法个体地实现",同时赞同维特根斯坦所说的一个人"不可能'私自'遵从规则",或更进一步,假如我们把道德规范的合法性和有效性问题看作是一个众道德行为者之间借由理性讨论而共同接受的问题,那么,我们似乎有理由指出,象山所言的单个人的"本心的决断"所包含的内容本身必定是一个在主体间待检验和可辩论的问题,并不能直接以道德真理的方式进行自我宣称,因为我们无法借此获得确定的传达途径、清晰而具共识的共同规范以及由此而来的共同责任。也因此,就建

① 我们曾说这种形上学的语言所呈露的是对世界的态度而不是知识,对此牟宗三有明确的说明,其云:"儒家立教本就是一个道德意识,无有如此明确而显豁者。儒家……是直接由我们的道德意识呈露那内在的道德实体。这是四无傍依而直接觌体挺立的,不是来回旋转,驰骋妙谈,以求解脱或灭度的,在这样面对所呈露的实体而挺立自己中,这所呈露的实体直接是道德的,同时亦是形上学。"参阅牟宗三:《现象与物自身》,台北:学生书局1996年,第435—436页。

② 劳思光:《论非绝对主义的新基础主义・下》,《中国哲学与文化》(刘笑敢主编)第4辑,桂林:广西师范大学出版社2008年,第24页。劳思光所谓的"特权的谬误"一说,与其早年所说的具体人格的权威化之论密切相关,参阅劳思光:《文化问题论集新编》,郑宗义编,香港:香港中文大学出版社2000年,第107—108页。

立一具确定性的道德理论而言，象山“自得、自成、自道”的形上学本体论似乎已成明日黄花。

不过，尽管如此，谈道德哲学却始终离不开主体意志的自由自决，此乃道德之所以为理想、为崇高以及道德责任所以赖以落实的前提，同时，也是批判意识所以能够安立的基础，也正是在这个角度，象山之学即便在今天仍所以有其大用而呈其高致者，由此则可反显出哈贝马斯重建式理论可能存在的不足。哈氏的交谈伦理配合着20世纪哲学的转向，为未来哲学的发展提出了一种方向和设想，无论如何，这都是值得我们注意的一个动向①，但也正如学者指出的，哈氏常常是以解决问题的方式将问题本身加以取消，而且哈氏的重建式理论也不免有混淆民主正当性原则与普遍主义道德原则之嫌。李明辉便断言，哈氏交谈伦理学的普遍化原理“在本质上应当只是民主的正当性原则；它提供一套程序，来保证共识之合理性。然而，当他将这项原理也视为一套道德原则，并且赋予它一种理想性格，以决定道德的‘应当’（正确性）时，这项原理必然陷于两面为难的窘境。因为一切道德原则均表示一种道德意义的‘应当’，亦即一种理想状态；这种理想状态与现实条件之间永远有距离，永远有‘如何落实’的问题。但是一项程序性的正当性原则即是一项应用的原则，它不能显示一种道德的理想”②。哈氏的普遍化原理是否仅只在寻求道德原则或规范的程序正当性，抑或可有进一步讨论的空间③，然而，李明辉的质疑却透露出一个严肃的问题，亦即道德的“应当”最终必系乎意志的自由自决，劳思光便在肯定哈氏所作努力的基础上敏锐地发现，哈氏的交往伦理“只强调交互主体性，对主体性的内在世界便了解的太少。看他的道德哲学理论，似乎他对意志本身的状态问题完全未加

---

① 劳思光认为，“我们如果公平地说，则我愿意承认他（指哈贝马斯）的理论取向大致是有根据的，不过尚有颇待修补之处”。参阅劳思光：《论非绝对主义的新基础主义·下》，载刘笑敢主编：《中国哲学与文化》第4辑，第20页。

② 李明辉：《独白的伦理学抑或对话的伦理学？——论哈柏玛斯对康德伦理学的重建》，氏著：《儒学与现代意识》，第359—360页。

③ 参阅哈贝马斯：《在事实与规范之间：关于法律和民主法治国的商谈理论》，童世骏译，北京：生活·读书·新知三联书店2003年，第133—134页。

注意。我则认为如果要以交互主体性为根据来建立一个沟通理论下的道德哲学，则顺着他的理论模型说，至少也得提出‘道德语言的特殊语用规则’，来安置有关道德意识的特殊性问题，只讲一般性的语用规则是不够的”[①]。劳氏批评哈氏未着力注意到自由意志本身的重要，此一批评蕴含着道德哲学的思考必须预认自我意识及自主性，虽劳氏并未对“道德语言的特殊语用规则”作出详细的说明，但劳氏的此一看法在理绪上既与李明辉的质疑相映成趣，也与阿佩尔(Karl-Otto Apel)不同意哈氏的主张有不谋而合和异曲同工之妙。尽管在形式上阿氏与哈氏同主交谈伦理学，但与哈氏建立的普遍语用学不同，阿氏则特别重视从先验语用学的角度来阐明其所主张的交谈伦理学的特色，也因此，阿氏特别重视对主体自我反思的“终极奠基”[②]，要而言之，阿氏认为，假如我们要建构一套具共识的共同责任的伦理学，那么，我们就必须保存个体在道德上自由自主的良知决断，以及随之而来的伦理规范的主体间有效性和道德的一致性。[③]

我们想指出的是，此间争论繁复，非三言两语可尽，我们亦只能点到为止。然而，我们有理由相信，对于此间的争论和探索不会有终止，但显然，如何将这种争论和探索的成果与我们反省象山心学乃至儒家的心性理论建立起某种富有意义的“自我关涉”，抑或具有稀释我们在研究自身传统思想中自说自话、自足自大之心态的作用。

---

① 劳思光：《论非绝对主义的新基础主义·下》，第 21 页。

② 阿佩尔所谓的主体的自我反思的终极奠基并不是直接回到传统的意识哲学或主体性哲学，“反思的自我兑现并非诉诸‘非语言的或前对话的直觉’，因为先验语用学自我反思的主体不再把自己视为单个的思想者，而是把自己理解为对话的参与者，这种反思是主体作为对话者对对话之可能性条件的反思”。参阅罗亚玲：《平等权利与共同责任——阿佩尔对话伦理学研究》，北京：人民出版社 2020 年，第 124—125 页。阿佩尔与哈贝马斯之间的理论上的异同所涉论旨甚繁，本文无法做详细的梳理，学者可参阅同上书；同时，对阿佩尔的主张本文也只是随文点出，无意一一分析。

③ 参阅阿佩尔：《哲学的改造》，第 277 页。

十、体悟、言说与规则

——“杨简扇讼”案例的哲学分析

在前面一章中，我们围绕朱子对象山学“两头明，中间暗”的批评进行了分析，并就其中可能蕴含的理论问题作了阐发。朱子的这种批评在《陆九渊集》中多有反映和记载，其中杨简“扇讼”案例就是最为人们所熟知的一例，对此我们在前一章中也有援引，并有简短的评论。本章的目的则是尝试站在朱子的立场，通过对此一案例的详细的分析以呈现其间存在的理论问题。

必须说明的是，本章在义理甚至在内容上与前一章颇有相似和相同之处，所异者本章仅仅只是围绕杨简“扇讼”的案例作一个较为详细的分析。①

（一）杨简与扇讼案例

杨简的“扇讼之悟”既可以被认为是了解象山思想的一个著名案例，当然也可以被看作是了解杨简本人思想的一个著名案例，本文侧重于从前者立说。

杨简，字敬仲，慈溪人，乾道五年(1169)进士，曾任富阳县主簿，国子博士，知温州。五十五岁以后，在德润湖（慈湖）筑室居住，人称慈湖先生。《宋元学案》卷七十四《慈湖学案》卷首序云：“象山之门，必以甬上四先生为首，盖本乾、淳诸老一辈也，而坏其教者实慈湖。”②今撇开

---

① 本文初稿写于十年前，原是我给学生上课时的一篇讲稿，今作了相应的补充和修改。前面“两头明，中间暗”一章也是由十余年前的笔记整理而成，只是纯粹出于会议的机缘而撰写成文。此两章在内容上多有雷同，是由于整理时间前后的原因，这是需要向学者说明的。

② 沈善洪主编：《黄宗羲全集》第五册，《宋元学案》卷七十四《慈湖学案》，杭州：浙江古籍出版社 2005 年，第 951 页。

“坏其教者”的评价不论，杨简的确被认为是象山门下最有影响的学生。明儒邹元标认为，“慈湖廓然朗彻，始于扇讼一提，当下直见本心，可谓勇往直前矣。至所阐师训，以无意该之，非但有功象山，方且有功圣门”①。当然，也有另一种评价，认为“宋儒之学，至陆九渊始以超悟为宗，诸弟子中，最号得传者莫如杨简，然推衍九渊之说，变本加厉，遂至全入于禅”②。杨简为学以“不起意”为宗，而其为学历程也常常与神秘的体验和体悟相关，据记载，杨简一生从二十八岁开始历经多次“觉”和“悟”，其中最有名的一次觉悟就是所谓的“扇讼之悟”。

有关杨简扇讼之悟的史料记载见于《宋史·杨简传》《慈湖遗书》《慈湖学案》《陆九渊集》等各种不同的文献，虽详略有异，但意思大体相似。对于此事杨简自己也有说明，在《祖象山先生辞》中，杨简说：“某所以获执弟子之礼于先生门下，四方莫不闻矣。某所以获执弟子之礼于先生门下，四方实未之知……壬辰之岁，富春之簿庙，双明阁之下，某问本心，先生举凌晨之扇讼是非之答，实触某机，此四方之所知。至于即扇讼之是非，乃有澄然之清，莹然之明，匪思匪为，某实有之。无今昔之间，无须臾之离，简易和平，变化云为，不疾而速，不行而至，莫知其乡，莫穷其涯。此岂唯某独有之，举天下之人皆有之。”③杨简这段文字记述了其拜陆象山为师之事，其中尤其点出了簿富阳时扇讼之悟所体验到的心体的澄明。按照杨简的说法，其执弟子礼于象山门下，无人不知；但以扇讼是非之答作为执弟子礼的契机，进而体验到心体的“澄然之清，莹然之明，匪思匪为”，则“四方实

---

① 邹元标：《书慈湖先生语略后》，《愿学集》卷八，明万历四十七年刻本，第3页。

② 永瑢等：《杨子折衷》提要，《四库全书总目》卷九十六，北京：中华书局2003年，第810页。

③ 杨简：《祖象山先生辞》，《慈湖遗书》卷四，四明丛书本，第3—4页；《慈湖遗书》卷十八《附录》所记更为详细：“文安公新第归，来富阳，长先生二岁，素相呼以字，为交友。留半月，将别去，则念天地间无疑者，平时愿一见莫可得，遽语‘离乎？’复留之。夜集双明阁上，数提‘本心’二字，因从容问曰：‘何为本心？’适平旦尝听扇讼，公即扬声答曰：‘且彼讼扇者，必有一是，有一非，若见得孰是孰非，即决定谓某甲是，某乙非矣。非本心而何？’先生闻之，忽觉此心澄然清明，亟问曰：‘止如斯邪？’公竦然端厉，复扬声曰：‘更何有也！’先生不暇他语，即揖而归拱达旦。质明，正北面而拜，终身师事焉。”见《慈湖遗书》卷十八，第2—3页。

未之知”，而杨简自己“实有之”，且“举天下之人皆有之”。杨简的这种说法在于强调此本心之明人皆有之，关键在触机而悟。杨简的记述虽然突出了扇讼之悟，但上述整体说法重在对心体澄明后对所具有的体悟境界的描述，所谓“无今昔之间，无须臾之离，简易和平，变化云为，不疾而速，不行而至，莫知其乡，莫穷其涯”，说的就是此意。

《慈湖学案》也有相类似的记载，但此记载比较而言侧重于对杨简扇讼之悟的过程的记录，“陆象山至富阳，夜集双明阁，象山数提本心二字，先生问：‘何谓本心？’象山曰：‘君今日所听扇讼，彼讼扇者，必有一是，有一非。若见得孰是孰非，即决定为某甲是，某乙非，非本心而何？’先生闻之，忽觉此心澄然清明，亟问曰：‘止如斯耶？’象山厉声答曰：‘更何有也？’先生退，拱坐达旦，质明纳拜，遂称弟子。已而沿檄宿山间，观书有疑，终夜不能寐，曈曈欲晓，洒然如有物脱去，此心益明”①。此段记载应脱胎于《慈湖遗书》卷十八。象山过富阳，杨简请益问“何谓本心”？象山以其扇讼时能断是非者即为本心，乃令杨简“忽觉”此心澄明，杨简欲继续追问，被象山喝止，杨简乃“拱坐达旦，质明纳拜，遂称弟子”。

对于扇讼之悟的记载，《陆九渊集》卷三十六《年谱》乾道八年条有较为详细的记录，此记录总体上与《慈湖遗书》和《慈湖学案》相似，但在详略、用语上则微有出入，《年谱》记云：

> 四明杨敬仲时主富阳簿，摄事临安府中，始承教于先生。及反富阳，三月二十一日，先生过之，问：“如何是本心？”先生曰：“恻隐，仁之端也，羞恶，义之端也，辞让，礼之端也，是非，智之端也。此即是本心。”对曰：“简儿时已晓得，毕竟如何是本心？”凡数问，先生终不易其说，敬仲亦未省。偶有鬻扇者讼至于庭，敬仲断其曲直讫，又问如初。先生曰：“闻适来断扇讼，是者知其为是，非者知其为非，此即敬仲本心。”敬仲忽大悟，始北面纳弟子

① 沈善洪主编：《黄宗羲全集》第五册，《宋元学案》卷七十四《慈湖学案》，第951—952页。

> 礼。故敬仲每云:“简发明本心之问,先生举是日扇讼是非答,简忽省此心之无始末,忽省此心之无所不通。”先生尝语人曰:“敬仲可谓一日千里。”①

上述记载为许多学者所熟悉,其中,时间、地点、人物、对话等皆有详细的交代,给人呈现出故事性的情节和场景。与《慈湖学案》相比,《年谱》的记载突出了象山引孟子之语以明本心的文字,但也减少了象山扇讼是非之答的内容;此外,《慈湖学案》中当杨简忽觉此心澄明后欲继续追问而被象山喝止的内容即不见于《年谱》;同时《慈湖学案》记杨简是过了一个晚上后才向象山拜弟子礼,此与《年谱》所记略有不同;最后,《慈湖学案》记杨简问“何谓本心”或“何为本心”,而在《年谱》中此问语被记录为“如何是本心”,此中亦有所不同。以下我们将主要以《年谱》的记载为主作出分析。

(二)“如何是本心”的分析

若要深入分析杨简的扇讼之悟,我们最好先对象山之学,尤其是象山教人的方法有一个基本的了解。象山自认其学乃是因读《孟子》而自得之,故象山立言,本孟子主“先立乎其大”,所谓“大者”即是本心,何谓本心?象山说:“孟子曰‘所不虑而知者,其良知也。所不学而能者,其良能也。’此天之所与我者,我固有之,非由外铄我也,故曰‘万物皆备于我,反身而诚,乐莫大焉。’此吾之本心也。”②又云“此心之良,人所固有”,故“古人教人,不过存心、养心、求放心”③。不过,对于此人所固有的本心的把握,在象山看来,并不是通过议论讲说、言语辨析或通过知识性的、能所对立的分解方式来实现的,象山尝

---

① 《陆九渊集》卷三十六《年谱》,乾道八年条,北京:中华书局 1980 年,第 487—488 页。

② 《陆九渊集》卷一《与曾宅之》,第 5 页。

③ 同上书,卷五《书·与舒西美》,第 64 页。

言:“辩论是非以解人惑,其任甚重,非吾友之责也。不与之论,他日却自明白。今欲遽论之,只是强说,自加惑乱耳。”[①]又云:“日享事实之乐,而无暇辨析于言语之间,则后日之明,自足以识言语之病。急于辨析,是学者大病。虽若详明,不知其累我多矣。”[②]不与辩说,期于学者于自家本心实处默而识之,默而成之,故云“吾之深信者《书》,然《易·系》言‘默而成之,不言而信,存乎德行’,此等处深可信”[③]。盖道不难知,也不难行,总在立志以自悟其是,非能宣之于笔舌,故云“平生所说,未尝有一说”[④]。如是,在象山,对本心的把握主要诉诸当事人的体悟和体证来获得,而不是通过分解性的言语的辩说来获得,这可以被认为是心学一系的共法,对此熊十力说得很清楚,“体认者,能觉入所觉,浑然一体而不可分,所谓内外、物我、一异、种种差别相,都不可得……哲学家如欲实证真理,只有返诸自家固有的明觉。即此明觉自明自了,浑然内外一如,而无能所可分时,方是真理实现在前,方名实证。前所谓体认者即是此意”[⑤]。本心本体,能觉与所觉原浑然一体而不可分,因其本身无内外、物我等种种差别相,故任何借言语分解以识此本心的方法皆不可行,本心之明唯依恃于主体明觉的自我体认和体悟,不在于言语的分解和辨析。基本上,象山教人也并不是不资用经典,然而,在象山,经典顶多只是一种引发,关键存乎人的自我体证。审如是,我们即可转而分析杨简的扇讼之悟。

按《年谱》的说法,象山过富阳,时主簿富阳的杨简乃向象山讨教“如何是本心”。前面说过,此一问题在《慈湖遗书》和《慈湖学案》中记录为“何谓(为)本心”。在中国古代语言中,“如何”与“何谓”可以被理解为两种不同的问法。“如何”一词包含多重含义,主要指的是“怎么样”?当然也包含着“为什么”等意思;“何谓”则主要指的是“什么是”的意思。严格地说,问“本心怎么样或本心如何表现”与问“本

① 《陆九渊集》卷七《书·与詹子南一》,第 96 页。
② 同上书,卷十《书·与詹子南一》,第 140 页。
③ 同上书,卷三十四《语录上》,第 403 页。
④ 同上书,卷三十五《语录下》,第 449 页。
⑤ 熊十力:《十力语要》,台北:明文书局,1980 年,第 180—181 页。

心是什么或本心如何定义”含义并不相同，前者侧重于主体自悟自觉的活动，而后者侧重于某种对象性的认识，但也可以有交叉之处，“本心是什么”可以有本质性的定义式的说明，当然，也可以由本心所呈现出来的活动现象来说明，亦即通过对本心呈现出来的活动相的描述来说明本心是什么，只是这两种说明并不相同。结合《年谱》和《慈湖学案》中杨简与象山的整个问答记录，当杨简问“如何是本心”时，此“如何”之问大体上既可包含“本心怎么样？或本心是怎样表现的？”，也可包含“什么是本心？或本心如何定义”的意思；前者在说明本心的活动义，后者在说明本心的概念义①。

我们说过，本心的活动义与本心的概念义原本并不相同。本心的活动义指的是对本心的呈现和作用所表现出来的各种不同形式或形态，是由本心直接呈现的一系列动作构成的系统。本心的活动是道德本心自动自发的一种作用形式，它是主体自身因应情境、对象等的不同而表现出不同的形式或形态。而本心的概念义指的是人们对本心的本质特征的认识，它是把本心当作一种与认知主体相对的客观对象来把握。若进一步分析，本心的概念与本心的定义这两种说法也不相同，概念作为思维的基本形式之一，是人们在认识过程中把感觉到的事物的共同特点抽绎出来加以概括，成为概念；而定义即是对事物的本质特征或对一个概念的内涵和外延的精当说明。但我们此处所说的本心的概念义之实义则侧重于从本心的“定义”上来了解，这是需要特别加以说明的。

我们的问题是，在上述对话脉络中，象山是如何理解杨简“如何是本心”之问呢？从《年谱》的相关记载来看，我们似乎有理由把象山对杨简“如何是本心”之问理解为“何谓本心”之问，亦即在象山看来杨简是想要知道“什么是本心”的答案或本心是什么的“定义”。然

---

① 我们作这样的分析并不是在特别严格的意义上使用的，因为描述本心与定义本心并不相同，通过对本心活动的描述固可在一定意义上说明本心是什么，但这种意义上的“是什么”与对本心定义上的是什么不同。我们的动意在于说明，杨简的“如何”之问在我们的理解中可以包含“本心怎么样”和“本心是什么”两重意思。

而，作这种理解的理由是什么？这可以从象山回答的语言用法中找到原委，象山说“恻隐，仁之端也，羞恶，义之端也，辞让，礼之端也，是非，智之端也。此即是本心”。象山的回答源自《孟子·公孙丑上》，差别只在省略了“之心”二字。所谓“此即是本心”在语言表述上则是一句判断语句，似在表明这是象山对“何谓本心”的理解或“定义”，犹问“什么是本心?”答曰:“这就是本心”。

然而，人们也有理由认为，象山答“此即是本心”也可以是一句意义含糊的语句。今设想，当象山说“这就是本心”时，这句话既可以理解为对本心的某种解释或“定义”，即对本心是什么的回答，也可以理解为对本心的某种“表现”的描述，即本心怎么样、本心如何样。但要证明象山的回答是在说明本心的作用“表现”，即本心如何样，那么，它意味着当象山说“恻隐，仁之端”云云时乃是把四端之心解作活动或作用。然而，我们之所以倾向于将象山的回答了解为是对本心是什么的某种回答或“定义”，理由在于，若将“恻隐，仁之端”等说法理解为本心的活动或作用样态，则尚需进一步描述和说明其如何恻隐、如何羞恶、辞让和是非，亦即在本心作用的形态或样态上来描述本心，但象山显然并没有这样做，他只是复述了孟子的说法，而孟子只是告诉人们恻隐之心是仁之端等等。正基于此，我们认为象山的回答是在为杨简给出本心是什么的理解或“定义”。

假如这种理解有其道理，那么很显然，象山自己对本心的理解或“定义”并没有增加任何新的内容，他只是重复了孟子当年的一些说法，所以牟宗三说象山继承孟子，他不取分解的表达方式，他的假定都在孟子。[①]换句话说，象山预设了孟子的说法就是对本心的“定义”或者是对本心是什么的回答，而且象山对孟子的说法没有做任何语言上的分解。我们暂且撇开何以象山不取分解的表达方式不论，应该说，象山的这种教人论学的方式恰恰构成了他的“特色”。当然，我们也可以说，从象山所引孟子的上述文本上来分析，孟子主要是想通

---

① 参阅牟宗三:《宋明儒学的问题与发展》，台北:联经出版事业股份有限公司 2003 年，第 206 页;亦可参见《从陆象山到刘蕺山》，台北:学生书局 1990 年，第 14 页。

过指出恻隐、羞恶、辞让、是非之心来点示人皆有“四端之心”的事实，虽然我们可以将此四端之心的事实理解为“本心”，但严格地说，我们似乎并不能将此直接看作是对本心的定义。假如我们对比一下前面所引的象山对“吾之本心”的说法，亦即“孟子曰‘所不虑而知者，其良知也。所不学而能者，其良能也。’此天之所与我者，我固有之，非由外铄我也，故曰‘万物皆备于我，反身而诚，乐莫大焉。’此吾之本心也”。我们就会发现，从严格的“定义”出发，象山的上述说法对本心的本质特征如“不虑而知”“不学而能”“天之所与我者，我固有之，非由外铄我”有了明确的规定，反倒更符合本心的定义。审如是，最准确的理解是，《年谱》中象山对杨简“如何是本心”的回答只是指出了有关本心的事实。

正因为如此，当我们将象山此处所说的“此即是本心”了解为是对本心所给出的某种判断时，象山实际上是以“定义”的形式表达了对本心的非定义的理解，就其实质而言，毋宁说，象山只是在告诉杨简本心就是这些子，而且“这些子”就是孟子曾经说过的“这些子”，至于对“这些子”的具体内容究竟如何了解，亦是杨简所欲求的了解，象山并没有提供任何新的东西，或者说象山是要杨简自己去体悟“这些子”，这就为后面杨简的一再追问埋下了伏笔，而朱子对象山的这种重体悟轻解说的教法颇为不满，认为“陆子静说‘良知良能’、‘四端’等处，且成片举似经语，不可谓不是”①。但若只是说出四端之心的事实，绣出鸳鸯，而不度人以金针，却不得。故朱子会说象山教人“不著言语……陆只鹘突说过”②。此处“不著语言”包含两层含义，一是象山不以自己的分解性的语言来说明本心为何或本心何为，而只是重复孟子所说；一是象山教人注重个人的体悟体证，排斥语言的分解的表示。“鹘突”即模糊、疑惑不定之意。其实，象山教人常有这种鹘突的特点，他不用自己的清晰确定的语言来回答问者之问；或者在他看来，那些需要他回答的问题孟子已经回答。即便问者已经熟知经

① 《朱子语类》卷一百二十四，第2970页，万人杰录。

② 同上书，第2971页，潘植录。

典的文本,但具体到经典中的某一概念、命题或主张毕竟如何来理解,象山也只是以重复经典的语言作答或预设经典的语言已经作了解答,所以有学者问《易·说卦》“如何是穷理尽性以至于命”时,象山便说:“吾友是泛然问,老夫却不是泛然答。老夫凡今所与吾友说,皆是理也。穷理是穷这个理,尽性是尽这个性,至命是至这个命。”①问者是问“如何是穷理尽性以至于命”,它包含“怎么样”或“什么”才是穷理、尽性以至于命,问得似乎并不泛然,但象山却通通用“这个”加以鹘突地回答,什么或如何样的“这个”?回答得倒委实有点泛然。不难想象,如此教人,人们定然不会知道“这个”究竟是何意,象山更没有清楚地告诉人“什么”或“怎么样”才是穷理、尽性、至命,以致常使学者“每闻先生之言,茫然不知所入”②。在象山的这种回答方式中,我们可以感觉到,在象山,经典也只是一种引发,甚至只是一种假手,学问之根关键存乎个人的“自得,自成,自道”。③《年谱》乾道八年记“先生所以诲人者,深切著明,大概是令人求放心。其有志于学者,数人相与讲切,无非此事,不复以言语文字为意”④。依象山,本心本体的含义经典已经说清楚了,关键在如何于本心实处悟其所得,则当恻隐自恻隐,若于此增加无谓的言说议论,皆不免粘牙嚼舌,言愈多而道愈远。这一倾向已经为象山之学排斥议论讲说,注重自道、自悟埋下了注脚。

(三)杨简“忽大悟”的分析

象山教人虽然心中存此信念,但很明显,杨简对象山的回答并不满意,甚至还有点不恭,故杨简说“‘简儿时已晓得,毕竟如何是本心?’凡数问,先生终不易其说,敬仲亦未省”。

---

① 《陆九渊集》卷三十四《语录上》,第428页。
② 同上书,卷三十五《语录下》,第439页。
③ 同上书,卷三十五《语录下》,第452页。
④ 同上书,卷三十六《年谱》,乾道八年条,第489页。

“简儿时已晓得”一句可以有两种理解，一种理解是说有关孟子恻隐、羞恶、辞让、是非之心的说法杨简在小时候就已经熟悉，它意味着杨简小时候熟读过孟子的书，也知晓孟子的相关说法。这种理解侧重于杨简“儿时”已晓得，但因为是“儿时”，故其“晓得”有限，今之所问则要知道个究竟，而这个究竟象山并没有提供。另一种理解是说在杨简看来，象山对“如何是本心”的回答只是在重复人皆知之的常识，并没有真正回答杨简内心想要知道的答案，它意味着象山的回答没有从根本上满足杨简之问的要求。这两种理解并不是对立的，它们的共同之处就在于杨简对象山的回答十分不满意，故杨简接着会问“毕竟如何是本心”？

“毕竟”包含有进一步追问的意思，杨简因对象山回答的不满意而步步紧逼。就杨简说他儿时已经晓得象山对本心的回答而言，我们似乎可以理解为杨简自己对本心的已有理解是不满足的，是抽象的，或落于语文学上的，所以，杨简对自己的理解和对象山的回答都不满意，并希望象山对此有进一步的解说、指点和帮助，但杨简“凡数问，先生终不易其说，敬仲亦未省”。

杨简究竟在其间还问了哪些问题，由于相关文献没有记载，我们不好猜测，估计大体都是围绕有关本心的问题，但象山却始终“不易其说”。所谓“不易其说”指的是不论杨简从何种角度提出有关本心的提问，象山始终重复孟子的说法来回答杨简的疑问。我们要问，为什么象山“终不易其说”？或象山“不易其说”的原因究竟是什么？莫非对于杨简之问，象山一时变得词穷理屈？但按牟宗三的说法，象山“义理精熟，事理分明”，“并非太糊涂”[①]，因此，要理解象山“不易其说”则需要了解象山对孟子的看法，而且也需要了解象山对杨简所问的相关问题的性质的理解，盖在象山看来，儒家心性成德之学的核心概念就是本心，而本心概念在孔子之后唯孟子说的最为周到、最为恳切。象山把孟子所说的四端之心了解为本心，而谓“四端者，即此心

① 牟宗三：《从陆象山到刘蕺山》，第3页。

也;天之所与我者,即此心也。人皆有是心,心皆具是理,心即理也”[1]。这里说的“心”即是“本心”。依象山,“夫子以仁发明斯道,其言浑无罅缝;孟子十字打开,更无隐遁”[2]。又云:“窃不自揆,区区之学,自谓孟子之后至是而始一明也。”[3]照象山的说法,相比于孔子“浑无罅缝”的仁道而言,孟子之言本心乃“十字打开”,所谓“十字打开”亦即孟子之言本心已是分解地立义,故象山认为其为学“别无伎俩”,乃接孟子“先立其大”一句,“大”者即是本心,而孟子对此已言之亲切著明,故当杨简追问本心时,象山乃不复以任何语言分解的方式,仅示之以孟子所说。审如是,就象山学宗系统上来分析,象山所以“终不易其说”当基于两种理由,一是在象山看来,孟子的本心概念既已是“十字打开”,则不须我们再添枝加叶,架屋叠床,故象山乃即孟子之言而言之。又,象山之所以即孟子之言而言之,并终不易其说,乃预设了在象山看来,孟子之后千有五百余年来虽以儒名者甚众,但真正能接得上孟子、真正能相应于孟子之言本心者却甚少[4],故象山乃述孟子以明之,此即其所谓“至是而始一明”之义;二是依象山,即便是孟子的分解的表示,相对于发明本心而言,也仍只是助解的筌蹄,不可只执驻于此分解之言说,重要的是要令人归于实处。所谓“归于实处”即不能把本心当作认知对象,而应当在即本心成其为本心处去体悟,此可以理解象山何以“不易其说”,盖即便是“不易其说”之“说”,其功用亦只是在点示、在启发,目的仍在归于对本心实处的觉悟和践履。明乎此,我们便可理解何以当李伯敏问“如何是尽心?性、才、心、情如何分别”时,象山会说,“如吾友此言,又是枝叶……不须得说,说着便不是……若理会得自家实处,他日自明……圣贤急于教人,故以情、以性、以心、以才说与人,如何泥得?若老兄与别人说,定是说如何样是心,如何样是性、情与才。如此分明说得

---

① 《陆九渊集》卷十一《书·与李宰二》,第 149 页。
② 同上书,卷三十四《语录上》,第 398 页。
③ 同上书,卷十《书·与路彦彬》,第 134 页。
④ 同上书,卷一《书·与侄孙濬》,第 13 页。

好，划地不干我事，须是血脉骨髓理会实处始得。”[1]依象山，对于情、性、心、才等名言概念即便说得再清楚再分明，但相对于在实践中悟得本心而言，这些东西依然是外在的，不可泥守拘执，所谓“划地不干我事”，说的就是此意。

不过，虽然象山“不易其说”有其所持的理由，但此时杨简对本心的理解还未到此一层，还有一间未达。所以当象山重复孟子之言以说本心时，杨简依然未能明白[2]，及有扇讼至于庭，杨简断其曲直讫，又问如初，此时象山说：“‘闻适来断扇讼，是者知其为是，非者知其为非，此即敬仲本心。’敬仲忽大悟，始北面纳弟子礼。”此处我们需要说明的是，相对于杨简所明的本心而言，扇讼事件只是一个触机。我们可以作这样的分析，尽管杨简断扇讼事实上以依本心而断，但在未经象山指点以前，杨简实并未知“如何是本心”。此时对杨简而言，本心只是一种隐默之知（tacit knowing），是百姓日用而不知，明乎此，乃可理解何以杨简“又问如初”。

所谓“又问如初”我们当然可以理解为杨简继续追问“如何是本心”的问题，但此时的“又问”乃发生在杨简断扇讼以后，故象山一改以前原封不动地重复孟子之语以回答杨简之问的方式，转而通过指点杨简断扇讼时“是者知其为是，非者知其为非”的活动表现告诉杨简这就是你的本心，故忽使杨简大悟。此处所说的“知其为是，知其为非”的“知”是本心具有的道德之知，而“是非”也指的是道德上的是非，就这个意义上，象山所说的本心也可以浓缩地理解为是非之心，本心可以因境而自动自发地知是知非，此义在后来阳明那里被表述为“良知只是个是非之心。是非只是个好恶。只好恶就尽了是非，只是非就尽了万事万变”。[3]

---

[1] 《陆九渊集》卷三十五《语录下》，第 444—445 页。此处象山说“如何样”应该说的是概念义而非活动义。

[2] 杨简三年前即 28 岁那年有所谓的“循理斋”之悟，通过静坐反观体验到万物浑然一体，“某方反观，忽觉空洞无内外、无际畔，三才、万物、万化、万事、幽明、有无，通为一体，略无缝罅”。参阅《炳讲师求训》，《慈湖遗书》续集卷一，第 1 页。

[3] 《王阳明全集》上册，吴光等编校，卷三《传习录下》，上海：上海古籍出版社 1992 年，第 111 页。

需要说明的是，象山将杨简断讼时“是者知其为是，非者知其为非”的活动归于本心，其实义乃是将孟子的四端之心一并收归于此本心之中，此本心在不同的机缘下应事而表现为不同的道德之理，如扇讼之机缘，本心呈现为道德上的是非之理，其余如事亲、从兄、事君、与朋友交亦各各呈现为道德上的孝、弟、忠、信之理，牟宗三将本心的此一特性表达为存有论的创发原则，本心之知是知非就是本心应机地创发。然而，我们要问的是，何以经由象山如此这般的指点后杨简会忽然“大悟”？而杨简大悟所可能蕴含的理论问题又是什么？

就《年谱》的记载看，象山对杨简“又问如初”的回答是趁杨简断扇讼的机缘加以当机指点，并且这种当机指点完全从本心的作用表现上以明本心为何，象山既没有即孟子之言以言何为本心，也没有用自己的分解性的言说以让杨简明白本心为何，毋宁说，此时象山是即本心“怎么样”来说明本心“是什么”。我们有理由推断，从儿时开始到象山指点之前，杨简对本心基本上是侧重于从概念义上加以理解，故终不能入，而对象山的回答也不满。当象山以杨简断扇讼时本心的活动作用表现为“是者知其为是，非者知其为非”，杨简乃“忽悟”此心广大、虚明、无所不通。本心作用的表现是本心当机应事而有的自自然然的反应，无需作意安排，亦非言语的分解所能明，故人常常习焉而不察，待象山适时开示指点，乃使杨简忽悟此本心是这般样。《语录》记弟子詹阜民陪侍陆象山，“某方侍坐，先生遽起，某亦起。先生曰：‘还用安排否？’”①其意是说，詹阜民见老师站起后自己也立刻站起的反应完全是本心内在具有的一种道德意识（尊师）的反应，是自然的、自发的，也是直觉的，不需要逻辑的思考，象山一句“还用安排否”说的就是这个意思，颇具禅宗机锋的意味。此一事例与杨简扇讼案例在道理上相通，也相应于象山所说的本心“当恻隐处自恻隐，当羞恶，当辞逊，是非在前，自能辨之”②。本心是什么是由本心自己

① 《陆九渊集》卷三十五《语录下》，第470页。
② 同上书，卷三十四《语录上》，第396页。

的活动所造成的，语言的分解的表示不足以说明，对象性的概念的规定不足以定义，本心即是本心当机应事时自然自发的呈现，所以象山教人除了“不著言语”外，还特重一个“自”字，尝言：“圣贤道一个‘自’字煞好。”①学问之根在“自得，自成，自道”②。

（四）杨简之悟隐含的理论问题

根据以上的分析，面对本心的追问，我们只能有活动意义上的“本心怎么样或本心如何表现”的回答，而不能有知性意义上的“本心是什么或本心如何定义”的回答，这可以解释象山何以始终“不易其说”的原因，盖依象山，孟子之言本心已“坦然明白”，则知本心为何便完全在自家践履体贴，在自我体证和体悟，非言语心思所能及，这恰恰是由心学中“本心”的特点所决定的，前引熊十力所说已十分清楚，我们不妨认为这是心学一系的共法，如作为明代心学的前期代表，陈白沙便认为，“道也者，自我得之，自我言之可也，不然辞愈多而道愈窒，徒以乱人也，君子奚取焉。”③阳明亦谓：“心之精微，口莫能述。”④又云：“道不可言也，强为之言而益晦。”⑤象山教人识本心不重言语的分解，反对“蠹食咀长于经传文字”⑥，此固有其明于“端绪得失”之辨的考虑，但象山教人汲汲然期于学者自悟本心、自得本心却十分明显，故象山主学者于本心实处默而成之，不言而信。事实上，象山重觉悟、不重言说的主张转手到杨简那里已有清楚的表现，如杨简云：“孔子曰：默而识之，学而不厌。又曰：予欲无言。又曰：吾有知乎哉？无知也。圣语昭然，而学者领圣人之旨者，在孔门已甚无几，而况乎

① 《陆九渊集》卷三十四《语录上》，第427页。
② 同上书，卷三十五《语录下》，第452页。
③ 沈善洪主编：《黄宗羲全集》第七册，《明儒学案·上》卷五《白沙学案上·文恭陈白沙先生献章》，第85页。
④ 《王阳明全集》卷四《文录一·答王天宇》，上海：上海古籍出版社1992年，第169页。
⑤ 同上书，卷七《文录四·见斋说》，第262页。
⑥ 《陆九渊集》卷一《书·与侄孙濬》，第13页。

后学乎？比来觉者何其多也，觉非言语心思所及。"[①]觉与悟无思无识，而所谓觉悟者乃是对本心的自觉自悟，而依杨简，"心不必言，亦不可言，不得已而有言"[②]。本心不可言说，也不必言说，故所觉所悟也超乎言语解说之外。不过，人或未觉此境，或有"昏沉特重"之时[③]，乃需有师友的开示指点作为本质的助缘，此所谓"不得已而有言"，对此，象山认为："不得明师良友剖剥，如何去得其浮伪而归于真实？又如何能自省、自觉、自剥落？"[④]然而，虽说好的师友的指点可作本质的助缘，但其仍然只是助缘，故象山对此依然保持警惕[⑤]，认为发明本心的关键主要在自悟自成，不在"倚师友载籍"[⑥]。牟宗三也认为，对本心的体悟"本质的关键或主因惟在自己警觉——顺其呈露，当下警觉而肯认之"[⑦]。

站在心学修身成德的立场上看，无论如何，我们得肯定这种对不可言说的本心的觉悟可以有其个人的受用[⑧]，此不必赘言，但在理论上我们却不得不正视其存在的问题。首先，在此一扇讼案例中，象山对杨简本心之问只是复述孟子所指出的"四端之心"的事实，且"终不易其说"，目的在期于杨简于事上自悟本心。我们说过，象山所以如此教人乃有其理由，其中最本质的理由在于象山深识此本心之无分别、不可分解地言说的特点，因而在教法上侧重于个人的自悟自成。然而，朱子却认为象山轻忽圣贤语言，在教法上不依见成格法的做法，犹如"村愚目盲无知之人，撞墙撞壁，无所知识"[⑨]。何谓"无所知

---

①② 参见《默斋记》，《慈湖遗书》卷二，第35页。杨简类似的言说主张完全脱胎于象山，"默而识之"自来源于象山所说的"默而成之"，其余如"予欲无言"，即来自于象山所说的"子贡言'性与天道不可得而闻'，此是子贡后来有所见处。然谓之'不可得而闻'，非实见也，如曰'予欲无言'，即是言了"。（《陆九渊集》，卷三十四，《语录上》，第397页）象山教人以不言来说明已言，重自我体悟，此为杨简所继承。

③ 牟宗三：《从陆象山到刘蕺山》，第166页。

④ 《陆九渊集》卷三十五《语录下》，第464页。

⑤ 同上书，卷一《书·与侄孙濬》，第13页。

⑥ 同上书，卷三十五《语录下》，第452页。

⑦ 牟宗三：《从陆象山到刘蕺山》，第166页。

⑧ "受用"原为佛教用语，意为受持后的享用。始则领受在心曰受，终则忆而不忘曰持，果则得益在身曰用，统称为受用。今所谓"受用"指的是从中得到益处。

⑨ 《朱子语类》卷一百二十四，第2979页，沈僩录。

识”？此即在教法上不能示人以确定、清晰的门径、阶梯，无法建立形式型的知识、规则。依朱子，圣门之学若排斥议论讲说，只道心中流出，则以此教人在理论上将无法通过普遍有效性的论证①，而之所以无法通过普遍有效性的论证，理由在于那种无法以“言语心思所及”的个人觉悟排除了使用语言及传达意义的共同规则，只成为个人的孤立的体验，而这样一种体验却无法达成普遍的有效性。杨简可以因象山的点示而悟到本心如何样，象山亦可赞叹杨简“一日千里”，但即便我们撇开杨简之悟的真实性不论②，这一现象毋宁说也只是一个偶然。《语录》记：

> 临川一学者初见，问曰：“每日如何观书？”学者曰：“守规矩。”欢然问曰：“如何守规矩？”学者曰：“伊川《易传》，胡氏《春秋》，上蔡《论语》，范氏《唐鉴》。”忽呵之曰：“陋说！”良久复问曰：“何者为规？”又顷问曰：“何者为矩？”学者但唯唯。③

象山原或想通过“陋说”的呵斥以让学者顿悟何谓规矩，然而，无论复问再三，让象山失望的是“学者但唯唯”，所谓“唯唯”者，恭顺谨慎之谓，而在此处犹有不置可否、模糊不清、模棱两可之意。

其次，儒家成德之学必须借由共同规范的建立以实现其共同责任，而共同规范的建立必须满足的基本条件之一在于各主体道德意识间的确定的传达，它必须以建立一套形式型的知识作前提。然而，在象山，本心既不可言说，而个人的体悟或觉悟又非言语心思所能及，如是，个人为学进德中“如何”的过程则被取消，故其道德哲学既无法进行客观理论的建构，也不能示人以确定的轨范和准则，朱子说象山教人“无所知识”说的就是此意。牟宗三对心学复其心之本质有

① 正有见于此，朱子对“心”的理解取其内容意义和关联意义的反省，不取直觉的方式而取客观化的方法来理解心之为心。

② 罗整庵便认为杨简之悟只是玩弄光景，参阅沈善洪主编：《黄宗羲全集》第八册《明儒学案·下》，卷四十七《诸儒学案中一·文庄罗整庵先生钦顺》，第420—421页。

③ 《陆九渊集》卷三十四《语录上》，第429页。

一说明，认为“说到复其心之本质的关键并无巧妙之办法。严格说，在此并无‘如何’之问题，因而亦并无对此‘如何’之问之解答”①。我们或问，为何对复其心之本质没有“如何”之问？此中关键在于本心之作为形上本体本身是没有种种差别相的，也是不可言说的，因而本心自体不可能构作实践性的发生程序，对于本心的体悟也不可能发展出内容型的本质程序。②朱子所以认为象山教人“若识得一个心了，万法流出，更都无许多事”③，批评象山说话“中间暗”，其原因就在这里。然而，如果儒家的成德之学排斥议论讲说，道德实践只是建立在无可言说的个人觉悟之上，那么儒门中作为成德的共同规范也就无从建立；同时，假如我们认定本心本体超乎言语之外，那么，杨简扇讼一悟中所谓“是者知其为是，非者知其为非”，在本质上便不是本心本体的自明自了，而仅仅只是杨简个人体悟的经验。问题在于，即便我们承认这种经验一时可以与本心本体相合，但也只是一种没有必然性的“巧合”或“偶合”。因此，基于本心的特性以及个人觉悟的特点，我们完全有理由认为，杨简扇讼后所体悟到的“知其为是，知其为非”本质上只是一种主观意义上的自我体悟，而且这种体悟又由于无法诉诸语言及传达意义的共同规则，无法建立形式型的知识，因而它并不能满足自我解释和理论解释的需要，没有办法来判定各人的体悟所包含的此是而彼非，也无法说明自己的悟道的陈述何以为真，因而它最终无法建立一种有效的、可沟通、可传达的道德哲学理论。在这个意义上，我们认为，就建立一确定的道德哲学理论而言，象山那种超乎语言讲说的本心本体的形上学已经过时了。

---

① 牟宗三：《从陆象山到刘蕺山》，第164页。

② 冯耀明：《“超越内在”的迷思：从分析哲学观点看当代新儒学》，香港：香港中文大学出版社2003年，第167页。

③ 《朱子语类》卷一百二十四，第2977、2981页，叶贺孙录。

十一、「只还粗些」

——阳明对象山之学之评判及牟宗三先生之诠释

(一) 引　言

象山之学与阳明之学由于两人在学术之最终归趣上相似而向被人们以陆王之学通称。①事实上，象山之学在阳明之前，或由于其义理之简约，或由于朱子之辩难，影响并不很大。自阳明子出，由于其极力推尊象山，致使象山之学与阳明的致良知之教同风鼓荡，广被学界。

然而，阳明对象山推尊归推尊，但相对于自己的学说，阳明还是对象山有所评判，对象山之学之不足有所指正，此则主要表现在阳明认为象山之学“只还粗些”。“但细看，有粗处。”②象山之学究竟如何显其“粗”相？而此“粗”又究竟是指功夫之造诣还是指人物之品题抑或是学问之性格？阳明对此并未示人以确切的答案，以致颇勾引人们的想象。自然的，稍稍读了两人的著述，人们不难得出象山之学所以为“粗”乃在于象山立言过于简约，不若阳明精致故。而牟宗三先生在《从陆象山到刘蕺山》一书中则对此有较为详细的分厘。本文之目的即试图顺着这一分厘展开论述，并稍缀自己的一点理解以就教于学界同仁。

(二) 象山之学“有粗处”

为叙述方便起见，我们先引《传习录》卷三陈九川与王阳明关于

---

① 这是一大端之说法，细究起来，其间亦有不同处。唐君毅先生在谈及此点时亦云，阳明之学虽归宗象山，“然其学之问题，则皆承朱子而来，其立义精处，正多由朱子义转进一层而致”。(参阅氏著:《中国哲学原论·原教篇》，台北:台湾学生书局 1984 年，第 303 页。)

② 参见《王阳明全集》，上海:上海古籍出版社 1992 年，第 92 页。以下凡引此书，只注页码。

象山之学之问答：

> （九川）又问："陆子之学何如？"
>
> 先生曰："濂溪、明道之后，还是象山，只还粗些。"
>
> 九川曰："看他论学，篇篇说出骨髓，句句似针膏肓，却不见他粗。"
>
> 先生曰："然。他心上用过功夫，与揣摹依仿，求之文义，自不同。但细看，有粗处，用功久，当见之。"①

阳明说象山之学显"粗"的意味，但究竟"粗"在何处，在上述对话中则语焉不详。牟先生首先确定这种"粗""不是指知识之多寡与思考之精确以否而言；亦不是就修道功夫之造诣，以圣人为准，而一般地言之"②。依牟先生，就前者言，知识之多寡乃"求之文义"之事，人人皆不免有精粗之别，且如此说似亦不合象山立言宗旨；就后者言，凡人未至圣人之境，皆不能免于粗。审如是，牟先生认为，阳明说象山之学之"粗""当就象山本人当身之风格而言"③。但以"当身之风格"说"粗"又有"似可说"与"似不可说"两面。就"似可说"一面而言，象山本人直拔俊伟，高明爽朗，由此而言其"粗"即略带点"粗浮与粗略的意味"，但此粗浮与粗略的意味又只能落于"其以非分解的方式挥斥'议论'点示'实理'而见"，而不能就象山之生命形态之表现而见；就"似不可说"一面而言，"粗"既表现为象山生命品题之直拔俊伟，高明爽朗，则此粗就其望圣人而言固为不足，但"就其尽时代之使命而成一典型之风格而言，则亦不害事"，亦似不可说其为粗；且就学问之风格而言，若此"粗"只因其为"非分解"之特性而显，而此非分解之"粗"又只是为挥斥"闲议论"及点示实理所显之排荡相，那么，此

① 《王阳明全集》，第 92 页。

② 牟宗三：《从陆象山到刘蕺山》，台北：台湾学生书局 1990 年，第 22 页。以下凡引此书，只注页码。

③ 同上书，第 22 页。

“粗”仍不得为粗，而只是他人之感想，故“亦似不可说”。由此，牟宗三先生认为，“阳明之说其(即象山)‘只还粗些’恐亦只是不自觉地以自家‘分解地有所立’中之文理密察，气命周到，与象山‘非分解方式’下之雷动风行，推宕飘忽，相质对，所引起之主观的实感”①。此处所当注意者，依牟先生，阳明谓象山之学之显“粗”相乃是主观的实感，此实感则源于阳明对两人学问所表现的分解与非分解的不同风格的了解。然而，这样一种形式的“粗”，在牟先生看来，虽“似可说”而实也“似不可说”或“不必说”。

“似不可说”已如上所述。然则，何以说是“不必说”呢？“不必说”在此只是作者之理解，盖依牟先生，分解地以立义与非分解地以立义只是学问风格之不同表现而已。阳明分解地立义所显之文理密察固不能谓其为粗，而非分解方式下之挥斥与点示，在象山，则始终只是一种手段，目的只是让学者归之于坦然明白之实事实理，此亦不可谓之为粗，故“不必说”。而究极地看，不论象山归于实事实理之践履与阳明分解地以立义，就其未进于圣人之境而言，皆不免于精粗，亦皆是无穷无尽之过程，就此而言，亦可以是“不必说”。审如是，“象山若复消融其非分解方式下之挥斥与点示而归于渊默，则洁静精微，‘粗’相泯矣”②。此所谓之“粗”相泯即是可同归于阳明分解地有所立而足于稳住气命，文理密察，从而泯除非分解方式下的雷动风行、推宕飘忽。

以上乃是就应于牟先生之思路所作的一个大体的分厘。牟先生对象山之学(包括对象山之生命形态与学问风格)颇为推尊与欣赏，就个人的感觉，其推尊与欣赏的程度并不亚于阳明，甚至有过于阳明。③

---

①② 牟宗三:《从陆象山到刘蕺山》，第 24 页。

③ 此是见仁见智之说。牟先生在其晚年的许多著述如《现象与物自身》《智的直觉与中国哲学》等书中大多引用阳明之说而未及或少及象山，但此一现象并不能说明问题，盖牟先生一生用功多在“辨示”，而如要“辨示”，则需分解地以立义，以见儒家之义理纲维，故此，象山为学所显的指点式的、遮拨式的、非分解地以立义的风格则不适用于牟先生，但此与牟先生推尊和欣赏象山并没有冲突。牟宗三之所以欣赏象山非分解的方式，与象山认为朱子学不见道的评论相关，而在此一点上，牟宗三与象山立场相同。

由是，牟先生对阳明谓象山“只是粗些”作了极大的同情的了解。从牟先生的“似可说”与“似不可说”中，学者不难感到牟先生实际上是以“似不可说”来消融“似可说”的。而即便谈及“似可说”之学问风格，牟先生也只是在阳明的分解地立义与象山的非分解地立义之间作一点示式的对显，至于何以阳明分解地立义的方式显其“文理密察”，何以象山非分解地立义的方式显其“粗”①，则牟先生并未在内容上有所交代；更进一步，至于象山之学是否出于与阳明之学之不同，而引起阳明之不满而谓象山之学“只还粗些”，牟先生则更没有理会，或不愿理会。

以下即就此两个方面稍作补充，但愿不至于增疣益赘、架屋叠床。

（三）象山与非分解地立义

就分解与非分解之方式上说，象山之学因其非分解所显之“粗”相，牟先生更倾向于“似不可说”一面，其间原因盖在于在牟先生看来，象山所预设的分解立义已全在孟子，如是，即任何重新分解以立义之作为皆不免落于第二序上，而为象山所不取，所谓“窃不自揆，区区之学，自谓孟子之后，至是而始一明也”②。其意是说，儒教之义理规模自孟子“十字打开”后已经至显至明，重要的是如何立定此一规模于当下指点实理实事，因而向者求之于文义或玩神于训诂者皆不免于虚说虚见，或落于粘牙嚼舌之闲议论，此实涉及“端绪得失”之辩。

不过，我们暂且撇开具体的、针对性的言说，即就普遍的道理来看，一般而言，分解与非分解作为明圣人之道的两条路径原本不可偏废，非分解地点示实理实事固有其紧峭直截的高致，而分解地立义也是圣人之道所以能成其为统绪进而成就一知识系统而能够针对时代问题发言的重要一环；更进一步，儒学所以能够成其为教，以致经天纬地，为不同时代的人们提供安身立命之本，即端赖乎特定时代的儒

① 牟先生此处仍不谓其为“粗”，而只谓其为“雷动风行，推宕飘忽”。
② 《陆象山全集》卷十《与路彦彬》。以下只注卷数与篇名。

家学者从自身的生活世界出发，重新交代一切法以安立一切法。时代问题必会向每一个观念系统提出疑问和要求，儒学的生命力即表现在它能够与时创新，随时分解。而要做到这一点，即全幅地采用遮拨式的、非分解地立义的方式予以启发和指点便显出其不足。此所谓不足究竟当作何解？即对象山之学而言，我觉得其意有三，首先，非分解下之直抒胸臆，开口见胆，的确有牟先生所说的“排荡相”，然则，它在唯寄望于学者“自得、自成、自道，不倚师友载籍”①的同时，则在递衍递失之间取消了儒学作为一种历史文化传承的知识世界、脉络世界②；其次，非分解方式下之自得与自成因其只诉诸于孤零零的个人的直觉，过分突显主体的优位，则因此直觉而来的德性之知便很难保证其具有普遍性之效力，且此主体的自悟自成亦将在逻辑上取消了儒家为学进德必要阶梯和议论讲说，以致常常不免导人以癫狂之路③；最后，非分解方式下所执诸的“实理实事”因其排拒一切议论而不免导致两种后果，其一是成圣之方的为我论或独断论④，其二是窃公名而盗私货。⑤

---

① 《陆象山全集》卷三十五《语录》。

② 在此一方向中，知识与认知的地位也一并被轻忽，余英时先生《朱熹哲学体系中的道德与知识》一文隐含此意，参见田浩编：《宋代思想史论》，北京：社会科学文献出版社2003年，第257—284页。

③ 朱子于此所见最为独特，其云：“看子静书，只见他许多粗暴底意思可畏。其徒都是这样，才说得几句，便无大无小，无父无兄，只我胸中流出底是天理，全不著得些功夫。”（《朱子语类》卷一百二十四，北京：中华书局1994年，第2977页，叶贺孙录）又云：“后生才入其门，便学得许多不好处，便悖慢无礼，便说乱道，更无礼律，只学得那许多凶暴，可畏！可畏！”（同上书，第2970页，叶贺孙录）又云：“从陆子静者，不问如何，个个学得不逊。只才从他门前过，便学得悖慢无礼，无长少之节。可畏！可畏！”（同上书，第2979页，沈僩录）此处我们必须强调指出，朱陆之学自是各有长短，学者或出于个人所见而可以各有推许。但朱子上述所言与其说是理的说明，毋宁说是事的描绘，而此“事”之背后即有所以有此事之理。唯朱子类似语言不免过厉，甚至不免过当，学者则自能察之。

④ 朱子云：“某向与子静说话，子静以为意见。某曰：‘邪意见不可有，正意见不可无。’子静说：‘此是闲议论。’某曰：‘闲议论不可议论，合议论则不可不议论’。”（同上书，第2972页，甘节录）又云：子静“今只理会除意见，安知除意见之心，又非所谓意见乎？”（同上书，第2973页，万人杰录）又见《朱子文集》卷三十四《答吕伯恭九十四》。本文殊少征引“文集”语录，非不重视，只视其与“语类”有一致耳。

⑤ 朱子云：“陆子静之学……看是甚文字，不过假借以说其胸中所见者耳。据其所见，本不须圣人文字得。他却须要以圣人文字说者，上面须得数片鳖鱼遮盖，方过得关津，不被人捉了耳。”（同上书，第2978页，辅广录）

当然，如此诠释非分解方式下之不足，不免失之太过，此盖依朱子立场视之而有者。然而，站在今天的角度，基本上，成德之学若只是诉诸于先天孤立的良心之决断，则由此而获得的道德知识便很难保证其普遍有效性和公共性之品格[①]，此自不唯对象山之学而言。而阳明谓象山之学“只还粗些”，就其学问之最终归趣而言，自是同一阵营中的相互批评，对此“粗”我们可以对牟先生的解释予以体贴，然而，这并不妨碍我们同时在理上、事上开启另一条解释的线索，亦即就实地在象山非分解地立义与阳明分解地立义之对显中展示象山之学之“粗”相。

学者为学自是不免有其立言宗旨。象山之学因其深感于千五百年来学者“蠹食咀长于经传文字之间”，留神专意于注疏考据之事，而要学者重认端绪，于自得、自造中直契孟子。针对朱子之学“严密理会，铢分毫析”之特性，象山一方面认为“急于辨析，是学者大病。虽若详明，不知其累我多矣”[②]，另一方面则认为，朱子之理会“只是揣量模写之工，依放假借之似”，自谓一贯，“但其见道不明，终不足于一贯耳”。[③]因此，象山叹谓：“朱元晦泰山乔岳，可惜学不见道，枉费精神，遂自担阁，奈何？”[④]如是，则朱子尽其一生，精密较量，且信心满满地建立的理气、道器、心、性、才、情、内外、精粗等论说，在象山简易直截之教下，顿成闲议论而落于第二义以下。然而，象山为学也因此侧重于“不立文字”，偏重在当机指点。其实，“不立文字”在象山也可以是一种权说，其实义即在于非分解地以孟子之所是为是，以为圣贤之道，孟子言之已尽，无须后世人们劳神费心，添枝加叶，只一句“心即理”已足够让人堂堂成具为大人。故象山云：“心只是一个心……心之体甚大，若能尽我之心，便与天同。为学只是理会此。”[⑤]此所谓“此”乃是最具“象山特色”之用语，是非分解的点示、遮拨、启发？皆

---

① 参见阿佩尔：《哲学的改造》，孙周兴等译，上海：上海译文出版社 1997 年，第 275 页，学者亦可参阅哈贝马斯的《交往行动理论》等相关论著。

② 《陆象山全集》卷十《与詹子南》。

③④ 同上书，卷三十四《语录》。

⑤ 同上书，卷三十五《语录》。

是，但似乎皆因其过于简约而显笼统，而显“粗”相，而不免让人难于把捉。此“粗”相固可以因牟先生之分解而得以消泯，然而，象山弟子的一再追问却使我们有理由怀疑和正视象山如此立教的问题所在。儒学要成其为大，即当示人以为学之次第，进圣之阶梯，展其纲目，见其间架，甚至于条分缕析以见其精密，否则便无足于经纬天地人心，更谈何与理论玄思见长的佛老一相较量！若仅守一“此”及执诸对“此”之直觉和了悟，于儒门事业，殊不能济事。然而，象山立言却喜于就“此”字上反复，如象山云：

苟学有本领，则智之所及者，及“此”也，仁之所守者，守“此”也，“时习之”，习“此”也，悦者悦“此”，乐者乐“此”。①

此天之所以予我者，非由外烁我也。思则得之，得“此”者也。先立乎其大者，立“此”者也。积善者，积“此”者也。集义者，集“此”者也。知德者，知“此”者也。进德者，进“此”者也。同“此”之谓同德，异“此”之谓异端。②

仁即此心也，此理也。求则得之，得“此”理也。先知者，知“此”理也。先觉者，觉“此”理也。爱其亲者，“此”理也；敬其兄者，“此”理也。见孺子将入井而有怵惕恻隐之心者，“此”理也。可羞之事则羞之，可恶之事则恶之者，“此”理也。是知其为是，非知其为非，“此”理也。宜辞而辞，宜逊而逊，“此”理也。敬，“此”理也；义，亦“此”理也。内，“此”理也；外，亦“此”理也。③

读者翻检象山全集，诸如此类的说法并不止于这些，读之的确让人有感发之功，便捷之效。然而，在为学入路上，此“此此”之言，却毕竟有使人流于笼统仿佛、粗疏陋简的印象。

① 《陆象山全集》卷三十四《语录》。
② 同上书，卷一《与邵叔谊》。
③ 《陆象山全集》卷一《与曾宅之》。如此标点，只为突出“此”字，殊无篡改陆子之意。

（四）象山之“粗”与阳明之“精”

由于象山说理过于简约且又充满自信乃至自负，这样一种“此心此理”之超绝易简甚至厌弃文字的为学倾向，不免会滑入两种偏向，首先，不重分解地说理，喜于当机指点，让人想起禅宗的“作用见性”并不足为奇；其次，为学之方因一概摔斥讨论、议论，而不免于独断，又因独断而不免其“粗”。先看第一点，《年谱》于乾道八年条下记云：

（杨敬仲）问：“如何是本心？”先生曰：“恻隐仁之端也，羞恶义之端也，辞让礼之端也，是非智之端也，此即是本心。”对曰：“简儿时已晓得，毕竟如何是本心？”凡数问，先生终不易其说，敬仲亦未省。偶有鬻扇者，讼至于庭，敬仲断其曲直讫，又问如初。先生曰：“闻适来断扇讼，是者知其为是，非者知其为非，此即敬仲本心。”①

此条所记本在于说明象山教人如何于事上指点、开悟，然读之让人感到类似于禅宗“作用见性”的风格实属自然，这就难怪朱子会说陆子之学“只是禅”②。而牟先生则以巨大的篇幅力辩象山之学非禅，而是儒门之正宗、正统，朱子之说只是“联想而来”③。的确，我们完全同意牟先生所说的“不能以摔斥意见、议论、定本，即认为是禅”④。但是，假如我们细心体味朱子指责象山之学为禅的实义，朱子显然是指其在功夫修养或为学风格上有类于禅，而并非在为学的根本上、大纲大目大方向上说其为禅。即此而言，我们似乎没有理由不为朱子之说作一同情之了解。毕竟，儒门学问固可包含当机指点，

① 《陆象山全集》卷三十六《年谱》。
② 《朱子语类》卷一百二十四，第2978页，孙自修录。
③④ 牟宗三：《从陆象山到刘蕺山》，第188页。

但却并不止于当机指点。换言之,敬仲之问必须有名言以定之,节目以序之,讲论以明之,而不能全诉诸无言的直觉,否则,儒学如何成其为“学”即颇成问题。审如是,象山之学之“粗”,除“粗略”之外,似乎还有“粗鄙”之意。再看第二点,象山固可以以其简约而挥斥一切议论和意见,并批评朱子只是“以己意附会往圣”[①],但此处尤有可辨者有二,一者,圣门学问历来知行并进,儒门虽重践履实行,却从不排斥切磋、讲论之知,“未知,焉得仁?”(《论语·公冶长》)二者,象山若果见人说话即概概认为只是“意见”“闲议论”“平地起土堆”,仅主一心决断之纵横恣肆,则象山之学之“粗”便不仅仅只是因非分解而有的“粗略”的“粗”,而且还有因独断而显出的“粗鲁”的“粗”。[②]圣门学问,自不应如此[③]。正如朱子所说,焉知挥斥“闲议论”之心就一定不是“闲议论”?“安知除意见之心,又非所谓意见乎?”[④]牟先生力争,朱子在端绪上乃是他律道德,与吾儒之真骨血不合,因而“学不见道,枉费精神”。但是,站在当今的哲学立场,我们必须着重指出,其间问题的严重性,已经不在于一个人的道德决断究竟是出于本心,还是出于典册,抑或是出于议论和意见,而在于如何保证由此本心而来的当下呈现的意识如何具有普遍性和公共性之效力。我们暂且撇开海德格尔“存有论转向”以后的诠释学对于所谓“纯粹我思”的新见解不论[⑤],保尔·利柯(P.Ricoeur)对人的主体结构的心理分析和语义学解释,对于“我思主体”(the subject of the cogito)之何以可能的命题

---

① 《陆象山全集》卷七《与彭子寿》。

② 《朱子语类》记云:“或问:‘陆子静每见学者才有说话,不曰‘此只是议论’,即曰‘此只是意见’。”(《朱子语类》卷一百二十四《陆氏》,第 2972 页,潘柄录)。

③ 站在当今哲学的立场,如果我们把道德规范的合法性和有效性问题看作是一个众道德行为者之间待检验的问题,那么,我们似乎有理由指出,象山的“本心的决断”本身并不能直接地以“道德真理宣称”的方式出现,它本身必定是一个待检验和可辩论的问题。有趣的是,伦理学发展到当代,在道德决断上引入讲论、认知的地位已经成了许多学者的共识(如哈贝马斯、罗尔斯等),当然,这是在世界解咒以后的最新发展。学者可参见石元康:《罗尔斯》,桂林:广西师范大学出版社 2004 年。

④ 《朱子语类》卷一百二十四,第 2973 页,万人杰录。

⑤ 依海德格尔、伽达默尔,人始终只是一个历史的存有,是“共在”,所以,人的意识包括人的良知或本心总是与“成见”(prejudice)密不可分。相关论述参见《存在与时间》和《真理与方法》等书。

也已经从存有论之理上提出了质疑①,而哈贝马斯的交往伦理学以及阿佩尔(K.O.Apel)的先验语用学则更从主体间交往的有效性来质疑意识哲学和内向性伦理学所可能存在的问题。②这些追问已经超出本文的议题之外。然而,扣住本文之主题而论,象山之学只以一心之周纳、一心之伸展、一心之朗现为其所有“伎俩”③,即便撇开朱子所谓此“廓然一悟”“自谓有得者,适足为自私自利之资而已”④的质疑不论,至少如此论学毕竟限制了儒门之规模与格调,而显其“粗”相,此“粗”即表现在象山不喜分解,亦不耐烦于分解。象山云:

> 盖心,一心也;理,一理也。至当归一,精义无二。此心此理,实不容有二。⑤万物皆备于我,有何欠缺?⑥
>
> 伯敏云:“如何是尽心?性、才、心、情如何分别?”先生云:

---

① P. Ricoeur: *The Conflict of Interpretations: Essays in Hermeneutics*, Northwestern University Press 1974, pp.160-162, p.18.利柯吸收马克思、尼采和弗洛伊德的理论,直陈主体的纯粹意识的不可能性,认为“当下呈现的意识”自始只是“伪意识”(false consciousness)。利柯还由此提出了“主体考古学”(the archaeology of subject)概念,认为在“纯粹我思”主体的内在结构中其实包含许多源自社会、历史的“沉积物”以及根植于主体的本能、欲望等。此处,我想着重指出的是,朱子在“乙丑之悟”后不谈“心即理”,只以“心统性情”张帜,究其原因即在于朱子对于“本心”或“心官”之思抱持高度的不信任,而这样一种观点的确认又源于朱子在二十四岁师事李延平以后直到他四十岁得其“中和新说”其间长达十几年的参悟、讲论和探索的结果。我们完全有理由认为,朱子“心统性情”的义理间架,就比较而不是等同的意义而言,正是“中国式”的“主体考古学”的结论。对此,作者已有另文专述,此处不赘。

② 本文想着重指出的是,无论是哈贝马斯还是阿佩尔的哲学,矢向所指,皆对着康德的作为形式的主观性的绝对命令(良心)的伦理学而发(有趣的是,他们均非常重视经由讨论、讲论、议论而达成的共识[consensus],这一点在形式上似乎更近于朱子),假如牟先生借用康德哲学以阐发孟学义理在理论上可以相互攻错,那么,我们借用哈贝马斯等人对康德理论的质疑也同样可以为我们重新审思孟子、陆王一系的理论提供某种帮助和启发。黑格尔则认为,良心如果仅仅是形式的主观性,那简直就是处于转向作恶的待发点上的东西:道德和恶两者都在独立存在以及独自知道和决定的自我确信中有其共同根源。(参阅黑格尔:《法哲学原理》,范扬等译,北京:商务印书馆1961年,第143页。)若学者比较黑格尔对康德之批评与朱子对象山之批评,其间不免有许多引人入胜之处。

③ 此处只是引象山之语以为佐证,别无他意。见《陆象山全集》卷三十四《语录》。

④ 参见《朱子文集》卷三十《答汪尚书三、七》。

⑤ 《陆象山全集》卷一《与曾宅之》。

⑥ 同上书,卷三十五《语录》。

“如吾友此言又是枝叶。虽然，此非吾友之过，盖举世之弊。今之学者，读书只是解字，更不求血脉。且如情性心才都只是一般物事，言偶不同耳。”伯敏云：“莫事同出而异名否?”先生曰：“不须得说，说着便不是，将来只是腾口说，为人不为己。若理会自家实处，他日自明。”①

依象山，圣门之学其实不须去分辨何者是心，何者是情、性与才，且一旦如此去分辨即会导人以“解字”功夫代替“血脉”之把握。但如此言教、言学，与囫囵吞枣之间夫复何异！此即难怪阳明会认为其“只还粗些。”

其实，阳明立言与象山几乎具有相同的问题意识，此所谓相同至少表现在两个方面，其一，和象山一样，阳明也反对学者离却本源，留心撰注之习气。阳明云：“言益详，道益晦；析理益精，学益支离，无本而事于外者益繁于难……则今之所大患者，岂非记诵词章之习？而弊之所从来，无亦言之太详，析之太精者之过矣?”②其二，和象山一样，阳明为学也强调“合一”“主一”，认为圣贤之学只心就是理，不容有二。故当学生问他“圣贤言语许多，如何却要打做一个?”阳明即云：“我不是要打做一个。如曰‘夫道一而已矣’，又曰‘其为物不二，则其生物不测’，天地圣人皆是一个，如何二得?”③然而，相同归相同，阳明却仍谓象山之学“只还粗些”，则阳明自有与此“粗”所不同的“精”处，亦即阳明为学还有分解地展示儒家义理的面向，故而阳明主张“讲学中自有去取分辨”④。依阳明，理一、心一、性一之“一”并不排除名言之表达和概念之把握，反之，如果此一心、一性、一理不能用概念清楚地表达出来，则儒家义理便不免会显其“粗”。因此，与象山喜言“此”有所不同的是，阳明在喜言“一”之后还有概念、范畴的系统

① 《陆象山全集》卷三十五《语录》。
② 《王阳明全集》卷七《别湛甘泉序》。
③ 同上书，卷三《传习录》下。
④ 同上书，卷二《传习录》中《答聂文尉二》。

述说，如阳明云：

> 夫良知一也，以其妙用而言谓之神，以其流行而言谓之气，以其凝聚而言谓之精。①
>
> 理一而已。以其理之凝聚而言则谓之性，以其凝聚之主宰而言则谓之心，以其主宰之发动而言则谓之意，以其发动之明觉而言则谓之知，以其明觉之感应而言则谓之物。故就物而言谓之格，就知而言谓之致，就意而言谓之诚，就心而言谓之正。正者，正此也；诚者，诚此也；致者，致此也；格者，格此也，皆所谓穷理以尽性也。②
>
> 性一而已。自其形体也谓之天，主宰也谓之帝，流行也谓之命，赋于人也谓之性，主于身也谓之心。心之发也，遇父便谓之孝，遇君便谓之忠。自此以往，名至于无穷，只一性而已。③

从上述引语中我们不难看到，阳明虽主张“性一”“理一”，然而，他却不烦于对天、帝、性、命、心、意、知、物、神、气、精等概念的说明与清理。因此，相对于象山笼统地发明本心的为学特点而言，阳明说象山“只还粗些”当是可以理解的，而且也是有“可说”的实理、实义的。

然而，所谓“精”与“粗”之比较，始终都只具有相对的意义。从整个宋明儒学之发展轨迹来看，从象山的“本心”、阳明的“良知”到蕺山的“诚体”“意体”实际上呈现为道德意识结构不断深化的过程。即此而言，阳明固可以批评象山之学“只还粗些”，然而，蕺山也未尝不可以批评阳明之良知教仍显“粗”相④，其间的辗转对治，不正是儒家义理因应于时代而“精”“粗”叠出，随时分解的表现吗？

---

① 《王阳明全集》卷二《传习录·答陆原静书》。

② 同上书，《答罗整庵少宰书》。

③ 同上书，卷一《传习录》上。

④ 我们暂且撇开蕺山对阳明之批评是否如理不论，有一事实我们必须加以理会，即蕺山在其给韩参夫的信中便认为阳明之学失之于“粗”，其云：“然则阳明之学谓其失之粗且浅，不见道则有之，未可病其为禅也。”参见《刘子全书及遗编》卷十九《书上·答韩参夫》。

（五）阳明对“粗”的可能解释

盖如所言，牟先生对阳明谓象山之学“只还粗些”，从“似可说”的角度，归于象山非分解地立义与阳明分解地立义之对显中来加以了解。亦即，相对于象山之“粗”，阳明之“精”表现在他有概念的分解。此点当人所共见，似乎也是牟先生对此加以诠释的（不说是唯一，但也是）主要方面。我们现在所要问的问题是，阳明说象山之“粗”是否仅指此一义？抑或还有别的原因？

所谓“粗”，最直接与当下的意义，就是与“精”相对而立。借由前面的分析，我们至少可以看到，象山之学之“粗”已有三方面的内涵[①]，一是由非分解而来的“粗略”，此是阳明与牟先生所指之义；一是由独断而来的“粗鲁”以及由其为学风格近禅而来的“粗鄙”，此是朱子所指之义。说象山之学显“粗鲁”和“粗鄙”相，不为牟先生所认可，亦大体不会为阳明所认可。然而，阳明谓象山之学之“粗”，除“粗略”之外，似乎还有“粗糙”的意味。[②]若说“粗略”乃与“精密”相对的话，那么，“粗糙”则与“精巧”或“精一”相对。问题在于，阳明是从何种角度以其“精巧”来对显象山之学之“粗糙”呢？

这大概就落于象山与阳明关于知行关系的不同看法上。

众所周知，陆、王之学在“心即理”之大方向上并无二致，而与程朱理学相分野，即此而论，阳明学之最具特色且富点睛之处实不必在其良知论上[③]，而当在其知行合一之观念上，换言之，最能标识出阳

---

① 象山之学之精彩处、高明处，自是不可掩，学者不应因本文主题之所限而认为作者完全对此不加理会，此自是不当有之误解。

② 在此所谓“粗糙”的意味并不涵具贬义之意，正如说阳明之知行合一显其“精巧”并不一定涵具褒义一样。对于象山之学此“粗糙”一面，牟先生未曾加以点示，恐怕也不会加以点示，其间原因盖在于此一面乃落在阳明“知行合一”之说上，而依牟先生之分判，象山与阳明皆属孟子学，但依孟子和象山，知与行的关系是有先后之别的，而与阳明不同。若判阳明为孟子学，即在知行问题上尚有一理论困难有待说明，故牟先生干脆脱略这一面。

③ 盖阳明的良知即是象山的本心、心体，而牟先生也在很大程度上即此而谓陆、王之学为孟子学，所不同者或在于两人在功夫入路上有些许精粗之分。

明学之“要紧处”①当在其知行合一之说，而阳明自己亦认为，正是此点构成了他整个为学的“立言宗旨”。阳明云：

> 如今苦苦定要说知行做两个是什么意？某要说做一个是什么意？若不知立言宗旨，只管说一个两个，亦有甚用！②
>
> 此须是识我立言宗旨。今人学问只因知行分作两件……我今说个知行合一，正要人晓得一念发动处，便即是行了。发动处有不善，就将这不善的念克倒了，须要彻底彻根，不使那一念不善潜伏胸中，此是我立言宗旨。③

无疑的，阳明立“知行合一”之说从思想上看乃是其补偏救弊之努力，而这种偏弊与当时的社风、习气紧密相连。阳明云：“逮其后世，功利之说日浸以盛，不复知有明德亲民之实，士皆巧文博词以饰诈，相规以伪，相轧以利，外冠裳而内禽兽，而犹或自以为从事于圣贤之学。”因而，阳明力倡知行合一之说，认为知行只是一个功夫，天下未有学而不行，无有不行而可以言学者。其实说到底，阳明的“知行合一”之说乃要人于灵魂深处闹革命。毫无疑问，阳明对自己所揭示的知行合一之说抱有很高的期许，并视之为“欲挽而复之三代”“以正人心息邪说，以求明先圣之学”④的不二法门。如何展示阳明“知行合一”之具体内容以及借此具体内容而见其“精微”“精巧”，学者已经做了许多工作，此处不复赘述。⑤然而，我们想指出的是，正是在这一大关大节上，象山之学却并不同于阳明而倾向于朱子⑥，致使阳明从心底里认为象山之学“未精”而显“粗”，而这种“粗”，在阳明看来，即

① 《王阳明全集》卷六《答友人问》中即记：“知行合一之说，是先生论学最要紧处。”
② 同上书，卷一《传习录》上。
③ 同上书，卷三《传习录》下。
④ 同上书，卷八《书林司训卷》。
⑤ 相关论述学者可以参见陈来：《有无之境》，北京：人民出版社1991年，第93—117页。
⑥ 对于宋代儒学与明代心学在哲学基本精神上的差异人们可以有不同的说法，然而，基本上，知行关系却是不容忽视的一个重要问题。

是由于象山随众沿袭，不复致疑而有的“粗糙”。

基本上，象山为学乃在与朱子之辩难中显其宗旨，然而，在知行关系等问题上，象山却偏于程朱之论说。象山云：“《大学》言明明德之序，先于致知；孟子言诚身之道，在于明善。今善之未明，知之未至，而循诵习传，阴储密积，廑身以从事，喻诸登山而陷谷，愈入而愈深，适越而北辕，愈笃而愈远。”①依象山，人要正确地躬行，必须先有一“知”用以指导，“未尝学问思辩，而曰吾唯笃行之而已，是冥行者也。自《孟子》言之，则事盖未有无始而有终者”②。所要指出的是，在象山看来，“知先行后”不仅是《大学》的道理，而且也是《中庸》《孟子》的道理，“《大学》致知、格物，《中庸》博学、审问、慎思、明辨，《孟子》始条理者智之事，此讲明也；《大学》修身、正心，《中庸》笃行之，《孟子》终条理者圣之事，此践履也”③。不难看到，象山言知先行后既从圣贤血脉中打拼而出，亦从一般意义所说的理论与实践之关系上着眼。即此而言，它无疑可以撑开一个知与行的大间架④，盖就最一般的哲学意义而言，“知先行后”之说乃意在为学、问、思、辨留下一个广阔的地盘，而决非在道德实践上提倡只知不行。但阳明却即于流弊要借由其“知行本体”脱出一微密内向的“合一”说，并以此来对显象山知先行后的“粗糙”。形式上看，阳明的“知行合一”突显了良知的特性、意志的功能，对于只知不行的断裂论具有针砭作用。但是，由于他所讲的“知”与“行”的“合一”乃在意念发动之根源处讲，在一个人的灵魂深处讲⑤，则由此一理论所表现的“精微”“精一”“精巧”看似究竟了，但儒门学问之义理规模却也似乎由此而龟缩成仅仅只是惩治念虑的机巧：“尽

① 《陆象山全集》卷一《与胡季随》。

② 同上书，卷十二《与赵咏道二》。

③ 同上。象山言知先于行有他自己特殊的问题意识，学者不可不察，但此并不妨碍本文的主题。

④ 此所谓“大间架”，其内容当包括“知先行后，行重于知，知行互发”三个方面。作者本人曾不止一次地与友人讨论相关问题，而认为，世虽以陆王心学相称，然而，陆象山的心学与王阳明的心学还是颇有不同，象山之学虽被朱子目为“门庭狭窄”，但在知行问题上，抽象而言，他主张的知先行后说，从文化哲学的角度加以考察，当大不同于阳明的“知行合一”说。

⑤ 学者可以参看劳思光先生著《中国哲学史》三上，第 433—441 页。

精微”一面做到了，但“致广大”一面却几乎沦于凋零。我们不妨认为，正是由于阳明的“知行合一”说为有明一代心学脱离客观世界论学的倾向开了窦陋之门。可以说，阳明并不是借由其良知学，而恰恰是借由此“知行合一”之说，完成了对整个宋儒学问的大扭转①。

由于阳明从“知行本体”立言，此即在与人们常识所了解的知行关系之间不免产生葛藤与夹杂，加之阳明平素对象山多有推尊，致使学者对阳明与象山在知行关系上的明显不合，亦不免产生疑问。《传习录》即记有阳明与友人之间对上述问题的四次问答。第一问涉及阳明知行合一与先儒通行的知行分别的关系，阳明即以“行之明觉精察处便是知，知之真切笃实处便是行”作答。第二问涉及朱子、象山与阳明的关系：象山与朱子在论学之根本上大异，但在知行问题上两人却相同而与阳明的知行合一说有别，但阳明却盛赞象山“于学问头脑处见得直截分明”，其间原因该如何解说？对此，阳明之回答则虚委在一般的同异之辨上，认为自己与象山、朱子同为圣贤之学。但并未直就知行问题给出正面的回答。第三问乃紧追阳明语绪，就知行关系而言，“既与象山之说异矣，敢问其所以同”。阳明对此即认为象山与自己一样同在皆能于头脑上见得分明。其间语绪，阳明似乎要告诉人们，象山虽主知行分别，但由于其头脑上见得分明，将来“则始或未便融会”②。但问者似乎对阳明之回答仍旧不满意：既然象山在头脑处见得分明，又为何在知行问题上与阳明的主张之间有如此之差异？看来阳明虽尽力为象山“弥缝讳言”③，但被逼问至此，亦便不

---

① 学界有许多学者认为，相对于宋儒，阳明的“知行合一”之说乃是理论上的深入，此说固不无道理，儒门学问大都具有因病发药的性质。然而，超出此一点，从究天人之际的角度上说，知行合一所表现出来的脱离客观世界而论学的明显倾向，对于儒家学问所以能成其为大而言，却未尝不可以说是一种倒退。此实见仁见智之论，不求学者赞同。

② 阳明的这一回答，用牟先生的话来说，即是随其“想象而来”，多少是某种一厢情愿之说。

③ 依“点也虽狂得我情”，阳明乃是一狂者性格之人，且从其所谓不以前人是非为是非的说法中也可以看到这一点。但翻检阳明文集，阳明对先儒却表现出相当恭敬的态度，即便与自己观念不合之人也极尽婉转，着力弥缝，其对朱子的态度即是一例。这一方面说明了阳明自己有极高的内涵与修养，另一方面，也可能与阳明自己的学问在野及其一生处境的曲折有密切的关系。学者可参见余英时：《宋明理学与政治文化》，台北：允晨文化实业股份有限公司 2004 年，第 249—297 页。

得不如实相告：“致知格物，自来儒者皆相沿如此说，故象山亦遂相沿得来，不复致疑耳。然此毕竟亦是象山见得未精一处，不可掩也。”[1]从“相沿得来”“不复致疑”来说明象山“见得未精一”是阳明的实话，但与此“精一”相对显的，大概应是象山之学之“粗糙”罢。

然而，象山之学的此所谓“粗糙”，至少在我看来并不显半点贬义，同时，阳明的“精微”“精巧”也并不全幅都是褒义，盖就“精巧”所表现的不重理论在客观世界中之展开的特点而论，阳明的“知行合一”之说已多少将儒门“广大悉备”的学问性格转至遗落乃至暗废，此之所以酿成有明一代学问只在“眉宇之间”“毫厘之际”“牛毛茧丝”[2]之处纵横捭阖的原因之一吧。

(六) 结　　语

象山之学与阳明之学同中有异，异中有同。学者亦多认为两人之间，同是大同，而异则是小异，此“大”“小”之说固有其理绪，相沿数百年，亦不复有人理会。牟先生因应阳明对象山之学“只还粗些”之评价，以“非分解地立义”和“分解地立义”之差别点示此“粗”之实义。本文即顺牟先生之说，即之于象山、阳明的具体论述，并倌合朱子对象山之学之评价，再加附上自己的一点理解，对此所谓“粗”作了具体的分析。站在今天的立场，我们认为，象山之学所显之“粗”包含有正反不同方面的含义：既有“粗略”的意味，又有“粗鲁”甚至“粗鄙”的意味，还有“粗糙”的意味。然而，话说至此，作者亦不禁自问，这种缘于一孔之见的议论，又焉能知其不流于“粗率”乃至“粗暴”呢。

---

① 《王阳明全集》卷六《答友人问》。颇可注意的是，问者原本追问的主题是知行问题，然而，阳明却在逼问之下一转成“格物致知”，这一转折颇有值得玩味之处。

② 参见黄宗羲：《明儒学案》，北京：中华书局 2008 年，“发凡”，第 14、15 页。

十二、宗周对宋明儒之判读

——以《圣学宗要》之诠释为中心

（一）引　言

宋明儒学，自濂溪以迄阳明，大儒辈出，头绪纷繁，学问风格各异。宋承五代之弊，突显儒家继天立极之旨，以反击佛老之虚无，经几代人之努力，为儒学之再兴建构了一个庞大的思想体系。宋明六百年，以地望而称其学者，即有濂、洛、关、闽、青田、姚江，如此等等，可谓流派纷呈，蔚为大观。唯其如此，如何梳理其中之学问宗旨，珠串分合异同，消解门户之见，一统儒学之精神命脉，俾使学者毋因学问异见而致自设藩篱，党同伐异，进而克服以悬想为有得，以虚见为了悟之诟病，并终归于躬行实践，直内胜私，使轻浮刻薄，避迂求捷之态潜消于冥冥，此则在阳明之后，于儒学之理论和实践的进一步发展，皆已极显必要。

无疑，这一工作是由宗周来做，亦由宗周来完成的。

客观地说，宗周思想虽繁杂而有序，异殊而有归，但并不容易把握。其中的表现之一即在于，宗周殁后，其门人围绕如何准确地认识和诠释乃师之学说曾有过相当不同的意见。许多学者的研究已经指出，清初刘门曾发生过对宗周思想的解释和解释权之争，而且这一争论至少可以分为恽日初、黄宗羲、陈确以及稍后康熙时的邵廷采四派。[①]此一现象表明，究竟从何处下手才是进入宗周思想的恰当门径，仍然是一个值得研究的问题；另一方面，此一现象亦同时提示我们，当我们以诚意、慎独和“归显于密”来揭橥宗周思想之特色时，宗周赖于诠释、措注和

---

① 李纪祥：《清初浙东刘门的分化及刘学的解释权之争》，载《第二届国际华学研究会论文集》，台北：中国文化大学 1991 年，第 703—728 页。

归宗先儒思想的方法意识，亦同样有待于我们去探究和追问。

职是之故，本文以宗周撰写的《圣学宗要》为文本，试图通过宗周对宋明儒思想之判读，来透视其诠释的方法意识及为学的落脚之处。无疑，宗周一生著述宏富，之所以专选《圣学宗要》来讨论，一则因为宋明学问早有朱、陆之分，及其迨至现代，更似给人楚河汉界之印象，而宗周却在本篇中对濂溪、横渠、明道、朱子和阳明之学问义理别出新解，并以慎独一着提掇宋明学脉，如线串风铃，环环谐响；其次，就目前宗周思想之研究状况看，大部分学者似未曾对《圣学宗要》给予重视，专门讨论此篇的文章亦付阙如，而此篇在宗周思想之起承转合中所处的地位及其所透露的宗周的诠释意识，则更是乏人探究。为此，本文将对上述问题或简或繁逐步加以讨论。

我想要首先说明的是，本文之观点受杜维明先生之影响甚深①，而在方法上，则黄俊杰先生的论著对我启发良多②。

（二）《圣学宗要》之撰写背景

《圣学宗要》作于崇祯七年甲戌，时宗周五十七岁。假如按宗周之“引”言，“宗周非能读五子书者也，偶友人刘去非示我以《太极图说》《西铭》《定性书》《已发未发说》，题之曰《宋学宗源》，辄洒然有当于心，爰益以《识仁篇》《东铭》及‘已未发全说’，又合于阳明子之与程、朱相发明者二则，改题曰《圣学宗要》”。③宗周此说给人的印象是，《圣学宗要》之作系纯粹出于偶然，这或许是人们不甚重视此篇的另一个原因。不过，学者若通晓宗周思想之发展，则本篇非但不是宗

① 杜维明先生在哈佛大学给东亚系的研究生开设“宗周思想研究”这门课时，对宗周的《圣学宗要》评价甚高，认为此篇乃是宗周的哲学谱系学，是宗周与先儒进行“高峰对话”的结果，因而也可以看作是宗周思想的“自我定义”。杜先生对宗周思想研究甚深，不可不加以注意。

② 学者尤可看氏著:《孟学思想史论》卷二之第一章“序论”及第二章“孟学诠释史中的一般方法论问题”，台北:“中央研究院”中国文哲研究所 1997 年；亦可参考氏著:《战后台湾关于儒家思想研究的回顾与展望》一文，载《中国文哲研究的回顾与展望讨论文集》，台北:“中央研究院”中国文哲研究所 1992 年，第 449—507 页。

③ 《刘子全书》卷五《圣学宗要》。以下凡引本篇之文字，不另行出注。

周偶然之作，且有其前后一脉相引之线索，盖此前宗周于天启六年丙寅（四十九岁）则有《五子连珠》之撰作[①]，此后，宗周于崇祯九年丙子（五十九岁）又有“宋儒五子合刻序”问世，此一现象表明，宗周对宋明儒学问义理之用心可谓一线相牵，在在可见。尤其令人瞩目的是，宗周在《圣学宗要》中，一如在《五子连珠》和“宋儒五子合刻序”中一样，总是以“即本体即工夫”的慎独之教串结诸大儒之思绪，所谓“圣贤千言万语，说本体说工夫，总不离‘慎独’二字”。所谓“天即吾心，而天之托命处即吾心之独体也……故君子慎独……此圣学之宗也”[②]。果如是，则先生衷情于慎独之用心何也？而以慎独一着诠释周、张、程、朱、阳明思想之合法性根据又何也？凡此种种，皆必得先弄清宗周思想之背景方可得其确当之了解。

依《年谱》，宗周于天启五年乙丑四十八岁出慎独之说，此时离《圣学宗要》之作相距十年，故其言慎独有其内在的一贯性。然则这一说法并非意味着宗周四十八岁以前不重慎独功夫。我们知道，宗周为学启途之时，亦正是王门后学玄谈成风之时。谈良知者但认良知本来俱足，本来圆通，往往务为圆融活泼，窥见影响，便以为把柄在手，而于戒慎恐惧之实功全不着力。及其至也，则外媚俗世，内济私心，甚而蔑弃廉耻，诳人诳己。宗周早年无论从师事、交友和论学各方面皆表现出不喜阳明后学动言主脑，不事下学功夫的主张，而认为“学问每在乎实处有味”[③]。三十六岁，宗周在致陆以建的书信则认为：“圣学要旨，摄入在克己，即《大》《中》之旨，摄入在慎独，更不说知说行。”[④]四十岁，在《论语学案》中又认为：“君子学以慎独，直从声臭外立根基。”[⑤]四十二岁，宗周又有“圣学之要，只在慎独”[⑥]的说法。

---

① 据宗周之子刘伯绳所编的《刘宗周年谱》及近人姚名达先生所编的《刘宗周年谱》，两人似皆认为宗周的《五子连珠》作于崇祯八年乙亥，而非天启六年丙寅，此说估计有误，学者可根据宗周思想之发展特点及此篇的实际内容作出自己的判断。

② 《刘子全书》卷二十一《书序·宋儒五子合刻序》。

③ 《刘子全书遗编》卷十九《书上·与以建四》。

④ 《刘子全书》卷十九《书上·与陆以建年友》。

⑤ 同上书，卷二十八《论语学案一·为政第二》。

⑥ 同上书，卷十《学言·上》。

不难看到，言慎独重功夫，在宗周的思想中，的确如“草蛇灰线，一脉相引”。

宗周于天启五年(1625)四十八岁出慎独之说，一方面与当时身处的社会环境有密切的联系[1]，《年谱》记云：“先生痛言世道之祸，酿于人心，而人心之恶，以不学而进。今日理会此事，正欲明人心本然之善，他日不至凶于尔国，害于尔家。”[2]从这个意义上看，宗周的慎独说可以看作是为救世拯人所提出的学问主张。然则，在另一方面，激发宗周作如是思考的理论上的根源，却与当时王学末流任心废学、不事工夫修为而导致决裂绳墨，名检荡然之社会后果有直接的关联。不过，尽管如此，我们看到，直到此时，宗周并未认真地研读过阳明的著作，其对良知教之不满，乃是透过阳明后学而反观阳明的。不难想象，对于一个于社会风教有如此巨大影响的学问体系，宗周对阳明理论若只是观其后学之言论与影响而获得了解的话，则无论如何不足于澄清原委，因病立方，亦无论如何达不到扭转社会风气之目的，更何况阳明学说于整个学风社风影响至深至力，仅以宗周个人的力量实不足于从根本上唤醒沉迷的人们。因此，按解铃系铃之逻辑，宗周必得在源头上查检阳明理论之本来面目，同时对阳明后学悬空识想、不重功夫实地之缺点，又必得在理论上阐发其“即本体即工夫”的慎独理论，以借此从内部加以扭转。为此宗周于天启六年丙寅读书于韩山草堂，考订有明诸儒文集、传记，研读阳明著作。宗周此时发现，阳明良知教有理论和教法两个方面，在理论上，良知教“即体即用，即工夫即本体”，彻上彻下，义理周全，并谓其“自孔孟以来，未有若此之深切著明者也”[3]。而王门后学之病，依宗周，乃是遗落了良知之天理义、性体义，于阳明“良知即天理”一句全然不加理会，所谓“舍天理

---

① 宗周于天启元年十月上疏弹劾魏忠贤保姆客氏，得“罚奉半年”的处罚；天启二年，宗周上《修学中兴疏》，直言世道交丧，国是日嚣，人心日竞，纪纲日坏，刑政日驰，封疆日蹙，寇盗日迩，祖宗金瓯无缺之天下，不日拱手授之于他人；天启四年，宗周又上三疏，申理顾宪成、邹元标、冯从吾等发明忠邪之介，参魏忠贤误国之罪，至天启五年二月，宗周以“藐视朝廷，矫情厌世，好生恣放”，被革职为民。

② 《刘子全书》卷四十《年谱》天启五年条。

③ 同上书，天启七年条。

而求良知，阴以叛孔孟之教而不顾”[①]，以至酿成“往往看良知太见成，用良知太活变，高者玄虚，卑者诞妄”。[②]即此而言，宗周要扭转当时学风之努力便有了一明确的下手之处，亦即通过重新显扬阳明良知理论之全幅内涵来醒目学人，教示来者；另一方面，宗周也发现，在教法上阳明为扭转朱子之支离，特其急于明道，而往往将“向上一机”轻于指点，至其晚年，更有以高蹈手法，单提直指，而启后学“躐等之弊”。宗周将理论与教法分言，就良知教而言，的确搔到了阳明之痒处。即此而言，宗周则必须通过“严密工夫”以扭转其中之失。而这正是宗周何以会汲汲于阐扬他的慎独论的内在用心，因为在宗周看来，慎独之学乃“千圣学脉”，而慎独一着，既能上透性天，又能下定功夫，所谓心性并举，体用兼济者也。

思想史上的许多现象表明，思想家在建立其思想规模或完成其思想目的之时，起初并没有严格的定式，思想之发展总是对应着问题而延伸拓展，因而作为“事后”的解释者，则必须全面地考虑到思想家思想的整体因素，恰如其分地参与思想家的心路历程和思想建设。宗周于天启末年既洞见如此，那么很自然地，宗周必须全力发展出一套新的理论以补偏救弊，而这一套理论于宗周，即直下表现为他的慎独学说，因为如前所说，慎独说尽显了功夫之紧相、密相，另一方面，则独体、独知概念虽心性并设，但却倚重于从性天一路来加以说明和提领[③]，而这恰与阳明言良知重心体之真诚恻怛、灵明觉照适成反显，以起虚实相济之用。所以，从崇祯初年到《圣学宗要》之作这段时间，宗周所要做的工作主要表现在两个路头上，一方面，设身处地地想，宗周虽然明确了一套救弊方案，但是在当时王门后学滔滔于天下、各是其是、诸说纷纭的境况下，单凭宗周个人之努力（包括理论的阐扬和开业授徒等）想要扭转当时的学风又谈何容易，更何况宗周身

① 《刘子全书遗编》卷十一《阳明传信录一》。

② 《刘子全书》卷二十一《重刻王阳明传习录序》。

③ 宗周此类说法甚多，兹举二例以明之，如宗周云：“天命所命，即吾独知。”（《刘子全书》卷二十三《独箴》）又云：“独即天命之性所藏精处，而慎独即尽性之学。”（同上书，卷五《圣学宗要》）

边的门生、好友亦常常津津于良知一觉！不能否认，良知教之所以一时能鼓动海内，其中一个重要原因即是得益于其简易、直截、亲切、易明之特点。为此，宗周试图"借阳明以扭转阳明后学之失"，亦即将他的慎独论与阳明的良知教打并，并通过阳明自己的语言来教示、警醒学者①，而在这方面，宗周乃是通过阳明"良知即是独知时"的"独知"二字来完成他的慎独论与阳明的良知教的接合的。②宗周在论学中多次谈到他对"良知即是独知时"一语的推崇，且时而流露出常人不易觉察的欣喜之情。兹稍举几例：

A. 天启七年丁卯，宗周作《皇明道统录》，其中有言：

先生之言曰"良知即是独知时"本非玄妙，后人强作玄妙观，故近禅，殊非先生本旨。③

B. 崇祯四年辛未，宗周在《证人会约》中又郑重指出：

孔门约其旨曰慎独，而阳明先生曰"良知只是独知时"，可谓先后一揆。慎独一着即是致良知，是故可与知人，可与知天，即人即天，即本体即工夫。④

---

① 宗周的这一努力可以说持续时间相当长。然而，他后来逐步发现，这种做法并不足于达到目的，故在崇祯九年丙子之后即开始以《大学》的诚意说另立一套，并直批阳明的良知论。宗周的思绪有两条十分分明的线索，学者不能不察。

② "良知即是独知时"载《王文成公全书》卷二《居越诗三十四首》中的一首。阳明此句显然重在一个"知"字上，脱去"独"字，单说一个"知"字，意思一样，说良知是"独知"所要表达的是"知"的粹然至善，是人所不知己所独知的毋容自欺。然而，对宗周而言，此"独知"却成了嫁接阳明良知教与自己慎独论的绝好说法，因为就"知"一边说，涵着阳明的良知义；就"独"一边说，涵着自己的独体义，如是，阐发"良知即是独知时"既可以让人们从正面来认识良知教的义理，又可以将自己的慎独说加以传扬，而目的只是要人们既要重性天之尊，又要重功夫之实。这无疑是一箭双雕的绝好方法，因而我们也可以说，宗周通过进入这样一种语言的言说而使自己的理论得以成长。伽达默尔曾言："我们所有的思维和认识总是由于我们对世界的语言的解释而早已带有偏见。进入这种语言的解释就意味着在这个世界中成长。"（伽达默尔：《哲学解释学》，洪汉鼎译，上海：上海译文出版社1994年，第64页）

③ 《明儒学案·师说·王阳明守仁》。

④ 《刘子全书》卷十三《证人会约·会约书后》。

（有意思的是，阳明诗中说的是“良知即是独知时”，而宗周在这里却变成了“良知只是独知时”，一字之差，是出于笔误，还是有意所为？但手势大不相同。）

C. 崇祯五年壬申，宗周在答秦履思的书信中又云：

迩来深信得阳明先生“良知只是独知时”一语亲切，从此用功，保无走作……学者只为离“独”一步说良知，所以面目不见透露，转费寻求，凡所说良知都不是良知也。①

很明显，至少就当时看，在宗周的心目中，良知教在理论上是周全的，而后世学者之病即在于不解良知之天理义。宗周在这里换出一个“独”字，“独”即未发之中体，是不学不虑之真根柢，或表为“天命所命”。离却天命天道，奢言良知，必然落于将习心作本心看，所谓“学不见性，误认灵明为本体，功非了悟，妄拟情缘为妙用”②，以至绝伦离类，堕体黜聪。宗周既于此心清智明，他便总不忘告示当下学者：

良知吃紧处，便只用在改过上，正是慎独工夫……须知良知无圣凡，无大小，无偏全，无明昧。若不用向“独”上讨下落，便是凡夫的良知，其失也为小明，为偏弊，为迷复。虽未尝不知善，而有时认贼以作子；虽未尝不知恶，而有时认子以作贼……孔门说个慎独，于学人下手处已是千了百当，只为头面未见分明，故阳明又指个良知，见得仁义不假外求……故曰“良知只是独知时”，吾党今日所宜服膺而弗失也。③

宗周的思路至此已经大明，他要以他的慎独说来解释阳明的良知论也表现至显。从“离独一步说良知”指示当下学术之病根，从“不向‘独’上讨下落”上警醒学者不忘“慎独工夫”，成了宗周此时逆挽狂

①③ 《刘子全书》卷十九《书上·答秦履思六》。
② 同上书，《与钱御泠相公》。

澜的方法。他一方面通过语词的借用、措注，另一方面也通过义理的分疏、了解证明，阳明的良知论其实就是他的慎独说，而阳明所以说个良知二字，只不过是为了让学者易于下手、更为亲切而已！

然则，另一个路头又表现在哪里呢？宗周既谓孔门之慎独于学人已是千了百当之真手眼，则慎独在先儒文本中之义理表现又何也？为此，宗周必得转而疏正历史，换言之，宗周要将“慎独”疏通为千圣之旨之不二法门。于此，我们看到，宗周于崇祯二年己巳有《大学古记约义》，崇祯四年辛未有《中庸首章说》《独箴》，崇祯五年壬申有《第一义》等说九篇，至崇祯七年甲戌辑撰《圣学宗要》《人谱》，其间复有许多与门人、同道的论学书等，而慎独却如一根红线贯穿其中。宗周在这方面的工作，我愿意把它了解成一种“诠释学的谈话”①，杜维明先生则称之为“高峰对话”。显然，在这种“谈话”和“对话”中，宗周对先儒文本的理解所表现的并不是“一种试图重构本文原义的‘历史的理解’”②，我倒更愿意把它看作是宗周的一种理论“筹划”③，而这种理论筹划乃是宗周自身(其思想观念和立场方法)之作为“存在事件”于先儒本文的敞开和投入。即此而言，宗周则首先以慎独说来疏通先秦，这在其五十二岁时所著的《大学古记约义》和五十四岁时所著的《中庸首章说》《独箴》等著述中表现得非常清楚。此处我们可以简略地引用一段以见其大概，宗周在《大学古记约义》中云：

《大学》之道，一言以蔽之，曰慎独而已矣。《大学》言慎独，

① 伽达默尔:《真理与方法》下卷，洪汉鼎译，上海：上海译文出版社 1999 年，第 495 页。

② 同上。伽达默尔又云:“我们所指的其实乃是理解本文本身。但这就是说，在重新唤起本文意义的过程中，解释者自己的思想总是已经参与了进去。”(同上书，第 495—496 页)

③ 伽达默尔曾言:“谁想理解某个文本，谁总是在完成一种筹划，当某个最初的意义在本文中出现了，那么解释者就为整个本文筹划了某种意义。一种这样的最初意义之所以又出现，只是因为我们带着对某种特殊意义的期待去读本文。作出这样一种预先的筹划——这当然是不断地根据继续进入意义而出现的东西被修改——就是对这里存在的东西的理解。”(《真理与方法》上卷，第 343 页)

《中庸》亦言慎独，慎独之外别无学也。在虞廷为允执厥中；在禹为克艰；在汤为圣敬同跻；在文王为小心翼翼；至孔门始单提直指，以为学的，其见于《论》《孟》，则曰非礼弗视听言动，曰见宾承祭，曰求放心，皆此意也。①

另一方面，宗周又以慎独说来提串宋明，以点醒近世学人眼目，而这正是其五十七岁时作《圣学宗要》的一个重要用心②。

（三）《圣学宗要》之诠释方式

既然宗周《圣学宗要》之用心乃试图通过理论来说明历史和与历史来证明理论的方式圆其慎独论之系统，并进以克服王门后学之流弊，则宗周于宋明一段终究如何用心？此无疑是本文讨论之中心。一个确当的事实是，在宗周看来，自有宋以降几百年来，诸儒蜂起，议论纷纭。及其迨至今日，则观念更是纷纷藉藉，或指理为障，蹈空玄骛，或趋避形迹，落于义袭。一任舌底翻澜，玄言奥语，递嬗衍失之间，转转周罗，为说愈多，去道愈远，而于吾儒千圣相贯之真血脉则茫然不知所是。宗周在小“引”中指陈：

孔孟既没千余年，有宋诸大儒起而承之，使孔孟之道焕然复明于世，厥功伟焉。又三百年而得阳明子，其杰然者也。夫周子，其再生之仲尼乎！明道不让颜子，横渠、紫阳亦曾、思之亚，而阳明见力直达孟子。自有天地以来，前有五子，后有五子，斯道可为不孤。顾后五子书浩繁，学者多不能尽读。即读之，而于

---

① 《刘子全书》卷三十八《大学古记约义》。

② 此处必须说明，宗周并非只在此篇中以慎独来提领宋明学问，实则在《大学古记约义》中，宗周亦复有这样的说法。然则，《圣学宗要》所选之本文乃限于宋明五子之范围。正是在这个意义上，我把它看作是宗周以慎独来疏解宋明儒思想的一个代表性本文，而也正是在本篇中，宗周明确地提出“圣贤千言万语，说本体说工夫，总不离‘慎独’二字。‘独’即天命之性所藏精处，而‘慎独’即尽性之学”。此与宗周所说“慎独之外别无学”正可互为注脚。

分合异同之故，亦往往囿于所见，几如泛溟渤之舟，茫然四惊，莫得其归，终亦沦胥以溺而已。呜呼！后世无知读五子书者，而五子之道晦，五子之道晦，而孔孟之道亦晦，则其所关于斯文之废兴，岂浅鲜乎？

此处有数点必须稍加拈出，一是《圣学宗要》之作，于宗周，乃关涉吾儒一脉斯文之兴废问题，其意义断非小小；二是宗周于宋明五子学问之分合异同，试图有所彰明和统贯，以正党囿之见之偏失；其三也是出人预料的是，宗周此处提出了“前有五子，后有五子”之观念，并进而将濂溪、明道、横渠、朱子和阳明与孔子、颜回、曾子、子思子和孟子相互对应。依宗周之意思，其所处时代之学者于宋明儒家一脉相贯之真精神、真本领并未理解通透，而对自己时代儒者之思想尚且理解不透，则于先秦五子之思想便更难免落于毫厘千里之误。只是假如说将明道与颜回、阳明与孟子相对应尚可理解的话[1]，那么，将濂溪与孔子、横渠与曾子、朱子与子思子相配合，则可能会引起诸多争议，至少还得从理论上作进一步之阐发。此处我们姑且先按下不表。

我们看到，在《圣学宗要》中，宗周选取了濂溪的《太极图说》、明道的《识仁篇》《定性书》、横渠的《西铭》《东铭》、朱子的“中和新说”和“中和旧说”，最后奠之于阳明的“良知问答”和《拔本塞源论》。从本篇的行文体例上看，宗周先附原文，后加评论，在所选周、张、程、朱和阳明的文本之后，皆有一段诠释文字，大抵表明宗周选取此文本之用心，以及宗周自己所理解的此文本的意义，而在最后宗周有一段总的评论。如选横渠《西铭》一篇后，宗周在篇后即有该篇的点睛之疏释。宗周云：

此篇旧名“订顽”，程子谓起争端，故易之。“订顽”云者，医书以手足痿痹为不仁，视人之但知有己而不知有人，其病亦犹

① 颜回思想之特征为体仁，而明道“识仁”一着更显其浑沦圆顿；至于阳明与孟子之间，则牟先生在《从陆象山到刘蕺山》一书中凿凿证明阳明学即孟子学也。

是,则此篇乃求仁之学也。

宗周以“求仁之学”说横渠之《西铭》,其本意乃在点明《西铭》之眉目。而眉目既明,诠释议论亦随之而发,并紧扣儒家之纲维脉络、功夫实践延伸拓展。其间不免因“因病立方”而断以己意,但要皆落根于吾儒之义理轨辙。纵观宗周所诠宋明五子之文本,其紧扣问题之大要不外乎两个方面,或准确地说是一个问题之两个方面,即一为提清慎独,一为突显功夫。假如我们依宗周言阳明良知教分理论与教法两个方面来加以把握的话,那么,宗周之慎独论我们亦可作如是观,则一方面慎独可从理论上说,盖宗周言慎独实非只止于一功夫法要,而乃体用兼济之学问系统也;然则,依宗周,慎独之作为教法,因其密密相涵,又恰呈功夫之紧汲,见之于实行践履,此即正可有正于当下学术悬空揣控,索之象罔之诟病,此所谓慎独论即本体即功夫,即功夫即本体之真意,亦为《圣学宗要》之真骨脉。如当下学人往往喜从“不须防检,不须穷索”定明道“识仁”之旨,动辄言“现成见在”“与物同体”。然而,宗周却在明道《识仁篇》后处心积虑地以提掇功夫加以诠释。宗周云:

> 程子首言识仁,不是教人悬空参悟,正就学者随事精察力行之中,先与识个大头脑所在,便好容易下工夫也。识得后,只须用葆任法,曰“诚敬存之而已”。而勿忘勿助之间,其真用力候也。盖天理微妙之中,著不得一毫意见伎俩与之凑泊。才用纤毫之力,便是以己合彼之劳,安得有反身而诚之乐?……后人不识仁,将天地间一种无外之理,封作一膜看;因并不识诚敬,将本心中一点活泼泼之灵,滞作一物用,胥失之矣。良知良能是本心,昏昧放失是习心。向来不识此理,故种种本心为习心用;今来既识此理,故种种习心为本心转。

不难看到,宗周此一诠释于时下学术不啻为顶针之言,直指要害。唯其如此，若慎独一着之作为功夫言，我们亦可说，提领《圣学宗要》一篇之真骨血只是“严密工夫”四字。其实，假如我们将视野稍作放大，类似《圣学宗要》所表达的基本精神，于宗周，实乃在在可见。二年前，崇祯五年壬申，宗周在答秦履思的一通书信中就曾指出：

> 仁者与天地万物为一体……然识破此理，亦不容易。看下文“诚敬存之”一语，便是彻首彻尾工夫。若不用“诚敬存之”之功又如何能识破此理？以为既识破后，又须诚敬工夫，作两截看者，亦非也。学者大要，只是慎独，慎独即是致中和，致中和即天地位，万物育，此是“仁者与天地万物为一体”实落处，不是悬空识想也。近世一辈学者，肯用心于内，亦多犯悬空识想，将道理作镜花水月看，以为绝悟，其弊与支离向外者等。①

本文之所以不厌其烦地拈出宗周对明道“识仁”之旨的全幅解说，实基于此中最能透露宗周对时下学术之弊之判断以及宗周自己之内在用心。对于其余诸子之诠释，宗周亦如出一辙，以突显功夫为鹄的。如对周子《太极图说》之诠释，形式上看，宗周乃以太极之妙生生不息说吾儒以生生不穷为了义，然则，依宗周，分晓此生生不穷（求仁）之了义，则必归之于“主静要矣，致知亟焉”，此即求仁之功夫法要也；又如横渠之《西铭》，宗周析之为“求仁”，“然则，君子宜何如以求其所为一体之脉，而通之于民物乎？必也反求诸身，即天地之所以与我者，一一而践之。及其践之，践之心即是穷神，践之事即是知化，而工夫则在不愧屋漏始。于是有存养之功焉，继之有省察之要焉，进之有推己及人以及天下万世者焉”。宗周此处所说的反求诸身、穷神知化、不愧屋漏、存养省察以及推己及人，概概莫非下学功夫，无漏义，

① 《刘子全书》卷十九《书上・答秦履思五》。宗周在《学言・上》于明道“识仁”之旨又还有类似说法，宗周云：“‘识仁’一篇总是状仁体合下如此，当下认取，活泼泼地不须著纤毫之力，所谓‘我固有之也’。然诚敬为身乃是无著力处，盖把捉之存终属人为，诚敬之存乃是天理，只是存得好便是诚敬，诚敬就是存也。”

无玄说,俱是实理实事。人或疑先生之学有渐无顿,然依先生之意,学者果能于下学功夫恒于践履,继继不息,则即渐而即顿矣。①亦因此之故,宗周以“主静立极”再定明道《定性书》之旨;以“最不喜笼侗说道理”“做钝根工夫”申说朱子“中和四书”之意;以“戒慎恐惧”突显阳明良知性格;凡此种种,不待再举。极言之,宗周以慎独一着提领宋明五子之要,的确表明了他本体与功夫全提之用意:从本体言,宗周言独体着重从性天一路强调吾儒心性义理之绳墨原则,以避免人们“不觌性天之体”之病。如是,成圣途径必然落在“对越在天”的严威严格之中;从功夫言,慎独全要人固之以操存,密之以践履。人心至活,如元气之偶虚,而万恶由此而生,未有无所事事而能玄空守之者。故必当有坚实功夫,于莫见莫显,亦见亦显之微处下一着子,方能使伦类声尘俱无托足,直至于上天之载而乃能合天下于在囿。若一任虚见为了悟,空言腾论,漫为有得,则不啻于吾儒另换汤头。

《圣学宗要》之体例、间架如此,则此篇尚有几个特点亦当一并指出。其一是除阳明外,从濂溪、横渠、明道到朱子,宗周所选每一个人的文本字数并不多,然而,在每一篇文本之后宗周所著的释义文字却超出文本字数。依宗周之意,大概要学者明了其所了解的宋明五子从而也是整个儒家的精神命脉,发潜德之幽光。宗周无疑明白,上述五子著述宏富,所谓“五子之书不尽于是”,以至让人读后难得要归。但是究竟何为五子书之精髓,则宗周借此篇已明白宣示其为慎独,慎独即为“千古宗传”,而“数子之学”亦尽之在慎独,“如草蛇灰线,一脉相引,不可得而乱”。依杜维明先生之看法,“很明显,在宗周的心目中,他是试图通过这些本文重新了解儒学的精义,并且重新了解从先秦到宋明的儒学的谱系”。据此,杜先生又将《圣学宗要》看作是宗周

① 此观《人谱》一篇可尽之矣。宗周云:“自古无现成的圣人,即尧、舜不废竞业。其次只一味迁善改过,便做成圣人,如孔子自道可见。……善无穷,以善进善,亦无穷……过无穷,因过改过,亦无穷。一迁一改,时迁时改,忽不觉其入于圣人之域,此证人之极则也。……学者但就本心明处一决,决定如此不如彼,便时时有迁改工夫可做。更须小心穷理,使本心愈明,则查检愈细,全靠不得今日已是见得如此如此,而即以为了手地也。故曰‘君子无所不用其极。’”(《刘子全书》卷一《人谱·证人要旨》)

思想上的一个“自我定义”，此可谓端的之见；其二，《圣学宗要》的另一个显著特点即是宗周诠释其余诸子之思想大抵皆以濂溪理论为归旨，此则与宗周将濂溪比作“再生之仲尼”的看法有关。[①]《年谱》于此记云：“大约以‘主静立人极’一语为宗，而其余诸子，俱要归于此，为《圣学宗要》云。”而“主静立人极”一语即出于濂溪之《太极图说》。综观宗周思想，其推尊濂溪之意在在可见，《圣学宗要》则是其中一篇而已。如在横渠的《西铭》之后，宗周有按语云：

> 谨按此篇之意，大抵从周先生《图说》而来，但周先生从先天说来，由造化而人事，其义精。此篇从后天说起，由本体而工夫，其事实。至《西铭》之所谓“仁”，即《图说》之所谓“极”；《西铭》之所谓“屋漏”，即《图说》所谓“主静立极”之地欤！

又如在明道《识仁篇》之后，宗周复有按语云：

> 《识仁篇》分明是《太极图说》脱出真手眼，而一字不落注脚，可谓善发濂溪之蕴。周子说“太极”，程子便于此中悟出一个“仁”。曰“与物无对”；周子说“二五化生”，程子便于此悟出个“皆备之体”；周子说“中正仁义”，程子便于此悟出个“义理智信皆仁也”；中正说“主静”，程子年于此悟出“诚敬”二字，而曰“未尝致纤毫之力”；周子说“天地合德”，程子便于此悟出个“天地之用皆我之用”。种种青出于蓝矣。

再如在朱子“中和四书”之后，宗周按云：

> 朱子不轻信师传，而必远寻伊洛以折衷之，而后有以要其至，乃所谓善学濂溪者。

---

① 宗周类似的说法，学者还可参见《刘子全书》卷十二，宗周将濂溪比作“后世儒者之鼻祖”。

最后，在谈到阳明答陆元静数书时，宗周指出，阳明之思想“发明《中庸》之旨甚奥，则其直接濂洛之传者，其曰‘未发之中即良知’，即‘主静立极’之说也”。凡此种种，依宗周，先秦有孔子，宋明有濂溪，皆为儒学统宗，正所谓“先圣后圣，其揆一也”。假如撇开宗周推尊濂溪的个人观点，我们发现，宗周如此诠释宋明五子之文本却有一个非常突出的特点，那便是宗周乃是从吾儒成圣成贤、继天立极之终极关怀中，将严密功夫认作“千古宗传”，万世道揆的。①

为更清楚地了解《圣学宗要》之诠释方式及其所表达的问题意识，把《五子连珠》一并纳入考虑将会是极为有益的。总的说来，与《圣学宗要》相比，《五子连珠》在人物次序之编排和内容之取舍上皆有所出入。在《五子连珠》中，宗周选取周、二程、张、朱五子，未列入阳明，此则与宗周当时（时宗周四十九岁）尚未认真阅读阳明著作而服膺阳明有关。而在《圣学宗要》中，则选取周、张、程（明道）、朱和阳明五子，伊川被删去。宗周何以要删去伊川？其间原委或许可从宗周的诠释中略见透露。《五子连珠》在伊川语类后，宗周注云：“叔子笃信谨守，其规模自与伯子差别，然见到处更较稳实。”②伊川之学，以“涵养须用敬，进学则在致知”为标的，其见之于功夫实地敦笃；相较之下，明道之学，却以识仁和定性为宗，显其言高而道大。③然则，当下学人正喜言“一体之仁”，身心全着落在“不须防检，不须求索”

---

① 假如我们的看法不错，那么，对宗周而言，所谓程朱、陆王之分别，若一之于由严密功夫、实行践履以达至成圣成贤之最终目的看，其间实并无所谓分别。由此我们不难看到，宗周虽时时批评朱子，但却也时时范围朱子，而对朱子倚重功夫之观念，宗周总是给予充分的肯定。在《五子连珠》中，宗周选朱子语类二十则，要皆著在功夫一脉，故宗周评之曰：“紫阳之学，切近精实，亦复展开拓充去。循累而进，居然孔子下学上达法门。”（见《刘子全书》卷三）若说宗周不了解朱子思想，恐言有不实。然则，何以宗周念念焉从功夫处提掇朱子乃至宋明五子？此即涉及宗周作为解释者与本文之间的双向互动问题，即本文的开放性（或问题的自主性）与解释者之作为“存在事件”的优先性问题。宗周以“一之以工夫”为吾儒千古不磨本领，既是其存在论之“前见”（此观王门后学之情状可知矣），又可在儒家心性义理之学中找到落根和归脚，此处当无有挂碍。学者思之。

② 《刘子全书》卷三《五子连珠 · 伊川》。

③ 此处并不意味着宗周认为明道之学在功夫一脉上有其虚欠。明道以识仁之旨显其浑沦圆顿，然则依宗周，其功夫亦同样着实，病在后人于明道只在“半提”，即只说得“浑然与物同体”，而不说“以诚敬存之”。宗周正要在当下学人喜言明道之际，全幅提示明道之学之纲维，以克服悬空识想之病象，尤见其卫道苦心矣。

上，将明道“识得此理，以诚敬存之”一句遗落，以至偏离明道之全幅意思。故宗周在《圣学宗要》中特拈出“诚敬”二字，提领明道“识仁”之旨，亦将二程之学在功夫一路上完全打合，可谓良工苦心。依宗周，就求仁一脉上，以敬以诚乃吾儒顶门，固不特二程兄弟为然，则凡圣贤血路，皆就此披榛，断无捷径。如是，宗周去伊川而取明道，除去别的原因，则其重功夫以证圣以在心学一脉中补偏救弊、醒目学人之用心便了然纸上。此外，从两篇选取的内容上看，濂溪部分除《太极图说》外，尚录有《通书》一篇，然依宗周之意，“周子之学尽于《太极图说》。其《通书》一篇，大抵发明主静立极之意，而宗旨不外乎求仁”①。此或许是《圣学宗要》未录《通书》一篇的原因；明道部分，宗周除选《定性书》《识仁篇》外，还录有明道语类多则，但要皆性天、诚敬一类；横渠部分，宗周选《西铭》而未选《东铭》，代之以言仁、求仁之语类数则，而统之于“知礼成性，变化气质”。依宗周，“横渠之学，本领全在《西铭》”。②而《圣学宗要》所以录《东铭》，则“《西铭》之道，天道也，《东铭》其尽人道者欤”。最后是朱子部分，宗周选中和新说“答张敬夫”书一通，合之于语类十余则。然而，稍事观察，我们就可看到，宗周所选语类大半为朱子门人所问识仁、求仁之方，并借此将朱子“循累而进”“切近精实”之精神予以朗现。由此对比，已多少提醒我们，在《圣学宗要》中，宗周选朱子“中和新旧说”四书，并以“见解一层进一层，工夫一节换一节”加以诠释，则其心路思维之注脚，当反求之于《五子连珠》中宗周的相关说法。虽然我们肯定，在《圣学宗要》中，宗周未区分朱子中和新、旧说之差别，致使其评论显得有些“乖戾”③。不过，假如我们将宗周对宋明儒的判读及其所表达的诠释观念不仅仅看作一种客观的了解，而同时也把它看作是一种“存在事

① 《刘子全书》卷三《五子连珠・周子》。

② 同上书，《五子连珠・张子》。

③ 朱子思想之发展，中和新旧说是其中的一个重要部分。然而，宗周于此却未加区分。宗周弟子梨洲在编《宋元学案・晦翁学案》时也不加区分，悉以其师之说而说之，故成割裂。当代学者钱穆、牟宗三以及刘述先等皆有指陈。如牟先生在其《心体与性体》一书中则认为，梨洲编学案依师门之说而不加辨认，“遂成纠杂割裂，面目全非，此则甚为不该”。(参阅氏著:《心体与性体》第三册，台北:正中书局 1969 年，第 204 页)

件”或“诠释学的谈话”，则宗周特拈出朱子的下学法门、功夫语脉，或许还可以透露其另一番面目。[①]无疑的，若学者再进一步阅读宗周的《圣学吃紧三关》和《宋儒五子合刻序》，则其中消息将会更觉清朗[②]。

(四)《圣学宗要》与“意义剩余”问题

《圣学宗要》无疑是宗周处于中老年之间的一个文本。

如前所述，自王门倡扫闻见以明心，注成悬空识想，不落功夫实地之际，宗周指流弊之症结为于先儒之精义暗而不明，郁而不发，故先生因病立方，所撰《圣学宗要》，一指独体之性天之尊，一指慎独之功夫之实。宗周贞认，以情识为智慧，以嗜欲为天机，高虚诞妄，决非儒门真教，而将“严密工夫”“朝乾夕惕”看作儒家斩关夺命之真本领。如是，先生以慎独一着疏通先秦，合正良知，串结宋明，兼收朱陆。先生一则说慎独，再则说慎独“即本体即工夫”，且累言之而不足，实为此篇之真骨脉。刘伯绳谓“先君子之学，上承濂洛，下贯朱王”，可谓端的之见。

初读《圣学宗要》，常易遭人轻忽、疑虑甚至责难的一个方面是，宗周董理和串合宋明五子时带有非常强烈的“前见”意识，以至不免为人诟病为主观随意。不过，宗周此一串合是以提清功夫(慎独)为其间架和眼目的，虽行文中宗周总是以濂溪理论以为存照，然而，其力图以功夫一脉汇铸百家，归宗慎独之意却至为明显。如在摘选阳

---

① 我们如此说，并非肯定宗周对朱子思想发展的这种判读。然而，宗周站在他那种特定的时空中，将宋明五子“严密工夫”的语脉加以串合，确可有其理论和现实的合理性，我们将会在下一节略加说明。事实上，所谓对先儒文本之解读，总是带着当下的视野，海德格尔称之为“存在论的优先性”，帕尔默则更明白地表述为：“试图不涉及现状而对历史进行纯粹的观察和理解，本身是不存在的。”(R. E. Palmer *Hermeneutics*, Northwestern University Press 1969, p176.)我们或许可以说，宗周的诠释由于太注重现实了，以至从某种意义上忽视了一些基本的历史事实。

② 在《圣学吃紧三关》中，宗周所选朱子本文乃紧紧围绕朱子诚敬功夫理论而来，最后宗周评之曰：“敬之一字，自是千圣相传心法，至圣门只是个慎独而已。其后伊洛遂以为单提口诀，朱子承之，发挥更无余蕴。儒门榜样，以斯为至。后之学者，宜服膺而弗失也。”(《刘子全书》卷四)

明“良知答问”之后，宗周诠释道：

> 天下无心外之物，即本心以求物理，是为致良知于事事物物之间，而意可得而诚也。（阳明）遂揭“致良知”三字专教学者，而“答陆元静”数书，发明《中庸》之理甚奥，则其直接濂洛之传者。其曰“未发之中即良知”，即“主静立极”之说也；其曰“良知无前后内外而浑然一体”，即“性无内外”之说也；其曰“能戒慎恐惧者是良知”，即“敬无动静”之说也；其曰“自私自利为病根”，即“识仁”之微旨也。最后病疟一喻，尤属居要语，所云“服药调理在未发时”者，又即朱子涵养一段工夫之意。朱子他日曰“涵养须用敬，进学在致知”，至阳明子则合言之耳。孰谓其果立异同于朱子乎？夫诸儒说极，说仁，说静，说敬，本是一条血脉，而学者溺于所闻，犹未免滞于一指而不能相通，或转趋其弊者有之。

宗周的这种诠释，如若即之于严格的、客观的研究，桩桩件件，似乎都有可争可议之处，然而，同样地我们也看到，在宗周的这种诠释视野中，阳明的致良知于事事物物已不似当下学人所理解的那样见见成成、冷然一觉了，宗周将致良知之功夫与濂溪、横渠、明道和朱子所言之竞进功夫完全串合，在这种串合中我们看不到党囿之偏，门户之见。唯一清神醒目的是，宗周将着实的功夫次第提升为千圣相传的同一“血脉”，并借此将学者“溺于所闻”“滞于一指而不能相通”之间隔悉数打破。先生于功夫方面时时拈出，洗发淋漓，由此亦可谓程朱陆王之学，结穴在先生矣。

然则，宗周由功夫而认定诸儒学问“本是同一条血脉”，则此说之合法性根据何也？从历史之同情了解的立场而言，我们曾一再申言，宗周所处之时，正所谓株守旧闻者、高玄卑诞者皆转借良知立帜，致使“大道中分门别户，反成燕越”①之际。与此一历史情状相联系，明

① 《刘子全书》卷二十一《重刻王阳明先生传习录序》。

末学风亦呈由王返朱之势头。[①]统综各家，取长补短，见之于虚而济之于实，既是时代的要求，更是宗周的自觉的自我意识。依宗周，囿于门户之见，只宗一家一说，于吾儒之再兴已成隔障和窒碍，“若朱子不能用陆子，陆子不能用朱子，便是不及古人处”[②]。故今日为学自当窥见得失，于儒门统宗中见出整体，所谓新故嬗代，精义日出。宗周云：

> 斯道之传久矣。先圣作之，后圣述之；前儒训诂之，后儒又从而发明之。此其一脉心源之所在，前乎千古，后乎万古，亦旷世合符，而至于义理无穷，新新故故，经一番剖击，必露一番精彩。故孔孟之后，不可无朱子；朱子之后，不可无后儒。[③]
>
> 斯文未丧，贤圣代兴，朱、陆、杨、王递相承，亦递相胜，而犹不无互相得失，递留不尽之见，以俟后之人。我知其未有俟也。[④]
>
> 夫道者，天下之达道，而言道之言，亦天下之公言也。孔孟言之而不足，则程朱言之；程朱言之而不足，则阳明子言之；阳明子言之而不足，则后之人又有言之者。[⑤]

宗周上述所言确乎得之于其对学术史之精察，程朱、陆王相互嬗代，亦相互救正，形成道统之传递。朱学之后变成支离，遂有阳明起而救正[⑥]，而王学又由单提直指渐入玄骛，其病反更甚朱子。然则，

---

① 此一观点之主要持说者为梁任公先生，而其主要表现或许从东林学派中可见一斑。当然此中又还有分说，如台湾大学中文系的古清美先生以高攀龙为例，则以为高氏之学“于朱、王之间，绝难断定必属一家，而朱学与王学的调和折衷在景逸身上最可见其痕迹”。转引自《明代经学国际研讨会论文集》张高评文，台北：台湾“中央研究院”中国文哲研究所1999年修订一版。

② 《刘子全书》卷九《与王右仲问答》。

③ 《刘子全书遗编》卷六《重刊荷亭文集序》。

④ 《刘子全书》卷二十一《张含宇先生遗稿序》。

⑤ 同上书，卷十九《书上·答胡嵩高、朱绵之、张奠夫诸生》。

⑥ 或许正是由于宗周有此一历史意识，致使他能够在各先儒替代之间有一平和之了解，而无党囿之偏。如其谓：“若朱子可谓善变矣，由支离而易简，庶几孔门闻道之地，其为卓立天下万世之儒矩奚疑？而文成殆其功臣欤。”（《刘子全书》卷九《与王右仲问答》）

宗周在为学立场上并未完全回归朱子，而是综合各家，另开慎独一脉学路，将“严密工夫”从周、张、程、朱、阳明等先儒之各自文本中打并成千圣同符之“要诀”[①]。因此之故，宗周能在朱、王之不同处见出共同的东西，“天理人欲四字，是朱、王印合处，奚必晚年定论？”[②]宗周甚至认为，“阳明云致良知于事事物物之间，全是朱子之说”[③]。

至少在理论上，一旦儒家心性论之理论基模确立之后，则在儒门内圣成德之理论结构中必这样那样地涵摄着一套功夫理论，借以贞定人所皆有之仁心善性，致其深广不竭，不可胜用。这一套功夫理论乃是实现心性论之终极价值目标——成圣成贤不可或缺的一环。然而，此一功夫理论在各具体的特定的历史文本中却表现为或虚或实之不同方式，而且，这种不同方式随“时间距离”[④]之展开而随之交替，权实互用。只要我们回首检索儒家心性论之历史就可发现，功夫指点，虚实相济，或病之于虚而救之于实，或病之于实而救之于虚，实为儒门之大端方向，盖如宗周所谓“因病立方”“因病发药”耳[⑤]。于此见得明，则功夫可以无穷，教法可以各异，而反身实践一着总为其不变根柢。如是，宗周以实事实行之功夫串合宋明五子之文本便有了其理论上坚实之基础。宗周云：

> 异同之见，自古而然。陆子不必化朱子，文成不必化泾野。诸君子但自讲自学，人讲人学，是尧舜而非桀纣，何必同。[⑥]

无疑，在宗周“何必同”之背后有其一贯血脉，此即是人人在圣贤

---

① 宗周曾云：“千古相传，只慎独二字要诀。”（《刘子全书遗编》卷十三《阳明先生传信录》三），又云：“慎独之学，即中和，即位育，此千圣学脉也。”（《刘子全书》卷十一《学言》中）

② 《刘子全书遗编》卷十三《阳明先生传信录》三。

③ 《刘子全书》卷十二《学言》下。

④ 此处乃借用伽达默尔之用语，参见氏著：《真理与方法》，洪汉鼎译，上海：上海译文出版社 1999 年，第 373—385 页。

⑤ 参见拙著：《刘蕺山哲学研究》，上海：上海人民出版社 1997 年，第 359—367 页。

⑥ 《刘子全书遗编》卷四《与陈纪常》。

路上讲学实践，故宗周又云：

> 大抵诸儒之见，或同或异，多系转相偏矫，因病立方，尽是权教。至于反身实践之间，未尝不同归一路，不谬于慎独之旨。[①]

以“慎独之旨”显明诸儒的功夫法要，固是宗周自己之立说。然则，以为先儒理论多显之于纠偏矫正，权实互用，而一归于功夫实践，却道出了儒家之谛义，亦道出了心性论之专义和了义，盖自古圣贤血路，皆与格套支持，形迹把捉不同，吾儒虽不废玄思辨析，但为学总归于躬行实践，在日日克己复礼中进德修业。又之，圣贤立说，固是其智之觉照，然既言觉照，则必有其现实关切和时代用心，以杜维明先生的话说，即“必有其转世而不为世转”的历史责任感。[②]只不过对宗周而言，以慎独论之功夫实践所点发的转世精神，实在深深地奠基于其实存世界的事实之中，换言之，宗周以其所归属于此世的意识，开放和召唤着先儒之文本，使先儒文本在宗周所处的特定时代中，实现和完成了一次重大的意义转换。

的确，《圣学宗要》之判读常常给人以己意诠释先儒文本之印象，如宗周谓朱子“‘以心为体，则性情之体、中和之妙，各有条理’，正指‘独’而言”，又谓“宋儒看‘独’字太浅，‘中’字太深”；还有宗周谓“阳明子曰‘良知即未发之中’，仍落宋人之见”等等，从严格的学理分析而言，皆可有当争当议之处。尤其是宗周将朱子中和新旧说之不同文本打合一起，不顾朱子自己四十岁时之中和新说对三十七岁时之中和旧说的否定[③]，而评之曰“见解一层进一层，工夫一节换一节”，

---

① 《刘子全书》卷八《中庸首章说》。

② 德国历史学家德罗森(E. Droysen)曾这样认为，认识者从属于统治着历史的巨大的道德力量，这种力量是一切历史理解的前提条件。此一说法与杜先生之观点可以相互发明和印证。对于宗周而言，我想进一步指出的是，他不仅从属于统治历史的巨大的道德力量，而且这种道德力量已经转化成了一种巨大的道德责任，这便是如宗周所说的，他之作《圣学宗要》实关乎儒门一脉骨血之“兴废”问题。

③ 朱子在四十岁时确立了他的中和新说后，即放弃了他的中和旧说。《文集》卷三十朱子在《与张钦夫》一书中曾注明：“此书非是。”

此实让人深觉蹊跷。然而,此处是否意味着宗周不解朱子有新旧说之分?看来此说似难为有据,盖一者朱子自己曾明确说过,以宗周对先儒文本认真阅读之习惯,当不会不注意到这一点;二者宗周以前的学者已经指出过朱子之中和说有新旧之分①;三者亦是最为重要的是宗周自己也有明确的判说,以为“朱子闻道,毕竟在晚年”②。那么,宗周何以在此篇中将朱子中和新旧说加以平列?或者换言之,宗周以功夫之进境串合朱子中和新旧说有何根据?此即必须转至宗周所谓“诸儒之见”“尽是权教”,而“反身实践”“同归一路”的功夫路数上来了解。③我们确信,宗周对朱子“中和四书”之判读,牵强之处在在可见④,然而,如同对周、张、程、王一样,宗周对朱子之判读几乎完全依据其所理解的慎独功夫来加以串合。无疑的,这种串合若一一即之于文本之具体文脉,可能有牵强、割裂处,然而,就儒家文本总不舍功夫,或总蕴涵着功夫方向而言,宗周以功夫一着串合、开显诸儒文本中或隐或显的功夫语脉,则的确有其合理性和创造性之一面,因为宗周始终是作为“存在事件”来进入和诠释诸儒文本的。即就朱子而言,其放弃中和旧说,另立中和新说,原因可能很多,但从功夫一路看,依朱子,旧说之欠在“日用之际欠缺本领一段工夫”⑤,而至中和新说,功夫发展到静存动察,敬贯动静而渐呈紧密,此处则不妨看作有递进之过程,而宗周或许就在这一意义上肯定和串合朱子之说。易言之,对宗周而言,他所做的则是将文本的开放性以及在时

---

① 台湾“中研院”文哲所的林月惠在其大著中曾经指出,顾宪成在《小心斋札记》卷二中明确地认为“朱子以后说为是,以前说为悟。”见氏著:《刘蕺山学术思想论集》,台北:台湾“中央研究院”中国文哲研究所1998年,第301页。

② 《刘子全书遗编》卷十二《阳明先生传信录》二。类似的说法还有在《圣学宗要》中,宗周认为朱子“终归之涵养一路”;在与同道论学书中,谈到阳明学问时,宗周谓“至《朱子晚年定论》,文成谓未必尽出于晚年,而得之晚年者居多,亦确论也”。《刘子全书》卷九《与王右仲问答》。诸多现象表明,宗周对朱子思想早、晚之变化,似有相当之了解。

③ 宗周在本篇中一再申说“诸儒说极,说仁,说静,说敬,本是一条血脉”“诸儒之学,行到山穷水尽,同归一路,自有不言而契之妙”。所谓“同一血脉”“同归一路”总靠在功夫一面说。

④ 林月惠在《刘蕺山论“未发已发”——从观念史的考察谈起》一文中有精到的考察,见同本页注①。

⑤ 《朱子文集》卷六十七。

间距离中所展现的意义的无限性纳入他的存在视野中来理解，而这种开放性和无限性，在宗周，更可能表现为对朱子文本的“另一种存在”的敏感。显然，宗周对其余诸子之诠释大抵皆可从此一角度上来理解。

根本上，面对任何文本，作为诠释者都生活于直接的意义期待之中。

在客观的研究者看来，诠释者的“前见”不应构成被诠释对象（文本）的意义，因而，对文本之理解当是一种“单一模式”（monological model）。然而，事实性之解释与意义性之解释却属同一层次，而且事实性之解释总隐含着意义性之解释，所谓文本原意之通达也总是朝向人们赖于筹划的意义世界而展开。伽达默尔曾言："作为解释学（即诠释学）的一项任务，理解从一开始就包括了一种反思因素。理解并非仅仅是知识的重建，也就是说，理解并不纯粹是重复同一事物的活动。"[①]又说："理解与其说是认知意识借以研讨某个它所选择的对象并对之获得客观认识的方法，毋宁说是这样一种以逗留于某个传统过程中为前提的活动。理解本身表明自己是一个事件。"[②]正是从这个意义上，理解同时也可以被认为是传统的传递。孔子之于古也，既信且好之，然则，依宗周，其删诗书、演周易、损益周文、笔削春秋大义[③]，确当地为我们展示了他并不试图给人们提供“整全而客观”的往昔历史的本来结构和图像，相反，其剪取的或许只是其中有意义的一部分，俾以使人们在裂变频仍、文化断解的社会中立定脚跟，明确方向，重建意义世界，这难道不正是海德格尔所说的以人文时间转换自然时间所表现的历史诠释学观念么？

我们曾言，《圣学宗要》所表达的观念并不是一种试图重建文本原意的历史的理解，而是一种诠释学的谈话。在这种谈话中，一方

---

① 伽达默尔：《哲学解释学》，夏镇平译，上海：上海译文出版社 1994 年，第 45 页。

② 伽达默尔：《真理与方法》，洪汉鼎译，第 397 页。

③ 宗周云："夫子之于古也，信且好之而已。夫既信且好之，而又删之、定之，益损而笔削之，何居？凡以求得之心而不敢苟同于古人也。故敏敏焉学问思辨终其生，至忘食忘忧乃已。"（《刘子全书遗编》卷六《重刊荷亭文集序》）

面，宗周基于自己当下之历史情状回溯宋明儒五子文本，并从此文本中获得理解和意义，但另一方面，这种理解和意义又始终隶属于儒家心性论之大传统之中。值得注意的是，宗周对这些文本意义之揭发并非表现为直接的、以其显而显之的铺排，而乃常常从文本之显意中将隐意捕捉出来，使得文本作为话语在意义的层面上实现对自身的超越①，比如我们前面所说的宗周对明道"识仁"之旨的重新定义以及宗周选阳明"拔本塞源论"的真实用心等等②，在宗周的诠释中皆表现为宗周与文本之间的交往而非消极的适应，或者说是"一种对共同意义的分有(teilhabe)"③，而非一种严格的、一如其如的原意之阐发。伽达默尔曾言，在诠释学的谈话中"得到表述的事情并非仅仅是我的意见或我的作者的意见，而是一件共同的事情"④。这一点在《圣学宗要》中应当说表现得相当明显。

无疑的，只要是一种真正意义上的理解，就总是表现为文本与解释者之间的共同事务。这一现象意味着，周、张、程、朱、阳明的文本并非只有一种客观的意义可说，实际上对这些文本之真正意义的汲舀(Ausschopfung)是无限的，这不仅因为新的错误的源泉不断被消除，而且也因为新的理解的源泉不断地产生，使得文本中意想不到的意义时时展现。我们看到，与那种不偏不倚的理解不同，《圣学宗要》对宋明五子文本之判读表现出相当的条贯性和统合性，宗周总是对所选文本从功夫一面加以提掇、显发，给人的印象是，进行理解的我(宗周的语言与理解本身)与被理解的对象(文本)相比，前者具有明显的优先性⑤。然而，在这里我们无论如何不能得出，宗周的这种诠

---

① 依利柯(Paul Ricoeur)，文本是诠释之核心，而文本又是以话语的形式为人所理解的，但同时话语是作为事件被给予的，话语以事件的形式出现，但却被诠释者理解为意义。

② 宗周选阳明此篇之目的只为针砭功利，实则宗周对阳明反对读书，深为不满，认为士大夫一日不读书即觉面目可憎，并认为《拔本塞源论》"充其说，必束书不观而后可"。(《刘子全书》卷八《读书说·示儿》)

③ 伽达默尔：《真理与方法》，洪汉鼎译，第 374 页。

④ 同上书，第 496 页。

⑤ 海德格尔在其《存在与时间》一书中对此给予了充分的说明。伽达默尔在《哲学解释学》一书中也明确地指出："海德格尔思想中，语言和理解具有的优先地位表明'关系'同它相关的成分——进行理解的我与被理解的对象——相比具有优先性。"(同上书，第 50 页)

释思维乃是超越了一切历史纠缠的、属于某种忽发奇想的纯粹主体的自我意识。宗周的理解概念,同时亦是宗周整个的自我概念并不具有中心地位。毋宁说他的诠释思维本质上乃是为主体的存在事件服务的,换言之,无论宗周如何诠释周、张、程、朱、阳明,其所表现的观点、立场乃是宋明五子文本所具有的开放性及其所包含的问题意识的自主性与宗周自己作为存在事件的敞开和投入。即此而言,无论宗周说静说敬,并以慎独一着提领文本,纲维六合,其所表现的只是宗周自己之作为存在事件的自我澄清而已。

我们常常将认识文本所提出的问题的过程,想象为科学地提取出来的属于文本"本来的"问题,因而即便我们可以理解宗周以功夫一脉串合诸儒文本,一旦将之纳入宗周的慎独("即本体即工夫")视野,我们便常常显得踌躇并析之为牵强。如果说阳明良知之显教已注成发越狂荡,即理论与历史之逻辑必当反求之于密教,而宗周之慎独功夫正于天人之间展现为即微即显,亦微亦显。宋明五子之文本或许于此中意思表现得或隐或显,或直接或间接,然而,宗周却在当前视域的主题推动下加以开显,读出文本中原有的、甚至没有的意义,进而成为传统的开继和延续。①伽达默尔曾言,在诠释学的理解中"总是涉及比单纯历史地构造作品所属的过去'世界'更多的东西。我们的理解总是同时包含某种我们一起归属这世界的意识"②。换句话说,文本之意义并不能局限于原作者的思考,而传统之所以能日新和延续正构筑在对文本中"剩余意义"的发现上面,而这种"剩余意义"乃是诠释者之作为存在事件与文本之间进行相互垂询、对话和交往的结果,它超越了原作者创作的意向,而不论这种意向是清晰的还是不清晰的:

> 每一时代都必须按照它自己的方式来理解历史流传下来的

---

① 在拙著《刘蕺山哲学研究》中,我曾指出,从象山言心,阳明言知到宗周言意,在心性论的发展传统中表现为层层递进,步步归密。

② 伽达默尔:《真理与方法》,洪汉鼎译,第 372 页。

文本，因为这文本是属于整个传统的一部分，而每一时代则是对这整个传统有一种实际的兴趣，并试图在这传统中理解自身。当某个文本对解释者产生兴趣时，该文本的真实意义并不依赖于作者及其最初的读者所表现的偶然性。至少这种意义不是完全从这里得到的。因为这种意义总是同时由解释者的历史处境所规定的，因而也是由整个客观的历史进程所规定的。……文本的意义超越它的作者，这并不只是暂时的，而是永远如此的。因此，理解就不只是一种复制的行为，而始终是一种创造性的行为。①

很显然，只有当解释者被自身当前处境的主题推动着，并在此主题所指引的方向上对文本作进一步的垂询时，诠释者与文本之间的真正的对话才会开始，视界圆融才会发生。也正是在这一意义上，我们说《圣学宗要》所作的不是一种客观的历史的研究，宗周有他自己的清醒的问题意识，而这种问题意识在《圣学宗要》中却转化为一种探询和提问②，并经由这种探询和提问超越了周子的《太极图说》，横渠的《东铭》《西铭》，明道的《识仁篇》《定性书》，朱子的"中和说四书"以及阳明的"良知答问"和"拔本塞源论"等文本所原来具有的历史视域。因此，在宗周那里，找出周、张、程、朱、阳明文本中的问题，并不是简单地体现为搁置和掩藏这些问题，而是重新提出它。这样，我们看到，宗周作为一个垂询者自己也就同时成了周、张、程、朱、阳明文本论题中所提问的对象了。如果允许，我愿意将此一现象看作是"诠释循环"的另一种表现。

---

① 伽达默尔：《真理与方法》，洪汉鼎译，第380页。为统一起见，我擅自将译文中的"本文"(text)一起改成"文本"，这是要向译者致歉的。

② 伽达默尔曾言："提问就是暴露(Offenlegen)和开放(ins Offene stellen)……提问使事情及其一切可能性处于不确定状态。"又云："提出问题，就是打开了意义的各种可能性，因而就让有意义的东西进入自己的意见中。"参见氏著：《真理与方法》，洪汉鼎译，第472、482页。

(五) 简短的结语

本文主要以《圣学宗要》为文本，试图通过宗周对周、张、程、朱、阳明等宋明五子思想之判读，来显示宗周的诠释意识。

《圣学宗要》乃是宗周处于中、老年之间的一个文本。前贤虽然对宗周思想作了多方阐发，但大部分学者都未曾对《圣学宗要》给予足够的重视。不过，就宗周自己而言，却对此篇给了相当高的自我定位，认为此篇乃关涉吾儒一脉斯文之“兴废”问题。而从宗周自己思想发展之角度分析，则《圣学宗要》更深深地关联着其独创的慎独论的理论建构和成长发展问题。从四十八岁出“慎独”之说，到五十七岁将慎独功夫疏通为千圣学脉，宗周于此间的心路历程表现得非常复杂，而此间的文字也浸透着他的现实关切和时代用心。了解这一思想背景乃是我们从根本上把握《圣学宗要》之诠释意识的关键。

从诠释方式上看，《圣学宗要》在小“引”中先横空立出先秦有五子，宋明有五子之构架，并一一加以相互对应。宗周在行文中除时时指濂溪理论以为存照外，还表现出强烈的“前见”意识。在所选宋明儒五子文本之后，宗周总是以突显功夫为主线，并归宗于他的慎独学说，而宗周的实际用心却时时指向当下学术之病象上。不能不指出，宗周对宋明儒五子文本之判读，虽表现出识病求医，因病立方之用心和慧见，但在会通诸家，批点眉目之过程中，却常有不顾文本之具体文脉而强断己意的缺憾，不免失之牵强。

《圣学宗要》所表达的诠释观念，并不是试图重建文本原义的一种客观的历史的理解。宗周所做的，只是从其实存的立场出发，返归于宋明五子文本，并试图从上述五子文本中分有“儒家之所以为儒家”的一种“共同意义”。所以，宗周以“归属于此世”的意识开显了宋明五子之文本，并使此五子文本在宗周的诠释下，实现和完成了一次重大的意义转换。

附录一

德性论与儒家伦理*

* 本文约写于二十年前，原是应陈根法教授之约为其专著《德性论》所写的一篇“序”，后经修改发表于2004年的《天津社会科学》。虽然现在看来，其中有些看法未必中肯，但除个别地方做了改正外，我无意大做修改，今收录于此，供批判用。

一

生活在当代市场社会的境况中，人们会发现，那种当年还属于本位主义、“个人主义”道德观念的“各人自扫门前雪，莫管他人瓦上霜”如今已渐渐地获得了人们道德心理上的认可，至少它已不像以往那样令人们反感。它似乎在说，一个人只需要做好自己分内的事情，他人的情况究竟如何，那纯粹是他人的事。而这种所谓“纯粹是他人的事”大体又包含着两方面的内容：一是他人的权利自有他人相应的义务，别人无须操心；一是作为独立的个人，我们不能因为要管他人瓦上霜之事，而不惜侵犯他人的权利（俗语中常说的“瞎操心”）。换言之，即便我们有好心去做好事，我们也还得学会尊重他人，处理好其间当有的界限。

假如上述所说一段可以还原成一组画面的话，那么，我相信，这组画面在我们的实际生活中并不陌生。

然而，我们想要说的是，在当前，愈来愈多的人们认可“各人自扫门前雪”可以解释成人们对“权利-义务”的意识不断提高的表现，而这也未尝不是一个进步（尽管它不乏冷漠）。盖当代社会的重要特征之一便是，人生七尺堕地以后，敦之于身的重要的一点便是权利和义务的对应与平衡关系。①但是，具体到“莫管他人瓦上霜”则问题似乎

① 当代社会（自由民主社会）与传统社会的最大区别之一就表现在人在社会生活中所承受的“权利-义务”的平衡关系上。当代社会强调有一份权利尽一份义务，但在传统社会中，个人所承受的更多的是一种“身份-义务”，尤其是一种道德义务，而不是一种权利。刘宗周在《人谱·证人要旨》中有非常形象的说明，刘宗周云：“人生七尺堕地后，便为五大伦关切之身。而所性之理，与之一齐俱到。分寄五行，天然定位……此五者，天下之达道也，‘率性之谓道’是也。然必待其人而后行。故学者工夫，自慎独以来，根心生色，畅于四肢，自当发于事业，而其大者先授之五伦……‘五伦间有多少不尽分处？’夫惟尝怀不尽之心，而黾黾以从事焉，庶几其道于责乎。”后面我们将会说到这种权利和义务关系的不同正是造成当代社会德性伦理边缘化的重要原因。

要远为复杂一些。如果说“各人自扫门前雪”强调的是亚当的归亚当，夏娃的归夏娃，权利、义务、责任清楚明确的话，那么，“莫管他人瓦上霜”则涉及传统的道德品性或道德品质在当代的生存处境问题。人们大概不会有多大的争议，此处所谓“管他人瓦上之霜”实际上只是一种“象征意义”(symbolic meaning)的说法，而此象征意义亦并非是指这种道德行为必依于侵害他人权利而立，而是说，这样一种行为所表现的道德品质(或曰德性，比如以邻为善、慷慨助人等)在传统社会中原为天然定位，不言而喻者，但在当代社会却不免于被遗落和被遗忘的命运。

这便是德性在当代社会中的困境。

但是，何以会出现这种困境？

理由当然颇为复杂。

但假如允许我们作简单的陈述，最直接地，我们可能会指出，在当代社会，标示个人自我之规定性的一个重要方面已不是传统社会中的“身份-义务”规定，而是“权利-义务”的特殊平衡关系，亦即有一份权利便尽一份义务。启蒙运动的根本目标之一就是争取人的自由、平等的权利，自此以往直到罗尔斯等人，在他们自由主义“人观”的背后其实都预设了这样一种以“权利-义务”为中心的对应关系。但问题恰恰在于，一个人的道德品质或德性(行为)原本并不依傍于相应的权利，德性原本也不是一种权利，而仅仅只是以义务的形式出现。[①]在这种情况下，那种在传统社会中为人们所珍视的诸如慷慨大方、乐于助人、仁慈友善等道德品质，在当代社会，便不再是人之为人所当尽的义务，而仅仅成为现代社会中公民手里可以斟酌决定的自由裁量权(discretion)。的确，在现代社会，某一被要求的德性，对具体的人来说可以是一种义务，但却没有与此义务相对应的权利。然而，要求一个人于一时一地，去尽某一义务的行为固然可能，但要求所有的人在任何时候都去尽那些没有权利只有义务的行为，却几乎是

① Onora O'Nell, *Towards Justice and Virtue: A Collective Account of Practical Reasoning*, New York: Cambridge University Press 1996, p.139.

不可能的，尤其在个人的权利意识被激情撩动的今天。这大概就注定了传统的德性理论在现代社会中必然要遭受被遗落的历史命运。

当然，考量德性被遗落的原因，显然要远为复杂。

问题在于，现代社会的道德哲学，在遗落了德性理论以后，究竟存在什么样的问题？这一追问即直接将我们的思路带入伦理学研究中的普遍主义和特殊主义的争论中去。①所谓普遍主义主要是指自笛卡尔、康德和罗尔斯以来的自由主义的伦理理论，而所谓特殊主义则主要是指上世纪八十年代以来流行的共同体主义（今通称为社群主义）以及伦理学中的"反理论"思潮。

二

站在社群主义立场，早在1980年，麦金泰尔便在《道德哲学的危机：伦理基础的寻求为何困难重重?》一文中，对当代道德危机的症状以及道德哲学的特点进行了概括。麦金泰尔认为，当前道德失序的表面症状充分地表现在当代的道德论辩中，双方源于理性辩护的那些前提是相互矛盾和不可公度的。比如一会儿说人们有权堕胎，一会儿又说有些堕胎是正当的，有些则不正当。当"正当"与"不正当"皆假理性以行之时，并不表明理性的重要，而只是说明了理性对于道德的无能（inability）。因此，麦金泰尔认为："现代道德哲学有三个根本特点，首先它表现为各种直觉；其次是理性概念的运用；最后即是在对立的道德判断之间处理优先性问题方面的无能。"②而在《德性

① 在《通向正义与德性》（*Towards Justice and Virtue*）一书中，奥诺拉·奥尼尔在第一章便检讨了普遍主义与特殊主义的古代根源及现代遭遇。由于涉及的问题颇为复杂，有兴趣的读者可以参看该书第11—37页。此外，由于本书是对当代西方自由主义和共同体主义之争的一种调和和上遂的解决，故其对上述两种伦理思路的长短得失不乏独到的分析。

② A.MacIntyre, "A Crisis in Moral Philosophy: Why Is the Search for the Foundations of Ethics So Frustrating?" *Knowing and Valuing—The Search for Common Roots*, ed. by H. T. Engelhardt, Jr. and D. Callahan, New York: The Hastings Center 1980, pp.20 - 21.

之后》一书中，麦金泰尔又直接指谓，当代自由主义伦理学之所以问题重重，其中一个很重要的原因，乃是由于在他们的理论中所包涵的自我是一个没有任何身份规定的自我，这种自我“不具备任何必然社会内容和必然社会身份”①，他可以是任何东西，因为他什么也不是，这样一种自我又被查尔斯·泰勒称之为“自我定义的自我”②。

即此以观，我们大体可以说，德性在现代社会的失落，除了其直接的原因之外，因理性的“无能”所引发的道德的困境，以及由自由主义的“人观”(conception of person)所表现的凌驾于社会之外的人的特点，似乎皆是造成当今社会德性边缘化的重要原因。就前者而言，从启蒙运动以来，哲学家就一直试图为道德规则的普遍有效性提供理性的合法性证明，但在麦金泰尔看来，这些努力和尝试都一一失败了，剩下的，除了理性的自我独大和一副“道德帝国主义”③的面孔之外，它对于人们在具体处境中的道德决定并不能提供任何有用的帮助。④就后者言，不论自由主义是以何种方式表述，在他们理论的内在格局中，个人的基本目标和价值在前社会的状态下就已经拥有了，社会顶多只是供个人利用的一个“协会”而已。因此，他们有关人的概念是脱离了任何境遇的、光秃秃的个人，而由这种寡头的、光秃秃的个人依程序化的理性作出的道德决定，除了具有工具性的外在价值之外，于德性伦理所要求的道德品质的提升以及判断力的提高不啻是南辕北辙。

无疑地，建构实践理性的目的乃是为了指导实践。然而，站在当代哲学的立场，康德的实践理性概念被哈贝马斯等人看作是一种理

---

① 麦金泰尔:《德性之后》，龚群等译，北京:中国社会科学出版社 1995 年，第 42 页。

② Charles Taylor, *Hegel*, New York: Cambridge University Press, 1975, p.6.

③ A.MacIntyre, "A Crisis in Moral Philosophy: Why Is the Search for the Foundations of Ethics So Frustrating?" *Knowing and Valuing—The Search for Common Roots*, ed. by H.T.Engelhardt, Jr. and D.Callahan, p.38.

④ 奥诺拉·奥尼尔在《通向正义与德性》一书中并不同意共同体主义(社群主义)的观点，但对康德以来的实践理性概念也保持批评的态度，她一方面认为实践理性必须具有普遍性的特征，但另一方面又认为这种实践理性却必须对具体处境中的个人的道德行为具有指导作用，而不仅仅止于理性为自己立法。

性的独白(monologue)已多少透露了这一努力所可能包涵的问题。那么,作为自由主义的当代代表,罗尔斯是不是会更好一些呢?他能否避免康德的命运①?在麦金泰尔看来,两者也只是在五十步与百步之间,问题一样的突出,因为从罗尔斯对正义原则的先验说明中我们可以看到理性对于正义的重要。然而,当罗尔斯把实践理性看作是可以不依赖于任何客观外在因素之制约而能完全依正义原则作出判断的"干慧"时,这样一种理性却因为缺乏任何合理的历史而无法获得其合法性之证明。麦金泰尔进而断言,实践理性也好,道德个人也罢,总是处于特定的时空、脉络和社群之中,总是在某种程度上与特定社会的特殊状况紧密相联。因此,任何试图建立某种横空出世、放之四海而皆准、俟诸百世而不惑的普遍道德的愿望,可能都只是一种幻想;同样,我是我的家庭、我的国家、我的政党、我的社群,除了这些独特的身份规定之外,我就什么也不是。对此,麦金泰尔认为,罗尔斯"从未在他的结论中注意到,在他希望找到和谐与秩序的地方,他找到的却是混乱"②。

反对普遍性的道德规则,反对脱离社会的人观,主张处境性地、脉络性地和角色性地理解人和人的道德,可以说是当今共同体主义(社群主义,主要代表人物有麦金泰尔、瓦尔泽、查尔斯·泰勒和桑岱尔等人)所主张的德性论的重要内容之一。不能不看到,自上世纪八十年代以来,这股主张复兴传统德性伦理的努力有相当程度的影响,而这种影响又在很大程度上源于他们所持的理论已多少切中了时代的道德病痛所致。同时,在理论上可以与之引为同调的,还有伦理学中的"反理论"思潮的代表人物。③就反对抽象的伦理规则,主张具体的道德实践而言,伯纳德·威廉斯其实也多少可以看作具有类似的

---

① 罗尔斯自称,他的正义论的建构乃依康德的理路而来,但反对功利主义。

② A.MacIntyre, "A Crisis in Moral Philosophy: Why Is the Search for the Foundations of Ethics So Frustrating?" *Knowing and Valuing—The Search for Common Roots*, ed. by H.T.Engelhardt, Jr. and D.Callahan, p.22.

③ 大体可以克拉克和辛普逊所编的《伦理学中的反理论思潮和道德的保守主义》一书为代表,学者可参见 S.G.Clarke & E.Simpson ed., *Anti-Theory in Ethics and Moral Conservatism*, New York: State University of New York Press, 1989。

思想倾向的哲学家，他反对抽象的哲学言谈，认为哲学并不能产生新的道德知识，依威廉斯，“我们可以以伦理的以及所有其他的方式进行思考，除非历史和文化环境使得这种思考变为不可能，然而，相比之下，哲学却几乎不能决定何以我们应当如此思考”①。毫无疑问，就把道德规则抽象化、工具化，把个人孤立化（原子化）而言，共同体主义主张重返亚理士多德式的德性论传统，主张从个人的身份认同中培养确定的价值观和道德品质都不是没有理据的。人的道德行为和道德抉择的确不是普遍规则直接演绎的结果，离开了个人的德性以及这种德性赖以存在的特定的传统和共同体的生活方式，那么，这种普遍规则对于具体的个人行为就难以发挥实际的作用和影响。

三

然而，问题果真就此而得以一了百当地解决么？

假若如此，则共同体主义（社群主义）就将一时为人人所趋捧，而风行几百年来的自由主义也就真的彻头彻尾地徒有其表。

但是，事实上，正如共同体主义（社群主义）批评自由主义有这样那样的弊病一样，共同体主义（社群主义）自身也难免有其不足，而已经成为西方人生命和生活中一部分的自由主义更不会因此批评而销声匿迹。

姑且以建构实践理性为例，当共同体主义（社群主义）将实践理性只界定为特定共同体的人们所遵循的理性原则时，这种在特定范围内可充当准则和规范的实践理性，在证明人的行为的正当性问题上，是不能由其自身提供合理的标准的，它必须求助于具有普遍性的实践理性原则。换言之，虽然我们可以批评自由主义的伦理学建构

---

① B.Williams, *Ethics and the Limits of Philosophy*, Cambridge MA: Harvard University Press 1985, p.74.伯纳德·威廉斯在此虽然是在“道德理论的风格或类型”上表达他对哲学与伦理学的看法，然而，对当今流行的主流伦理学持怀疑和批判的态度却是其基本主张。

普遍的道德规则的努力，然而我们却不能为了规则的具体性而全然不顾实践理性的可普遍化的特点。难以想象，一种道德理论对于特定范围内人们的行为的正当性与否都不能提供判断的标准，那么，其苦心建构的实践理性又将如何指导人们的行为实践？另一方面，依共同体主义（社群主义），德性的特殊性就在于它是隶属于某一特定的传统和生活方式中的，它是一种技艺，也是一种心灵的习惯。从理论上看这一说法也不是没有道理，但我们是否可以由此而为某一特定传统和生活方式中的德性加以无批判的辩护，此中却不能无疑。哈贝马斯在与伽达默尔的论争中，已经相当有力地指出，传统也可以是“系统地扭曲”（systematically distorted）的共识。换句话说，传统的德性并不一定就是合理的德性，它也可能是或可能产生丑恶的品德。因而，我们必须对传统保持理性批判的态度，从而使我们对德性的理解上升到社会科学的高度。

我们不避厌烦和啰唆，说了那么多有关西方的复兴德性伦理的背景和线索，应该说这些大体都是二道贩子所做的工作，然而，我们的用心却未尝不清楚，那就是德性问题之被西方学者重新提起乃有其理论和现实存在的根源。此处我想要指出的是，注重德性对于儒家来说原本就是一条深厚的传统，这一传统自不必在内容上尽同于亚理士多德式的，同时，在讲法与说法上，也不必尽同于麦金泰尔式的。但在如何求取幸福的人生，在如何保持德性对人的自然生命的保合和润养上，东西方却多少有其相近的看法。

诚如所言，儒家讲仁，仁是儒家道德理论的核心。但儒家的仁或如孟子所说的“四端之心”是人之所以为人的根源和基础①，因而儒家的仁道原则具有绝对性和普遍性。然而，这种绝对性和普遍性是否合于康德式的普遍主义伦理学？或者这种绝对性和普遍性是否经得起共同体主义（社群主义）的批评？这些问题在今天看来都需要批判性地回答。

---

① 孟子的“几希”说似乎可以为证，参见《孟子·尽心上》，相关义理还可参见《孟子·梁惠王上》。

简单地说，从道德理论的类型上看，尽管当代新儒家将儒家的学说与康德的道德理论相提并论，竞长去短，而不乏创见，但在严格意义上我仍然认为两者并不完全相同，盖儒家的伦理学至少在表象上看十分注重人的德性的培养，在此点上其不同于康德式的普遍主义的义务论当甚为明显。无疑地，我们完全有理由赞成如李明辉先生那样，从孔孟的经典中阐发出一套儒家的义务论伦理学，至于德性论（或德行论）是否为一独立的伦理学类型，可以是另一个理论问题，学者可以有不同的看法。儒家言仁，虽具普遍性和绝对性之品格，然而，在儒家，仁之实现方法说到底要通过“能近取譬”来达成。因此，仁的特性离不开“感”与“觉”，随感随应，即觉即润，而所“感”所“觉”必定在具体的情境和脉络中实现。换言之，以仁为核心的儒家伦理学，一方面，其“求仁得仁”“欲仁至仁”的实践理性将不因时空之限制而具有普遍性、必然性和绝对性；另一方面，此仁心之兴发以及道德之决断，却总是在具体的情境中实现，一如孔子言仁总是因对象、情境的不同而不同，故其从未流于如普遍主义的义务论所不免的形式主义的认知意向，也不可能如后期自由主义的道德理论那样或多或少沦为实现外在利益的工具①（无论是契约论还是功利主义伦理学，

① 若只是读到此为止，人们或以为儒家之伦理理论乃尽善尽美。然而，事实上却并非如此。我个人觉得，对于任何一种传统或思想，不论是自由主义、共同体主义（社群主义）抑或是儒家思想，在整个哲学的大家族中，始终只是一特殊的哲学思想，而对于这种特殊的哲学思想，我们只有从更为广阔和普遍的理论背景中来分析评判，才能对其长短得失有一较为清晰和确当之把握。对于儒家伦理传统，人们倾向于主张对其采取“同情之了解”，此固不错。但此同情之了解易使人局限于只从儒家思想之内部而观其结构与系统，所谓“判其间架，见其眼目，得其要归”，然此大凡仍只是同一理论内部之伸展，其所能够达成者，充其量只是对同一理论内部的一贯性、系统性问题之了解，以及尽可能采取客观（亦即对古人立言所以不得不如是之苦心孤旨有一同情之了解）的立场，但对此一理论系统之缺失，以及将此一理论放置在更为普遍的理论背景中所呈现的不足却难有敏锐的觉察，此是说的方法。在此方法之观照下，我们就会发现儒家伦理在许多方面都还有它不免的限制，即以仁道原则而论，儒家自有泛爱众而亲仁，万物一体之言说，且就其理论内部之系统而言，此普遍之仁爱原则亦可有其一套理论的演绎。但就儒家伦理与世界的关联这一角度视之，则儒家之仁爱原则的可普遍化问题却必须透过其所表现的理想性原则与现实安排之曲折（比如一体之仁与差等原则）来加以把握，此中之理论推阐则殊尚有待于我们自觉。至于对具体的个人而言，客观的道德规范如何在不同的情境中实践性地把握和拿捏，而又不失其客观，不掺私走作，则端赖个人德性修养功夫的高低。象山曾谓这是一刀锯鼎镬的学问，颇为传神。但显然，从理论上看，此间存在有待进一步解决的问题。

道德规则本身所具有的内在价值，总是不免要让位于这一规则所能够使人获得的最大利益的外在价值，罗尔斯的《正义论》所倡导的"对优先于价值"正与此有关)。换言之，儒家的仁道原则虽具普遍性，但却不是空洞的、抽象的普遍性，遵从仁道原则，就是要人以某种方式、在某种特定的境况中去理解这一原则，实现这一原则。朱子在《中庸章句》注"君子而时中"时，谓"中无定体，随时而在"①，说的就是这个道理。因此，在儒家，道德是一种立身处世、学以为人的艺术。孔子就不从纯粹理论的角度教导学生何谓孝悌忠信，而是在实践中教导学生在家当如何孝，在外当如何悌，为人处事当如何"谨而信"，交友当如何"亲仁"。借由这样一种德性的培养，人的言动思行则皆因此而得以润泽生色，乃至淬面盎背。

然而，理论上的定然如此，与现实上的实然如是之间，总有相当的距离，儒家的德性论自不可免，而探究此一德性论的当代意义就更是如此。尤其是近几十年来的改革，由于时不我待的急迫，我们的道德生活世界和伦理观念世界事实上处于两不着边的困境之中：一方面，能够适应于市场社会的普遍的道德规范法则尚未建立，另一方面，传统的德性伦理却似乎如堤决水溃，难觅踪影。仔细思量，我们便不难发现，当代的中国人在道德的精神生活中，承受着自近代以来就一直存在的分裂的、两极世界的拉扯和煎熬的痛苦，左脚站在现代世界，右脚却在传统社会中徘徊。时至今日，我们依然有理由问，在民族的与世界的，在传统的与现代的，在普遍的与特殊的，在德性论的与义务论的等理论和实践的考量中，究竟需要多长时间我们才能解除道德心态上的左顾右盼，从而确立伦理的自信：因民族而世界，因传统而现代？同样地，无论是出于理论的自觉还是出于实践的需要，我们都有责任追问，在"好的生活"与"生活得好"之间，在"行之无违"与"学以至圣"之间，在"尽道德的份"与"尽道德存在物的份"之间，究竟应当采取何种时代的辩证与综合，

① 朱熹：《四书章句集注》，北京：中华书局 2014 年，第 21 页。

我们才能在意义的了解与有效性之达成问题上皆能得其恰当的照管与落实?

我们不能无忧。

必须强调指出,我们肯定儒家德性理论的当代意义,首先不是因为西方出现了复兴德性论传统的思潮而步趋之,而是因为它至少在理论上对于当今社会道德的工具化、形式化倾向具有某种针砭的作用。毋庸讳言,意义的生存论关联始终是我们考察儒家传统德性论观念的第一标尺,因为我们很清楚,假如意义之理解未能同时在有效性之证成上相对着力,那我们就不免要落入对存有历史的空想。因此,对儒家德性理论的研究,我们便完全应当站在现代人的实存经验中达成对其义理的可理解性(intelligibility),在行动中、在卷入和牵涉中寻求意义,而不是在意义中寻求意义。由是观之,站在当今道德混乱的实存状况下,对儒家德性理论的研究,不仅应当是解释性的(explanatory),而且主要应当是实践性的。事实上,假如我们不仅仅止于了解之同情,同时也能够以实存经验为基础,在更为普遍的理论背景下正视儒家的德性论传统,那么,我们愿意指出,这一传统留给我们的优点与这一传统留给我们的疑问,甚至是一样的多。

四

下面我们将以儒家的德性之知为例稍作分析。

我们知道,在传统的儒家伦理思想中,德性之知与闻见之知之分别乃是其非常突出的特点。依儒家,人的德性之知说到底就是一种体验、体证之知①,亦如伊川所谓的“真知”。从成德之学之规模和格套而言,道德必经由个人之亲身实践方能确知其中滋味,即此而言,道德与其他知识确有不同:道德就是事件,是人对自己全部的生存和

---

① 杜维明先生于1985年首次提出“体知”这一概念,以说明儒家德性之知的特点,颇为生动形象,文载《儒家传统的现代转化》,北京:中国广播电视出版社1992年,第501—516页。

生活事件的历练。一个人如何有形态、有内容而立体地活于此世乃与道德的实践、行为的亲证密不可分。历代儒家所以皆主张检点过端，消融习气，反对“传而不习”，强调“体物不遗”“笃志而体”，其原因就在于此。

然而，另一方面，所谓德性之知（在儒家可有许多不同的、但意义相近的说法，如良知、乾知、独知或知体明觉等等）——在这里请允许我做一个并不完全的概述——在儒家就是独知、自知，而此独知、自知说到底乃是非常个私性的体验（personal experience），而不是一种“交叠共识”（overlapping consensus）。当我说到这里时，我必须马上声明，为避免人们对我可能的指责，我并没有、也不想在“个私体验”与“交叠共识”之间在价值层级上提出一个高低上下，而只是就此作一客观的描述。接下来我们想指出的是，从形式上看，站在现代哲学的立场，假如我们对道德原则的信守、对是非善恶的判断，还依然沿袭传统德性之知的那种内在的、无法公共化的个私体验，动辄“本体洞彻”“见道分明”，却又无法示人所“彻”何“体”、所“见”何“道”的话，那么，我们又如何指望这种德性理论能为现代人所接纳、所认同？另一方面，从内容上看，以当今哲学研究的视野，作为“独知”的德性之知所表现的个人意识的自我明证性，可否足于证明道德知识，尤其是道德规范的普遍有效性？抑或，这种所谓个人意识的自我明证性只有借助先验的语言规则才能保证其公共性之品格，进之于在意义的了解和有效性之达成上，皆能得其因圆果满之落实？①

大体上，在西方，经由近代的“意识哲学”之后，进入二十世纪，语言哲学已经成了某种意义上的“第一哲学”，人们乐于谈论的二十世纪的哲学转向就是指的语言哲学的转向。在英美，从皮尔士、弗雷

---

① 就当今哲学研究的视野而言，无论是哈贝马斯与阿佩尔的“交往共同体”、罗伊斯的“解释共同体”抑或米德的“普通话语的共同体”，皆指向先验主体所包涵的个人意识的明证性问题。一个人见道真不真，心与理一不一，必须以人所共许的语言规则传达于他人，否则，这种所谓的德性之知便不免于一种类似纯粹的个人的痛苦体验一样的东西。因此，个人见道之经验、本心证会之经验必须依以交往共同体的先验的语言游戏规则，方能获得其公共性之品格，这也是人的德性之知可理解的基础。

格、维特根斯坦等到最近的斯特劳逊、奎恩和普特南；在欧陆即有卡西尔、海德格尔、伽达默尔以及当今活跃的哈贝马斯和阿佩尔等。他们的共识或许表现在于，语言规则乃是人类知识之可能性和有效性的基础，需要特别指出的是，由哈贝马斯等人苦心建构的交往伦理学透过有关语言行动的先验语用学的解读，一方面在于确立道德规范的客观有效性，以拒斥伦理学的相对主义，另一方面则使得道德判断不再局限于一个人的内心独白，而必须建基于共同体的实践讨论的共识之中。

扣紧本文所讨论的主题，我们自然要问，德性之知（或良知呈现）的客观性、有效性问题究竟当借助何种方法才能得以实现？是安立在自我意识的明证性上还是必须同时借由别的途径来得以完成？用牟宗三先生的话来说，一个人"见道不见道，体上工夫足不足，本体透彻不透彻""心性一不一、心理一不一"①，这些问题是否纯全由个人的直觉体悟就可普遍化？或仅本于个人的成德体验就可达到人所共识的客观性？果如是，则何以玛格丽特·米德所主张的根据交往共同体的符号互动的内在交互关系来解释心灵与自我意识的观念会如此引人注目？阿佩尔似乎对此斩截得非常分明，个人意识的自我明证性只有借助语言规则的沟通，才能成为一种对我们来说的陈述的先天有效性，并保证个人意识的公共品格，而哈贝马斯则认为："新的语言观具有方法论特征，其范式意义首先在于它在方法论上具有优先于主体哲学，因为主体哲学必须对意识事实作反身理解。"②哈氏此说意在表明，现代哲学对语言的回归，已使单独的个人意识的状态不再孤独，同时，也使先天的道德意识（良知、心体或德性之知）落实到生活世界的实践中来，成德已不是个人顿悟后的兀自独白。如是，则德性之知（或良知之当下呈现）的自明性已经不再足于证明道德知识的普遍有效性。极言之，良知呈现、直觉体悟，必须借助于语言沟

① 牟宗三：《心体与性体》第一册，台北：正中书局 1968 年，第 59 页。
② 哈贝马斯：《后形而上学思想》，曹卫东等译，南京：译林出版社 2001 年，第 44 页。

通，才能获得一种真理意义上的有效性。

我不敢就此断言，儒家强调的德性之知的这种自我体证在道德理论上是否就直接意味着一种方法论上的唯我论，连带在真理宣称意义上的独断论，但确乎实情的是，在这种过分强调的个人的德知体验或良知直觉中，自我其实只是一个无广延的点[①]，他并不能伸展于社会和历史，他只是把这样一种道德意识的可能性和有效性看作是个体意识的建构性成果，其结果最终也可能摧毁自我认同的可能性。因此，阿佩尔认为："如果——关于纯粹主观的和私人道德的观念包含这一点——个体的所谓'自由的'良知决断是先天地孤立的，并且如果它们在实践上并不服从任何共同规范，那么在这个由现在引发了的宏观作用的公共社会实践所组成的世界中，它们就很少有成功的希望。"[②]之所以如此，原因就在于这样一种孤立的个人体知忽视了交往共同体中本体论地所具有的语言规则的约束性[③]，换句话说，假如道德是非及善恶的决定仅仅取决于单个人的直觉体悟，那么，如何保证由先天良知所建构、所发出的道德判断与世界具有主体间的普遍有效性即成问题。事实上这样一种良知决断正是康德的"内向性"伦理学(Znnerlichkeit)遭人诟病的一个重要原因[④]。

对于一个民族的智慧而言，价值根源的开出和肯定与价值的最后落实必是相依而不可偏废的两边。开出价值之源而不竞求其客观有效的落实，此之谓虚玄镜影，但这一工作本身就是儒家德性论之现代转化的题中之义。换言之，我们不能仅仅满足于从实践上证明这种在很大程度上带有个人体验性质的德性之知的合法性，而鲜少从

---

① 维特根斯坦认为："唯我论所指的东西是完全正确的，只是它不能说出来，而只能表明出来。"参见《逻辑哲学论》，韩林合译，北京：商务印书馆 1992 年，第 5.62 节。

② 阿佩尔：《哲学的改造》，孙周兴等译，上海：上海译文出版社 1997 年，第 275 页。

③ 此处所谓"孤立"乃相对于交往共同体的语言规则和共同规范而言，而非别指。即以象山为例，他亦有所谓东海有圣人，西海有圣人，其心同，其理同之说，此即不可谓为"孤立"。但此处之"孤立"显然乃取道德主体对自我体验的兀自独白，这种兀自独白与共同体共守的语言的先验准则不相关涉，阿佩尔对此有明确的叙说。

④ 黑格尔把康德的伦理学看作是一种空虚的形式主义，并认为他的道德律除了自己与自己的同一之外，别无任何东西。黑格尔虽不是从沟通语言上来作出说明，但却仍值得我们深加玩味。不过，李明辉对此提出过批评。

理论上忽视其中可能存在的问题，及至追问其在落实过程中如何具有客观性和普遍有效性。可以预见，如果儒家哲学要不仅仅停留于意图伦理，不仅仅满足于意识哲学，一句话，如果我们要建构一套儒家的由共同规范而来的共同责任的伦理学，以适应时代的发展，那么，我们就既要保存个体的自由自主在道德上的良知决断，同时也要发展出伦理规范的主体间的有效性以及由此而来的道德的一致性。①

这或许是儒家德性伦理现代转化的方向之一。

① 本文之如此立论，颇感不尽，多以为作者完全站在哈贝马斯之立场上。其实，以哈贝马斯为首而倡导的交往伦理及其连带的语言分析在道德的自由决定上远远不能取代康德。多读读哈贝马斯的论著，人们就不难发现，哈氏的理论对于严格的伦理学问题而言常常有滑转的现象，即哈氏常常以社会学的进路来取代伦理学的进路，以至于论者会认为，哈氏是以解决问题的形式取消了问题本身。

附录二

理性、传统及其他

——接受巩宝平教授的访谈节录

林教授，您好，非常感谢您百忙之中接受敝刊采访！

谢谢巩老师。我很高兴有机会就相关问题谈点个人的看法。

最近十余年您集中研究荀子哲学，谈及辩说理性，早年您在文章中亦论及儒家文化的理性自觉。您认为儒家理性概念的核心是什么，有哪些特点？与西学中的理性概念区别何在？

我想您所问的是一个好问题，也是一个颇难回答，回答出来也难免挂一漏万，甚至颇不合时宜的问题。

先说我自己的学术研究，我对此大体有一个较为自觉的筹划。我的博士论文做的是刘蕺山哲学研究，刘蕺山向被许多学者目为宋明理学的殿军，他对宋明的心性义理之学可以说在理论上和“时间”上皆作了一个总结。我曾经说过，在中国儒学史上可以称得上“总结式”大儒的学者并不多：先秦，荀卿是百家争鸣的总结者；宋代，朱子无疑是一个理学的集大成者和总结者；明清的蕺山和船山，也常常被学者认为是总结式的人物；而现代则当首推牟氏宗三等。儒学史上大儒辈出，但真正能够称得上总结式的人物的确不多，我们很难说孟子或陆王是他们那个时代的总结者，尽管他们的思想非常重要，影响也非常深远。所谓“总结式”大儒，其思想必有其明通之识见，智及之觉照，出入百家而又平章百家的规模、格调和气概。我爱读这些大儒的书，没有贪大的心理，也不是出于私情或私爱，而是说透过他们的文字，我们不仅可以领略到一个智者的所思所想，而且更可以借此触摸到一代之思，感受到诸多思想流绪当其汇聚成一个巨大的漩涡时，那种哲学生长的无穷意向和可能性。我个人觉得，这是一个避免极端和独断，撑开胸襟和视野的好方式。在我做完刘宗周哲学研究后，通过宗周并结合心学的一些论述，我心中已存在一些尚需交代但却没有交代的问题，而这些问题与建构一种普遍有效的道德哲学紧密相关，它促使我转向对荀子和朱子的兴趣，而学校恰好有一个讲授荀子的机缘。我在主要研究荀子的同时，也在注意和留心朱子伦理学，并陆续做了一些探讨。

至于说到理性问题，非常复杂，不是三言两语可以说明清楚的。总的来说，儒家重视理性，夫子不语"怪、力、乱、神"大概可以说明这一点。但正如学者已经指出的，儒家的理性偏重于实践理性，而相比之下，对于理论理性则不甚重视，这也同样可以从夫子"不曰'如之何如之何'者，吾未知如之何也已矣"窥见一斑。

西方哲学似乎恰好相反，这一点至少就近现代西方哲学而言，应该可以看得比较清楚。我们以黑格尔为例，依黑格尔，伦理学由道德哲学和法哲学组成，所以，黑格尔说，道德是"达到了在自身中被反思着的普遍性"，"道德的观点，从它的形态上看就是主观意志的法"。[①] 法哲学的核心在于抽象出普遍的社会规范亦即形式法，作为处理人与人之间关系的中介物，故黑格尔认为，"一般说来，法就是作为理念的自由"[②]。这句话的意思是说，法是人类历史中表现自由意志的适当形式，因此它是神圣的，即人在交往行为和道德实践过程中，必须以此行为规范亦即形式法作为自己行为的最高准则。人们说话、做事直接与这一规范或中介物交道。因此，规范具有普遍性、独立性、神圣性。所谓神圣性就是类似于康德道德哲学中所说的"绝对命令"的意思。换句话说，规范一旦"制定"，我们就不能因时间、地点、人物、情景、场合、事件的改变而"领会精神"般地"活用"规范，而必须在任何情况下如其所是般地执行规范，听从规范的指使，其间原因正在于，作为普遍性的形式法乃是以自身为对象来证明其合理性的，它不考虑任何外在于形式法的理由，不论这种理由来于何人、何处、何权威，也不论这种理由来自于其他利益或福祉的考量，这便是西方理性

① 黑格尔：《法哲学原理》，范企扬译，北京：商务印书馆 1961 年，第 139、110 页。
② 同上书，第 29 节第 36 页。

精神的实质。所以黑格尔认为,“在形式法中,人们不考虑到特殊利益、我的好处或我的幸福,同时也不考虑到我的意志的特殊动机、见解和意图”①。罗尔斯对此诠释道,黑格尔这一说法的言下之意乃是,“一个法的体系将不是通过达成人们的需要或欲望,或满足了他们的福祉才证明其为合法的”②。如某一规范或法则之正确不是由于这一规范或法则能够给人带来功利意义上的好处,便由此来证明这一规范或法则的合理性,合理性问题不能由外在的功利或好处中获得证明,而只能由作为形式法的规范本身来加以证明;同时,某一规范或法则之执行也不因触犯了“不该”触犯的人或事而作变通的处理。又如在与舅舅做生意和在与“刁民”做生意之间,不能因一亲一疏而作分别对待,而应一概以诚信规范(形式法)相要求,没有差等,没有远近亲疏。唯其如此,诚信才是一个可普遍化的准则。

说到这里我们便不难看到,在西方哲学中,规范的神圣性背后其实隐藏着它特殊的“人观”(concept of person)。因为所有的人都知道,有了规范这一中介物并不足以使规范真正得以落实,“有法不依”“有规不循”的现象随处都是,并非只是“中国特色”。作为一个人总是会受到各种欲望和冲动的驱使,具有一个不确定的自由意志。所以,黑格尔认为对于执行规范的人来说,最为重要的是首先必须使这样一种人成为“人格”。什么是人格呢?“人格一般包含着权利能力,并且构成抽象的从而是形式的法的概念,和这种法的其本身也是抽象的基础。所以法的命令是:‘成为一个人,并尊敬他人为人。’”③此处,作为人格的人的要义就是:“自我被理解为普遍的人,即跟一切人同一的”,因而,尊重他人就是尊重自己;我作为一个人在一切方面(内部任性、冲动和情欲方面,以及在直接外部的规定性方面)都完全是被规定了的和有限的。人被形式法所规定,就是去除人的情感、嗜好等特殊性,去除人的一切身份规定,使他成为一个普遍的人,或者

---

① 黑格尔:《法哲学原理》第 37 节,第 46—47 页。
② 罗尔斯:《道德哲学史讲义》,张国清译,上海:上海三联书店 2003 年,第 459 页。
③ 黑格尔:《法哲学原理》,第 36 节,第 46 页。

叫"形式的普遍物"。所以，黑格尔认为，"人之所以为人，正因为它是人的缘故，而并不是因为它是犹太人、天主教徒、基督教徒、德国人、意大利人"①等等。

使人成为一个普遍的人，或成为"形式的普遍物"，其实质意义指的是人斩断了一切关系性的纽带，只服从于形式法或规范中介物的指引。这种说法背后当然与西方的宗教传统密切相关，《圣经》中"马太福音"第十章有这样的说法：

> 因为我来，就是叫人与父亲生疏，女儿与母亲生疏，媳妇与婆婆生疏。
>
> 爱父母胜过于爱我的，不配做我的门徒；爱女儿胜过于爱我的，不配做我的门徒；不背着他的十字架跟从我的，也不配做我的门徒。

假如我们撇开中、西方传统在意识形态上的争论不论，上述说法其实也透露出某种重要的精神实质，这种精神实质简单地说有两个方面：第一，这种去除了身份规定的普遍的人通常我们把他了解为是一个原子式的个人，是独立的、自由的、普遍的法权主体；第二，这种人是剥除了一切人情、亲情关系和个人癖性的人，他是一个唯理性和规范为指导的"世界主义"。②

假如按照这种说法，西方的理性概念之所以可以普遍化，是与他们特殊的"人观"，亦即对人的理解密切相关，而儒家传统则与此相当不同。

我们可以先搁置儒家传统与西方传统在这方面的长短得失的评论不论，从客观上看，中西方传统在对人的理解上的确颇有不同之处，只不过对于这个问题，学者完全可以有不同的了解，比如如果把

---

①② 黑格尔：《法哲学原理》，第209节，第217页。

儒家的道德哲学理解为某种义务论的形态，那么很显然，在这种形态背后就一定蕴含了某种可普遍化的人的概念，这是从道德的本质上说的。但在一般情况下，我们也承认，儒家所了解的人是处于关系网络中的人，且与血缘关系密切相连，君臣、父子、夫妇、兄弟、朋友等构成儒家的社会关系网络，人的每一种身份都有一套与之相应的身份角色的规定。费孝通把儒家传统中的这种人的关系网络理解为“差序格局”，个人被紧紧地系于父母、兄弟、朋友、熟人的关系中，并由此而像水圈般地向外拓展，呈现为一种关系、熟人世界的图像，而在这一图像中，所运用的伦理规范也相应地表现出爱由亲始、亲疏有别的差序格局。面对这种情况，如果按照黑格尔的观点，严格地说，儒家伦理关系中人乃是未曾普遍化的、理性化的人，所以，他不可能充当为一个“形式的普遍物”，他不处于任何“现实的普遍性中”，因而规范的普遍性和神圣性也就不可能在这种血缘、关系网络中生根。

当然，黑格尔对中国传统文化的批评和说法很多，这些批评常常被认为是具有严重的西方中心论的偏见。①如何评论黑格尔的相关看法实在是一个大课题，不是我们今天所要讨论的。有一点是无疑的，黑格尔有其特殊的立场和观察视角，他的看法不是不可以批评的，但这也不是一时可以说得清楚的。

回到我们所说的儒家的理性概念，我们说过，儒家所重的理性是实践理性，而儒家的实践理性在理论特性上则常常表现为不重“为何”而重“如何”。“为何”和“如何”实际上是两种不同类型的知识。“为何”通常表现为寻找原因的知识，“如何”则表现为寻找方法的知识。但方法是否得当无疑与原因是否清楚密切相关。与“为何”相比，儒家的实践理性更重“如何”，它的特点是直接面对问题本身，并粘连着具体情境和脉络而求其应用的正确或合理，这种理性就其表现形式上看，用宋明儒的话来说，就是“即用见体”；用禅宗的话来说，

---

① 例如黑格尔认为，儒家的道德是没有主观性的道德，“那个‘普遍的意志’直接命令个人应当做些什么。个人敬谨服从，相应地放弃了他的反省和独立”。（《历史哲学》，王造时译，上海：上海书店出版社 1999 年，第 126、127 页。）

类似于“作用见性”。站在今天的立场看，这种实践理性的优点是丰盈、饱满、具体和通达，不干枯，不偏执，表现的是一种圆融的智慧形态；从另一方面看，它也提醒我们不要做普遍法则的奴隶，面对新事物、新情况、新处境、新问题应有灵活的创造。但这种实践理性的不足也很明显，那就是过于浑沦，易于消解普遍的法则，回避“是什么”而强调“如何做”，因而难于培养出“规范神圣性”的观念。虽然这种实践理性着眼于“即用见体”，但在“即用”的过程中寻求“曲得其宜”，却常常因其“曲”而偏离“体”，乃至“不见体”，甚至酿成弄假成真。我们可以这样说，在“做正确的事”与“正确地做事”之间，西方的理性偏重前者，而儒家的理性更强调后者。为什么这样说呢？如前面我们说的，儒家所讲的理性是关涉着具体生活中的具体情境而言的，人的行为实践的具体情境包含诸多的要素，而这些不同的要素常常影响乃至决定我们的理性的应用方式，如果用我们熟悉的语言来说，那就是中国人说理做事总是连带着“情”而言，这个“情”不仅指的是“感情”“人情”，更重要的是指的是“实情”或“情实”，也就是通常我们所说的“一切从实际出发，实事求是”。“实情”包括“人情”，但又远远超出“人情”。所以，中国人常常说做事要“合情合理”，我常常想，为什么“合情”要在“合理”前面？为什么不叫做“合理合情”？难道仅仅只是相沿成俗的一种说法？或许这里包含很复杂的中国传统式的道理。合理而不合情，似乎不行或难行；但合情而不合理，却常常可以，这种现象其实非常值得我们深思，中国传统思想特别重视理性在实践应用中的合理性。我时常与学生讲，为什么西方一个十八九岁的年轻人就可以当市长、治理好一个城市，而我们中国却十分强调一个领导的资历和经历？大概其中的原因之一是因为西方人做事讲求章法，他们有规可循，他们有一整套形式的法定的程序和规则，因此，他们只需要照章办事；但在中国不同，在中国办理一种事，虽然不是说没有规则，但规则在应用过程中牵涉到“情”的层面太多太复杂，而要真正理解这个“情”，就必须有拿捏分寸的智慧，就必须有人生的历练，为什么中国人喜欢说“人情练达即文章”，道理或许就在这里。当然，我们这样说，并不意味着儒家的理性就不讲求普遍性，而是说儒家强调理性的普遍性是具体的普遍性，不能离开具体情境、实际情况来讲这种普遍性，因为在儒家看来，任何普遍的法则都要落实到具体的情境中来，这当然有其可辩护之处。不过，这样一来，普遍理性和规则却易于在具体情境的实践中遭致扭曲(distorted)和瓦解。远的不说，在现实生活中，我们常常会听到“领会精神”“具体问题具体分析”“灵活处理”“看着办”等说法；及其变种，即是“上有政策，下有对策”“指示归指示，做法归做法”，如此等等，不一而足。假如散开地说，我们又常常可以听到“中国特色”四个字就像一个巨大的篮子，更像是一个变化无端的魔瓶，什么普遍道理、必然法则都可以被移置到里面作非原则的折衷的运用。假如某种事情不想做、不愿做，那便可以说这种事情“不合中国国情”，没有中国特色；但假如某种事情恰好合乎胃口，那便要“与国际接轨”。从理论上说，这里当然涉及普遍性与特殊性或绝对性与相对性这一非常复杂的关系辩证，不是一时可以说得清楚的。但透过“领会精神”“灵活处理”等这些现象，似乎也透露出某种道理：我们传统的理性概念不了不当，拖泥带水。假如我们进一步往极端处推论，则在中国传统的思维中我们很难培植出、建立起规范神圣性的意识，灵活性、脉络性有时会被随心所欲所扭曲。中国人向以不守规矩、心思灵活见长，良非无故，而这个“故”则需要我们从传统儒家的理性概念中寻找原因，需要从传统文化的“基因”中分析出来。

李泽厚虽然对牟宗三等当代新儒家多有批评，但他们两人对儒学的理性特征却有大体相似的看法。李泽厚把传统儒家的理性了解为“实用理性”①，而牟宗三则把它理解成“理性的应用表现”，两人的说法不同，但意思相近。按照牟宗三的说法，理性的应用表现是生活、是智慧，也是德性，才情性理一起都在内。这种表现从好的方面说是通达圆融、智慧高、境界高；从坏的方面说，就是混沌、拖泥带水，

① 李泽厚：《实用理性与乐感文化》，北京：生活·读书·新知三联书店 2005 年。

易于弄假成真，落于情识而自以为妙道，离禽兽不远而自以为得性情之真①。时至今日，在弘扬“国学”的热潮中，我们对儒家理性概念的长短得失本来应该有一个客观的理解，正视其中的长短得失，而不能“以挑达摇人之精爽而使浮，以机巧裂人之名义而使狂”。②就中国传统儒家而言，荀子与朱子皆十分注重理性原则、客观原则，读他们的书，概念之间有较为清晰的界定和分解，他们也强调规范的客观性，但他们总体上依然重视理性的应用表现。我个人觉得，今后中国哲学的发展既要重视实践理性，但也要充分发展理论理性。理论理性若不能得到有效的发展，我们便很难在清晰与深刻、抽象与具体、绝对与相对之间寻求应有的平衡；同样道理，规范神圣性的观念如果不能建立和培养，中国人行为上不守规矩的陋习便不能从根本上得到改变。我想中国哲学要走向世界，这是不可忽视的一个重要方面。

以往学界长期争执于中国哲学合法性的问题，中国哲学始终处于一种“妾身未明”的尴尬，您曾提出“走向下一种哲学”，对于解决这个问题有什么作用？

这是一个言人人殊的问题，各人所持的哲学立场不同，自然会有不同的看法，我个人赞同从普遍主义的角度寻求中国哲学的未来发展，而对“汉话汉说”取保留的态度。“汉话汉说”是否必要？人或可以有不同的看法，但它是否可能？又如何可能？同样需要认真的思考，这不仅涉及中国哲学的主体性问题，而且也涉及中国哲学的自信和未来发展问题。中国哲学的未来发展必定要在全人类的哲学视界中奠基和立根，而不能以方外之民的形式孤芳自赏，自我击掌。我们这样说，并不是要取消自身文化的特色，事实上，从普遍主义、世界主义的角度来理解和研究中国哲学，正是要从中看出我们传统的优点和不足。过分高扬中国哲学的特殊性，孤立或局限于中国哲学之所

---

① 牟宗三:《政道与治道》，台北:台湾学生书局 1996 年增订版，第 52 页。
② 王夫之:《读通鉴论》下，第 1110 页。

是,我们便丧失了普遍性背景的配比,就很难从根本上知道自身的长短得失,因为长短得失一定是通过比较而来的;如果没有比较,即便所说的优点也顶多只是某种孤芳自赏,而其不足或缺憾就更难发现。因此,从普遍主义的角度研究中国哲学,蕴含的是只有世界的,才能真正是民族的、传统的,而不是相反。其实,在当前中西哲学的对话中所设立的诸多议题如儒学与自由主义、儒学与社群主义、儒学与分析哲学、儒学与现象学、儒学与交往理性等等,学者苦心竭力地证明儒家哲学与西方哲学之不悖。但在这种对话的背后,正如学者所指出的那样,实际上暗含着儒学的守势立场,同时也预示着儒学还无法自行界定其哲学议题和思考方向,这种说法虽不免过激,但却不是没有一点道理。正因为如此,中国哲学的研究不能关起门来“在螺蛳壳里做道场”,而应该站在世界哲学的角度和高度来审视自己的得失,并在此基础上作出自己应有的可能贡献。黑格尔在《小逻辑》中说,了解一个民族的文化方向及其精神气质,与对一个民族的文献资料的掌握并不相同,后者或许可以说只是了解前者的某种预备性的工作。我们当然可以从“文献霸权”(literature hegemony)的心态批评黑格尔对中国传统哲学充满偏见,不过,这也提醒我们如何超越民族文化的本位主义立场,从普遍主义的角度反省我们传统思想自身可能存在的问题,进而求解“走向下一种哲学”的答案,在理论上有其必要性的理由。我觉得,任何一种哲学的“未来走向”,皆必须建立在对自身的真切认知和反省的基础之上,对于我们自身的传统,我们必须避免以“情感”来代替“理据”,以“说明”来代替“证成”,更不能以“数家珍”的心态,无原则、无分析地加以呵护。伽达默尔虽然从哲学的存有论转向的角度,对传统进行了有力的辩护,但是,假如我们即此以为了手,而不对自身的传统保持理性批判的距离,那我们就可能落于自欺而不自知,因为哈贝马斯明确地告诉过我们,传统中也包含某些“系统的扭曲”。这样看来,一个人隶属于传统是存有论的结构,而对自己所隶属的传统保持反省和批判的态度,却是理性的要求,两者不可偏废。

劳思光先生曾经认为，我们今日研究儒学面对的是一个已经现代化了的世界，而这个已经现代化了的世界对于任何一个儒学研究者来说却首先不是一个价值评价问题，而是一个客观认知问题。的确，现代化作为一种道路，我们或有各种不同的方案选择，但现代化作为一种精神，我们却必须首先加以正视。不论我们对这一精神取何种态度，寻求儒学在当今世界的可能发展，在逻辑上即必须首先面对和消化这一精神，这是儒学在今日获得其在实践方面的可行性的基础和必要的认定，也是儒学实现其掌握时代、掌握群众的基本途径。

那么，从这个角度上看，在当前大力继承和弘扬传统的特殊情境下，我们应该如何追问传统之为传统的本质？中国哲学研究应当如何面对传统？而作为中国哲学的研究者又应该对传统采取何种态度？

谢谢巩老师的提问，我一时真不知该如何回答类似的问题，因为这些问题比较复杂，也涉及不同的哲学立场。首先我需要说明的是，对传统我们必须充满敬意，其理由在于，人的现实的存在乃是一历史文化和传统的存在；人隶属于传统是人的存有论的结构；传统所包含的意义世界乃是人的自我理解得以展开和实现的前提；传统为“我是谁？我从何处来？”提供了价值指引和归属感；在某种意义上，传统不属于我们，而是我们归属于传统。上述所说这些都是原则上的大话题，都值得我们认真深究，当然也都构成了我们理解和尊重传统的理由。

但是，在另一方面，当我们问我们该如何面对传统时，我想在我们现在所处的特殊的话语背景下，我们可以把它转化成更为激进性的追问，这就是：传统是用来保存和继承的吗？抑或传统是用来克服和超越的？我们是传统的弘扬者还是传统的批判者？我们是传统的继承者还是传统的创制者？

之所以要将问题的提问方式转换成如此的激进，也可以说是有所针对而发。但可以想象，面对上述问题，学者马上会提出质疑，认为如此提问本身便是片面的，是故意制造耸人听闻的陈词滥调，理由在于，面对传统，“保存与继承”和“克服与超越”、“弘扬”和“打造”本身就可以而且必须并行不悖，而不是非此即彼的。

我们似乎有理由接受这种批评。显然，有关这一方面的争论在中外哲学史上实在太多，无法一一列举。

然而，我们也可以换一种方式思考，亦即在尚未有传统之前，我们谈不上“继承或弘扬”传统；一切所以能称之为“传统”的东西，在根源上、在本质上，都是我们在因应世界中创制或打造出来的。

假如我们认定，一切所谓传统产生之本质原在于因应一个不断变化的世界，那么，一个真正有生命力的传统就在于它能够即世界之“日新”而必使自己“日新”；唯能自己使自己“日新”，则这种传统方足以为我们珍视；且唯能自己使自己“日新”，则这种传统无须强调我们人为的呵护与继承；一个丧失因应能力的传统，缺乏继承的充分理由，只是我们凭吊的对象；我们可以对此发思古之悠情，但我们却没有理由抱持“数家珍”的心态，更不能以这样的传统为我们今日的行为垂法。所以，王船山认为：“人见形之不变，而不知其质之已迁，则疑今兹之日月为邃古之日月，今兹之肌肉为初生之肌肉，恶足以语日新之变化哉?”(《思问录·外篇》)

传统的本质如此，我们便没有理由不依传统的本质，而本质性地决定我们对待传统的态度。审如是，则我们的主张可以表达为以下几个方面：

——传统并不是靠继承和弘扬出来的，而是靠创制和打造出来的；

——传统并不是用来保存和呵护的，而是用来批判和超越的；

——传统提供给我们的“认同与归属”并不是靠“凝聚”出来的，而是靠“建构”出来的；

——传统可以因我们的继承、发扬而丰盛起来，但传统却不能为我们面对变化的世界建构规范和确立法则；

——我们不能只满足于传统所提供给我们的认同的文化情感，而应该立足于何以形成认同的超越的理性根据。

不难想象，上述的说法，几乎每一个判断本身都可能会激起学者的不同意见乃至激烈的反对，但我想这不是坏事。我们有理由为自身悠久的传统感到自豪，并从这种自豪中立出自信。但若以为传统可以为我们今日的“位物”“成事”垂立法则或提供现成的答案，则难免会遭受刻舟求剑之讥乃至误人误事。

自八十年代以来至今，传统文化热与国学热在大陆升温，国学、读经、儒学学科设置等问题受到社会各界的广泛关注，学者纷纷发表见解，我们很想听听您的高见。

我个人一直未参与相关的讨论，所以我没有“高见”，顶多只是作为一个旁观者的观感而已。如您所说，我们所面对的是一个“传统热”“国学热”盈盈漾漾的世界，但如何理解这种“热”？我个人在想，这种“热”既可以是一种探求，是一种理性的自觉；但也可以是一种“热闹”，是一种“势”。“热闹”和“势”自然可以引出一定的行为，但“热闹”和“势”却不能为某一行为的正当性提出证明和辩护，原因很简单，能够为某一行为的正当性提供证明和辩护的只能是理。这样看来，面对国学热，我们的确有必要去弄清楚“热闹”背后的“理”。

有许多人认为，现如今的“国学热”或“儒学热”在很大程度上体现了国人对传统文化的自觉和自信，我想他们这样说一定有他们观察的视角和理由。不过，另一方面我们似乎也应该看到，除了其他诸如意识形态等原因外，这种文化的自信和自觉在一定程度上是附随着我们经济发展后而有的结果。改革开放三十余年来我国的经济发展至少在数量上看已是一个大国，西方人也不得不承认，由此我们立起了经济上的自信。然而，即便我们不去检讨造成这种“经济自信”背后的复杂原因，问题是，经济上的自信是否必然地、逻辑地能够推出文化上的自信？经济上是大国，文化上是否必然是大国？经济数量上获得别人的承认，文化价值上是否也一定能够赢得他人的接纳？

我想这是可以讨论的问题。也许人们会说，正是因为我们经济上已是大国了，所以我们在文化上也要挺立自信，成为大国。然而，其一，“经济上是大国”是一个事实，“文化上要成为大国”则是一种期许和要求，我们不能把愿望当作事实；其二，我们所以能够有经济自信，成为经济上的大国，恰恰是在反省和克服自身的不足、与世界交道、吸收世界各先进文明和文化的基础上获得的。这样，文化上要成为大国，即同样需检讨自己、开放自己、吸取他人之长。“国学热”并没有错，然而，浸淫摇荡之下，一种狭隘的民族主义、文化本位主义也漫延滋长，听起来很鼓动人，但结果却可能走向封闭和自我娱乐。贺麟先生在《文化的体与用》一文中便认为：“我们无法赞成‘中国本位文化’的说法。因为文化乃人类的公产，为人人所取之不尽用之不竭的宝库，不能以狭义的国家作本位，应该以道，以精神，或理性作本位。换言之，应该以文化之体作为文化的本位，不管时间之或古或今，不管地域之或中或西，只要一种文化能够启发我们的性灵，扩充我们的人格，发扬民族精神，就是我们需要的文化。”殷殷之言，言犹在耳。

毫无疑问，面对东西方思想与现实的交织，许多学者满怀真诚，试图探索出一条中国传统文化的未来出路，并进而贡献于世界，我想这应该说是一种主流，值得肯定。但我们也的确应该看到，在当前的各种传统“热”之中，不少人由于认知的狭迫，或只是满足于情感气机之鼓荡，或诱于“现实中很高的利益”（黑格尔语），他们对传统不加反省，不以置辩，以康瓠为周鼎，以瓦釜为黄钟。如此一来，当款待的似乎已经款待，但当交代的却未曾有所交代，进而驯至心志为俗谛所桎梏，乃至于改节变伦者有之，下乔入谷者有之。面对时代和现实，他们的致思没有融会的深入，也没有浸润的浃恰，有的只是一厢情愿，甚至有百花丛中唯我独秀的美妙感觉（如有人谓“中国传统文化能够拯救世界”云云）。他们怀揣良善之心，认为中国今天的出路和未来只能资用中国的传统文化资源，一切外来的文化皆无济于事，皆隔靴搔痒，皆多此一举。这是一种桃源国里的桃源之思，情则情矣，美则美矣，然而，却不能“反”，不能“复”，不知“为何”，不见“如何”。反省和视界(horizon)在这种热闹中被表象化了,不能在其自己,是其自己。表面上看,他们对传统的辩护有成套的内容和角度,但这些内容和角度却常常无法“到场”或“在场”,顶多只是一种想象的壮丽和兴会,与我们的实际生活和公共世界不免处于悬隔、吊挂状态之中。由于没有“为何”的疑问,所以他们有关“如何”的思辨便是漂浮的、零碎的、不落实地的,看似严整条贯的论说背后,总不免于纷驰散乱的实质。这种物不见智的活动,定然确然撑不起传统文化的现实和未来生命。

我的这种说法可能有些过激,或只是停留于抽象层面的观察,不能实指具体的某人的某些观点。我个人只是觉得,传统文化的保存和发扬,最有效、同时也是最健康的途径就是反省和批评。前面说过,传统并不是仅仅通过“保存”就能得以传扬的,传统也不仅仅是“范例”给我们的,而是有待于我们自己,并根据我们自己当下的生存和生活世界去书写、去制作的,这是传统得以延续的根本,是传统的真实生命之所在。因此,传统应该被理解为一个衔接过去、现在和未来的敞开的平台。反思和批判传统,本身就是构成传统的一部分。麦金泰尔区分“由传统构成的”(tradition constituted)和“构成传统的”(tradition constitutive)两个概念,但两者皆离不开理性的探究,我们站在由传统构成的立场,面对实存世界不断出现的问题,反思传统自身的不足,接纳不同传统的资源,提出解决的方案,传统因而得以赓续,得以丰富和发展。这样看来,任何弘扬传统的努力都当以认识传统(尤其是简别传统的不足)为前提。

荀子曾云:“善言古者,必有节于今。”船山则谓:“以古之制,治古之天下,而未可概之今日者,君子不以立事;以今之宜,治今之天下,而非可必之后日者,君子不以垂法。”传统思想若要“位物”与“成事”,我们不能只在原则方面声称我们离不开传统,但却不以任何方式询问传统价值的有效性及其对我们所处的已然现代化和世界化了的实存的生活世界所遭逢的诸多问题的可解释性、可引导性。否则,我们便会徒然坠入对传统历史的空想之中。

这里需要的是动人的博学，绵密的反省，却并不需要情感的顾念和放浪无根的抒怀。

荀子曾言“以仁心说，以学心听，以公心辨”；庞朴先生也力倡研究要“跳出一元主义窠臼”，历史上曾传为美谈的鹅湖寺会就发生在您的家乡。您觉得学界应如何鼓励争鸣，推动学术发展？

我想说的是，荀子之所以成为“荀子”，绝非只是一孤独的灵魂闭门造车、冥思苦想的结果，而是与当时的各家各派相互辩难、相互吸收，而后才成的一家之言，所以今天我们会认为荀子的思想是百家争鸣的总结者或集大成者。对于荀子的思想，学者可以从不同的角度加以审视与批判，然而，荀子“以仁心说，以学心听，以公心辨”则表现出学术上智、仁、勇的品德。天下乱，奸言起，邪说僻辞，流湎无穷，故须辩说；法先王，顺礼义，党学者，好言而乐言，必为仁人诚士，故荀子之辩说乃为仁心之不容已。智者明于事，达于数，守名理之分位，文通辞顺，则奇辞怪说得而消匿，此乃智者之事。仁且智，则必有大勇，故荀子云“不动乎众人之非誉，不治观者之耳目，不赂贵者之权势，不利传辟者之辞”，自信而无畏，豁达而公平，如是，则“有兼听之明，而无矜奋之容；有兼覆之厚，而无伐德之色”。贤而能容罢，知而能容愚，博而能容浅，粹而能容杂。我们不妨说，荀子乃是第一个从理论上总结了学术讨论、学术争鸣之原则的人，他的这些德慧和主张到现在仍然具有十分重要的意义。

当然，具体到某一观念的讨论，每个人都会有自己的主张，也不免会为自己的主张竭力辩护，荀子自然也不例外，甚至有时也咄咄逼人。只是就学术讨论的原则而言，荀子的上述说法对于推动学术的健康发展，显然具有指导意义。您刚才说到“鹅湖之会”，在我看来，就学术讨论和争鸣的角度上看，它无疑是一个大事件，但若对照着荀子所说的原则而言，却似乎并不是一个非常成功的事件。朱子显然较为平和，而象山则腾目高视，结果多少有点不欢而散，最后，朱陆两派形成鸣鼓而攻的局面，应该可以看出其中存在的问题。

说到我们今天学术的发展，尤其需要荀子所说的学术辩说的原则。谈论传统文化、儒家思想，我们当然需要有了解之同情，对传统需要充满敬意，“抛却自家无尽藏，沿门托钵效贫儿”，终非究竟一着，我想这便是“仁”的一面。但正如夫子所言，“仁守”的同时，还要有“智及”的一面，还要时时保持自己理性的反省和批判功能，这样既仁且智，我们的立言指事才能真正做到荀子所说的“不动乎众人之非誉，不治观者之耳目，不赂贵者之权势，不利传辟者之辞”。面对时下有些混杂之言，尤其是那些盲目自信，不辨是非之言，我有时会不由自主地想起托马斯·潘恩的一句名言：“如果一个人堕落到去宣传连他自己都不相信的东西的时候，他已经做好了干一切坏事的准备。”

我们现在有许多研一、研二的学生，刚开始研究中国传统思想文化。希望您能为后学指示一些研习的门径。

我不敢就类似问题发表看法，只能谈点自己的感想，因为我自己也尚在摸索过程之中，尤其是自己也做得不好。简单地说，我个人觉得做学问的门径，尤其是做中国学问的门径有几个方面值得注意，首先是需要有坚实的文献基础。一个人要称理而谈，又要避免游谈无根，就需要对经典和文献做认真仔细的爬疏，否则，言之愈多，则会去义愈远。我们常常说，做文章要“言之有物”，这个“物”可能包含的意思很广，但显然，文献的根据是其中重要的一部分。我曾阅读过许多高校学生的论文，比较而言，北大学生的文献基础给我的印象最深，当然，这样说并不是指其他高校的学生就一概都差了，这只是比较而言的。

其次，做学问要取法乎上。所谓“取法乎上”也可以有广义的理解，这里只谈阅读的选择。我们常常说不要迷信名家名著，这不是一点道理都没有。不过，不迷信是需要以研读和消化这些名家的名著为前提的，名家名著之所以有名，那是经得起批评和推敲的，这些著作必定具有理具条贯的见解而为一般人的文字所不具备，所以读书首先要阅读这些书。当然，我们也不要为这些书所束缚，也要有勇气进行批评,但这是第二步的工作。

最后,做中国的学问也需要掌握一些西方的知识。到现在这个时代,学问已经无分于中西了,更何况在方法上他山之石,可以攻玉。我常常听到一些中国哲学的教授说,西方人研究中国哲学就是不着边,所以不要去读他们的书。我对此觉得很遗憾,无言以对。由于教学和个人的兴趣所致,我对国外汉学学者的荀子(连带孟子)和朱子的研究论著比较留意,并且收集了许多相关的英文书籍和文章。就有关荀子和孟子思想的研究而言,我真不认为我们的研究水平就已经超出了他们,我甚至认为,他们研究的细密和扎实程度有的要远远超出我们,而他们所资用的方法更可以给我们许多启发。

再次感谢您百忙之中拨冗接受敝刊采访!谢谢。祝您身体康强,德学精进!

索引

概念索引

D

Z

人名索引

西文人名

A

B

C

D

G

H

I

中文人名

后记

本书的出版得到复旦大学“卓识杰出人才计划”的资助，这是首先要特别感谢的。

按照我原来的写作规划，在完成了“荀子政治哲学研究”后，将集中精力转向对朱子道德哲学的探索。事实上，在我研究荀子的同时，就有意搜集中外学者对朱子的相关研究，也开始了对朱子思想的思考，并陆续写了一些文章。原本我打算出版一本有关朱子道德哲学的专著，但由于资助计划有着严格的时间限制，乃至自己还有十余万字的朱子思想研究手稿也来不及整理，为了使一本书像一本书的样子，情急之下，就选取了自己以往写的有关宋明理学的部分文章，加上自己已经发表过的有关朱子的文章，合而成为现在这本论文集，命名为《朱子哲学与宋明理学》（其实，严格地说，本文集的第一篇就不属于宋明理学的范围）。为此，我对发表过我的文章的刊物和出版机构如《原道》《云南大学学报》《天津社会科学》《复旦大学学报》《哲学研究》《现代哲学》《孔学堂》《孔子文化》以及香港中文大学的《新亚学术集刊》、《中国哲学与文化》、香港商务印书馆等深表感谢。

本书的搜集、整理得到了我的几个学生的帮助，他们在指出其中存在的一些讹误的同时，也帮忙统一了注释。在此过程中，我对原先文稿中的个别字句和表述作了必要的修改，在每章中加上了必要的小节以求统一，其余则基本上依据一仍其旧的原则。无疑地，上述文章皆应一些特殊的机缘而写，产生于不同的时期，时间跨度则更长，其中有些看法或许自己也有了新的改变。

常言说，学问之道，日新其新。虽然，新的不一定就意味着对的。

记得尼采曾经说过，对于一个从事哲学工作的人来说，最重要却也是最基本的任务，是在自己的身上克服他的时代，成为无时代的人。这不是一般的人所能做到的，仅有大豪情、大担荷远不足以言此。当年苏格拉底追问玻勒马霍斯：难道除了被迫服从和接受暴力伤害之外，就没有通过说服人们放过自己的第三条道路吗？玻勒马霍斯正色道，在这个世界上还没有人可以说服一群不愿聆听教诲的人。

或许，我们不能依靠戳穿的方法来克服时代的荒谬，而只能通过理解时代的荒谬来呈现时代的荒谬，进而克服时代的荒谬。

末了，想起人们常说的一句话，阅读自己写于不同时间段的文章，其心情就犹如翻看自己的相册，难免有今是昨非之感。如今看来，这个比喻有其合理的地方，但似乎也不尽然。其中最大的不同或许在于，相册可以留给其他的后人和亲戚朋友们寓目浏览，多少还有一份讶异和热闹；而文集大概就只能在作者一个人无聊时随手一翻，空余一份落寞和寂寥。